Gonglu Weixianxing Jiao Da Gongcheng
Zhuanxiang Shigong Fang'an Bianzhi Zhinan

公路危险性较大工程
专项施工方案编制指南

▶ 李国锋　李　剑　姜　铠　李昌洲　等◎编著

人民交通出版社
北京

内 容 提 要

本书系统解读了国家、行业层面对危险性较大工程的相关规定和要求，详细阐述了公路工程中路基工程、桥梁工程、大型临时工程、起重吊装工程、隧道工程、拆除与爆破工程等危险性较大分部分项工程专项施工方案的编制流程和编制技术要点，并结合典型案例介绍了编制的具体方法。本书可规范公路危险性较大工程专项施工方案编制，提高其指导公路建设施工的科学性及针对性，有效管控和化解重大安全风险。

本书可供公路项目建设、设计、施工、监理等单位相关人员编制和审查专项施工方案时参考，也可供高等院校相关专业的师生参考。

图书在版编目（CIP）数据

公路危险性较大工程专项施工方案编制指南 / 李国锋等编著. —北京：人民交通出版社股份有限公司，2024.4

ISBN 978-7-114-19423-8

Ⅰ. ①公… Ⅱ. ①李… Ⅲ. ①道路工程—工程施工—安全管理—指南 Ⅳ. ①U415.12-62

中国国家版本馆 CIP 数据核字（2024）第 039780 号

书　　名：**公路危险性较大工程专项施工方案编制指南**
著 作 者：李国锋　李　剑　姜　铠　李昌洲　等
责任编辑：郭晓旭
责任校对：赵媛媛　魏佳宁
责任印制：刘高彤
出版发行：人民交通出版社
地　　址：（100011）北京市朝阳区安定门外外馆斜街 3 号
网　　址：http://www.ccpcl.com.cn
销售电话：（010）59757973
总 经 销：人民交通出版社发行部
经　　销：各地新华书店
印　　刷：北京建宏印刷有限公司
开　　本：787×1092　1/16
印　　张：20.75
字　　数：464 千
版　　次：2024 年 4 月　第 1 版
印　　次：2024 年 4 月　第 1 次印刷
书　　号：ISBN 978-7-114-19423-8
定　　价：68.00 元

前言

PREFACE

危险性较大工程(简称"危大工程")泛指易造成人员群死群伤或造成重大经济损失的分部分项工程。据统计,近几年公路工程事故类型中,危大工程发生的事故数及死亡人数占比均达70%左右。这些类型的工程具有安全生产事故发生率高、事故后果极为严重、事故隐患多、事故隐患治理难度大等特点。为此,为了能从源头治理安全生产事故,消除安全隐患,《建设工程安全生产管理条例》要求对危大工程必须编制专项施工方案,住房和城乡建设部、交通运输部对专项施工方案的编制也做出了明确规定。"为之于未有,治之于未乱。"专项施工方案的编制是贯彻落实安全管理"治未病"、不"治已病"的预防理念,是对易发生重特大事故领域采取风险分级防控、隐患排查治理双重预防机制的具体措施。

为使专项施工方案的编制更具有指导性和可操作性,本书对国务院、相关行业主管部门及单位出台的文件要求进行了详细解读,并在此基础上,分路基、桥梁、大型临时工程、隧道、拆除工程等对危险性较大分部分项工程专项施工方案编制的工程概况、编制依据、施工计划、施工工艺技术、施工保证措施、施工管理及作业人员配备和分工、验收要求、应急处置措施、计算书及相关施工图纸等技术要点进行了分析。

全书共9章,第1章为政策解读,介绍了什么是危大工程及危大工程的特点,并对危大工程的相关政策文件进行解读;第2章为专项施工方案编制现状及对策,分析了专项施工方案编制存在的问题,并针对存在的问题提出了具体的编写思路;第3章为路基工程,对常见的填方路基、挖方路基及滑坡处治中的危险性较大分部分项工程专项施工方案的编制技术要点进行介绍;第4章为桥梁工程,对人工挖孔桩、预制梁运输及吊装、钢箱梁制作及吊装、钢箱梁顶推、桥梁转体、大型预制构件水上运输等的危险性较大分部分项工程专项施工方案的编制技术要点进行介绍；第5章为大型临时工程，对现浇箱梁、桥梁高墩工程、连续刚构桥的0号块、悬臂浇筑、边跨浇筑、中跨合龙、深水围堰等的临时设施危大工程专项施工方案编制的要点进行介绍；第6章为起重吊装工程，对悬索吊装、架桥机安拆、门式起重机安拆等的危险性较大分部分项工程专项施工方案的编制技术要点进行介绍；第7章为隧道工程，对隧道不良地质、特殊地质、浅埋、偏压、小净距、大跨度软弱围岩、瓦斯等重大风险源及上穿或下穿既有隧道、竖井、斜井等的危险性较大分部分项工程专项施工方案的编制技术要点进行介绍；第8章为拆除与爆破工程，对桥梁拆除的危险性较大分部分项工程专项施工方案的编制技术要点进行介绍；第9章为数字时代公路危大工程专项施工方案创新编制探索与思考，针对数字经济展望了未来专项施工方案编制了理念和思路。

本书由李国锋、李剑、姜铠、李昌洲等编著，其中第1章、第2章、第9章由李国锋、李明帅、李佳佳执笔，第3章、第8章由李昌洲、蒋鹤执笔，第4章~第6章由李剑、曹科、李成富、李国钊、杨金华执笔，第7章由姜铠、张必勇、刘超执笔。同济大学的丁文其教授、张清照老师及其团队的黄煊博、雷博、郭英杰、高文凯、周渊涛、马畅、唐吉祥、王秋实等参与了资料收集整理、文字编辑、图片绘制等工作。

在本书编写过程中，瑞孟高速公路建设指挥部提供了大量案例和数据；云南交投公路建设第一工程有限公司师丘高速公路第四项目部全体工程技术人员和安全管理人员为本书提出了许多修改建议；同时，书中还参考了国内外同人的一些著作。在编辑过程中，人民交通出版社为本书的成稿和出版倾注了极大心血。对所有支持、鼓励与关心本书出版的各位专家、同行表示衷心的感谢！

由于作者水平有限，书中难免存在不足之处，敬请读者批评指正。

作　者

2023年8月

目录 CONTENTS

第 1 章　政策解读 001

1.1　何为危险性较大工程 001
1.2　相关法规及文件要求 003
1.3　专项施工方案管理流程 019

第 2 章　专项施工方案编制现状及对策 023

2.1　专项施工方案编制及执行存在的主要问题 023
2.2　如何编制好专项施工方案 030
2.3　专项施工方案编制流程及要点 035

第 3 章　路基工程 043

3.1　一般规定 043
3.2　填方路基工程 047
3.3　深挖路基工程 057
3.4　滑坡处治工程 067

第 4 章　桥梁工程 073

4.1　一般规定 073
4.2　人工挖孔桩 077
4.3　预制梁运输及吊装 083
4.4　钢箱梁制作及吊装 088
4.5　钢箱梁顶推 095
4.6　桥梁转体 102
4.7　大型预制构件水上运输 116

第 5 章　大型临时工程　123

5.1　一般规定　123
5.2　现浇箱梁　127
5.3　桥梁高墩工程　140
5.4　连续刚构 0 号块　146
5.5　连续刚构悬臂浇筑　153
5.6　连续刚构边跨浇筑　162
5.7　连续刚构边跨中跨合龙　171
5.8　深水围堰　178

第 6 章　起重吊装工程　185

6.1　一般规定　185
6.2　悬索吊装　189
6.3　架桥机安拆　200
6.4　门式起重机安装与拆除　208

第 7 章　隧道工程　217

7.1　一般规定　217
7.2　隧道专项施工方案　218
7.3　不良地质、特殊地质隧道　233
7.4　浅埋、偏压及邻近建筑物等特殊环境条件隧道　242
7.5　小净距隧道　248
7.6　连拱隧道　254
7.7　大跨度软弱围岩隧道　259
7.8　瓦斯隧道　262
7.9　上穿或下穿既有隧道　268
7.10　隧道辅助坑道竖井工程　271
7.11　隧道辅助坑道斜井工程　282

第 8 章　拆除与爆破工程　289

8.1　一般规定　289
8.2　桥梁切割吊装拆除工程　291

8.3 桥梁爆破拆除 296
8.4 桥梁上部结构整体拆除 301

第 9 章 数字时代公路危大工程专项施工方案创新编制探索与思考 309

9.1 现场数据化 309
9.2 平台云端化 312
9.3 管控智能化 313
9.4 虚实场景化 315
9.5 数字孪生化 316

参考文献 319

第1章

政策解读

1.1 何为危险性较大工程

2003 年,为了加强建设工程安全生产监督管理,保障人民群众的生命和财产安全,国务院发布了《建设工程安全生产管理条例》(中华人民共和国国务院令第 393 号)。该条例根据《中华人民共和国建筑法》和《中华人民共和国安全生产法》制定,进一步明确了建设单位、勘察单位、设计单位、监理单位、施工单位等各方的安全责任。在施工单位的安全责任中首次对危险性较大分部分项工程做了明确规定,原文如下:

> 第二十六条　施工单位应当在施工组织设计中编制安全技术措施和施工现场临时用电方案,对下列达到一定规模的危险性较大的分部分项工程编制专项施工方案,并附具安全验算结果,经施工单位技术负责人、总监理工程师签字后实施,由专职安全生产管理人员进行现场监督:
>
> (一)基坑支护与降水工程;
>
> (二)土方开挖工程;
>
> (三)模板工程;
>
> (四)起重吊装工程;
>
> (五)脚手架工程;
>
> (六)拆除、爆破工程;
>
> (七)国务院建设行政主管部门或者其他有关部门规定的其他危险性较大的工程。
>
> 对前款所列工程中涉及深基坑、地下暗挖工程、高大模板工程的专项施工方案,施工单位还应当组织专家进行论证、审查。
>
> 本条第一款规定的达到一定规模的危险性较大工程的标准,由国务院建设行政主管部门会同国务院其他有关部门制定。

根据《建设工程安全生产管理条例》第二十六条的规定,住房和城乡建设部、交通运输部结合行业特点对危大工程作了详细要求。住房和城乡建设部在《危险性较大的分部分项工程安全管理规定》(中华人民共和国住房和城乡建设部令第37号)中明确规定:“危险性较大的分部分项工程(以下简称‘危大工程’),是指房屋建筑和市政基础设施工程在施工过程中,容易导致人员群死群伤或者造成重大经济损失的分部分项工程。”交通运输部在《公路工程施工安全技术规范》(JTG F90—2015)中将危险性较大工程定义为:“在施工过程中存在的、可能导致作业人员造成群死群伤或造成重大财产损失、作业环境破坏或其他损失的工程。”

从两个行业主管部门对危大工程的定义可以看出,满足下列条件之一就属于危大工程:①易造成群死群伤;②易造成重大财产损失;③易造成重大环境破坏;④易造成重大社会影响。

公路工程中危大工程较多,涉及高边坡、深基坑、隧道开挖、特殊不良地质隧道施工、桥梁高墩模板、梁板架设、大型起重吊装、承重支架、拆除与爆破工程等等。这些危大工程都具有以下特点:

(1)安全生产事故发生率高

据统计,近几年公路工程事故类型中,危大工程发生的事故数占比达73.91%,死亡人数占比71.11%。这些事故中,桥梁工程发生的事故最多,约占事故总数的50%,隧道工程发生的事故次之,可隧道事故的危害最为严重。

(2)事故的后果极为严重

危大工程事故易造成严重后果。如:2007年8月13日,湖南省凤凰县在建的沱江大桥坍塌,造成64人遇难;2019年11月26日,云南省凤庆县在建的安石隧道突泥涌水,造成12人遇难,10人受伤;2021年7月15人,广东省珠海市石景山隧道透水事故,造成14人遇难。这些事故给人民生命和国家财产造成了重大损失。

(3)事故隐患日益增多

近年来,国家对安全生产管理不断加强,《中华人民共和国安全生产法》《建设工程安全生产管理条例》《公路水运工程安全生产监督管理办法》等法律法规文件,对危大工程提出了强制要求,使危大工程的安全管理进一步规范和提高。但随着建设项目不断增多,建设规模不断扩大,新技术、新材料、新工艺、新设备不断涌现,安全管理的难度也在不断加大,工程安全生产风险和隐患日益增多。

(4)事故隐患治理难度大

“上天入地”是公路建设项目的一大特点。近年来技术水平不断进步,公路建设项目特别是高等级公路建设标准不断提高,桥隧占比越来越大,特别是西部山区高速公路80%~90%及以上的桥隧比已成为常态化,高墩、深挖、特大、特长等危大工程层出不穷,且公路工程的危大工程大多处在地质复杂、气候多变、环境恶劣的状况中,各种复杂、多变等不可预见的因素交织在一起,给危大工程的施工带来许多不可预知的安全风险。如桥梁在江面或海面施工可能会遭受大风的影响从而发生安全事故;隧道在复杂的地质环境下可能会遭遇坍塌、突泥、涌水等地质灾害;高边坡开挖山体在暴雨天气易引发泥石流和滑坡威胁施工作业的安全。危大工程生产安全事故频频发生,经济损失巨大,社会影响十分恶劣。事故原因是多方面的,要从根本上治理,还任重道远。

基于危大工程的以上特点，为从源头遏制安全事故的发生，国家相关部委本着“隐患即事故，预防重于泰山”的原则，对危大工程专项施工方案的编制做了明确的规定。

1.2 相关法规及文件要求

中华人民共和国第八届全国人民代表大会常务委员会第二十八次会议于 1997 年 11 月 1 日通过，中华人民共和国主席令第九十一号公布并于 1998 年 3 月 1 日开始实施《中华人民共和国建筑法》（简称《建筑法》），此后对其进行了两次修订。《建筑法》第三十八条规定：“对专业性较强的工程项目，应当编制专项安全施工组织设计，并采取安全技术措施。”专项安全施工组织设计是专项施工方案的前身。

2003 年国务院令第 393 号公布并自 2004 年 2 月 1 日施行《建设工程安全生产管理条例》（简称《条例》）。《条例》第二十六条规定：对达到一定规模的危险性较大的分部分项工程编制专项施工方案，并附具安全验算结果，经施工单位技术负责人、总监理工程师签字后实施，由专职安全生产管理人员进行现场监督。《条例》首次明确规定必须针对达到一定规模的危险性较大的分部分项工程编制专项施工方案，并附具安全验算结果，经施工单位技术负责人、总监理工程师签字后实施。

自《条例》明确七项危大工程框架范围后，住建、交通、水利等行业部门结合各自行业的特点，针对危大工程的范围、专项施工方案的内容、编制、论证要求等陆续出台了相关规定（图 1-1）。

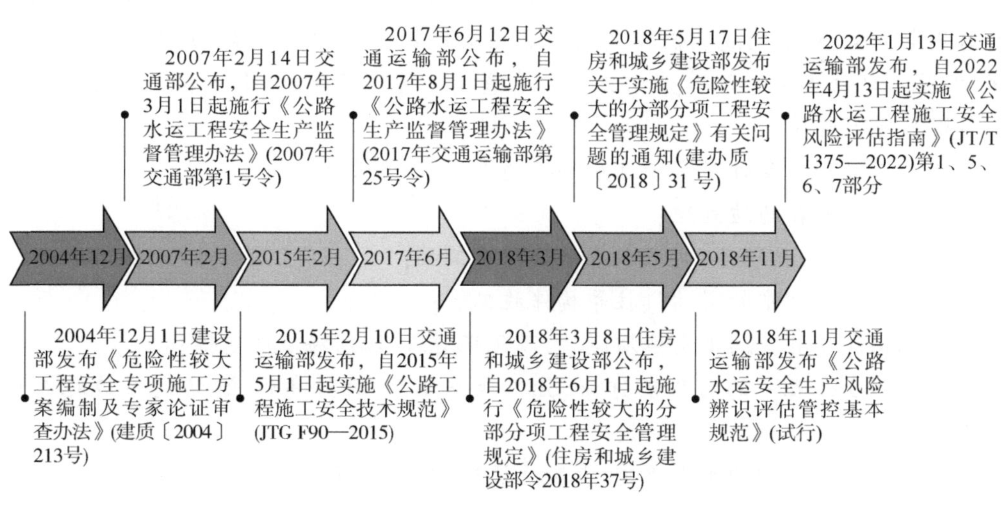

图 1-1　相关规定出台

1）《危险性较大工程安全专项施工方案编制及专家论证审查办法》（建质〔2004〕213 号）

该文是建设部依据《条例》第二十六条所指的七项分部分项工程对危大工程进行了明确的分类和界定：①开挖深度超过 5m（含 5m）的基坑（槽）工程，或基坑虽未超过 5m，但地质条件和周围环境复杂，地下水在坑底以上等工程。②开挖深度超过 5m（含 5m）的基坑、槽的土方开挖。③各类工具式模板工程，包括滑模、爬模、大模板等；水平混凝土构件模板支撑系统及特殊结构模板工程。④起重吊装工程。⑤高度超过 24m 的落地式钢管脚手架;附着式升降脚手架;悬挑式脚手架;门型脚手架;挂脚手架;吊篮脚手架;卸料平台。⑥采用人工、机械拆除或爆破拆除的工程。⑦建筑幕墙的安装施工;预应力结构张拉施工;隧道工程施工;桥梁工程施工(含架桥);特种设备施工;网架和索膜结构施工;6m 以上的边坡施工;大江、大河的导流、截流施工;港口工程、航道工程;采用新技术、新工艺、新材料,可能影响建设工程质量安全,已经行政许可,尚无技术标准的施工。以上七项都属于危大工程。对这些危大工程需编制专项施工方案。

同时,还明确超过一定规模的危大工程专项施工方案还需组织专家组进行论证审查:①开挖深度超过 5m(含 5m)或地下室三层以上(含三层)的深基坑,或基坑虽未超过 5m(含 5m),但地质条件和周围环境及地下管线极其复杂的工程。②地下暗挖及遇有溶洞、暗河、瓦斯、岩爆、涌泥、断层等地质复杂的隧道工程。③水平混凝土构件模板支撑系统高度超过 8m,或跨度超过 18m,施工总荷载大于 $10kN/m^2$,或集中线荷载大于 15kN/m 的模板支撑系统。④30m 及以上高空作业的工程。⑤大江、大河中深水作业的工程。⑥城市房屋拆除爆破和其他土石大爆破工程。

2)《公路水运工程安全生产监督管理办法》(交通部令 2007 年第 1 号)

为加强公路水运工程安全生产监督管理工作,保障人身及财产安全,根据《中华人民共和国安全生产法》《条例》《安全生产许可证条例》,制定本办法。办法坚持安全第一、预防为主、综合治理的方针,并对公路水运工程的危大工程做了以下界定和要求:

第二十三条　施工单位应当在施工组织设计中编制安全技术措施和施工现场临时用电方案,对下列危险性较大的工程应当编制专项施工方案,并附安全验算结果,经施工单位技术负责人、监理工程师审查同意签字后实施,由专职安全生产管理人员进行现场监督:

(一)不良地质条件下有潜在危险性的土方、石方开挖;

(二)滑坡和高边坡处理;

(三)桩基础、挡墙基础、深水基础及围堰工程;

(四)桥梁工程中的梁、拱、柱等构件施工等;

(五)隧道工程中的不良地质隧道、高瓦斯隧道、水底海底隧道等;

(六)水上工程中的打桩船作业、施工船作业、外海孤岛作业、边通航边施工作业等;

(七)水下工程中的水下焊接、混凝土浇筑、爆破工程等;

(八)爆破工程;

(九)大型临时工程中的大型支架、模板、便桥的架设与拆除;桥梁、码头的加固与拆除;

(十)其他危险性较大的工程。

必要时,施工单位对前款所列工程的专项施工方案,还应当组织专家进行论证、审查。

3)《公路工程施工安全技术规范》(JTG F90—2015)

在《公路水运工程安全生产监督管理办法》(交通部令 2007 年第 1 号)的基础上,《公路工程施工安全技术规范》(JTG F90—2015)始终贯彻“安全第一,预防为主,综合治理”的方针。将安全生产工作视为公路施工的头等大事,《公路工程施工安全技术规范》(JTG F90—2015)体现出“要求更严、更安全”的导向和原则;始终坚持本质安全的理念,通过对技术、工艺、方案方面的规定和要求,实现本质安全。在总结分析国内外工程实践,参考了国家、行业有关标准规范,调研国外公路工程安全管理经验,围绕施工工序管理,强化危险源控制,规范了公路工程施工安全技术。《公路工程施工安全技术规范》(JTG F90—2015)注重公路工程施工安全技术科学性、先进性、通用性和特殊性,进一步明确了危大工程的定义,并对危大工程进行了详细的划分,对危大工程的专项施工方案编制内容也做了明确规定。所规定的危大工程如表1-1所示。

危大工程　　表1-1

序号	类别	需编制专项施工方案	需专家论证、审查
1	基坑开挖、支护、降水工程	1.开挖深度不小于3m的基坑(槽)开挖、支护、降水工程。 2.深度小于3m但地质条件和周边环境复杂的基坑(槽)开挖、支护、降水工程	1.深度不小于5m的基坑(槽)的土(石)方开挖、支护、降水。 2.开挖深度虽小于5m,但地质条件、周围环境和地下管线复杂,或影响毗邻建(构)筑物安全,或存在有毒有害气体分布的基坑(槽)开挖、支护、降水工程
2	滑坡处理和填、挖方路基工程	1.滑坡处理。 2.边坡高度大于20m的路堤或地面斜坡坡率陡于1:2.5的路堤,或不良地质地段、特殊岩土地段的路堤。 3.土质挖方边坡高度大于20m、岩质挖方边坡高度大于30m,或不良地质、特殊岩土地段的挖方边坡	1.中型及以上滑坡体处理。 2.边坡高度大于20m的路堤或地面斜坡坡率陡于1:2.5的路堤,且处于不良地质、特殊岩土地段、特殊岩土地段的路堤。 3.土质挖方边坡高度大于20m、岩质挖方边坡高度大于30m且处于不良地质、特殊岩土地段的挖方边坡
3	基础工程	1.桩基础。 2.挡土墙基础。 3.沉井等深水基础	1.深度不小于15m的人工挖孔桩或开挖深度不超过15m,但地质条件复杂或存在有毒有害气体分布的人工挖孔桩工程。 2.平均高度不小于6m且面积不小于1200m^{2}的砌体挡土墙的基础。 3.水深不小于20m的各类深水基础
4	大型临时工程	1.围堰工程。 2.各类工具式模板工程。 3.支架高度不小于5m;跨度不小于10m,施工总荷载不小于10kN/m^2;集中线荷载不小于15kN/m。 4.搭设高度24m及以上的落地式钢管脚手架工程;附着式整体和分片提升脚手工程悬挑式脚手架工程、吊篮脚手架工程;自制卸料平台、移动操作平台工程;新型及异型脚手架工程。 5.挂篮。 6.便桥、临时码头。 7.水上作业平台	1.水深不小于10m的围堰工程。 2.高度不小于40m墩柱、高度不小于100m索塔的滑模、爬模、翻模工程。 3.支架高度不小于8m;跨度不小于18m,施总荷载不小于15kN/m^2;集中线荷载不小于20kN/m。 4.50m及以上落地式钢管脚手架工程。用于钢结构安装等满堂承重支撑体系,承受单点集中荷载7kN以上。 5.猫道、移动模架

续上表

序号	类别	需编制专项施工方案	需专家论证、审查
5	桥涵工程	1.桥梁工程中的梁、拱、柱等构件施工。 2.打桩船作业。 3.施工船作业。 4.边通航边施工作业。 5.水下工程中的水下焊接、混凝土浇筑等。 6.顶进工程。 7.上跨或下穿既有公路、铁路、管线施工	1.长度不小于40m的预制梁的运输与安装，钢箱梁吊装。 2.跨度不小于150m的钢管拱安装施工。 3.高度不小于40m的墩柱、高度不小于100m的索塔等的施工。 4.离岸无掩护条件下的桩基施工。 5.开敞式水域大型预制构件的运输与吊装作业。 6.在三级及以上通航等级的航道上进行的水上水下施工。 7.转体施工
6	隧道施工	1.不良地质隧道。 2.特殊地质隧道。 3.浅埋、偏压及邻近建筑物等特殊环境条件隧道。 4.Ⅳ级及以上软弱围岩地段的大跨度隧道。 5.小净距隧道。 6.瓦斯隧道	1.隧道穿越岩溶发育区、高风险断层、沙层、采空区等工程地质或水文地质条件复杂地质环境；Ⅴ级围岩连续长度占总隧道长度10%以上且连续长度超过100m；Ⅵ级围岩的隧道工程。 2.软岩地区的高地应力区、膨胀岩、黄土、冻土等地段。 3.埋深小于1倍跨度的浅埋地段；可能产生坍塌或滑坡的偏压地段；隧道上部存在需要保护的建筑物地段；隧道下穿水库或河沟地段。 4.Ⅳ级及以上软弱围岩地段跨度不小于18m的特大跨度隧道。 5.连拱隧道；中夹岩柱小于1倍隧道开挖跨度的小净距隧道；长度大于100m的偏压棚洞。 6.高瓦斯或瓦斯突出隧道。 7.水下隧道
7	起重吊装工程	1.采用非常规起重设备、方法，且单件起吊重量在10kN及以上的起重吊装工程。 2.采用起重机械进行安装的工程。 3.起重机械设备自身的安装、拆卸	1.采用非常规起重设备、方法，且单件起吊重量在100kN及以上的起重吊装工程。 2.起吊重量在300kN及以上的起重设备安装、拆卸工程
8	拆除、爆破工程	1.桥梁、隧道拆除工程。 2.爆破工程	1.大桥及以上桥梁拆除工程。 2.一级及以上公路隧道拆除工程。 3.C级及以上爆破工程、水下爆破工程

表1-1以《公路水运工程安全生产监督管理办法》(交通部令2007年第1号)规定的10类为基础，结合《条例》的有关要求以及公路施工特点，按照先基础后主体、先普通后特殊的原则，将公路工程危险性较大的工程分为8类、33项，并明确了需要专家论证、审查的32项工程。补充和细化了《公路水运工程安全生产监督管理办法》(交通部令2007年第1号)中的相关规定，明确了需专家论证、审查的工程规模。

4)《公路水运工程安全生产监督管理办法》(交通运输部令2017年第25号)

本办法自2017年8月1日起施行。交通部于2007年2月14日以交通部令2007年第1号发布、交通运输部于2016年3月7日以交通运输部令2016年第9号修改的《公路水运工程安全生产监督管理办法》同时废止。新办法的出台主要基于以下背景：

2016 年 1 月 6 日，习近平总书记在中共中央政治局常委会会议上对全面加强安全生产工作提出明确要求，强调血的教训警示我们，公共安全绝非小事，必须坚持安全发展，扎实落实安全生产责任制，堵塞各类安全漏洞，坚决遏制重特大事故频发势头，对易发重特大事故的行业领域采取风险分级管控、隐患排查治理双重预防性工作机制，确保人民生命财产安全❶。

按照习近平总书记建立"双重预防机制"的要求，国务院安全生产委员会于 2016 年 4 月下发了《关于印发标本兼治遏制重特大事故工作指南的通知》(安委办〔2016〕3 号)。通知明确提出：到 2018 年，构建形成点、线、面有机结合、无缝对接的安全风险分级管控和隐患排查治理双重预防性工作体系。

2016 年 10 月，国务院安全生产委员会办公室下发了《关于实施遏制重特大事故工作指南构建双重预防机制的意见》(安委办〔2016〕10 号)，要求尽快建立健全安全风险分级管控和隐患排查治理的工作制度和规范，完善技术工程支撑、智能化管控、第三方专业化服务的保障措施，实现企业安全风险自辨自控、隐患自查自治，形成政府领导有力、部门监管有效、企业责任落实、社会参与有序的工作格局，提升安全生产整体预控能力，夯实遏制重特大事故的坚强基础。

2016 年 12 月，中共中央、国务院出台《关于推进安全生产领域改革发展的意见》，要求构建风险分级管控和隐患排查治理双重预防工作机制，严防风险演变、隐患升级导致生产安全事故发生。

2017 年 1 月，国务院办公厅发布《安全生产"十三五"规划》，规定了加快构建风险等级管控、隐患排查治理两条防线的时间表和路线图。

2017 年 5 月，交通运输部为构建安全生产风险管理和隐患治理双重预防体系，贯彻落实中共中央、国务院关于推进安全生产领域改革发展的重要要求，转变安全生产管理方式，提高安全生产管理水平，有效防范和遏制安全生产重特大事故，按照"标本兼治、综合治理、系统建设"的总要求，出台了《公路水路行业安全生产风险管理暂行办法》《公路水路行业安全生产隐患治理暂行办法》(交安监发〔2017〕60 号)。

由此，风险管理和隐患治理成了安全生产管理的重要内容。交通运输部结合行业特点发布的《公路水运工程安全生产监督管理办法》紧紧围绕这两个方面对公路水运工程的安全生产管理进行了全面的梳理，重新明确了各方安全生产责任："公路水运工程建设应当实施安全生产风险管理，按规定开展设计、施工安全风险评估。设计单位应当依据风险评估结论，对设计方案进行修改完善。施工单位应当依据风险评估结论，对风险等级较高的分部分项工程编制专项施工方案，并附安全验算结果，经施工单位技术负责人签字后报监理工程师批准执行。必要时，施工单位应当组织专家对专项施工方案进行论证、审核。"

新办法围绕危大工程提出了"六专"要求：

(1)专项风险评估："公路水运工程建设应当实施安全生产风险管理，按规定开展设计、施工安全风险评估。"(第二十四条)

(2)专项施工方案："施工单位应当依据风险评估结论，对风险等级较高的分部分项

❶ 习近平：坚定不移保障安全发展 坚决遏制重特大事故频发[N].人民日报，2016 年 01 月 07 日 01 版。

工程编制专项施工方案。”(第二十四条)

(3)专家论证:“必要时,施工单位应当组织专家对专项施工方案进行论证、审核。”(第二十四条)

(4)专项预案:“建设、施工等单位应当针对工程项目特点和风险评估情况分别制定项目综合应急预案、合同段施工专项应急预案和现场处置方案,告知相关人员紧急避险措施,并定期组织演练。”(第二十五条)

(5)专项治理:“重大事故隐患还应当按规定上报和专项治理。”(第四十一条)

(6)专项督查:“交通运输主管部门在专业性较强的监督检查中,可以委托具备相应资质能力的机构或者专家开展检查、检测和评估,所需费用按照本级政府购买服务的相关程序要求进行申请。”(第五十条)

这与2007年版相比,危大工程不再局限于10大类33项,而是通过风险评估后,风险等级较高的都是危大工程,对所有风险等级较高的都需编制专项施工方案。由此看出,新办法是在“双重治理”的基础上,编制了“纵向到底,横向到边”安全管理网络体系。

5)《危险性较大的分部分项工程安全管理规定》(住房和城乡建设部2018年第37号令)

《危险性较大的分部分项工程安全管理规定》(简称《管理规定》)分七章共40条,对危大工程给出了正式的定义,对危大工程的前期保障、专项施工方案、现场管理、监督管理、法律责任作出了明确的规定。

(1)明确危大工程定义和范围。《管理规定》明确,危大工程是指房屋建筑和市政基础设施工程在施工过程中,容易导致人员群死群伤或造成重大经济损失的分部分项工程。考虑到危大工程范围要根据安全生产工作需要适时调整,《管理规定》没有详细列出,住房和城乡建设部将另行制定配套文件予以明确。

(2)强化危大工程参与各方主体责任。《管理规定》系统规定了危大工程参与各方安全管理职责,特别是明确了建设、勘察、设计单位的责任,进一步健全了危大工程安全管理体系。如建设单位应当组织勘察、设计等单位在施工招标文件中列出危大工程清单,在申请办理安全监督手续时应当提交危大工程清单及其安全管理措施等资料;勘察单位应当在勘察文件中说明地质条件可能造成的工程风险;设计单位应当在设计文件中注明涉及危大工程的重点部位和环节,提出保障工程周边环境安全和工程施工安全的意见等。

(3)确立危大工程专项施工方案编制及论证制度。《管理规定》要求施工单位应当在危大工程施工前组织工程技术人员编制专项施工方案,对于超过一定规模的危大工程,应当组织召开专家论证会对专项施工方案进行论证,并明确规定了组织专家论证的工作程序、参与论证专家的数量及专业、论证报告以及专项施工方案论证后修改完善等方面要求。

(4)强化现场安全管理措施。《管理规定》对危大工程施工现场安全管理作出详细规定,要求施工单位在专项施工方案实施前要进行方案交底和安全技术交底,必须严格按照专项施工方案组织施工,项目负责人应当在施工现场履职,项目专职安全生产管理人员应当进行现场监督,监理单位应当编制监理实施细则并对危大工程施工实施专项巡视检查等,并明确规定了第三方监测和组织验收等方面要求。

(5)加强危大工程监督管理。《管理规定》要求相关监管部门要对危大工程进行抽查，对违法行为实施处罚，并将处罚信息纳入不良信用记录。同时，细化明确了相关罚则，加大了对违法行为的惩戒力度，使监管执法更具可操作性，有效提高监管执法的威慑力和有效性。

(6)前期工作保障方面明确："建设单位应当依法提供真实、准确、完整的工程地质、水文地质和工程周边环境等资料；组织勘察、设计等单位在施工招标文件中列出危大工程清单，要求施工单位在投标时补充完善危大工程清单并明确相应的安全管理措施；按照施工合同约定及时支付危大工程施工技术措施费以及相应的安全防护文明施工措施费，保障危大工程施工安全；在申请办理安全监督手续时，应当提交危大工程清单及其安全管理措施等资料。勘察单位应当根据工程实际及工程周边环境资料，在勘察文件中说明地质条件可能造成的工程风险。设计单位应当在设计文件中注明涉及危大工程的重点部位和环节，提出保障工程周边环境安全和工程施工安全的意见，必要时进行专项设计。"

(7)专项施工方案方面明确："施工单位应当在危大工程施工前组织工程技术人员编制专项施工方案。实行施工总承包的，专项施工方案应当由施工总承包单位组织编制。危大工程实行分包的，专项施工方案可以由相关专业分包单位组织编制。应当由总承包单位技术负责人及分包单位技术负责人共同审核签字并加盖单位公章。"同时规定"对于超过一定规模的危大工程，施工单位应当组织召开专家论证会对专项施工方案进行论证。实行施工总承包的，由施工总承包单位组织召开专家论证会。专家论证前专项施工方案应当通过施工单位审核和总监理工程师审查。""专家论证会后，应当形成论证报告，对专项施工方案提出通过、修改后通过或者不通过的一致意见。专家对论证报告负责并签字确认。专项施工方案经论证需修改后通过的，施工单位应当根据论证报告修改完善后，重新报专家确认。专项施工方案经论证不通过的，施工单位修改后应当按照本规定的要求重新组织专家论证。"

(8)法律责任方面明确了各方违反相关行为将依照《中华人民共和国安全生产法》《条例》对单位或个人进行处罚。

6)住房和城乡建设部办公厅关于实施《危险性较大的分部分项工程安全管理规定》有关问题的通知(建办质〔2018〕31号)

为配合《危险性较大的分部分项工程安全管理规定》的实施，住房和城乡建设部办公厅2018年5月17日发布了建办质〔2018〕31号《关于实施有关问题的通知》，对危大工程范围做了详细说明(表1-2)。

危险性较大的分部分项工程范围 表1-2

序号	类别	危险性较大的分部分项工程范围	超过一定规模的危险性较大的分部分项工程范围
1	基坑工程	1.开挖深度超过3m(含3m)的基坑(槽)的土方开挖、支护、降水工程。 2.开挖深度虽未超过3m，但地质条件、周围环境和地下管线复杂，或影响毗邻建、构筑物安全的基坑(槽)的土方开挖、支护、降水工程	开挖深度超过5m(含5m)的基坑(槽)的土方开挖、支护、降水工程

序号	类别	危险性较大的分部分项工程范围	超过一定规模的危险性较大的分部分项工程范围
2	模板工程及支撑体系	1.各类工具式模板工程:包括滑模、爬模、飞模、隧道模等工程。 2.混凝土模板支撑工程:搭设高度5m及以上,或搭设跨度10m及以上,或施工总荷载(荷载效应基本组合的设计值,以下简称设计值)10kN/m² 及以上,或集中线荷载(设计值)15kN/m及以上,或高度大于支撑水平投影宽度且相对独立无联系构件的混凝土模板支撑工程。 3.承重支撑体系:用于钢结构安装等满堂支撑体系	1.各类工具式模板工程:包括滑模、爬模、飞模、隧道模等工程。 2.混凝土模板支撑工程:搭设高度8m及以上,或搭设跨度18m及以上,或施工总荷载(设计值)15kN/m² 及以上,或集中线荷载(设计值)20kN/m及以上。 3.承重支撑体系:用于钢结构安装等满堂支撑体系,承受单点集中荷载7kN及以上
3	起重吊装及起重机械安装拆卸工程	1.采用非常规起重设备、方法,且单件起吊重量在10kN及以上的起重吊装工程。 2.采用起重机械进行安装的工程。 3.起重机械安装和拆卸工程	1.采用非常规起重设备、方法,且单件起吊重量在100kN及以上的起重吊装工程。 2.起吊重量300kN及以上,或搭设总高度200m及以上,或搭设基础标高在200m及以上的起重机械安装和拆卸工程
4	脚手架工程	1.搭设高度24m及以上的落地式钢管脚手架工程(包括采光井、电梯井脚手架)。 2.附着式升降脚手架工程。 3.悬挑式脚手架工程。 4.高处作业吊篮。 5.卸料平台、操作平台工程。 6.异型脚手架工程	1.搭设高度50m及以上的落地式钢管脚手架工程。 2.提升高度在150m及以上的附着式升降脚手架工程或附着式升降操作平台工程。 3.分段架体搭设高度20m及以上的悬挑式脚手架工程
5	拆除工程	可能影响行人、交通、电力设施、通信设施或其他建、构筑物安全的拆除工程	1.码头、桥梁、高架、烟囱、水塔或拆除中容易引起有毒有害气(液)体或粉尘扩散、易燃易爆事故发生的特殊建、构筑物的拆除工程。 2.文物保护建筑、优秀历史建筑或历史文化风貌区影响范围内的拆除工程
6	暗挖工程	采用矿山法、盾构法、顶管法施工的隧道、洞室工程	采用矿山法、盾构法、顶管法施工的隧道、洞室工程
7	其他	1.建筑幕墙安装工程。 2.钢结构、网架和索膜结构安装工程。 3.人工挖孔桩工程。 4.水下作业工程。 5.装配式建筑混凝土预制构件安装工程。 6.采用新技术、新工艺、新材料、新设备可能影响工程施工安全,尚无国家、行业及地方技术标准的分部分项工程	1.施工高度50m及以上的建筑幕墙安装工程。 2.跨度36m及以上的钢结构安装工程,或跨度60m及以上的网架和索膜结构安装工程。 3.开挖深度16m及以上的人工挖孔桩工程。 4.水下作业工程。 5.重量1000kN及以上的大型结构整体顶升、平移、转体等施工工艺。 6.采用新技术、新工艺、新材料、新设备可能影响工程施工安全,尚无国家、行业及地方技术标准的分部分项工程

(1)关于危大工程范围

(2)关于专项施工方案内容

危大工程专项施工方案的主要内容应当包括:

①工程概况:危大工程概况和特点、施工平面布置、施工要求和技术保证条件。

②编制依据:相关法律、法规、规范性文件、标准、规范及施工图设计文件、施工组织设计等。

③施工计划:包括施工进度计划、材料与设备计划。

④施工工艺技术:技术参数、工艺流程、施工方法、操作要求、检查要求等。

⑤施工安全保证措施:组织保障措施、技术措施、监测监控措施等。

⑥施工管理及作业人员配备和分工:施工管理人员、专职安全生产管理人员、特种作业人员、其他作业人员等。

⑦验收要求:验收标准、验收程序、验收内容、验收人员等。

⑧应急处置措施。

⑨计算书及相关施工图纸。

(3)关于专家论证会参会人员

超过一定规模的危大工程专项施工方案专家论证会的参会人员应当包括:

①专家。

②建设单位项目负责人。

③有关勘察、设计单位项目技术负责人及相关人员。

④总承包单位和分包单位技术负责人或授权委派的专业技术人员、项目负责人、项目技术负责人、专项施工方案编制人员、项目专职安全生产管理人员及相关人员。

⑤监理单位项目总监理工程师及专业监理工程师。

(4)关于专家论证内容

对于超过一定规模的危大工程专项施工方案,专家论证的主要内容应当包括:

①专项施工方案内容是否完整、可行。

②专项施工方案计算书和验算依据、施工图是否符合有关标准规范。

③专项施工方案是否满足现场实际情况,并能够确保施工安全。

(5)关于专项施工方案修改

超过一定规模的危大工程专项施工方案经专家论证后结论为“通过”的,施工单位可参考专家意见自行修改完善;结论为“修改后通过”的,专家意见要明确具体修改内容,施工单位应当按照专家意见进行修改,并履行有关审核和审查手续后方可实施,修改情况应及时告知专家。

(6)关于监测方案内容

进行第三方监测的危大工程监测方案的主要内容应当包括工程概况、监测依据、监测内容、监测方法、人员及设备、测点布置与保护、监测频次、预警标准及监测成果报送等。

(7)关于验收人员

危大工程验收人员应当包括:

①总承包单位和分包单位技术负责人或授权委派的专业技术人员、项目负责人、项目技术负责人、专项施工方案编制人员、项目专职安全生产管理人员及相关人员。

②监理单位项目总监理工程师及专业监理工程师。

③有关勘察、设计和监测单位项目技术负责人。

(8)关于专家条件

设区的市级以上地方人民政府住房城乡建设主管部门建立的专家库专家应当具备以下基本条件:

①诚实守信、作风正派、学术严谨。

②从事相关专业工作15年以上或具有丰富的专业经验。

③具有高级专业技术职称。

(9)关于专家库管理

设区的市级以上地方人民政府住房城乡建设主管部门应当加强对专家库专家的管理,定期向社会公布专家业绩,对于专家不认真履行论证职责、工作失职等行为,记入不良信用记录,情节严重的,取消专家资格。

7)《公路水路行业安全生产风险辨识评估管控基本规范(试行)》(交办安监〔2018〕135号)

为了规范公路水路行业安全生产风险管理,引导行业主动识别风险管理需求,积极实施针对性的风险管控,从而达到预防公路水路行业各类突发事件的发生,保障人民生命财产安全,交通运输部于2018年出台了本规范。该规范具有以下几个鲜明的特点:

(1)强调安全管理是一个全员、全过程、各环节管控的过程

规范中明确安全管理必须坚持"以人为本、安全发展、综合治理"的发展理念,强化和落实了生产经营单位的主体责任,建立了生产经营单位负责、职工参与、政府监管、行业自律和社会监督的机制,积极引导全员参与,开展全过程、各环节控制,以预防和减少事故发生,提高安全生产管理水平,保证生产经营活动的顺利进行。

(2)制定了风险管理原则

①业务融合原则:风险管理应贯穿于交通运输生产经营全过程、各环节,并与业务管理有机融合。从业人员应树立安全生产风险管理理念,并执行风险管理政策、制度、管理程序和要求。

②系统化原则:风险管理工作应针对相互独立的作业单元,按照人、设施设备、环境、管理四要素,系统化开展致险因素分析。

③动态管理原则:公路水路交通运输行业安全生产风险管理需求随业务范围、生产区域、管理单元、作业环节、流程工艺等的变化而动态变化,风险管理辨识、评估、管控工作应相应动态调整。

(3)规范了风险辨识程序

①确定辨识范围:公路水路交通运输行业生产经营单位,应根据业务经营范围,综合考虑不同业务范围风险事件发生的独立性,以及历史风险事件发生情况,研究确定一个或以上风险辨识范围。

②划分作业单元：公路水路交通运输行业生产经营单位，应按照风险管理需求"独立性"原则，根据业务范围、生产区域、管理单元、作业环节、流程工艺等进行作业单元划分，并建立作业单元清单。

③确定风险事件：针对不同作业单元，结合日常安全生产管理实际，综合考虑历史风险事件发生情况，研究确定各作业单元可能发生的风险事件。

④分析致险因素：针对不同作业单元，按照人、设施设备（含货物或物料）、环境、管理四要素进行主要致险因素分析。

⑤编制风险辨识手册：针对本单位生产经营活动范围及其生产经营环节，按照相关法规标准和本规范的相关要求，编制风险辨识手册，明确风险辨识范围、划分作业单元、确定风险事件、分析致险因素。

（4）明确了风险等级的划分标准

公路水路交通运输行业安全生产风险等级（D）由高到低统一划分为四级：重大、较大、一般、较小。风险等级（D）大小由风险事件发生的可能性（L）、后果严重程度（C）两个指标决定，$D=L\times C$。

风险等级取值区间表见表1-3。表中区间符号"[ ]"包括等于，"( )"不包括等于，如：区间(0,5]表示0<取值≤5，下同。

风险等级取值区间表 表1-3

风险等级	风险等级取值区间	风险等级	风险等级取值区间
重大	(55,100]	一般	(5,20]
较大	(20,55]	较小	(0,5]

可能性统一划分为五个级别，分别是：极高、高、中等、低、极低。可能性判断标准表见表1-4。

可能性判断标准表 表1-4

序号	可能性级别	发生的可能性	取值区间
1	极高	极易	(9,10]
2	高	易	(6,9]
3	中等	可能	(3,6]
4	低	不大可能	(1,3]
5	极低	极不可能	(0,1]

后果严重程度统一划分为四个级别，特别严重、严重、较严重、不严重，见表1-5。

后果严重程度等级取值表 表1-5

后果严重程度等级	后果严重程度取值	后果严重程度等级	后果严重程度取值
特别严重	10	较严重	2
严重	5	不严重	1

（5）规定了指标体系的确定方法

可能性指标（L）要针对不同作业单元，搜集生产经营单位近年来突发事件发生情况频次数据，并根据最新辨识到的主要致险因素，结合行业实践经验，进行风险事件发生可能性评价，并通过可能性判断标准，进行突发事件发生可能性评分。

严重程度指标(C)要针对不同作业单元，分析风险事件发生后，可能造成的最大人员伤亡、经济损失、环境污染、社会影响等，综合参考历史上类似事件的后果，将后果严重程度作为判断标准，进行后果严重程度指标评分。

(6)制定了风险等级的调整与变更

风险管理对象初评为“重大风险”后，针对不可接受风险，生产经营单位应针对主要致险因素(人、设施设备、环境、管理)，及时通过人、财、物、技术等方面的投入，降低风险等级，经重新评估后可变更风险等级。针对因主、客观因素，不可降低的“重大风险”，应积极加强风险管控。

生产经营单位发现新的致险因素出现，或已有主要致险因素发生变化，导致发生风险事件可能性，或后果严重程度显著变化时，应及时开展风险再评估，并变更风险等级。

(7)明确了风险管控的责任、制度及措施

生产经营单位应严格落实风险管控主体责任，结合生产经营业务风险管控需求，以及机构设置情况，按照“分级管理”原则，明确不同等级风险管控责任分工，并细化岗位责任。

生产经营单位应制定本单位的各项风险管控制度，包括：风险监控预警、风险警示告知、风险降低、教育培训、档案管理、风险控制等工作制度。

突发事件发生后，应依据《中华人民共和国突发事件应对法》，按照“分级负责、属地管理”的原则，严格执行行业、生产经营单位制定的相关应急预案、应急协调联动机制，接受地方政府、行业管理部门的统一应急指挥决策、应急协调联动、应急信息发布，并积极开展突发事件现场的应急处置工作。重大风险应单独编制专项应急措施，定期开展重大风险应急处置演练。

生产经营单位应落实重大风险信息登记备案规定，如实记录风险辨识、评估、监测、管控等工作，并规范管理档案。重大风险应单独建立清单和专项档案。应明确信息登记责任人，严格遵守报备内容、方式、时限、质量等要求，接受相关管理部门监督。

生产经营单位应结合本单位风险管理实际，针对全体员工特别是关键岗位人员，加强风险管理教育培训，明确教育培训内容、对象、时间安排等。

生产经营单位应落实档案管理制度，规范档案管理，如实记录风险辨识、评估、管控，以及教育培训、登记备案等工作痕迹和信息，遵守行业管理部门相关信息报备要求，重大风险应单独建档。

8)《公路水运工程施工安全风险评估指南》

为让评估人员在评估公路水运工程施工安全风险时有据可依、规范公路水运工程施工安全风险评估工作、提高评估的质量和评估效率、提升施工安全管理水平，交通运输部于2022年1月13日发布《公路水运工程施工安全风险评估指南》(JT/T 1375—2022，简称《指南》)第1、5、6、7部分，并于2022年4月13日实施。

《指南》是指导公路水运工程施工安全风险评估的基础性和通用性标准。《指南》旨在指导公路水运工程施工安全风险评估工作的开展,由以下 7 个部分构成。

①总体要求。确立适用于开展公路水运工程施工安全风险评估工作需要遵守的通用规则和基本规定。

②桥梁工程。为桥梁工程施工安全风险评估工作的开展提供可操作、可参考的评估程序和方法。

③隧道工程。为隧道工程施工安全风险评估工作的开展提供可操作、可参考的评估程序和方法。

④边坡工程。为边坡工程施工安全风险评估工作的开展提供可操作、可参考的评估程序和方法。

⑤港口工程。为港口工程施工安全风险评估工作的开展提供可操作、可参考的评估程序和方法。

⑥航道工程。为航道工程施工安全风险评估工作的开展提供可操作、可参考的评估程序和方法。

⑦船闸工程。为船闸工程施工安全风险评估工作的开展提供可操作、可参考的评估程序和方法。

目前,《指南》已经发布了以下部分:总体要求、港口工程、航道工程和船闸工程。桥梁工程和隧道工程部分发布了征求意见稿,可供参考。

与《公路水路行业安全生产风险辨识评估管控基本规范(试行)》相比,《指南》主要有如下特征:

(1)规范了评估流程

施工安全风险评估工作应成立评估小组,收集所需资料,明确评估对象,确定评估指标,然后对评估指标进行赋值,提出风险控制措施,出具风险报告。评估小组成员应严格按照评估流程和要求开展评估工作,评估结果应通过评估小组集体讨论确定。桥梁工程、隧道工程、边坡工程、港口工程、航道工程和船闸工程施工安全风险评估工作还应符合各类工程的具体要求。

(2)要求更明确

施工安全风险评估分为总体风险评估和专项风险评估(图 1-2)两个阶段。总体风险评估宜在项目施工招标前完成。专项风险评估包括施工前专项风险评估、施工过程专项风险评估和风险控制预期效果评价等环节,贯穿整个施工过程。

总体风险评估宜采用专家调查法(图 1-3)和指标体系法(图 1-4)等方法。专项风险评估可综合采用安全检查表法、作业条件危险性评价法(LEC 法)、专家调查法、指标体系法、风险矩阵法等方法,必要时宜采用两种以上方法比对验证风险评估结果。当采用不同方法得出的评估结果出现较大差异时,应分析导致较大差异的原因,确定合理的评估结果。

总体风险评估结论可为建设单位的项目组织实施、安全管理力量投入、资源配置和施工单位选择等方面的决策提供支持,可作为施工单位编制施工组织设计和开展专项风险评估的依据。专项风险评估结论应作为施工单位完善施工组织设计、编制完善专项施工方案的依据。

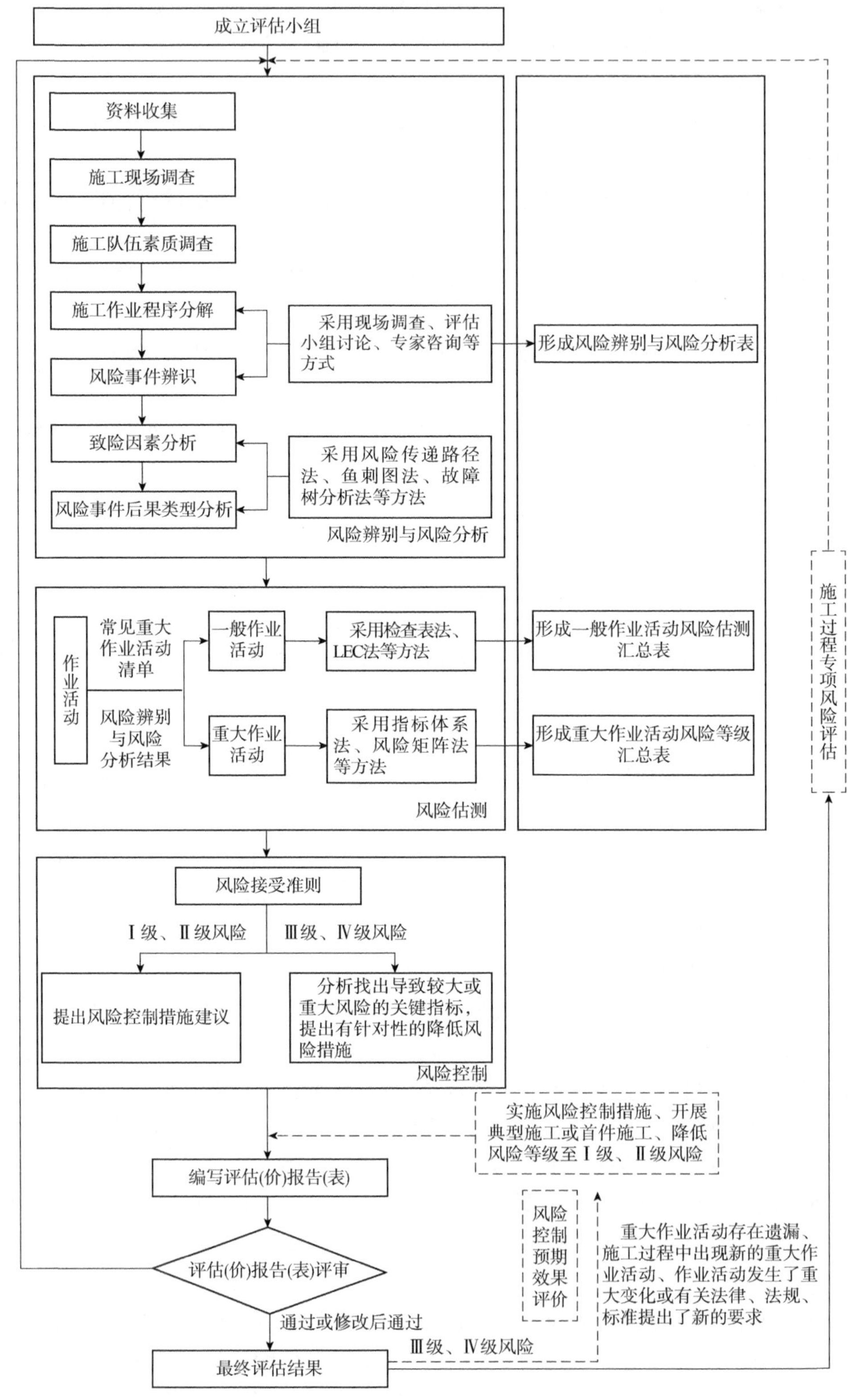

图 1-2 专项风险评估流程

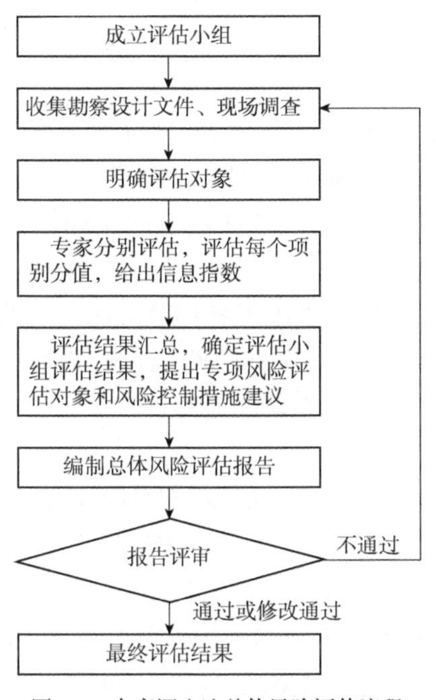

图 1-3　专家调查法总体风险评估流程

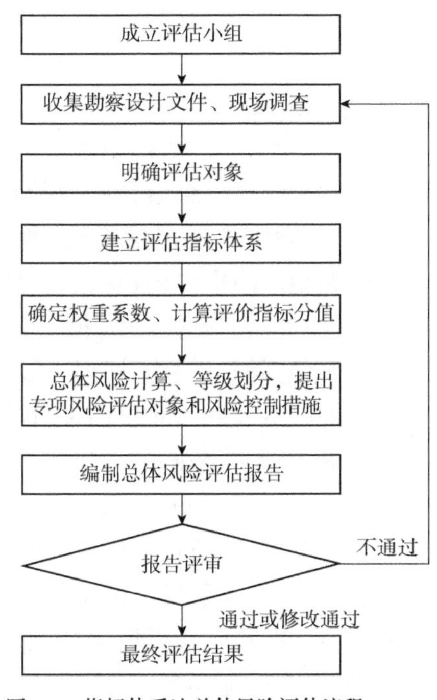

图 1-4　指标体系法总体风险评估流程

工程施工应实施全过程风险分级管控和风险警示告知、监控预警制度。在项目实施前期阶段,应根据总体风险评估结果采取相应措施,并在后续项目施工阶段根据专项风险评估结果采取事前预控、事中监控、事后评价的方式,实施动态、循环的风险控制,直至将风险降低到可接受的程度。施工过程中的风险监控宜采用信息化、智能化、可视化方式。

分部分项工程开工前,应完成施工前专项风险评估。施工前专项风险评估结论及重大作业活动清单应作为专项施工方案的专篇,在此基础上细化改进施工安全风险监测与控制措施。

施工过程中,出现如下情况之一的,应开展施工过程专项风险评估:

①重大作业活动存在遗漏。

②经项目建设、施工、监理单位或评估单位提出并经论证出现了新的重大作业活动。

③经项目建设、施工、监理单位或评估单位发现并提出原有的作业活动发生了重大变化,如现场揭示水文地质条件与事前判别的水文地质条件相差较大且趋于劣化、主要施工工艺发生实质性改变、发生对施工安全风险产生较大影响的设计变更、发生重大险情或生产安全事故等情况。

④有关法律、法规、标准提出了新的要求。

对于较大风险(Ⅲ级)和重大风险(Ⅳ级)的作业活动,应在实施风险控制措施、完成典型施工或首件施工后,开展风险控制预期效果评价。

(3)指标体系完善

《指南》第 2 部分:桥梁工程(征求意见稿)给出了常见风险事件一级指标。

《指南》第 3 部分:隧道工程(征求意见稿)给出公路隧道工程施工前洞口失稳、隧道坍塌、隧道涌水突泥、隧道围岩大变形、隧道瓦斯爆炸、隧道岩爆等6类风险事件可能性评估指标体系。

(4)风险事件类型罗列齐全

《指南》第2部分:桥梁工程(征求意见稿)给出通用施工作业、常见分项工程的典型风险事件,梁式桥、拱桥、悬索桥及斜拉桥的特有施工作业及典型风险事件类型。此外,涉水作业典型风险事件还包括淹溺,通航水域作业典型风险事件还包括船舶撞击结构物,船舶作业典型风险事件还包括水上交通事故。

《指南》第3部分:隧道工程(征求意见稿)给出公路隧道施工各环节可能出现的典型风险事故类型,包括洞口失稳、坍塌、涌水突泥、大变形、可燃气体爆炸、岩爆、爆炸、火灾、物体打击、高处坠落、触电、起重伤害、冒顶片帮、机械伤害、车辆伤害等。

(5)风险控制具体措施

《指南》第3部分:隧道工程(征求意见稿)给出隧道洞口失稳、隧道坍塌、隧道涌水突泥、隧道围岩大变形、隧道瓦斯爆炸、隧道岩爆等6类风险事件控制措施建议。

隧道洞口失稳风险事件可从前期调查、开挖作业、支护作业、监控量测、安全培训等方面分别制定具体措施;隧道坍塌风险事件可从前期调查、开挖作业、支护方式、监控量测、二次衬砌、安全教育等方面分别制定具体措施;隧道涌水突泥风险事件可从前期资料收集、施工计划、开挖作业、警报装置、应急措施、防涌水突泥培训等方面分级制定具体对策措施;隧道围岩大变形风险事件可从前期调查、开挖技术、防水排水、初期支护、监控量测、二次衬砌、应急措施等方面分别制定具体措施;隧道瓦斯爆炸风险事件,可从前期资料收集、施工中调查、瓦斯检测、通风、警报装置、火源管理、应急措施、防瓦斯培训等方面制定具体对策措施;隧道岩爆风险事件可从前期资料收集、施工计划、开挖作业、警报装置、应急措施、岩爆防护培训等方面分别制定具体措施。

《指南》不仅规范了公路水运工程施工安全风险评估工作,提高评估的质量和评估效率,而且对于助力施工生产安全风险管控,专项施工方案编制均具有较强的指导和引领作用。

9)《危险性较大的分部分项工程专项施工方案专家论证管理办法(征求意见稿)》(住房和城乡建设部2023年)

为健全房屋市政工程安全风险分级管控和隐患排查治理双重预防机制,规范危险性较大的分部分项工程专家库管理和专家论证行为,提高危大工程专项施工方案质量,在原《危险性较大工程安全专项施工方案编制及专家论证审查办法》《危险性较大的分部分项工程安全管理规定》的基础上,重新制定了关于专项施工方案专家论证的管理办法。目前正在征求意见稿阶段。该办法对专家库的建立、专家的条件、专家的职责、专家论证会的形式、专家论证的结论都做了详细的规定,特别与以往管理办法不同的是直接提出了专家论证结论“不通过”的负面清单。其相关规定主要有:

(1)关于专家库的建立

①明确了设区的市级以上地方人民政府住房和城乡建设主管部门应当建立本地区的危大工程专项施工方案论证专家库并加强管理。

②规定了专家库名单必须定期更新并向社会公示。

③专家库所设专业应能涵盖所在地区的工程实际。

(2)关于专家的要求

①基本条件在原要求的15年以上工作经历和具备高级技术职称基础上增加了年龄限制,原则不超过70周岁,身体健康。

②规定了每届任期为3年。

③明确了每位专家在专家库内任职专业原则不超过3个。

(3)关于专家论证会的形式

①论证会原则上应在施工现场召开。

②论证会召开前应组织专家进行现场踏勘。

③不具备组织会议条件的应提供能够客观完整反映施工现场条件的影像资料。

④应全程视频记录会议过程,视频记录应保存至工程建设活动结束为止。

(4)关于专家论证主要技术要点

①工程及周边环境条件描述是否全面、清晰、真实。

②编制依据是否齐全、有效。

③风险辨识及分级是否全面、准确,风险管控措施是否具有针对性和可操作性。

④施工计划(部署)是否合理。

⑤施工现场布置和资源配置是否合理。

⑥施工工艺流程、技术参数等是否满足设计工况和现场实际情况。

⑦施工保证措施是否具有针对性和可操作性;监测方案是否合理。

⑧危大工程验收要求是否符合相关规定及标准。

⑨应急处置措施是否具有针对性和有效性。

⑩计算书及相关施工图纸是否符合有关标准。

(5)关于论证结论为"不通过"的情形

管理办法共列入76种"不通过"的情形,也就是只要有列出的情形之一,其专项施工方案就"一票否决",不予通过。

1.3 专项施工方案管理流程

危险性较大的分部分项工程专项施工方案(简称"专项施工方案")是指施工单位在编制施工组织(总)设计的基础上,除所编制的安全技术措施和施工临时用电方案之外,针对危险性较大的分部分项工程应当单独编制专项施工方案。施工单位应当在危大工程施工前组织工程技术人员编制专项施工方案。其审批流程如图1-5所示。

实行施工总承包的,专项施工方案应当由施工总承包单位组织编制。危大工程实行分包的,专项施工方案可以由相关专业分包单位组织编制。但专项施工方案应当由总承包单位技术负责人及分包单位技术负责人共同审核签字并加盖单位公章。

专项施工方案应当由施工单位技术负责人审核签字、加盖单位公章,并由总监理工程师审查签字、加盖执业印章后方可实施。

对于超过一定规模的危大工程,施工单位应当组织召开专家论证会对专项施工方案进行论证。实行施工总承包的,由施工总承包单位组织召开专家论证会。专家论证会由施工单位组织,建设单位技术负责人主持。专家论证前专项施工方案应当通过施工单位审核和总监理工程师审查。专家论证的流程如图 1-6 所示。

风险评估
≥Ⅲ级
按专家论证流程报批
<Ⅲ级
施工单位技术部门编制
不合格
施工单位技术负责人审核签字、加盖单位公章
不合格
总监理工程师审查签字、加盖职业印章
合格
实施

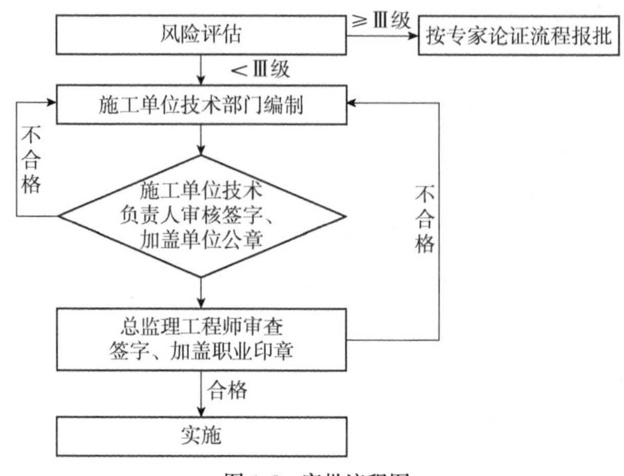

图 1-5　审批流程图

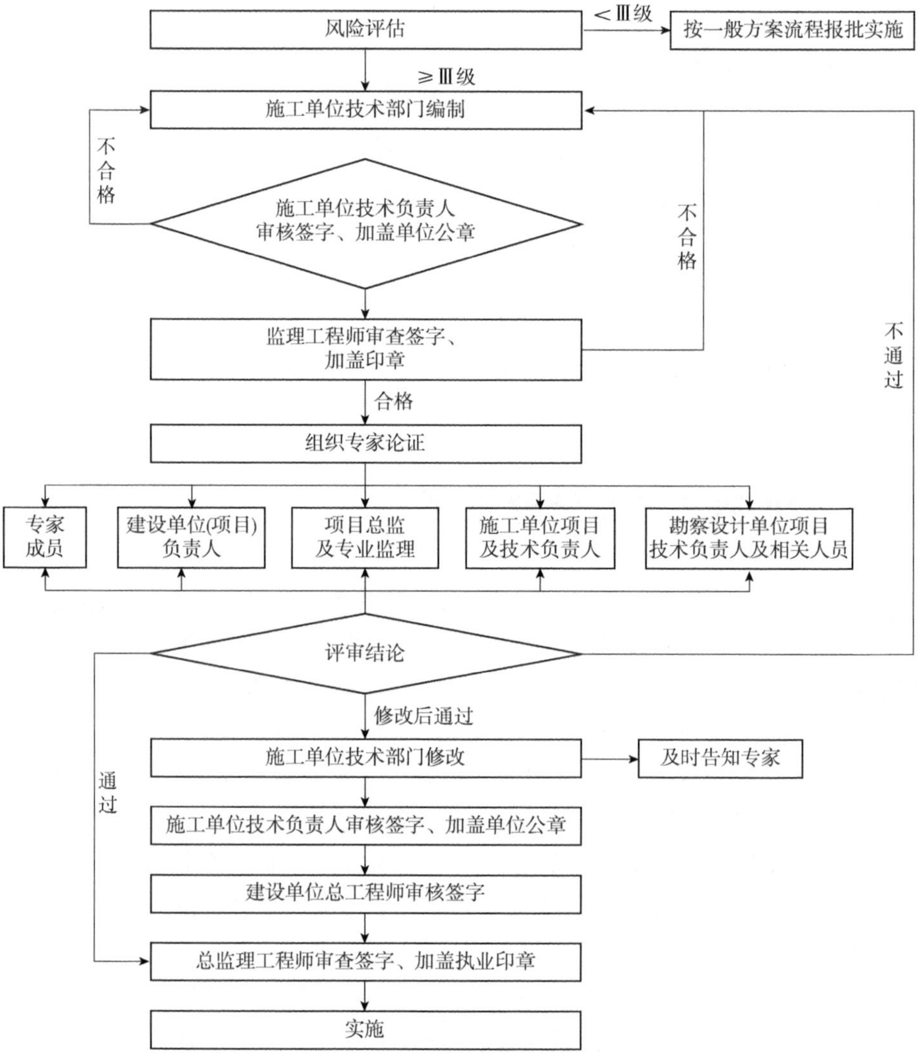

风险评估
<Ⅲ级
按一般方案流程报批实施
≥Ⅲ级
施工单位技术部门编制
不合格
施工单位技术负责人审核签字、加盖单位公章
不合格
监理工程师审查签字、加盖印章
合格
组织专家论证
不通过
专家成员
建设单位(项目)负责人
项目总监及专业监理
施工单位项目及技术负责人
勘察设计单位项目技术负责人及相关人员
评审结论
修改后通过
通过
施工单位技术部门修改
及时告知专家
施工单位技术负责人审核签字、加盖单位公章
建设单位总工程师审核签字
总监理工程师审查签字、加盖执业印章
实施

图 1-6　专家论证流程图

专家论证会后，应当形成论证报告，对专项施工方案提出通过、修改后通过或者不通过的一致意见。专家对论证报告负责并签字确认。

专项施工方案经论证需修改后通过的，施工单位应当根据论证报告修改完善后，专项施工方案应当由施工单位技术负责人审核签字、加盖单位公章，并由总监理工程师审查签字、加盖执业印章后方可实施。

专项施工方案经论证不通过的，施工单位修改后应当按照规定重新组织专家论证。

第2章

专项施工方案编制现状及对策

2.1 专项施工方案编制及执行存在的主要问题

随着国家对安全越来越重视,项目施工专项施工方案也得到前所未有的关注。很多项目从设计开始就提供了风险辨识,在施工前,有内部评审、外部评审,在施工中,有方案交底及执行监督,通过以上措施基本实现了风险控制。但是专项施工方案是个系统管理的过程,一些项目的工作人员对编制方案理解不到位,安全意识不强,存在评审流于形式、缺乏针对性等问题。

2.1.1 第三方风险评估不专业

“图之于未萌,虑之于未有。”安全管理的第一步就是风险源辨识。风险评估是打好“安全主动战”的关键一步,在安全管理过程中尤为重要。但某些项目却因未能识别风险源而导致工程存在较大风险。

某铁路项目,由于隧道需下穿既有高速公路,委托了一家评估公司对其进行风险评估。该评估公司依据《涉路项目工程技术评价规范》(DB53/T 2020—2017)认真开展风险源辨识,并采用了数值模拟分析,可最终却得出了错误的评估结论,从而导致工程发生不可估量的损失。

该铁路隧道全长2292m,从既有的高速公路下穿,隧道与高速公路斜交,交叉角度46°,埋深25.69m,断面开挖尺寸7.90m×9.78m。评价单位通过对项目实施可能出现的风险因素实地深入调查,对项目进行了包括涉路方案合规性、施工技术、行车安全、路产路权、自然灾害风险等五个方面的风险评价研究,并考虑了施工、材料、设备、技术、经济、环境和地理位置等重要因素的影响,完成了多层次动态的风险识别、风险评价、风险控制及风险对策的全过程。最终得出如下结论:

(1)通过对新建铁路专用线隧道施工进行数值模拟分析可知,铁路隧道各工况施工过程中,围岩 Z 方向最大位移量为5mm左右,参照《公路隧道施工技术细则》(JTG/T F60—2009)相关规定,隧道 Z 方向最大位移量未超过规范要求。

(2)铁路隧道实施引起公路路基沉降量较小,路基最大沉降量不足0.3mm,参照

《城市轨道交通工程监测技术规范》(GB 50911—2013)9.3.4 条的要求,高速公路、城市干线道路路基位移量应控制在 10~30mm,即本项目路基的最大沉降量未超过规范要求。

(3)根据设计单位提供的《隧道下穿高速安全检算报告》,数值模拟分析得出隧道施工引起公路最大沉降量为 1.08mm。本报告通过采用 midas GTS 有限元软件分析得出隧道施工引起公路最大沉降量为 0.3mm。两种分析方法结果均未超过规范要求,理论上可指导施工。

综上所述,隧道施工引起围岩位移量较小,隧道下穿高速公路的实施对公路路基沉降的影响较小。通过数值模拟,从施工技术风险、行车安全风险、路产路权风险、自然灾害风险分析,本项目的风险等级最高为Ⅱ级,属中度风险,风险水平有条件接受,本项目基本可行,下穿方案原则可行。

风险源是可能诱发风险的来源,风险源识别是风险评价的基础。该项目由于评估人员缺乏工程实践经验,未能发现现场实际存在的两个重要风险源。

一是该隧道属不属于浅埋?评估报告根据设计规范计算出该隧道浅埋标准为 23.22m,实际埋深为 25.69m,故判定为不属于浅埋隧道。可埋深 25.69m 与计算浅埋的标准 23.22m 仅相差 2.47m,如果去除高速公路沥青面层、基层、底基层、加强层厚度,再综合考虑高速公路每天 8 万多辆行车的动荷载因素,有经验的工程师都会按浅埋隧道来设防,而不能仅凭计算结果来下结论。

二是隧道是高风险还是低风险?地质超前预报揭示隧道的围岩等级为Ⅴ级,Ⅴ级围岩在隧道施工中必须按高风险来考虑,可评估单位花了大量人力物力,计算、推论、分析,得出的风险等级却是中度风险。两个重要的风险源未能识别出来,由此得出的风险评价结论就是错的,而依此结论编制的专项施工方案为工程施工埋下了重大安全隐患。

2.1.2 内部风险评估流于形式

生产经营单位内部风险辨识、评估工作开展不规范、不全面甚至不开展,评估流于形式。风险辨识、评估工作大多不是团队分工协作的结果,多数靠总工程师和技术部门的几位人员完成,辨识范围、作业单元、风险事件、致险因素等罗列不全,以致风险辨识手册编制不全,低估风险事件发生的可能性和后果严重程度,人为降低了风险等级,导致评估结果不完整、不准确,给施工过程中风险管理埋下隐患。更有项目团队就未开展此项工作,编制专项施工方案需要的数据全靠摘抄第三方总体及专项风险评估报告,或是照抄照搬以前的类似方案,以致大量淘汰、限制使用的工艺、设备、材料等出现在评估清单上。此类专项施工方案编制的深度、针对性、可操作性可想而知。

《公路水路行业安全生产风险辨识评估管控基本规范(试行)》明确指出,公路水路交通运输行业安全生产风险管理需求随业务范围、生产区域、管理单元、作业环节、流程工艺等的变化而动态变化,风险管理辨识、评估、管控工作应相应动态调整。施工过程中以上变化发生时,风险管理辨识、评估、管控工作开展不及时甚至未开展,致使专项施工方案需要修编、重新论证或增加论证等工作不能及时开展甚至未开展,导致施工延误或者原有方案针对性不足、失去指导意义等。

2.1.3 专项施工方案不专项

专项施工方案是针对危险性较大的分部分项工程编制的专项安全施工方案。可很多人将专项施工方案视同为施工组织设计。施工组织设计与专项施工方案既有联系又有区别：

(1)编制目的不同。施工组织设计是施工单位在施工前、拿到施工图设计后，对项目拟投入的人员、设备等管理体系的总体策划，是项目的战略部署。作为项目全局纲领性文件，施工组织设计应具有科学性和指导性，突出"组织"二字。专项施工方案是依据施工组织设计某一分部、分项工程施工的具体策划，依据质量和安全的要求编制具体的施工工艺，对人、机、料、法、环及工艺进行详细的部署，具有很强的针对性和可操作性。

(2)编制内容不同。施工组织设计编制的对象是工程整体，可以是一个建设项目或一个单位工程，其所包含的文件内容广泛，涉及工程施工的各个方面。专项施工方案编制的对象是分部、分项工程，它是指导具体的一个分部、分项工程施工的实施过程。

(3)侧重点不同。施工组织设计侧重决策，强调全局规划。专项施工方案侧重特殊的结构安全和施工安全，针对一些特殊的施工环境和施工工艺、设备安装的工艺而编写，讲究可操作性，强调通俗易懂，便于指导局部施工。

(4)出发点不同。施工组织设计从项目决策层的角度出发，是决策者意志的文件化反映。它更多反映的是方案确定的原则，是如何通过多方案比选确定施工方法的。专项施工方案从项目管理层的角度出发，是对施工方法的细化，它反映的是如何实施、如何保证质量、如何控制安全。

(5)编制审批不同。施工组织总设计、单位工程施工组织设计应由项目经理主持编制，项目经理部及有关部门参加，项目技术负责人组织有关人员完成其文本的编写工作并报项目建设单位或总监理工程师审批。专项施工方案可由项目经理部负责编制，也可由专业分包单位负责编制，但总承包单位必须对其审核，对危险性较大分部(分项)工程还应由施工单位组织，建设单位主持开展专家进行论证，专家论证通过后报建设单位审查后由总监理工程师审批。

2.1.4 专项施工方案编制与执行"两张皮"

(1)专项施工方案编制往往只是工程技术部门某一个人在负责，一不熟悉现场，二缺乏现场管理经验，真正熟悉现场、有经验的技术人员未参与或者是参与程度不够，编制工作求快，把之前编制的同类方案做简单修改，即照搬照抄通用的内容，结合现场环境、水文地质等调查资料进行编写的内容较少，所以此类专项施工方案虽要素齐全，但通篇阅览后就会发现专项施工方案编制针对性不强，同时还存在如下一些常见问题：

①工程名称、地名等未完全修改，造成错乱。

②编制依据中的标准、规范等未进行更新。

③技术方案使用限制使用、淘汰的工艺、设备。

④部分安全措施限制使用，不满足现行的安全规定、要求。

（2）专项施工方案编制过程缺乏应有的沟通、互动，特别是与现场沟通不到位，闭门造车现象突出。方案编制完成后审核、审查、论证过程中需要不断修改和完善。危大工程是一个系统工程，牵扯面较广，具有涉及专业多、工艺多、设备多、材料多、造价高、技术难度大等特点，特别是对施工工艺技术的修改、完善往往牵一发而动全身，一个小小的改动都可能导致其他工序、方法或设备布置等发生改变，一旦考虑不周，就会出现方案无法执行的情况。例如，桥梁高墩翻模施工时，改变作业人员上下通道固定方法即由专用预埋螺栓连接件固定改为钢管抱柱固定，可能导致模板安装拆除受到干扰或限制，需要对安装拆除方法、顺序等进行调整，或者是不需要改变安装拆除方法、顺序但需要对新产生的风险点在注意事项里面特别说明。

因此，一旦出现施工工艺技术方面的调整，无论多小的变化，编制人员都一定要第一时间反馈、沟通，必要时由总工程师或技术负责人牵头组织部门、现场、班组等相关人员开会讨论研究，针对方案实施的可操作性进行充分内部论证。方案修改完善首先考虑的是安全且有富余，在保证安全的前提下，要充分考虑成本，考虑成本的过程就是方案反复比选、论证的过程，只有反复比选、论证才能制定出安全可靠、经济合理的方案。

（3）方案交底不到位、不彻底、未全覆盖。一是方案交底存在乱象，不单独交底，把项目施工现场管理人员、班组负责人、项目专职安全生产管理人员等主要管理人员全部召集到会议室，不分专业、不分部位，与安全技术交底等其他交底工作混在一起，重形式、轻实效，交底内容不全、针对性不强，结果等于未交底。二是方案交底频次不足，新进作业人员交底不及时或是不交底。三是方案实施过程中违规操作的现象时有发生，现场施工在“不断整改、反复整改、天天都有整改”的恶性循环中持续，项目专职安全生产管理人员对专项施工方案实施情况进行现场监督管理不到位，“治已病”多，“治未病”少。

2.1.5　专项施工方案审核、审查不规范、不严谨

《管理规定》第十二条规定：专家论证前专项施工方案应当通过施工单位审核和总监理工程师审查。

负责专项施工方案编制的施工总承包单位或是相关专业分包单位在编制方案时，内容错乱、缺失较多，且不严格执行内审程序，不认真组织或者未组织工程、安全等相关部门人员进行内部复核，未经过专业监理工程师、总监理工程师审查。专家论证会大多只有专家和施工单位负责方案编制的人员、项目总工程师或者技术负责人参加，而建设单位项目负责人、有关勘察、设计单位项目技术负责人及相关人员、监理单位项目总监理工程师及专业监理工程师等人员较少参加专家论证会，导致建设、监理、勘察、设计等单位对专项施工方案的编制不能及时提出反馈意见和建议。

2.1.6　专项施工方案论证走形式

《管理规定》明确规定：“专家论证会后，应当形成论证报告，对专项施工方案提出通过、修改后通过或者不通过的一致意见。专家对论证报告负责并签字确认。”而实际在审查时，许多专家只是形成一个模块化的审查意见：“某某专项施工方案编制依据充分，内

容完整,符合专项施工方案的编制要求。”这种笼统的审查意见并非是完整的论证报告。

《管理规定》第十二条规定:对于超过一定规模的危大工程,施工单位应当组织召开专家论证会对专项施工方案进行论证。实行施工总承包的,由施工总承包单位组织召开专家论证会。专家应当从地方人民政府住房和城乡建设主管部门建立的专家库中选取。关于专家的选取没有强制性的规定和要求,往往是施工单位从专家库中自己联系,久而久之,专家固化,施工单位与专家熟悉了、沟通快捷方便了,但方案论证慢慢变得不那么严格、细致了,甚至变成走过场,更有出现换个专家组方案就通过论证了的情况,如某隧道竖井施工专项施工方案的论证,由于编制单位未结合现场的水文地质条件选择合理的技术方案,论证结果为不予通过,并建议施工单位在充分调查周边自然环境后对施工方法、工艺流程、设备选型重新编制后再论证。可两个月后,施工单位对该专项施工方案一字不改,重新找了一批专家论证后通过。由于方案未充分考虑水文地质的因素,实施过程遇到溜坍、导管堵塞、涌水等自然灾害,导致 200 多米的竖井竟然花了四年多才完成。专家论证并非儿戏,专家一定要“专业”,论证并非走过场,而是要实实在在对方案中核心要素、主要要素认真分析论证。

反过来,施工单位对编制的专项施工方案的质量意识在下降,源头上开始出现问题,专项施工方案编制深度、针对性以及总体质量在下滑,最终演变为专项施工方案的编制只解决了“有没有”的问题,没有解决“好不好、过硬不过硬”的问题,不出事故“皆大欢喜”,出了事故经不起推敲、经不起调查,责任追究在所难免。

2.1.7 专项施工方案编制、执行过程中存在的细节问题

(1)编制目标不明确

在编制说明中将其与施工组织设计混淆,经常出现编制目的不清晰、编制目标不明确等问题。专项施工方案编制的目的是确保危险性较大的分部分项工程安全、圆满地完成,应具有很强的针对性。

(2)编制依据不充分

编制人员不熟悉法律法规,也不认真学习、查阅法律法规、标准规范等,编制依据中缺少行业和地方的有关安全管理文件,使用过期的技术标准和规范等。

(3)适用范围不界定

专项施工方案是针对危险性较大分部分项工程制定的,有很具体的适用范围,可许多项目对其适用范围却没有明确的界定。如将一个项目的所有隧道的Ⅴ级围岩合并成一个危大工程的专项施工方案来编写,而不是针对每个隧道风险辨识的等级有针对性地编制危大工程的专项施工方案,通用性太强,专用性及针对性不足,指导意义不大。

(4)工程概况不详细

工程概况主要是对危险性较大分部分项的工程进行详细叙述,可很多专项施工方案在叙述时都是泛泛而谈。以某隧道的介绍为例:

“隧道全长 2.37km,其中Ⅳ级以上围岩为 988m,地形略有起伏,北、西、南三面高,东侧低,自然坡度 5°~30°。地表多覆盖含砾石砂土,局部基岩出露,岩性为石炭系玄武岩和玻屑晶屑凝灰岩,呈块状,新鲜岩体较完整,为中硬~坚硬岩,发育少量张性节理,张开度

一般 1~5mm,局部张开 7~18mm,基本无充填。该段有 2 条小断层通过,f215 产状 320°NE∠75°,f216 产状 45~50°SE∠60~75°,断层破碎带宽度 0.5~4m,断层带内充填糜棱岩及碎裂岩,岩体稳定性差,为Ⅳ~Ⅴ级围岩。”

这种工程概况的叙述没有具体的桩号和部位,也就无法有针对性地提出专项技术方案,不能起到指导施工的作用。好的工程概况叙述应如下所示:

“该桥的 4~12 号主墩均位于山坡上,其中 5 号、6 号位于河谷两侧较陡的悬崖上,由于地形原因,5 号右幅承台的最大开挖高度为 17m,6 号承台处于半挖半悬空的状态,最大悬空高度为 16.213m,桩基最大外露高度为 10.098m。6 号、8 号、10 号、12 号地质钻孔时发现溶洞,其中 6 号、10 号溶洞较小,溶洞内没有填充物,12 号墩溶洞较大,溶洞内有填充物。4 号、7 号墩地势较陡,便道无法通往施工平台,设备无法到达,钢筋笼只能在现场组装并下放。”

针对这种现状的描述,可以有针对性地提出专项的技术方案:对半挖半悬空的 5 号、6 号墩开挖前必须先进行边坡的加固,对有溶洞的 6 号、8 号、10 号、12 号在快到溶洞高程位置时,提前 2m 对溶洞先行处治,清理完溶洞充填物后采用混凝土填充再继续施工,对设备无法到达的 4 号、7 号墩要用钢管架搭设井字形支架,然后在支架上进行现场钢筋绑扎并下放。这样具有针对性的技术方案才具有现场的可操作性。

(5)进度计划不合理

存在的主要问题是进度计划中各工序之间衔接不紧密,没有充分考虑危大工程实施时面临的各种气候、水文等因素。如将隧道的进洞时间安排在雨季,桥梁桩基施工安排在汛期,沥青路面施工安排在冬季。

(6)材料、设备计划错乱

材料、设备计划罗列不全;出现无关材料、设备;出现淘汰、限制使用的工艺、设备、材料;进场时间不明确;关键设备规格参数不满足要求,与技术方案使用设备前后不一致等现象较为普遍。如桥梁工程 40m T 梁重量约 130t,要求使用 180t 以上架桥机,90t 以上门式起重机。专项施工方案编制人员若不认真查阅相关法律法规、规定、标准等,就可能存在方案中计划使用低于 180t 架桥机和 90t 门式起重机等不满足安全规定的情况。

(7)技术方案不具体

不同区域、不同项目、不同段落的专项施工方案都应随着周边的地质条件和环境因素而改变,如深基坑支护,采用何种支护方式能确保施工质量安全和周边环境可控,需要根据现场的地质情况、自然环境、施工条件而做出选择。方案反复比选的过程就是在论证是否可行的过程,而许多专项施工方案编制时却缺少了这个重要的过程,导致提出的专项施工方案不具体,不具有可操作性。

(8)限制使用工艺、设备的使用条件不达标

工程施工存在使用限制工艺、设备的情况,但未在专项施工方案中对使用范围、限制条件等进行界定、明确,无针对限制使用工艺、设备的技术、安全等改进措施,或是专项施工方案不合理、安全措施力度不够。如桩基的人工挖孔工艺在地下水丰富、孔内空气污染物超标准、软弱土层等不良地质条件的区域不得使用,但现实施工又存在不得不使用的情况。在这种情况下,就需要制定专门的针对地下水处理、通风、软弱土层加固等的技

术、安全措施,改善作业环境以达到使用条件。

(9)工艺流程不正确

专项施工方案应对施工方法、工艺流程及技术参数进行明确规定。对于一般的工程,采用成熟和标准的施工方法和工艺可能不会有问题,可对危险性较大分部分项工程来说,采用合适的施工方法和合适的施工工艺至关重要。这是实现方案设计质量安全可控的关键因素。错误的施工顺序会给工程造成灭顶之灾。

(10)保障措施不到位

施工安全保障措施是指在施工相关环节确保过程控制安全稳定有效的措施,包括管理措施(人的行为)和安全设施(物的状态)。管理措施要针对施工的实际情况,根据风险评估的风险等级建立相应的组织管理机构,细化具体的管理保证措施。可许多方案只是照搬规范或者简单罗列一些安全要求,技术保障中缺乏详细的操作规程和流程。安全设施对个人的保护措施也不够具体和细化,照搬照抄一些条例和规范。

(11)应急预案不演练

应急预案是日常安全管理的重要内容,可很多项目专项施工方案编制完后就束之高阁,没有认真培训和演练,不仅一线作业人员甚至应急管理人员对专项方案的内容都不清楚,更别说适时启动应急响应了。应急预案不演练等于没有预案。应急预案只有通过不断演练才能使基层作业人员在险情真正到来时第一时间进行应急响应。这对降低事故损失、减少人员伤亡意义重大,因此必须重视应急预案的宣传、教育培训、交底和演练工作,使一线作业人员应知应会、熟练掌握、灵活运用。

(12)管理人员不专业

专项方案在专职安全员和特种作业人员配置上只关注了“证书”,而忽视了其工作履历及工作经验。专职安全员不仅在于他有多少“证书”,还要有丰富的经验,特别是在一些极高风险的作业环节应配置经验丰富的专职安全员才能起到事故预防的作用。比如隧道掌子面的安全员如果只考虑“持证上岗”,而不考虑其施工的业绩,就可能出现未及时发现掌子面的险情、未及时有效组织作业人员撤离的情况。

(13)相关附件与正文联系不紧密

专项施工方案中的附件应包括项目施工的总平面布置图、危大工程现场平面布置图、特殊构件的设计图、施工方案工序示意图、施工安全防护布置图、施工方案计算书、进度计划表等。许多施工单位在编制时往往忽视了附件与专项施工方案的紧密关系,有的附件资料与正文内容没有任何关系,计算书照抄照搬规范,计算书中安全系数的取值走两个极端,要么过大,要么过小,缺乏可操作性和可实施性。

(14)安全管理机制不健全

工程施工安全生产设施较多,特别是针对危大工程的安全设施投入占比更大,在使用过程中一部分设施是相对固定的,安装完成直至完工后拆除,施工期内无须移动或较少移动,但大量的设施需要同施工设备、模板等不断反复腾转挪移、拆除、恢复等,现行安全经费只针对实物进行计量,对过程中的拆除、转移、恢复等作业内容无明确的计量规则和标准,因此,当前安全设施的拆除、转移、恢复等作业内容只能附加在主体工程当中,未单独计量,安全管理上也未形成相关制度,安全管理机制不健全。

2.2 如何编制好专项施工方案

编制专项施工方案是危大工程管理的核心,也是有效管控和化解重大事故风险的重要抓手。好的专项施工方案对提升风险管控意识、强化风险管控责任、细化过程防范措施、提高应急处置能力等具有极好的指导作用,对有效遏制群死群伤事故发生、保障施工过程安全平稳具有极为重要的意义。

2.2.1 运筹帷幄

编制专项施工方案之前要先运筹帷幄,项目经理要先召开会议,制定责任清单,明确专班,将任务清单化。项目总工程师要根据任务分工和责任清单组织相关工程技术人员认真全面熟悉设计图纸,领会设计意图。

按照《管理规定》,勘察、设计单位应在设计文件中列出危大工程的清单。施工单位就应对危大工程的清单进行认真复核,查遗补漏,然后在设计交底过程中充分与设计人员交流,明白清单中危大工程的危险源在哪,风险是什么,这样才能有针对性制定安全管理措施。同时对设计漏项的危大工程,要提醒设计人员补充完善清单内容。

清单固化后,项目总工程师应召集各专业技术人员及各现场负责人,认真讨论,明确分工,编制工作方案。工作方案中必须明确现场负责人,一线的负责人必须全程参与或主导专项施工方案的编制,以杜绝专项施工方案编制和现场管理脱节的问题。许多危大工程实施过程中出问题就是因为专项施工方案与现场管理形成了“两张皮”,编制方案的不管现场,管现场的不编制方案,专项施工方案只是为了检查而编制,而不用于指导现场施工。这就导致许多安全管理措施落实不到位,专项施工方案的编制变成了真正的“形式主义”。

2.2.2 眼见为实

公路是一个线状工程,涉及地质、水文、环境、气候、土地、林业、农田、矿产等方方面面,不到现场详细调查、了解很难发现问题。如果只在办公室研究,就会“失之毫厘,谬以千里”,造成工程的巨大浪费。

“没有调查,就没有发言权。”随着科学技术的发展,许多新技术、新方法应用在公路建设领域,特别是应用在勘察设计过程,这就导致许多勘察设计人员过分依赖地理信息技术(GIS)、建筑信息模型(BIM)技术来进行定线,依赖数值模拟、理论计算来确定设计方案,而不注重现场的实际调查。

以某高速公路一滑坡处治方案为例。该滑坡体位于拟建路线右侧,滑坡体前缘距离枢纽互通主线桥较近,设计人员在不进行现场调查核实的情况下,仅用 GIS 和 BIM 技术就判断该滑坡影响枢纽互通主线桥范围将近 200m,影响匝道桥将近 60m,主线桥桥墩 7 处,匝道桥桥墩 3 处。并认为滑坡周界汇水面积大,滑体松散,地表水容易下渗,在较高地震烈度或强降雨或人工影响前缘坡脚的情况下,该滑坡有可能发生进一步滑动,对主线桥及匝道桥有很大的安全隐患,必须进行治理。

设计通过数字模拟和理论计算,决定采用滑坡前缘填方反压坡脚、滑坡中部锚索框格梁防护、滑坡坡面整型、滑坡坡脚位置设置抗滑桩、滑坡周界设置截排水沟的综合治理方案。处治方案如图 2-1a)所示。

整个滑坡处治费用达 3600 多万元。后经现场实际调查,发现该滑坡实际属于线外工程。现场照片如图 2-1b)所示。从地貌上看,滑坡平面上呈簸箕形,东、西两侧均以小山脊为界,边界较明显,后缘山体坡度较陡,呈直线形坡,岩性为中风化泥质砂岩。该滑坡整体形态较清晰,轮廓较明显,坡面较为平顺,根据进一步地质调绘和走访,坡体未见有裂缝,近十年也未见有整体滑动的痕迹。经专家现场综合判断,认为该滑坡处于稳定状态,对桥梁并无任何影响,可以不进行处治。

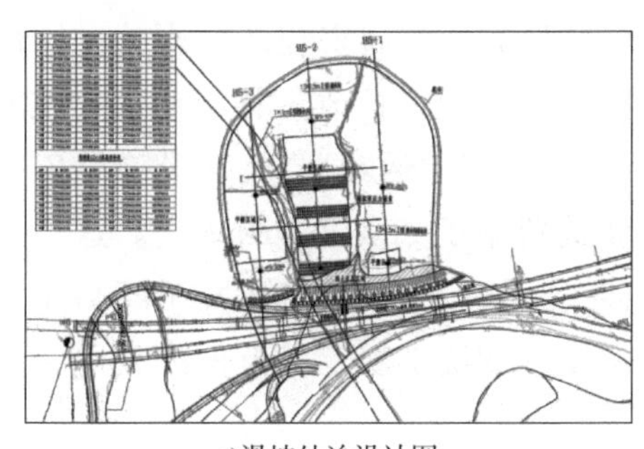

a)滑坡处治设计图

b)现场实际照片

图 2-1 处治方案与实况

滑坡处治方案的制定现场经验法比理论计算法更有效,更切合现场的实际,也更节约投资。因为有许多土力学的工程仅靠室内分析和室内试验是不能满足对滑坡特性的全面分析的,还需要到现场对其边界、滑坡前缘、后缘及厚度做全方位的判别。

同样的事物,不同的人有可能看到不同的风险和结果,这与各自的阅历和认知有极大关系,有经验的工程技术人员到现场可能一眼就能看到风险所在,而没有经验的工程技术人员身处险境也不知道危险源在哪。所以施工单位在编制专项施工方案过程中要多以现场调查为主,特别是风险源的辨识,一定要结合现场的水文、气候、环境、自然地形、地貌认真判别,必要时还应邀请有经验的专家进行现场咨询,借用专家经验找出危险源,这样才能制定出有针对性的安全防范技术方案。

2.2.3 熟悉规范

在编制方案、审查方案、优化方案过程中首先得熟悉标准、规范的强制要求,不能突破红线,但也不能片面和碎片的理解。有经验的工程技术人员善于从规范中“跳出来”找到最佳的技术方案。

专项施工方案的编制说明中首先要说明的就是编制依据,编制依据主要就是国家的法律法规、行业的技术规范、技术标准、实施细则、指导意见等,在编制说明中应将所参照和遵循的这些规定在编制依据中一一列出,而且要本着“应列尽列”的原则不能遗漏。在编制方案过程中最容易犯的错误就是走向两个极端,要么有用无用都列上,比如编制一个挖孔桩的专项施工方案,也把路基或隧道的设计施工规范列上;要么就列不全,或是只列出施工技术规范,而忽视国家安全方面法律法规的规定。

时代在发展、社会在进步,知识的折旧也在加快,规范也不是一成不变的,编制专项施工方案中的编制依据应是最新的规范规定,实施时也不能参照已废止的规范执行。每位工程技术人员都应熟读规范、了解规范,才能在规范的指引下编制出好的专项施工方案。因为随着技术的发展,以前认为是重大安全隐患的问题,现在可能不是了。就如避险车道的设置,它是在行车道外侧增设的、供制动失效货车驶离、减速停车、自救的专用车道。以前由于汽车工业水平不发达,制动毂的问题一直是导致车辆失控的重要因素,随着制造业技术发展,许多“卡脖子”的技术已攻克,车辆的使用性能和安全状况已得到极大改善,那么还要按原来的老规范设置避险车道吗?而且以前研究交通安全更多是关注路的因素,可交通安全实际是一个由人、车、路、环境等要素共同构成的“安全生态系统”,系统中任何一个要素的行为或性质发生变化都对整个交通安全产生影响。国内外交通事故统计分析表明,驾驶人超速、超载等违法行为、货运车辆改装和制动系统技术状况不良是连续长陡下坡路段事故多发的主要致因。所以交通运输部在《公路交通安全设施设计规范》(JTG D81—2017)中对连续长陡下坡重新做了如表 2-1 的规定。这与原来规定的“连续长下坡 3km,且平均纵坡大于 5.5%;连续下坡 5km,平均纵坡 3%”做了适当的放宽。按照新的规范,高速公路的坡长和坡度满足在表 2-1 规定的范围内就可不设避险车道。

高速公路、一级公路连续长陡下坡的平均坡度与连续坡长 表 2-1

平均坡度(%)	<2.5	2.5	3.0	3.5	4.0	4.5	5.0	5.5	6.0
连续坡长(km)	不限	20.0	14.8	9.3	6.8	5.4	4.4	3.8	3.3
相对高差(m)	不限	500	450	330	270	240	220	210	200

2.2.4 为大于其细

专项施工方案之所以叫专项,其编制的目的就是要解决危险性较大分部分项工程某个关键的部位、关键环节隐藏的安全隐患问题。好的专项施工方案就是要善于将隐藏在危大工程中细小的危险源找出来。对工程概况的介绍不能大而化之,而应对其结构工程及周边的自然环境、水文地质做详细介绍。就如上述挖孔桩的案例一样,对每根桩的桩顶高程及地形地貌、地质条件都要有详细的叙述,这样才能有针对性制定技术方案和安全管理措施。专项施工方案的制定不在于采取多强的措施,而在于发现多少隐患,能发现问题就可以找到解决问题的方式方法。

正所谓“绳从细处断”“细节决定成败”,细节方面出现问题导致事故发生的案例比比皆是,分析主要原因如下:一是专项施工方案编制针对性不强,细节的处理未交代清楚,甚至未编写,交底不到位等;二是工人违规操作、偷工减料,施工质量不过关;三是施工过程中管理方面忽视了对细节的监督、检查和验收。

2021 年 8 月 17 日 20 时 49 分,某大桥托架在预压施工过程中发生坍塌事故,造成 4 人死亡,直接经济损失达 739.8 万元。

根据参与事故调查的工程检测技术公司出具的检测评估报告，托架体系设计、施工存在如下问题：

（1）托架结构体系设计安全度偏低；托架施工实施中，前后端横梁未能与纵梁有效连接形成横向支撑，导致托架杆件在预载80%工况下不满足规范设计要求。

（2）托架设计方案、计算书、实施方案（图纸）与现场实际施工做法未能有效衔接，多处关键位置的杆件截面尺寸、连接方式、节点做法不能一一对应，导致托架杆件和节点处应力进一步增大。

（3）实际实施的托架斜撑上部节点，螺栓抗剪承载力不足，在预压堆载过程中首先破坏，是本次托架在预载80%工况下垮塌的直接原因。

（4）施工过程中节点的做法和质量不满足设计和规范要求，降低了托架结构体系的整体性，减少了托架结构体系的冗余度，是本次预载80%工况下托架结构体系整体垮塌的间接原因，主要包括：托架上方横梁在纵向也未能与纵梁形成有效连接，降低了托架体系的整体性；双拼工字钢梁接长施工和质量存在缺陷，降低了纵梁的受弯承载能力；斜撑底部预埋件下方施工中未放置设计所提的3根工字钢，降低了斜撑底部预埋件的抗剪承载力。

上述案例问题集中体现在焊接质量、连接方式、节点施工、螺栓质量、未放置工字钢预埋件等细节之上，施工、验收环节均把这些细节给忽视了，最终酿成惨剧。

2.2.5 职思其居

专项施工方案的组织管理和保障措施中要明确各级管理的职责，这样才不会出现管理的脱节。从方案的编制到论证、实施、验收，参与的所有人员必须时时职思所居（牢记职责所在），履其职，尽其责。

专项施工方案的人、机、料、法、环、危几个要素中，人是最关键的。专项施工方案编制并没有统一的要求，实际中经常出现专项施工方案流于形式，一本方案通用于不同的工程项目，完全忽略了工程项目的单件性和特殊性；专家论证时，几个专家通常只花费几个小时便对方案完成审查论证，能否保证专项施工方案的科学性和可靠性值得探讨；监管部门很难通过现场检查来判断安全设施的科学性、发现施工安全设施自身存在的问题，这些现象凸显了目前施工安全专项方案编制和审查模式的弊端和不足。所以《管理规定》中，特别明确危大工程安全管理各方的职责和责任。在专项施工方案编制中也应按《管理规定》的要求将各方的责任进一步细化和明确。

许多建设单位认为，图纸是设计院设计的，施工是由施工单位干的，责任跟建设单位没关系，但从下面这个案例可以看出，危大工程各方如不“职思其居”，谁也脱不了干系。

2016年8月22日18时26分，四川省某商住楼大门装饰构架工程在进行顶盖混凝土浇筑过程中，高支模发生坍塌，造成6人死亡，4人受伤（其中2人重伤）。最终该市人民法院就本案作出一审判决：建设单位副总经理朱某犯重大责任事故罪被判处有期徒刑二年，施工单位项目副经理匡某犯重大责任事故罪被判处有期徒刑二年，监理单位专监代某犯重大责任事故罪被判处有期徒刑二年六个月。其余相关人员分别被给予行政处罚和罚款等不同程度的处分,共计处理34人。

从其事故调查报告中看出,事故直接原因是:高支模属于超过一定规模的危险性较大的分部分项工程,其搭设不符合《建筑施工模板安全技术规范》(JGJ 162—2008)、《建设工程高大模板支撑系统施工安全监督管理导则》(建质〔2009〕254号)等的规定。梁底支撑体系未进行加密处理,支撑梁板的钢管立杆顶部未使用可调托撑进行顶撑;在每一步距处未满设纵横向水平拉杆;架体内未按规定设置水平剪刀撑、纵向剪刀撑,横向剪刀撑数量不够且未由底到顶连续设置;支撑架体未与3号商业楼建筑结构相连,保证架体稳定的构造措施严重不足。间接原因如下:一是建设单位安全生产主体责任不落实,项目疏于管理。未建立、健全安全生产责任制和安全生产规章制度;无合法有效的施工图设计文件,仅凭设计院通过电子邮箱提供的电子版图,违法要求施工单位施工;缺乏对施工单位的安全生产工作统一协调、管理。二是施工单位安全生产主体责任不落实,现场管理混乱。项目经理长期不在岗,项目部副经理等管理人员及安全生产管理机构未履行其安全生产管理职责;对危险性较大的高支模工程未按照国家规定编制专项施工方案,同时未组织专家对专项施工方案进行论证。三是监理单位不认真履职,现场监理形同虚设。发现施工单位项目经理长期不到岗、项目部无专职安全生产管理员,高支模施工未编制专项施工方案且未组织专家论证等重大安全隐患,未下达书面整改通知或停工指令,对施工单位拒不整改的情况未及时向有关主管部门报告。

2.2.6 为之于未有

按照风险分级管控、隐患排查治理"双重预防机制"的要求,专项施工方案编制的重点要放在隐患查找上。如何查找出隐患?借助中医"望、闻、问、切"的方法,就是要对风险进行"辨、析、评、控"。

风险辨识。结合项目的特点,考虑风险事件发生的独立性,以及历史风险事件发生的情况,确定风险辨识的范围,然后将其划分为一个个独立的作业单元,并建立作业单元清单。针对不同的作业单元,结合日常安全管理的实际,研究各作业单元可能的风险事件类型,编制风险源辨识结果表。

风险分析。根据风险源辨识结果表,从人的因素、设施设备的因素、管理的因素、环境的因素系统分析,特别加强对重点领域、重点环节、重点时段致险因素的分析,采用数理统计的方式利用层次分析法对风险概率 P 和风险损失 C 进行统计计算分析,然后根据分值将风险源按低度、中度、高度、极高度分别划分成Ⅰ级风险、Ⅱ级风险、Ⅲ级风险、Ⅳ级风险四个等级。

风险评估。根据风险分析确定的风险等级,从事故发生的可能性和后果的严重程度进行风险评估,确定风险接受的准则。一般的评判标准是:Ⅰ级(低风险),风险水平可以接受,不必采取额外技术、管理方面的措施;Ⅱ级(一般风险),风险水平有条件接受,工程需进一步实施预防措施以提升安全性;Ⅲ级(较大风险),风险水平有条件接受,必须削减风险的有效措施,并准备应急预案;Ⅳ级(重大风险),风险水平不可接受,必须采取削减措施,将风险降到Ⅲ级或Ⅲ级以下水平。

风险管控。危险性较大分部分项工程的专项施工方案是要对风险评估出的Ⅲ、Ⅳ级风险源，编制有针对性的风险防控措施和应急预案。方案要有针对性和可操作性就必须全面了解风险辨识、风险分析和风险评估的全过程，这样开出的“药方”才会有效。

通过“辨、析、评、控”找到安全的隐患点，然后制定有针对性和可操作性强的管理措施和技术措施，针对Ⅲ级以上的风险源编制专项的施工方案，并组织专家专项论证，将事故消灭在萌芽状态。“为之于未有，治之于未乱。”这才是制定专项施工方案真正的目的，才是安全管理真正的本质所在。

2.3 专项施工方案编制流程及要点

2.3.1 图纸会审、建立危大工程清单

施工准备阶段，项目经理组织召开会议，进行任务分工，明确准备工作专班。项目总工程师根据任务分工，制定责任清单，组织工程技术人员进行图纸会审，收集包括但不限于如下相关的资料：

(1)相关法律、法规、规范性文件、标准、规范、各有关上级单位、部门的管理制度和要求。

(2)施工沿线建筑物、构筑物、地上地下管线、文物等资料。

(3)工程项目所要求的施工进度和要求。

(4)施工定额、工程概预算及有关技术经济指标。

(5)施工中可配备的劳力、材料和机械装备情况。

(6)施工现场的自然条件和技术经济资料。

图纸会审对勘察、设计单位在设计文件中列出危大工程的清单进行认真复核，查遗补漏，建立如表 2-2 所示的危大工程明细清单。

2.3.2 施工复测、现场调查

施工准备阶段的现场调查工作极为重要，尤其在专项施工方案编制和设计变更方面，施工复测中线恢复后，项目经理、总工程师应及时召集现场经验丰富的各专业技术人员进行现场踏勘，将现场地形地貌、邻近建筑物、构筑物、地上地下管线、文物、水文地质、潜在的自然风险等数据、影像进行详细收集整理，并与设计文件进行比照，为后续施工组织设计及专项施工方案编制所涉及的施工平面布置安排、施工方案方法、施工计划包括设计优化变更方案等提供重要支撑。

某大桥为跨山间冲沟而设置，桥位区属丘陵地貌区，中线地面高程为 1197~1245m，最大相对高差 48m，全长 766m，桥跨布置为 19×40m，上部结构采用预应力混凝土 T 梁，桥墩采用柱式墩、薄壁空心墩、桩基础，其中 9~13 号墩共 10 个墩柱为薄壁空心墩，最大墩高为 45.3m。现场调查情况如下。

××项目危险性较大的工程清单

表 2-2

序号	类别	危大工程名称	需编制专项施工方案	需专家论证、审查	计划开始编制时间	计划审批完成时间	备注
1	基坑开挖、支护、降水工程	挡土墙基坑开挖	√		×年×月×日	×年×月×日	深度小于 5m
		空心薄壁墩承台基坑开挖	√		×年×月×日	×年×月×日	深度小于 5m
2	滑坡处理和填、挖方路基工程	路基土石方开挖	√		×年×月×日	×年×月×日	
		K×××+×××～K×××+×××高填路基施工	√		×年×月×日	×年×月×日	最高边坡高度 24.3m
		K×××+×××～K×××+×××高填路基施工	√		×年×月×日	×年×月×日	最高边坡高度 31.8m
		K×××+×××～K×××+×××右侧高边坡施工		√	×年×月×日	×年×月×日	最高边坡高度 36m
3	基础工程	钻孔灌注桩	√		×年×月×日	×年×月×日	
		挡土墙基础	√		×年×月×日	×年×月×日	
4	大型临时工程	K×××+×××渡槽支架现浇		√	×年×月×日	×年×月×日	支架高 13m，跨度 30m
		K×××+×××车行天桥支架现浇		√	×年×月×日	×年×月×日	支架高 12m，跨度 32m
		K×××+×××分离支架现浇		√	×年×月×日	×年×月×日	支架高 7.1m，跨度 35m
5	桥涵工程	桥梁下部墩柱施工	√		×年×月×日	×年×月×日	
		40m T 梁预制	√		×年×月×日	×年×月×日	
		30m T 梁运输及安装	√		×年×月×日	×年×月×日	
		40m T 梁运输及安装		√	×年×月×日	×年×月×日	
		K×××+×××大桥空心薄壁墩施工		√	×年×月×日	×年×月×日	墩高 45.3m
6	起重吊装工程	门式起重机起重吊装	√		×年×月×日	×年×月×日	
		10t 门式起重机安装、拆卸工程	√		×年×月×日	×年×月×日	
		100t 门式起重机安装、拆卸工程		√	×年×月×日	×年×月×日	
		架桥机安装、拆卸工程		√	×年×月×日	×年×月×日	

(1)桥位路线从坝区农田穿过,地势相对平缓,第1~4跨左侧为村庄,施工期间需设置围挡和保通措施;0号台旁,第1、4、13跨下均有地方道路经过,并可以进行利用,但上部施工时下方需设置安全防护棚,第12、13号墩临近国道323线,施工进场极为便利,但墩柱、梁板及桥面系施工期间水平安全距离不足,存在高空坠物打击过往车辆、行人风险,施工期间需设置围挡,汽车起重机、塔式起重机作业需划定作业范围,禁止从国道线上空运料,有专人指挥,并配备安全员、保通员值守。

(2)0号桥台后方有一饮用水池和400V电力线横穿,施工前需进行迁改;2、3号墩顶有一35kV电力线斜向穿过,经实测桥梁施工净空安全距离足够,但施工过程中仍需专人值守指挥施工。

(3)11号桥墩位于箐沟内,沟内常有流水,旱季水量较小,通过现场水流痕迹判断,雨季降水补给后最高水位约为0.8m,施工期内生产用水可从沟内直接抽取,但11号墩施工时需提前将沟渠进行改移。

(4)桥位附近不远处有10kV电力线路经过,经向当地电力部门了解容量有富余,可以T接引入使用,以解决施工电力专线未投入使用前的部分生产用电需求,降低施工成本。

(5)现场临建开挖揭露地层岩性为粉质黏土、泥质粉砂岩、含砾砂岩,与地勘报告一致,桩基施工选用旋挖钻机成孔,施工进度快、成本低;邻近村庄及国道公路,加上地表层土质较软,汛期泥泞严重,施工便道需进行硬化处理,以降低扬尘和提高便道运输能力。

综上所述,该桥梁上部40m T梁运输与安装、下部高墩施工本身存在较高风险,加上从村庄旁经过,12号、13号高墩距离国道323线较近,且全桥上跨3条地方道路,施工与当地生产生活干扰大,社会关注度高,安全风险除施工本身以外,还需考虑社会风险,专项施工方案编制时,安全管理、应对措施等方面需有针对性的考虑。

2.3.3 施工安全风险评估

图纸会审、资料收集、现场调查完成后,根据《公路水运工程施工安全风险评估指南》(JT/T 1375—2022)的评估程序和方法,项目部应成立内部施工安全风险评估小组并开展施工安全风险评估工作。通过风险评估工作让工程技术人员、安全生产管理人员、现场负责人等熟悉评估流程和方法,充分了解工程施工安全风险所在,掌握风险应对措施,提高生产安全管理能力和水平,对施工过程精准实施隐患排查治理和风险分级管控双重预防机制,对有效遏制生产安全事故的发生均具有重要意义。相关资料如表2-3所示。

《公路水运工程施工安全风险评估指南》(JT/T 1375—2022)相关资料 表2-3

作业内容	事故类型	风险估测				
		事故发生可能性 L	人员暴露频率 E	后果严重程度 C	风险大小 D	风险等级
空心墩盖梁施工	物体打击	1	6	15	90	中度(Ⅱ级)
	高处坠落	3	6	15	270	高度(Ⅲ级)
	起重伤害	1	6	40	240	高度(Ⅲ级)
	机械伤害	1	6	15	90	中度(Ⅱ级)
	坍塌	1	6	40	240	高度(Ⅲ级)

续上表

作业内容	事故类型	风险估测				
		事故发生可能性 L	人员暴露频率 E	后果严重程度 C	风险大小 D	风险等级
预制 T 梁架设施工	物体打击	1	6	15	90	中度(Ⅱ级)
	高处坠落	3	6	15	270	高度(Ⅲ级)
	起重伤害	1	6	40	240	高度(Ⅲ级)

第三方安全服务机构的专项风险评估报告送审稿完成后,将之与内部风险评估结论对比,当与第三方安全服务机构的评估结果出现较大差异时,应分析导致较大差异的原因,并作必要的反馈和交流,确定合理的评估结果。专项施工方案编制时,以第三方安全服务机构提供并经评审完成的专项风险评估报告作为依据,根据《公路水运工程施工安全风险评估指南》(JT/T 1375—2022)第 1 部分第 6.1.3 条的要求(图 2-2),施工前专项风险评估结论及重大作业活动清单应作为专项施工方案的专篇,在此基础上细化改进施工安全风险监测与控制措施。

6 专项风险评估
6.1 一般要求
6.1.1 公路水运工程施工安全专项风险评估的基本程序应包括风险辨识与风险分析、风险估测、风险控制。
6.1.2 桥梁工程、边坡工程、港口工程、航道工程和船闸工程施工安全专项风险评估流程见图3,隧道工程施工安全专项风险评估流程按相关要求进行。
6.1.3 分部分项工程开工前,应完成施工前专项风险评估。施工前专项风险评估结论及重大作业活动清单应作为专项施工方案的专篇,在此基础上细化改进施工安全风险监测与控制措施。

图 2-2 《公路水运工程施工安全风险评估指南》中专项风险评估一般要求

2.3.4 专项施工方案编制

实施性施工组织设计作为指导施工的纲领性文件,是专项施工方案编制的重要依据之一,专项施工方案是实施性施工组织设计的进一步延伸和细化,施工组织策划时,项目经理组织、项目总工程师召集各专业技术人员及各现场负责人开会讨论,对施工平面布置、组织顺序、进度、施工方案、施工方法等进行反复论证、比选,并编制实施性施工组织设计,指导后续专项施工方案编制工作,避免因施工技术方案、施工方法等选择不当导致针对性、可操作性不强,甚至难以实现的情况发生。

专项施工方案正式编制前,项目总工程师应根据实施性施工组织设计进度计划,组织制定专项施工方案编制工作方案,以各分部分项工程开工时间作为对应专项施工方案最终批复的时间节点,并留有足够余地,倒排专项施工方案编制报批计划,按照 PDCA 循环管理❶,确保危大工程开工前,专项施工方案审批完成,避免方案编制与现场施工同时进行,甚至落后于现场施工的情况出现。当前国家生产安全监督管理的重心和关口已前移,无方案施工是危大工程施工大忌。图 2-3 所示的案例中,无方案便开始施工,导致悲剧发生。

❶ PDCA 循环管理的含义是将质量管理分为四个阶段,即 Plan(计划)、Do(执行)、Check(检查)和 Act(处理)。

2022年6月19日7时50分，甘肃省引洮供水二期主体工程施工第27-1标段七干渠5号隧洞出口右侧护坡浆砌石工程，施工过程中作业面右上部坡体发生坍塌，造成4人死亡。

在本起事故中，以下几个方面值得大家吸取教训：

一、**施工单位在未制定专项施工方案、无施工图纸的情况下**，项目部实际负责人陈某杰安排劳务有限公司擅自进行护坡开挖作业。

二、劳务有限公司实际负责人闫某财在设计图纸下发后，在明知现场安全防护措施不到位、存在滑坡坍塌风险隐患的情况下，**违章指挥，盲目冒险**进行浆砌石护坡作业，导致事故发生。

二人均被追究刑事责任。

图 2-3 相关案例分析

编制工作方案应明确方案编制人和现场负责人，让一线的负责人全程参与或主导专项施工方案的编制，杜绝专项施工方案编制和现场管理脱节的问题。方案编制人应在编制前充分熟悉图纸、了解设计意图、熟悉生产安全法律法规、标准、规范、实施性施工组织设计等重要编制依据的相关规定和要求后，结合现场调查情况，通过风险评估，按以下编制要点编写专项施工方案。

1）工程概况

（1）危大工程概况和特点。

①工程名称、起止桩号、平面位置、地形、地质、气候、水文。

②邻近建筑物、构筑物、文物、地上地下管线等设计文件及调查资料，与主体工程相互间的关系。

③潜在的自然风险、社会风险等调查资料。

④工程特点、重点、难点等分析研判。

工程特点、重点、难点等应从施工的角度，结合现场调查情况对危大工程设计资料进行分析研判，提出见解。编写内容应简明扼要、通俗易懂，便于专项施工方案审查人员包括专家在不熟悉现场的情况下，通过对工程概况和特点的介绍了解工程情况，对专项施工方案采取的技术方案、施工方法及安全应对措施等针对性、可操作性等进行判别，并提出合理、有建设性的意见和建议。

（2）施工平面布置：拌和站、加工场、驻地等临建设施、施工用电、施工管线、特种设备、安全通道、取弃土场、进场道路、围挡等平面布置，要求各图元及名称大小适中、清晰明了，并附有文字叙述，便于查看和审查。

（3）施工要求：设计文件要求、安全、质量、进度、文明施工、环境保护、水土保持等，安全、质量、进度目标与施工组织目标一致，文明施工、环水保措施要响应建设单位环评报告。

（4）技术保证条件。

①技术准备：认真学习研究设计图纸、理解掌握设计意图，做到施工时心中有数；编写技术、质量、安全、方案交底资料，施工前做好书面交底；组织学习法律法规、施工规范及验收标准，为认真贯彻执行做好准备；准备齐全技术资料的各种表格；办理危大工程开工资料。

②技术交底：交底内容有图纸交底、设计变更、安全措施、方案交底等，交底采用三级制。交底必须细致、齐全，并结合具体操作部位，关键部位的安全、质量要求，讲解要点和注意事项等。

③现场准备:根据平面设计进行“三通一平”及临时建筑物设施施工;按施工需要机械进场就位;根据工程进度安排各工种作业人员分期进场;砂、石、水泥、钢筋等材料的采购,经进场检验合格后用于工程中;安全防护用品准备;危大工程告知、施工风险告知等安全标志标牌设置,安全设施施工。

2)编制依据

编制说明、编制依据包括相关法律、法规、规范性文件、标准、规范及施工图设计文件、施工组织设计、施工合同、专项风险评估报告、现场调查资料等,按从高到低顺序排列,应列尽列。

3)施工计划

包括施工进度计划、材料与设备计划。进度满足施工总体进度计划要求,并注意季节性施工安排;材料计划根据进度要求编制需求量及进场计划;设备规格型号及数量要与技术方案中的设备选型前后对应,根据进度计划和工序衔接要求安排进场计划。

4)施工工艺技术

(1)技术参数:设计图纸、模板体系、设备选型、安全设施等规格尺寸和参数。

(2)工艺流程:危大工程所涉及的各分部分项工程的施工工艺流程图及文字说明。

(3)施工方法:危大工程所涉及的各分部分项工程的施工方案、施工方法。

(4)操作要求:危大工程所涉及的各分部分项工程施工机械设备的操作过程控制要点。

(5)检查要求:质量检查对照标准、规范检查项目及要求编写;开工前检查;停工、复工检查;特殊季节、气候检查;半成品、材料、设备设施等检查要求。

5)施工安全保证措施

(1)组织保障措施:安全组织机构及其职责。

(2)技术措施:危险源辨识、风险管理措施、安全技术措施、处理措施、保证措施等,包括特殊季节、特殊气候、夜间施工、保通等措施。根据《公路水运工程施工安全风险评估指南》(JT/T 1375—2022)第1部分第6.1.4的要求,出现下列情况之一的,应开展施工过程专项风险评估:①重大作业活动存在遗漏;②经项目建设、施工、监理单位或评估单位提出并经论证出现了新的重大作业活动;③经项目建设、施工、监理单位或评估单位发现并提出原有的作业活动发生了重大变化,如现场揭示水文地质条件与事前判别的水文地质条件相差较大且趋于劣化、主要施工工艺发生实质性改变、发生对施工安全风险产生较大影响的设计变更、发生重大险情或生产安全事故等情况;④有关法律、法规、标准提出了新的要求。

(3)监测监控措施:监测监控项目、设备、人员、频次、数据收集整理及反馈等。

6)施工管理及作业人员配备和分工

施工管理人员、专职安全生产管理人员、特种作业人员、其他作业人员等,人员配备数量满足危大工程施工需要即可,分工明确、职责清晰。

7)验收要求

验收标准、验收程序、验收内容等对照标准、规范检查项目及要求编写,包括首件制、三检制、品质工程、特种设备、安全设施、大型临时工程验收等内容。并在明显位置设置验收标识牌,公示验收时间及责任人员。

8)应急处置措施

(1)应急组织机构及职责、应急救援队伍(外部专业救援队调查情况、内部兼职救援队伍组成)。

(2)应急事件分析及信息报告。

(3)应急响应:响应分级、响应程序。

(4)应急处置措施。

(5)应急救援电话:公安、交警、消防、医疗、属地政府及行业主管部门等联系方式。

(6)应急救援路线。

(7)应急资源配备:名称、数量、保管责任人及存放点等。

(8)应急救援培训及演练内容、演练计划。

(9)应急救援总结及改进。

9)计算书及相关施工图纸

(1)施工设计图,模板、支架、挂篮、围堰等大型临时结构设计图、安全设施、特种设备等设计图,设计图中应明确安拆顺序及方案。

(2)施工进度计划;施工平面布置图。

(3)安全设施、特种设备等出厂合格证明材料、计算书;特种设备检验报告。

(4)工况受力图及受力计算。

(5)模板、支架、挂篮、围堰、作业台车(架)、操作平台、支撑系统、便桥、通风、压力管道、爆破设计等计算书。

(6)风险评估报告。

第3章 路基工程

随着我国工程建设的大规模开展,路基工程作为公路工程中造价最低、最经济的构造物,应用最多、最广,而公路往往通过地形地貌、地层岩性、气象水文等地质条件差异很大的地区,造成路基工程具有典型的多类型、多影响因子的特性,特别是施工过程中对路基下方或现有的运营公路造成影响。本章将针对常见的填方路基、挖方路基及滑坡处治中的危险性较大分部分项工程专项施工方案的编制技术要点进行介绍。

3.1 一般规定

3.1.1 编制对象

高填方路基专项施工方案编制过程中常包含支挡防护工程、涵洞通道工程、填方工程及边坡防护及排水工程。因此,在编制填方路基工程时,应考虑相关工程的实施。

(1)公路路基工程中涉及危险性较大的分部分项工程常指边坡高度大于20m的路堤或地面斜坡坡率陡于1:2.5的路堤、不良地质地段的路堤、危及既有建(构)筑物及交通的路堤,如图3-1所示。

a)填方施工

b)填方施工挖台阶

图3-1 填方施工现场

(2)土质挖方边坡高度大于20m、岩质挖方边坡高度大于30m且处于不良地质、特殊岩土地段的挖方边坡,危及既有建(构)筑物及交通的边坡开挖,如图3-2所示。

a)挖方施工

b)锚索框格梁

图3-2 挖方施工现场

(3)大型或复杂的边坡防护工程(预应力锚索、锚杆、桩板墙、抗滑桩等)以及滑坡体处治工程,如图3-3所示。

a)滑坡(一)

b)滑坡(二)

图3-3 大型滑坡

3.1.2 主要编制内容

根据住房和城乡建设部发布的《危险性较大的分部分项工程专项施工方案编制指南》(建办质〔2021〕48号),专项施工方案内容包含九部分:工程概况、编制依据、施工计划、施工工艺技术、施工保证措施、施工管理及作业人员配备和分工、验收要求、应急处置措施、计算书及相关施工图纸。

根据《公路工程施工安全技术规范》(JTG F90—2015),专项施工方案的主要内容为七部分:工程概况、编制依据、施工计划、施工工艺技术、施工安全保证措施、劳动力计划、计算书及相关施工图纸。

本章将按住房和城乡建设部发布的《危险性较大的分部分项工程专项施工方案编制指南》(建办质〔2021〕48号)中九部分的要求进行专项施工方案的编制说明。

1)工程概况

(1)工程概况和特点。

①工程基本情况:按照设计文件要求,结合项目现场实际踏勘情况,对路基宽度、段

落桩号、最大填挖高度、填挖方量、土石方运距调配计算及路基土石方调配方法、涵洞设置、支挡防护、排水工程等进行说明。

②工程地质情况：结合项目现场实际踏勘情况，对比设计文件上的要求，包括地形地貌、地层岩性、不良地质作用和地质灾害、特殊性岩土等情况。

③工程水文地质情况：地表水、地下水、地层渗透性与地下水补给排泄等情况。

④工程的特点、难点。

(2)施工平面布置：根据项目实际情况，重点介绍施工区域进场道路情况、拌和站设置、取弃土场位置、表土临时堆放区位置、施工总平面布置(含临水、临电、安全文明施工现场要求及危大工程标识等)及说明。要特别注意表土临时堆放区，为后续取、弃土场的复垦做准备。

(3)周边环境条件：工程邻近道路的重要性、道路特征、使用情况。地下管线(包括供水、排水、燃气、供暖、供电、通信、消防等)的重要性、规格、埋置深度、使用情况。环境平面图应标注与工程之间的平面关系及尺寸，条件复杂时，还应画剖面图并标注剖切线及剖面号，剖面图应标注邻近建(构)筑物的埋深、地下管线的用途、材质、管径尺寸、埋深等。

(4)施工要求：方案中应明确进度目标(本工程开工日期、计划竣工日期)、质量目标、安全目标要求，填方工程计划开工日期、计划完工日期。

(5)风险辨识与分级：根据风险评估报告，说明该段路基工程风险因素辨识及安全风险分级。

2)编制依据

(1)工程所依据的相关规范性文件等。

(2)项目文件：施工合同、勘察文件、设计施工图纸、项目施工组织设计、现状地形及影响范围管线探测或查询资料、相关设计文件、地质灾害危险性评价报告、建设单位相关规定、管线图等。

3)施工计划

(1)施工进度计划：工程的施工进度安排，具体到各分项工程的进度安排，并编制施工进度计划横道图。

(2)材料与设备计划等：机械设备配置，主要材料及周转材料需求计划，主要材料投入计划、力学性能要求及取样复试详细要求，试验计划。

(3)劳动力计划：拟投入的施工管理人员、专职安全生产管理人员、特种作业人员及其他人员等。

(4)机械设备投入计划：根据施工进度拟投入的机械设备。

(5)监控量测计划：根据高填方的长度和工作量，按照施工过程和竣工验收编制监控量测计划。

4)施工工艺技术

(1)技术参数：填挖方的坡度、碎落台宽度、压实度、支挡工程混凝土强度、关键设备的型号等工艺技术参数。

(2)工艺流程:路基工程施工工艺流程、支挡工程施工工艺流程。

(3)施工方法及操作要求:施工准备、清表、填前处理、分层碾压、强夯补强、填方边坡防护、开挖方式、支挡工程等。

(4)检查要求:填料进场质量检查,构造物尺寸,填筑施工过程中各工序检查内容及检查标准。

5)施工安全保证措施

(1)组织保障措施:方案中应对项目安全生产管理体系进行简单介绍,明确安全组织机构(安全生产领导小组)、安全保证体系及相应人员安全职责等。安全生产领导小组组长为本项目负责人,并公示相关应急管理电话。若路基工程位于分部和工区,安全生产领导小组应建立至分部或工区。针对路基工程施工制定安全生产管理制度、安全教育培训制度及技术交底制度。

(2)技术措施:根据施工工艺结合专项风险评估报告中的重大风险源,针对路基工程中各分项工程施工、雨季施工、冬季施工等制定安全保证措施、质量技术保证措施、文明施工保证措施、环境保护措施等。

(3)监测监控措施:针对施工过程中的边坡位移变形、坡面平顺、坡度、结构物几何尺寸成立监控量测小组。针对路基沉降和位移监测,应明确监测点布设,观测采用的仪器设备。沉降和位移观测要遵循原则、观测频率、资料整理等。

6)施工管理及作业人员配备和分工

(1)施工管理人员:管理人员名单及岗位职责(如项目负责人、项目技术负责人、施工员、质量员、各班组长等)。

(2)专职安全人员:专职安全生产管理人员名单及岗位职责。

(3)特种作业人员:特种作业人员持证人员名单及岗位职责(附特种作业证书)。

(4)其他作业人员:其他人员名单及岗位职责。

7)验收要求

(1)验收标准:分项工程质量检验应按基本要求、实测项目、外观质量和质量保证资料等检验项目分别检查。应在所使用的原材料、半成品、成品及施工控制要点等符合基本要求的规定,无严重外观缺陷且质量保证资料真实齐全时,方可进行检验评定。对结构安全、耐久性和主要使用功能起决定性作用的检查项目为关键项目,关键项目的合格率不得低于95%;有规定极值的检查项目,任一单个检测值不应突破规定极值,否则该检查项目为不合格;一般项目,合格率应不低于80%。

(2)验收程序及人员:制定具体验收程序,确定验收人员组成(建设、勘察、设计、施工、监理、监测等单位相关负责人)。施工过程工序验收应严格执行三检制。

(3)验收内容:根据《公路工程质量检验评定标准　第一册　土建工程》(JTG F80/1—2017)及设计文件中高填方相关指标相关要求进行验收。如填方压实度、弯沉、高程、路基宽度、平整度、横坡、土工格栅搭接宽度、结构物尺寸等指标。

8)应急处置措施

(1)施工专项应急预案:编制事故专项应急预案,明确应急组织机构和职责、应急救援小组组成与职责，包括抢险、安保、后勤、医疗救护、善后、应急救援工作流程及应对措施、联系方式等。判断事故类型及危害程度，制定应急处置的基本原则、编制预防和预警措施及信息报告程序。

(2)现场应急措施：针对施工过程中的机械伤害、触电等制定现场急救措施。

(3)应急物资准备：制定应急物资与装备保障清单。

9)计算书及相关施工图纸

(1)段落专项施工图纸。

(2)地勘资料。

(3)施工总平面布置图等。

(4)施工进度计划。

(5)相关计算书。

3.2 填方路基工程

高填方路基专项施工方案编制过程中常包含支挡防护工程、涵洞通道工程、填方工程及边坡防护及排水工程。因此，在编制填方路基工程时，应考虑相关工程的实施。当边坡高度大于20m或地面斜坡坡率陡于1∶2.5，且路堤处于不良地质地段、特殊岩土地段时，应邀请专家对方案进行论证。

3.2.1 工程概况

1)填方工程概况和特点

(1)工程基本情况：按照设计文件要求，结合项目现场实际踏勘情况，对高填方路基段落的路基宽度、段落桩号、最大填挖高度、填方量、涵洞设置、支挡防护、排水工程、土方调配等进行说明。

(2)工程地质情况：结合项目现场实际踏勘情况，对比设计文件上的要求，对填方段落地形地貌、地表附着物、地基承载力、不良地质作用和地质灾害、特殊性岩土等情况进行说明。

(3)工程水文地质情况：对项目区域气候、地表水、地下水及周边排水等情况进行说明。

(4)工程的特点、难点。

高填方典型剖面如图3-4所示。

2)施工平面布置

根据项目实际情况，重点对填方区域进场道路情况、取土地点、拌和站设置、表土临时堆放区位置进行说明。特别是表土临时堆放区情况，为后续取、弃土场的复垦做准备。

3)周边环境条件

高填方工程邻近道路的重要性、道路特征、使用情况。靠近城镇路段地下管线(包括供水、排水、燃气、热力、供电、通信、消防等)的重要性、规格、埋置深度、使用情况。环境平面图应标注与工程之间的平面关系及尺寸,条件复杂时,还应画剖面图并标注剖切线及剖面号,剖面图应标注邻近建(构)筑物的埋深,地下管线的用途、材质、管径尺寸、埋深等。

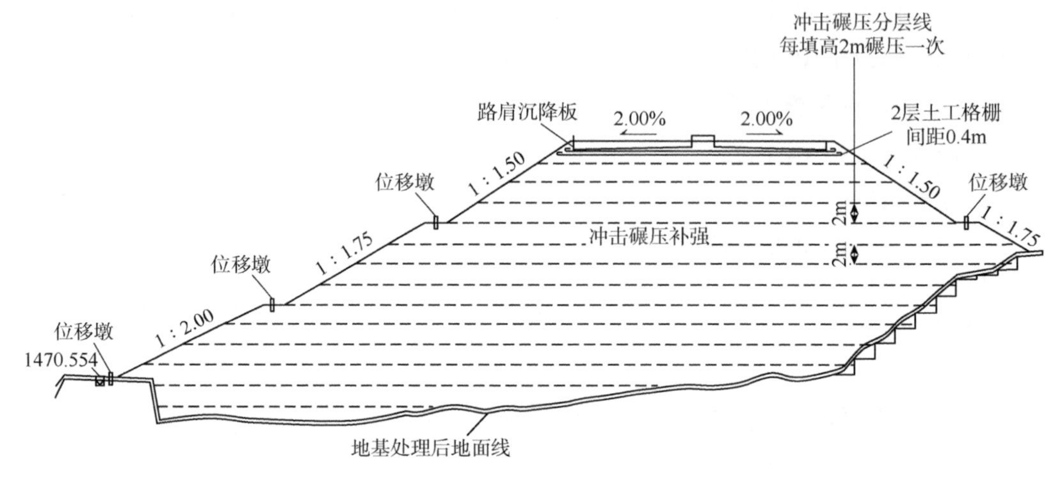

图 3-4 高填方典型剖面

4) 施工要求

方案中应明确高填方施工工艺如强夯或冲击碾压、进度目标(本工程开工日期、计划竣工日期)、质量目标、沉降控制要求。

5) 风险辨识与分级

根据风险评估报告,说明该段高填方风险因素辨识及安全风险分级。

3.2.2 编制依据

1) 规范性文件

高填方工程所依据的相关规范性文件,如《高填方地基技术规范》(GB 51254—2017)、《公路路基施工技术规范》(JTG/T 3610—2019)、《公路路基设计规范》(JTG D30—2015)、《工程测量规范》(GB 50026—2007)、《公路土工合成材料应用技术规范》(JTG/T D32—2012)、《公路工程施工安全技术规范》(JTG F90—2015)、《公路工程质量检验评定标准 第一册 土建工程》(JTG F80/1—2017)、《公路土工试验规程》(JTG 3430—2020)、《软土地基路基监控标准》(GB/T 51275—2017)等。

2) 项目文件

施工合同、勘察文件、设计施工图纸、项目施工组织设计、现状地形及影响范围管线探测或查询资料、相关设计文件、地质灾害危险性评价报告、建设单位相关规定、管线图等。

3.2.3 施工计划

1) 施工进度计划

高填方工程的施工进度安排,具体到施工准备、基底处理、分层填筑、支挡防护工程施工、路堤边坡整型等分项工程的进度安排，并编制施工进度计划横道图。

2）材料计划

填料、土工格栅、土工布等主要材料及周转材料需求计划，主要材料投入计划、力学性能要求及取样复试详细要求，试验计划。

3）劳动力计划

拟投入的施工管理人员、专职安全生产管理人员、特种作业人员及其他人员等。

4）机械设备投入计划

挖掘机、装载机、自卸汽车、压路机、平地机、洒水车、强夯设备、全站仪等主要机械设备投入。

5）监控量测计划

根据高填方的长度和工作量，按照施工过程和竣工验收要求编制监控量测计划。

3.2.4 施工工艺技术

1）技术参数

高填方的坡率、碎落台宽度、压实度、支挡工程混凝土强度、关键设备的型号等工艺技术参数。

2）工艺流程

高填方常规施工工艺流程如图3-5所示。

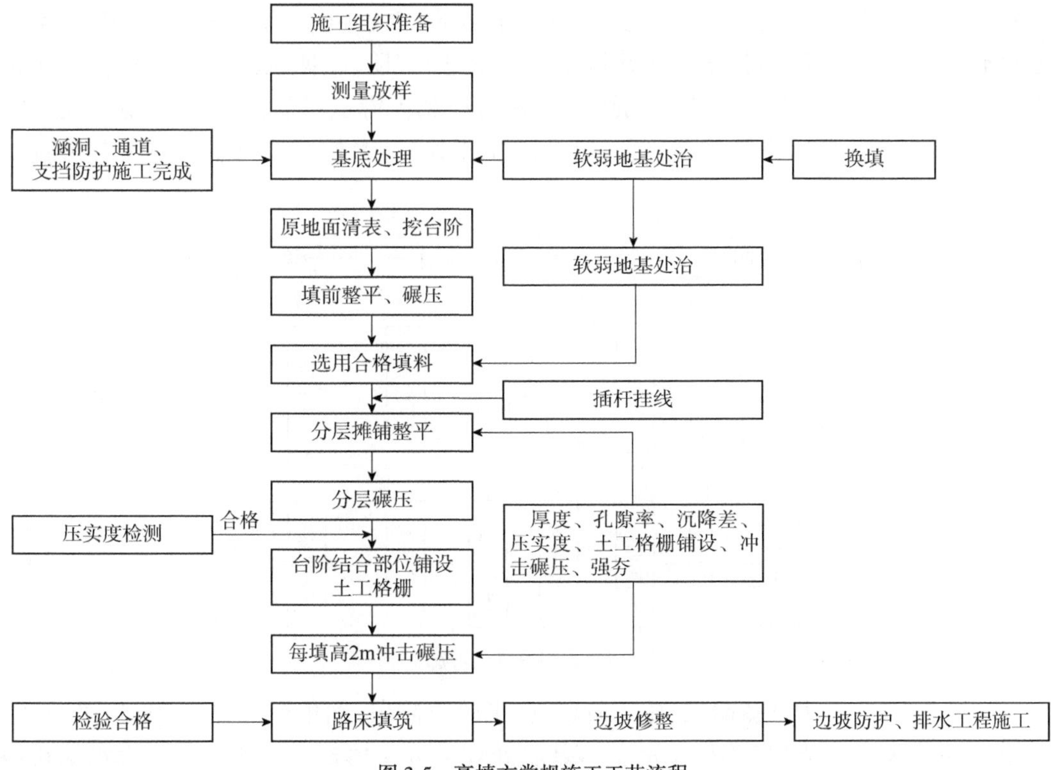

图3-5 高填方常规施工工艺流程

3)施工方法及操作要求

(1)施工准备。

①对设计文件进行现场调查与核对,预先做好排水设施,永临结合设计排水系统。开工前,先调查原地表在自然状态下的稳定状况,分析施工期间路堤的稳定性,发现问题及时加固处理。

②复测水准点及导线网的布设满足施工需要。

③项目部根据相关技术规范,完成对施工班组下发技术交底工作。

④施工前应对填料及土工格栅等材料进行送样和试验,试验合格后方可使用。

(2)基底处理。

填方地基表层清表按设计要求不小于30cm,清表后对地基进行整平压实,压实度满足设计要求。应明确清表处理后,若地基承载力、土质不满足设计要求,应及时上报变更,确保填前处理满足设计地基承载力及其他要求。

地面自然坡率小于1∶5时,清除表面草皮、植被并压实后直接填筑路基;底面横坡坡率为1∶5~1∶2.5时,原地表应开挖台阶,台阶宽度不得小于2m,并设置向内倾斜2%~4%的坡度。当基岩面上的覆盖层较薄时,宜先清除覆盖层后再开挖台阶;当覆盖层较厚且稳定时,可予保留;当地面自然坡率陡于1∶2.5时,按设计要求开挖台阶、设置土工格栅。

对清表、清淤土方进行集中堆弃,用于后期防护和临时用地复垦的培土、植草。

(3)路基填筑。

施工中根据填方试验路段确定的施工参数按照由低向高、水平分层的施工方式填筑,插杆挂线。填料采用挖掘机取土,自卸汽车运输,推土机、平地机进行摊铺,分层填筑,破碎锤解小超粒径填料,振动压路机碾压。依据“三阶段、四区段、八流程”作业法组织各项作业均衡进行,合理安排施工顺序、工序进度和关键工序的作业循环,做到挖、装、运、卸、压实等工序紧密衔接连续作业,避免施工干扰、交叉施工。路基填筑工艺流程如图3-6所示。

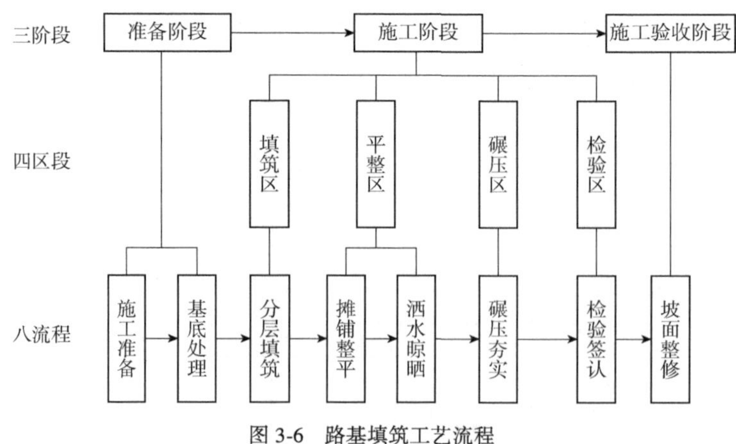

图3-6 路基填筑工艺流程

其中:“三阶段”为准备阶段、施工阶段、施工验收阶段;“四区段”为填筑区、平整区、碾压区、检验区;“八流程”为施工准备→基底处理→分层填筑→摊铺整平→洒水晾晒→

碾压夯实→检验签认→坡面整修。

(4)土工格栅铺设。

①施工工艺流程:施工准备→下承层处理→铺设土工格栅→填土摊平→碾压夯实→边坡修整→检测。

②铺设土工格栅时应拉直平顺,紧贴下承层,不得有褶皱。下承层应平整,严禁有坚硬凸出物。下承层平整度不大于2cm。

③土工格栅主受力方向沿路堤横向铺设,应直铺设到沟侧,土工格栅沿路基横向不宜搭接,沿路基纵向土工格栅之间的连接应牢固,纵向搭接上下层间搭接长度不小于10cm,采用高强塑料扎扣扎牢,扎扣每10cm一个,严禁用铁丝绑扎;之后沿搭接方向每隔3m设置一个锚钉,锚钉采用直径为10mm的钢筋弯制而成,锚固钢筋长度为30cm。

④土工格栅铺设后应及时进行填筑施工,以避免其受阳光长时间的直接暴晒。阳光直接暴晒的时间不能超过24h,否则应拆除已铺设的土工格栅,重新铺设新的土工格栅。施工过程中,土工格栅不应出现任何损坏,否则应重新铺设。

(5)雨季施工。

原则上,高填方路段施工不宜在雨季进行施工,若特殊条件下需雨季施工,应采取以下措施:

①雨季施工前在施工场地周围修建临时排水设施,保证雨季作业的场地能及时排除地面的水。对施工场地涉及的原有沟渠进行疏通清理,保证不降低原有的排水能力。

②应保证施工便道的通行,有条件时应对便道进行硬化,同时做好便道单坡排水,保障雨后能通车。施工期间对便道进行日常养护,专人专机负责。雨季施工期间除施工车辆外,严格限制其他车辆在施工场地通行。

③施工机械的停放选择地势高且能及时排水的场地,以免遭到雨水的淹没,同时做好日常检修,保证雨季的正常运转施工。

④对石灰、水泥等易受潮破坏的材料,应设置专门的地点放置,做到下垫上盖,确保不受雨淋、不受潮,且对石灰、水泥材料的使用做好计划安排,尽可能做到及时使用,避免长期存放。

⑤安排专人负责了解气象信息,并将气象信息及时传达给施工作业人员,特别是有降雨的情况,要至少提前半天通知,以保证有足够的时间完成当前作业内容,并采取盖篷布等措施对路基进行保护,避免因突然降雨造成损失或返工等。

⑥雨季填筑土尽可能地选择干土,或者接近最佳含水率的土。在正式施工前,做好路基两侧排水系统,派专人进行排水系统维护,保证路基施工期间雨水排除畅通,路基填筑表面不被雨水浸泡。如排水不畅,停止路基施工,疏通排水系统后方可恢复。

⑦随土方填筑进度及时展开后序路基附属边坡防护及临时排水施工,并尽快形成永久排水系统。为防止雨水冲刷,路基在雨季施工时,在路肩设临时挡水埂,在路基边坡设临时排水设施。路基边坡的临时排水沟长度随路基填筑高度逐步加长,直至路基顶后尽快施作路基边坡防护和永久排水系统。路肩上的挡水埂和边坡的临时排水沟采用砖块浆砌施作,用厚塑料布等防水材料铺底,以免冲刷边坡,间隔50m开口设置临时排水沟。

⑧雨季施工应根据机械设备的性能和数量，每天定好计划作业量，合理安排工作面进行轮流作业，组织快速施工，随运随填及时完成压实，不宜全面铺开。加大机械、人员、材料的供应，加快施工进度，早日完善路基两侧出入口沟槽顺接，形成整体排水系统。

⑨路基填筑做到随挖、随运、随填、随压，以确保路堤质量。雨季路堤分层填筑，每一压实层面均须按设计要求做出2%的横坡，并要求表面的平整度较好，以利于路基表面的排水。路基边坡应随时保持平整，每次作业收工前将铺填的松土层压实完毕，并应采用防雨布进行覆盖。

⑩雨后的路基面必须晾晒、刮除表面浮土和进行复压处理。对于个别区域可能出现含水率过大的情况，建议采取翻晒或掺生石灰处理，以保证路基填筑质量，加快施工进度。

(6)冲击碾压/强夯施工。

当高填方段落长度大于100m时，可采用冲击碾压进行补强，一般情况下每填高2m进行一次冲击碾压，在大面积施工前，应先做试验路段，以确定冲击碾压的施工工艺、施工参数和检测验收标准。根据冲击碾压影响深度，冲击压实机碾压路基的施工尚需与一般压路机配合施工。由于路基边缘是压实机具操作的薄弱环节，在采用冲击碾压对下路床进行补压时，应加强对路基边缘地带的碾压，根据边坡高度、填料种类、原有压实及其控制情况，可酌情增加5~8遍冲碾遍数。冲击碾压高填方路基处理设计图如图3-7所示。

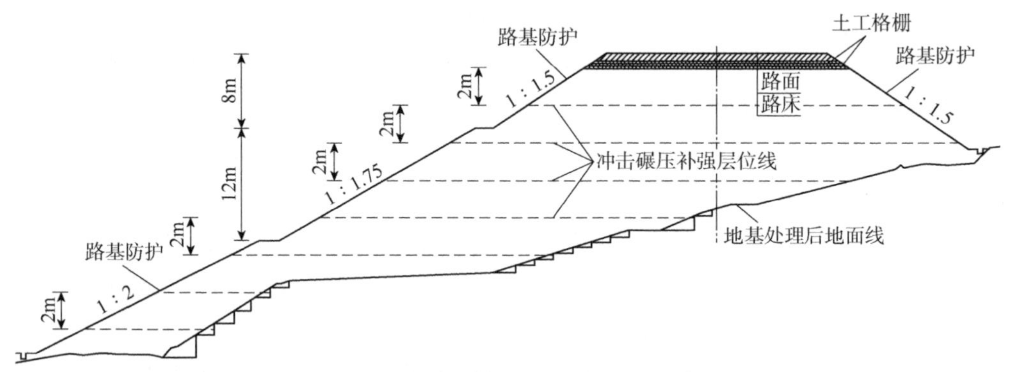

图3-7　高填方路基处理设计图(冲击碾压)

当高填方段落长度小于100m时，可采用强夯设备进行补强压实。路基填筑高度每填高6~8m，进行一次强夯，夯点采用正三角形布置，间距3~5m，每层夯击遍数为3遍，每遍夯击次数设计为3~5击，并可根据试夯资料进行修正。3遍强夯结束后，应普夯一次，落距1.5~3.0m，锤印彼此搭接不小于0.5m，单点一般不小于1~3击。为了使强夯路段沿路线纵向方向顺利过渡，强夯范围至填方设计高度截止。强夯施工高填方路基处理设计图(强夯)及夯点布置示意图如图3-8所示。

(7)纵横向填挖交界处理。

①地面坡率超过1∶5时，先清除表面浮土后再开挖台阶，土质路段台阶宽度不小于2m。

②为增强路基整体强度，削减路基横向(或纵向)填挖间的差异沉降，对挖方区自路

面底向下开挖结合槽,待填方区填至接合槽底部高程后,铺设第一层土工格栅,再分层铺筑下路床,在下路床顶面铺设第二层土工格栅,最后铺筑上路床。

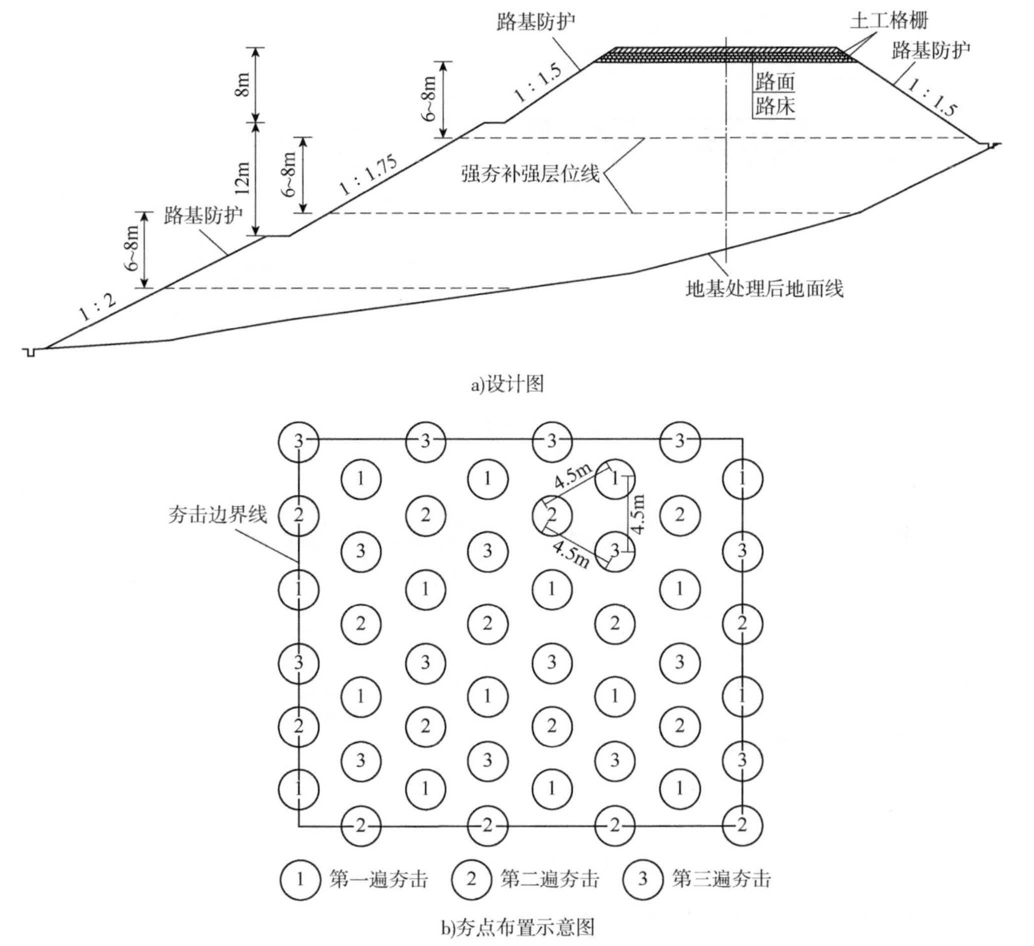

a)设计图

b)夯点布置示意图

图 3-8 冲击碾压高填方路基处理设计图(强夯)及夯点布置示意图

③铺筑土工格栅前,将其层面进行平整,严禁有碎、块石等坚硬突出物;距土工格栅10cm以内的路堤填料,其最大直径不得大于6cm。铺设土工格栅时,在挖方侧应进行有效的锚固,锚钉采用ϕ10mm钢筋弯制而成。土质挖方段锚固钢筋长度为30cm。

④纵向填挖交界须于填方段设置10m长过渡段,过渡段采用强~中风化碎石土或强度高且不易风化的碎石填筑,最大粒径不大于100mm,压实度不小于96%。纵向处治断面如图3-9所示。

⑤横向填挖交界填方部分压实度不小于95%。横向处治断面如图3-10所示。

(8)路床施工。

为给高填方预留自然沉降期,计划高填方路堤填筑完毕后暂停施工,路床与前后段落的路床、路槽同时施工。施工路床前,应对已填筑完成的填方段落进行检查验收。验收合格后铺设第一层土工格栅,填筑三层碎石土,经检查合格后,铺设第二层土工格栅,再填筑三层碎石土,路床填料CBR(加州承载比)值及压实度应满足规范及设计要求。

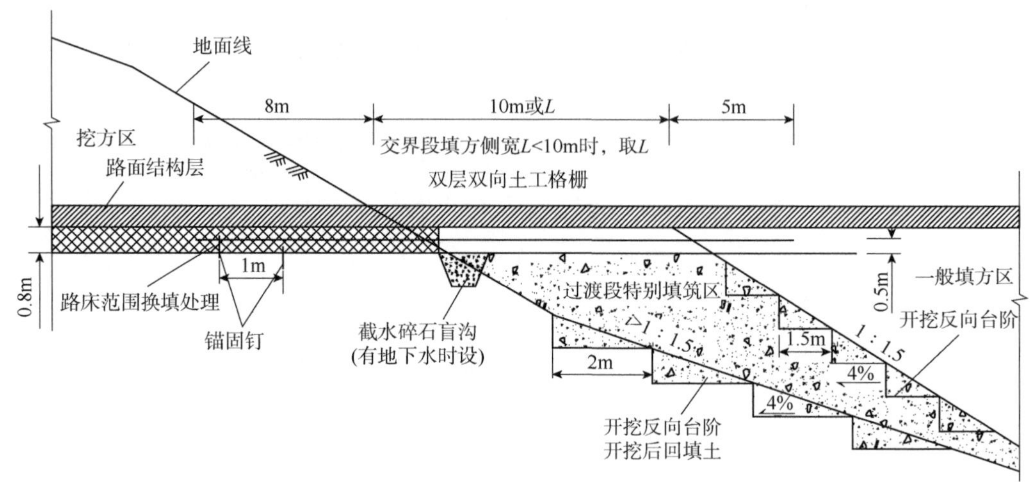

图 3-9　纵向处治断面

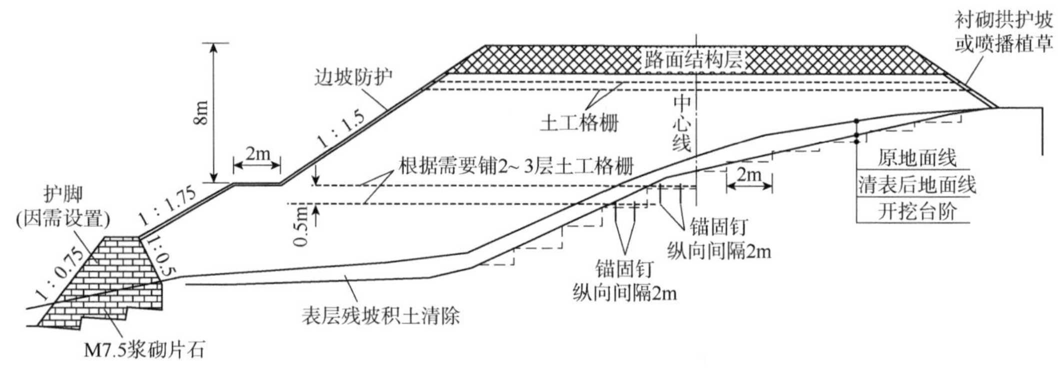

图 3-10　横向处治断面

(9)路堤边坡修整与防护工程施工。

施工前测量放线、坡面整形,保证设计坡度。在坡面上开挖拱形格基槽,保证刻槽深度。采用坐浆挤浆法施工拱肋及拱圈浆砌部分,再安装拦水块。人工开挖护坡道及碎落台截水沟基坑。基坑验收合格后,进行截水沟模板安装与混凝土浇筑。

(10)沉降和位移监测。

①监测点布设。

在高填方路堤施工过程中必须进行沉降和位移观测,以监测路堤变形情况,控制填筑速率,指导施工;并根据实测资料推算评估工后沉降,指导后续工程施工。高填方采用沉降板监测,沉降板横向布置 2~3 个,纵向 100~200m 布设。

②高填方观测。

位移和沉降观测采用全站仪,仪器经检定合格,并在使用有效期内。沉降和位移观测要遵循“五固定”原则:依据的基准点、工作基点和被观测点点位要固定;仪器、设备要固定;观测人员要固定;观测时的环境条件基本固定;观测路线、程序和方法要固定。施工中严格按设计要求的观测方法和频率对沉降和位移进行跟踪观测,观测资料必须及时进行整理和汇总分析,及时指导施工和提供给相关单位作为评估依据,并作为质量资料归档。

3.2.5 施工安全保证措施

1）组织保障措施

在方案中应对项目安全生产管理体系进行简单介绍，明确安全组织机构（安全生产领导小组）、安全保证体系及相应人员安全职责等。建立以项目经理或项目负责人为组长，项目总工程师、生产副经理及安全负责人等为组员的安全生产领导小组，并公示相关应急管理电话。如高填方路基位于分部和工区，安全生产领导小组应建立至分部或工区。针对高填方路基施工，制定安全生产管理制度、安全教育培训制度及技术交底制度。

2）技术措施

根据高填方施工工艺，结合专项风险评估报告中的重大风险源，针对碾压、冲击碾压、强夯施工、雨季施工、文明施工等制定安全保证措施、质量技术保证措施、文明施工保证措施、环境保护措施等。

（1）施工作业前，对现场土方挖运班组、现场管理人员进行安全技术交底，对施工过程中的安全控制、措施进行交底，交底后方可进行该段作业。

（2）对各类机械作业人员实行持证上岗制度，杜绝违章操作现象。

（3）安全员每天现场监督检查，施工管理人员坚守现场，加强现场指挥，防止机械设备相互碰撞、倾覆和伤人事故的发生。

（4）高填路段在填筑时，两边宽度超宽80cm，以保证碾压到边。

（5）在施工现场设置安全警示标志，夜间施工设置足够的照明设施，并在危险区设立红灯示警。

3）监测监控措施

针对高填方施工过程中的边坡位移变形、坡面平顺、坡率、结构物几何尺寸成立监控量测小组。针对路基沉降和位移监测，应明确监测点布设、高填方观测采用的仪器设备。确定沉降和位移观测要遵循的原则、观测频率、资料整理等。

3.2.6 施工管理及作业人员配备和分工

1）施工管理人员

列出管理人员名单及岗位职责（如项目负责人、项目技术负责人、施工员、质量员、各班组长等）。

2）专职安全人员

列出专职安全生产管理人员名单及岗位职责。

3）特种作业人员

列出特种作业人员持证人员名单及岗位职责（附特种作业证书）。

4）其他作业人员

列出其他人员名单及岗位职责。

3.2.7 验收要求

1）验收标准

高填方路堤工程应满足《公路工程质量检验评定标准　第一册　土建工程》（JTG F80/1—2017）中4.2节的要求及设计文件要求。压实度、弯沉指标合格率不得低于95%；有规定极值的检查项目，任一单个检测值不应突破规定极值，否则该检查项目为不合格；其他检测项目，合格率应不低于80%。

高填方路基所用填料应满足《公路路基设计规范》（JTG D30—2015）中3.3.3条及3.3.4条中要求。土工格栅、土工布等应满足《公路土工合成材料应用技术规范》（JTG/T D32—2012）中第4节及第7节相关要求。

路基基底处理应满足《公路路基设计规范》（JTG D30—2015）中3.3.6条中相关要求。

高填方路基验收应按分部工程（土石方工程、排水工程、边坡工程、涵洞工程）对应的分项工程进行质量检验和验收。

高填方施工完成后，应按设计要求设置沉降板和位移墩，并定期进行检测，检测结果应满足设计要求。

2）验收程序

高填方施工必须分层检查验收合格，方能继续填筑。施工过程工序验收应严格执行三检制。

3）验收内容

填前处理、材料性能、填方压实度、弯沉、高程、路基宽度、平整度、横坡、土工格栅搭接宽度、结构物尺寸等指标。设备进场前应对冲击碾压、强夯设备进行进场验收，检查其设备使用年限、检修记录等，并通过试验段验证其性能，一般工况下冲击碾压设备冲击能量为25kJ，压实宽度为2×1000mm，工作速度为10～15km/h，有效压实厚度为1.0m，压实影响深度为5.0m。强夯设备锤重25t，夯击能为2500kJ。

4）验收人员

关键工序隐蔽验收参与人员：施工单位现场技术员、监理单位现场监理工程师、建设单位相关负责人、施工及监理单位试验室现场检测人员和主要负责人。

高填方工序验收参与人员：施工单位质检负责人、监理单位专业工程师、试验室相关主要负责人、建设单位工程部门负责人和中心试验室负责人及现场检测人员。

3.2.8 应急处置措施

1）高填方施工专项应急预案

编制高填方事故专项应急预案，明确应急组织机构和职责、应急救援小组组成与职责，包括抢险、安保、后勤、医疗救护、善后、应急救援工作流程及应对措施、联系方式等。判断事故类型及危害程度，制定应急处置的基本原则、编制预防和预警措施及信息报告程序。

2)现场应急措施

针对高填方施工过程中的机械伤害、触电等制定现场急救措施。

3)应急物资准备

制定应急物资与装备保障清单。

3.2.9　计算书及相关施工图纸

(1)高填方段落专项施工图纸,含设计说明、典型横断面。

(2)地勘资料。

(3)施工总平面布置图。

(4)监测点布设图及说明等。

3.3　深挖路基工程

挖方路基专项施工方案编制过程中常包含挖方施工及边坡防护工程。因此,在编制挖方路基工程时,应考虑相关工程的实施。对于土质挖方边坡高度大于20m、岩质挖方边坡高度大于30m且处于不良地质、特殊岩土地段的挖方边坡,应进行专家论证。

3.3.1　工程概况

1)挖方工程概况和特点

典型深挖路基断面如图3-11所示。

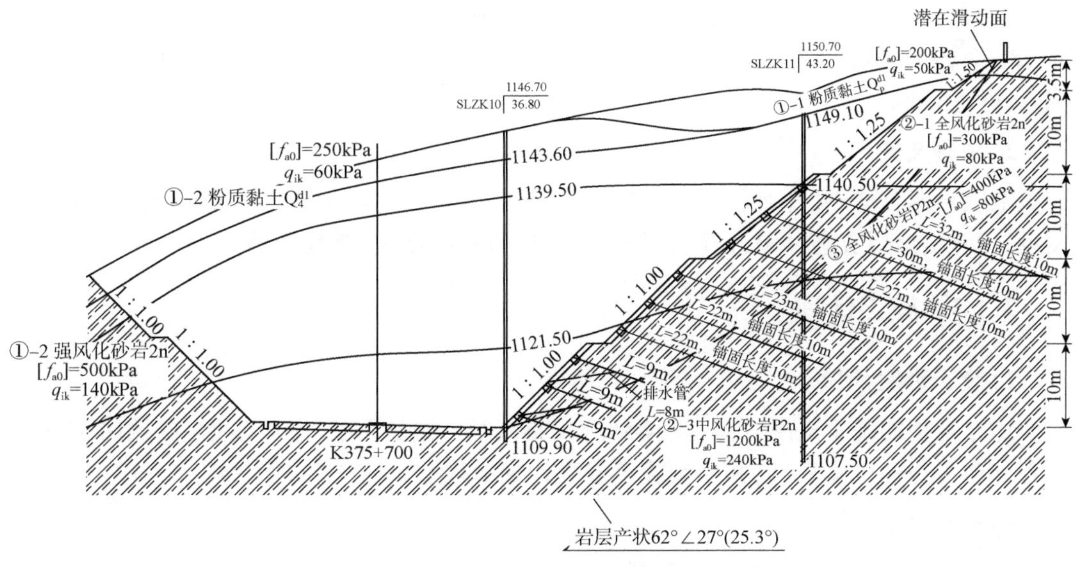

图3-11　典型深挖路基断面

①工程基本情况:对项目所在地、公路等级、深挖路段桩号、最大挖方深度、最大边坡高度、挖方量、边坡防护形式、边坡上方的结构物等进行说明。

②工程地质情况:结合项目现场实际踏勘情况,对比设计文件上的要求,对地形地

貌、地层岩性、岩层走向、倾角,挖方坡体的稳定性等进行说明。

③工程水文地质情况:气候、地表水、地下水、地层渗透性与地下水补给排泄等情况。

④工程的特点、难点。

2)施工平面布置

根据项目实际情况,重点介绍挖方区域进场道路情况、拌和站设置、弃土场位置、表土临时堆放区位置、施工总平面布置(含临时用水、临时用电、安全文明施工现场要求及危大工程标识等)及说明。特别是表土临时堆放区,为后续取、弃土场的复垦做准备。

3)周边环境条件

深挖路段邻近道路的重要性、道路特征、使用情况;坡口线附近房屋、管道分布情况及距离;周边环境平面图应标注与工程之间的平面关系及尺寸。

4)施工要求

在方案中应明确进度目标(本工程开工日期、计划竣工日期)、质量目标、安全目标要求,及纠偏措施,如增加设备、人员、材料等。

5)风险辨识与分级

根据风险评估报告,说明深挖路段风险因素辨识及安全风险分级。

3.3.2 编制依据

1)规范性文件

《建筑边坡工程技术规范》(GB 50330—2013)、《公路路基设计规范》(JTG D30—2015)、《公路路基施工技术规范》(JTG/T 3610—2019)、《工程测量标准》(GB 50026—2020)、《公路工程施工安全技术规范》(JTG F90—2015)、《施工脚手架通用规范》(GB 55023—2022)、《公路工程质量检验评定标准 第一册 土建工程》(JTG F80/1—2017)等国家、行业标准。

2)项目文件

施工合同、勘察文件、设计施工图纸、现状地形及影响范围管线探测或查询资料、相关设计文件、地质灾害危险性评价报告、建设单位相关规定、管线图等。

3.3.3 施工计划

1)施工进度计划

挖方工程的施工进度安排,具体到施工准备、土石方开挖、边坡整形、支挡防护施工等各分项工程的进度安排,并编制施工进度计划横道图。

2)材料计划

根据挖方边坡防护形式编制混凝土、钢筋、片石等主要材料投入计划、力学性能要求及取样复验详细要求,试验计划。

3)劳动力计划

拟投入的施工管理人员、专职安全生产管理人员、特种作业人员及其他人员等。

4)机械设备投入计划

根据施工进度拟投入的挖掘机、自卸汽车、洒水车、空气压缩机、锚孔钻机等机械设备。

5)监控量测计划

根据挖方路段长度和边坡高度,按照施工过程和竣工验收要求编制监控量测计划。

3.3.4 施工工艺

1)技术参数

最大挖方高度、最大边坡高度、边坡防护形式、坡率、挖方量、环形截水沟的尺寸等。脚手架技术参数,如钢管型号、长度等。

2)工艺流程

深挖路基常规施工工艺流程如图3-12所示。

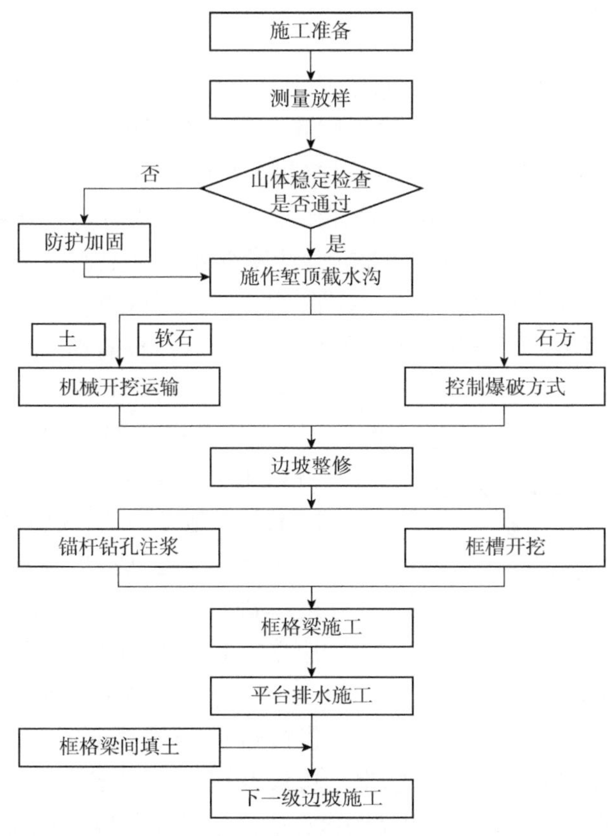

图3-12 深挖路基施工工艺流程

3)施工方法及操作要求

(1)施工准备。

施工准备包含施工技术准备,试验准备,人员、材料、机械准备及施工现场准备等。

(2)清表处理。

深挖路基清表深度按设计要求不小于30cm,清表土方进行集中堆弃,用于后期防护和排水工程的培土、植草。

(3)施工监测点布设。

施工前在坡顶设置位移变形监测桩,土质地段深埋混凝土桩作为监测桩,石质地段可在稳固石块中作监测标记代替监测桩。监测桩埋设后先进行一次高程、坐标测量,并填写监测记录。

(4)排水方案施工。

①路堑开挖前,首先施作堑顶截水沟,并做好防渗工作,保证边坡稳定。

②施工中及时测量,开挖至边坡平台时,预留不小于 20cm 保护土层,待修整平台时进行排水沟开挖,开挖后及时按设计施作平台排水沟。

③对坡面中出现的坑穴、凹槽,进行杂物清理,嵌补平整。路堑较高时按设计施作平台,路堑平台做成向外侧倾斜 4%的排水坡,确保不积水。

④加强明水排放。开挖过程中及时挖设临时排水沟,防止积水。在雨季施工时,严格执行雨季施工方案。

(5)路堑开挖。

①根据实际地质地形情况,纵向分段、从上往下分层开挖。

②土石方开挖根据岩石类别、风化程度和节理发育程度,确定开挖方法。边坡开挖主要由挖掘机进行,如遇较硬岩质,可采用控制爆破的方式进行开挖。当施工段落附近有重要结构物或者管线时,宜采用破碎锤或电动液压劈裂机将岩石分解后再开挖。

③土方开挖采用装载机配合挖掘机按设计图纸要求自上而下进行。在开挖过程中不得乱挖和超挖,无论工程量多大、土层多深,均严禁掏洞取土;在开挖中出现石方时,要测量土石分界线,并保存真实资料,及时修改施工方案,并报监理工程师批准。所有挖方作业,均应按自上而下进行分层开挖作业。必须按"开挖一级、防护一级"的要求施工。路堑开挖应保持边坡的稳定,必须按照设计图纸分级施工,一次成型;每3~4m(挖掘机作业高度范围内)应对开挖坡面进行一次修整,逐级进行防护和锚固工程,防止边坡失稳。挖方施工步骤如图 3-13 所示。

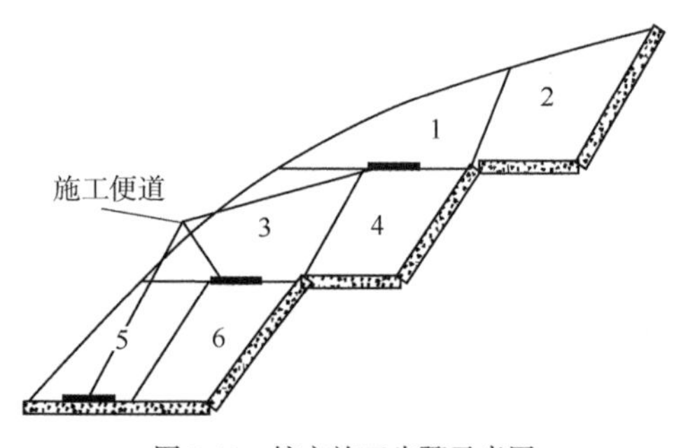

图 3-13 挖方施工步骤示意图

④为保证坡率满足要求,首先采用挖掘机按边坡开挖线开挖毛坡(毛坡离开挖线 0.2m左右),形成一级坡面后再人工修整。边坡开挖时采用定制的坡度尺,控制开挖坡度。采用人工在修整好的毛坡面两头及中间,按设计坡率每隔 20m 修一条坡槽,再按坡槽修整整个坡面,确保坡率达到设计要求。

(6)锚(索)杆框架施工。

锚(索)杆框架主要施工工艺流程如图 3-14 所示。

①脚手架搭设。

沿坡面的每根立杆及水平杆,都将其打入山坡土层或岩层内固定;顺坡面斜杆搭设两层。锚杆在施工作业层铺设脚手板,以便于放置锚杆施工机械及施工。

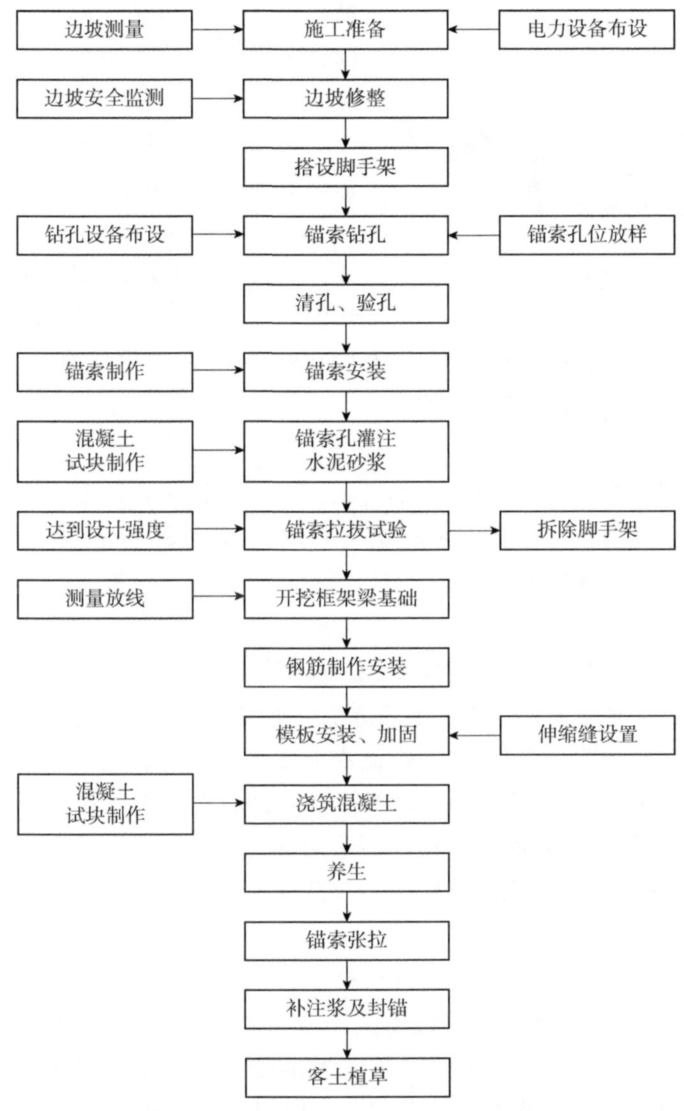

图 3-14　锚(索)杆框架主要施工工艺流程

根据孔位搭设脚手架。为了施工的安全和连续性,操作平台必须采用 5cm 厚的木板满铺在脚手架上,并与脚手架连接牢固,脚手架搭设完成后,经验收合格才能使用。

②锚(索)杆孔测量放线。

按设计立面图要求,在锚(索)杆施工范围内,用测量仪器将孔位准确放出,全段统一放样,孔位误差不得超过±50mm。

竖梁的具体长度可根据实际边坡高度确定,但锚(索)杆的位置须按等分坡面的长度进行放样,其间距可适当调整。如遇既有坡面不平顺或特殊困难场地时,须经设计监理单位认可,在确保坡体稳定和结构安全的前提下,适当放宽定位精度或调整锚孔定位。

③钻孔设备。

根据锚固地层的类别、孔径、深度以及施工场地条件等来选择钻孔设备。岩层中锚杆采用 MGY-60 锚杆钻机钻孔成孔;在岩层破碎或松软饱水等易于塌缩孔和卡钻埋钻的

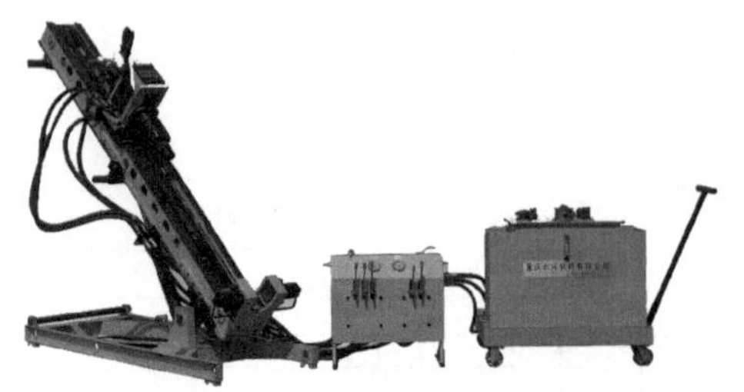

图 3-15　MGY-60 分体式锚杆钻机

地层中采用跟管钻进技术。MGY-60 分体式锚杆钻机如图 3-15 所示。

④钻机就位。

将钻机安装在已搭设好的操作平台上，根据坡面测放孔位，准确定位并固定钻机。

⑤钻进方式。

钻孔要求干钻，禁止采用水钻，以避免钻孔施工造成边坡岩体的工程地质条件恶化和保证孔壁的黏结性能。钻孔速度根据使用钻机性能和锚固地层严格控制，防止钻孔扭曲和变径，造成下锚困难或其他意外事故。

⑥钻进过程。

钻进过程中对每个孔的地层变化、钻进状态（钻压、钻速）、地下水及一些特殊情况做好现场施工记录。如遇塌孔缩孔等不良钻进现象时，须立即停钻，及时进行固壁灌浆处理（灌浆压力为 0.1～0.2MPa），待水泥砂浆初凝后，重新扫孔钻进。

⑦锚孔清理。

钻进达到设计深度后，不能立即停钻，要求稳钻 1～2min，防止孔底尖灭、达不到设计孔径。钻孔孔壁必须清理干净。在钻孔完成后，使用高压空气（风压为 0.2～0.4MPa）将孔内岩粉及水体全部清除出孔外，以免降低水泥砂浆与孔壁岩土体的黏结强度。除相对坚硬完整的岩体锚固外，不得采用高压水冲洗。若遇锚孔中有承压水流出，待水压、水量变小后方可下放锚筋与注浆，必要时在周围适当部位设置排水孔处理。如果设计要求处理锚孔内部积聚水体，一般采用灌浆封堵二次钻进等方法处理。

⑧锚孔检验。

锚孔钻孔结束后，须经现场监理检验合格后，方可进行下道工序。孔径、孔深检查一般采用设计孔径、钻头和标准钻杆在现场监理旁站的条件下验孔，要求验孔过程中钻头平顺推进，不产生冲击或抖动，钻具验送长度满足设计锚杆孔深度，退钻要求顺畅，用高压风吹验不存明显飞溅尘渣及水体黏滞现象。同时要求复查锚孔孔位、倾角和方位，全部锚孔施工分项工作合格后，即可认为锚孔检验合格。

⑨锚杆制作及安装。

锚杆杆体采用带肋钢筋，沿锚杆轴线方向中间每隔 2.0m（孔口间距为 1.85m，孔底间距为 1.5m）设置一组钢筋托架，保证锚杆的保护层厚度达到设计要求。锚杆端头应与框架梁钢筋焊接，如与框架钢筋、箍筋相干扰，可局部调整钢筋、箍筋的间距，竖、横主筋交叉点必须绑扎牢固。安装前，要确保每根钢筋顺直，除锈、除油污，安装锚杆体前再次认真核对锚孔编号，确认无误后再用高压风吹孔，人工缓慢将锚杆体放入孔内，用钢尺量测孔外露出的锚杆长度，计算孔内锚杆长度（误差控制在±50mm 范围内），确保锚固长度。制作完整的锚杆经监理工程师检验确认后，应及时存放在通风、干燥之处，严禁日晒雨淋。锚杆在运输过程中，应防止钢筋弯折、定位器松动。

⑩锚固注浆。

注浆作业从孔底开始，实际注浆量一般要大于理论的注浆量，或以孔口不再排气且孔口浆液溢出浓浆作为注浆结束的标准。如一次注不满或注浆后产生沉降,要补充注浆,直至注满为止。注浆压力大于或等于 0.8MPa,注浆量不得少于计算量,压力注浆时充盈系数为 1.1~1.3。注浆压力、注浆数量和注浆时间根据锚固体的体积及锚固地层情况确定。注浆结束后,将注浆管、注浆枪和注浆套管清洗干净,同时做好注浆记录。

⑪锚杆抗拔力试验。

为确保锚杆具有可靠的锚固力,要求在现场条件下对每段坡面取锚杆数的 5%且不小于 3 根锚杆做抗拔力试验。

⑫锚索制作安装。

锚索按照设计文件要求进行制作安装。锚索采用 4 根 ϕ15.2mm 高强度低松弛钢绞线制成。锚固段每隔 2m 设置一个架线环(扩张环),每两个架线环中间用 ϕ65mm 箍环绑扎成束。每一束钢绞线前段设置钢管导向帽,导向环长度为 0.2m。锚索自由段涂满防锈油,套上波纹管,波纹管内注满黄油并严格封闭两端。锚索制作前应搭设安装架,安装架长度为每束钢绞线长度。锚索安装前须报监理量取钢绞线长度,安装时注意保护钢绞线束不被破坏。每个孔位插入一束锚索,锚索端头距孔底为 0.5m,外露钢绞线在张拉完成后切割。

⑬锚索孔灌注水泥砂浆。

灌浆前应对机制砂进行检查,不得出现石子等杂物,防止机器的堵塞,并应检查注浆泵、管路及接头的牢固程度,防止浆液冲出伤人。水泥砂浆严格按照试验室给定配合比以及现场原材含水率拌制。采用灌浆料注入锚孔,注浆需按孔位自下而上进行。如遇空洞不能加压太大,要保持 0.4~0.6MPa 的工作压力。注浆时采用孔底返浆法,注浆管应插至孔底 5~10cm 处。注浆要保证砂浆饱满,不得有里空外满的现象。单孔注浆中途不得停注。拔出注浆管时应注意钢绞线有无被带出的情况,否则应再压进去直至不带出为止,再继续拔管。浆液硬化后不能充满锚固体时,应进行补浆,注浆量不得小于计算量。砂浆拌和均匀,随拌随用,一次拌和的砂浆要在初凝前用完。注浆结束后,应将外露的钢绞线、注浆管、注浆枪和注浆套管清洗干净,同时做好注浆记录。

(7)框格梁施工。

①基槽开挖:根据设计及规范要求,施工前先填补坑凹,使坡面大体平整。根据放样后的横、竖梁位置,土质边坡采用人开挖基槽,石质边坡采用风镐开凿基槽,对不稳定的挖方槽底及坡面要做换填夯实处理。同一级边坡挖方顺序是:由上至下,一步到位,槽底密实平顺,控制超挖。基槽开挖深度应大于框格梁高度的 2/3。

②基础底面处理:基底用 2~5cm 厚水泥砂浆找平,遇边坡有局部超挖较大悬空处采用浆砌片石嵌补。

③钢筋制作安装:钢筋的制作、绑扎、焊接必须按设计或有关技术规范要求施作。

④模板工程:主要采用定型钢模施工,但由于坡面条件的限制,部分地段采用散装木模施工。

⑤混凝土运输:在拌和站集中拌和,用混凝土搅拌运输车运输至浇筑现场。

⑥混凝土灌注和养生:采用混凝土输送泵将混凝土泵送至槽体内,混凝土坍落度不宜过大,浇筑时必须用振动棒振捣密实,尤其在锚孔周围钢筋较密集,应仔细振捣保证质量。混凝土浇筑完成后,及时采用塑料薄膜覆盖洒水养生至张拉龄期。

(8)张拉、锁定。

①制作锚索时,钢绞线长度较设计长度增加 0.8m 作为锚头张拉段。

②必须待锚孔内的砂浆及锚梁钢筋混凝土的强度达到设计强度后,再进行锚索预张拉。

③张拉作业前必须对张拉机具设备进行标定。

④锚索张拉按中、上、下顺序进行,每个锚索张拉时首先取锚索设计拉力值的 0.15 倍预张拉 1 次,加荷速率不大于 100kN/min,使杆体完全平直,各部位接触紧密,位移观测时间为 2min;第二次张拉至锚索设计拉力值,加荷速率不大于 100kN/min,持荷 5min 后锚固。锚索张拉分别记录每一级钢绞线的伸长量,张拉时钢绞线受力要均匀。

⑤张拉结束后机械切除多余的钢绞线,严禁电割,并应留长 3~5cm 的钢绞线,对所有锚孔进行二次注浆,最后用混凝土封锚。

锚杆框格梁如图 3-16 所示。

图 3-16　锚杆框格梁

(9)脚手架拆除。

①钢管脚手架的搭设顺序为:立杆→扫地杆→小横杆→大横杆(牵杆)→剪刀撑→连墙杆→脚手片铺设→防护栏杆→挂安全网。

②拆除脚手架应遵循由上而下,先搭后拆的原则,即先拆拉杆、安全网、脚手板、剪刀撑、斜撑,而后拆大横杆、小横杆、立杆等。

③不准分立面拆、架或在上、下两步同时进行拆架,做到一步一清、一杆一清,拆立杆时,要先抱住立杆再拆开最后两个扣。拆除大横杆、斜撑、剪刀撑时应先拆中间扣件,然后托住中间,再拆端头扣。所有连墙杆等必须随脚手架拆除同步下降。严禁先拆除连墙件或数层拆除后再拆除脚手架,分段高差不大于 2 步;如高差小于 2 步,应增设连墙件加固。

④当脚手架拆至下部最后一根长立杆的高度(约 6m)时,应先在适当位置搭设临时抛撑加固后,再拆除连墙件。

⑤当脚手架分段、分立面拆除时,对不拆除的脚手架两端,应按如下规定设置连墙件和横向斜撑加固:两端必须设置连墙件,连墙件的垂直距离不应大于建筑物的层高,并不应大于 4m(2 步),横向斜撑在同一节间,由底至顶层呈“之”字形连续布置,中间每隔 6 跨设置一道。

⑥卸料时，各配件严禁抛掷至地面。

(10)边坡坡面排水。

当开挖坡面出现点状、线状或面状地下水渗出，必须及时设置临时排水管集中排出，避免渗水沿坡面排泄。必要时，可设置疏干孔或斜孔排水，排出边坡体内深层地下水，疏导坡体内的水，降低地下水位，以提高坡体自身的稳定性。

(11)沉降位移监测。

定期进行边坡的巡视检查工作，检查内容包括边坡是否出现裂缝，以及裂缝的变化情况(裂缝的深度及宽度)、是否出现掉渣或掉块现象，坡表有无隆起或下陷，排、截水沟是否通畅，渗水量及水质是否正常等，并做好巡视记录。特别是每天开挖后，次日再次开挖前对已开挖坡体地表进行观察，检查有无坡体开裂失稳现象，确保施工时人员安全。每次爆破后，对已开挖坡体地表进行观察，检查有无坡体开裂或坡体下部进行坡体稳定性检测，防止意外事故发生。每次大雨过程时和过程后，专职安全人员对坡体进行安全监控并进行地表全面查看。

3.3.5 施工安全保证措施

1) 组织保障措施

在方案中应对项目安全生产管理体系进行简单介绍，明确安全组织机构(安全生产领导小组)、安全保证体系及相应人员安全职责等。安全生产领导小组组长为本项目负责人，公示相关应急管理电话。如深挖路基位于分部和工区，安全生产领导小组应建立至分部或工区。针对深挖路基施工制定安全生产管理制度、安全教育培训制度及技术交底制度。

2) 技术措施

根据深挖路基施工工艺，结合专项风险评估报告中的重大风险源，针对边坡开挖、边坡防护工程、临时用电安全、机械伤害、触电、边坡坍塌、滑坡、高处坠落等事故制定技术措施。

3) 监测监控措施

针对深挖路基施工过程中坡顶外部变形、表面裂缝、支护效果、边坡渗流(如有必要)等成立监控量测小组。方案中应明确观测采用的仪器设备。明确沉降和位移观测要遵循的原则、观测频率、资料整理等。

3.3.6 施工管理及作业人员配备和分工

1) 施工管理人员

列出管理人员名单及岗位职责(如项目负责人、项目技术负责人、施工员、质量员、各班组长等)。

2) 专职安全人员

列出专职安全生产管理人员名单及岗位职责。

3)特种作业人员

列出特种作业人员持证人员名单及岗位职责(附特种作业证书)。

4)其他作业人员

列出其他人员名单及岗位职责。

3.3.7 验收要求

1)验收标准

深挖路堑工程应满足《公路工程质量检验评定标准 第一册 土建工程》(JTG F80/1—2017)中6.6节要求及设计文件要求。其中边坡锚固工程中混凝土强度、注浆强度、锚杆、锚索拉力、张拉力合格率不得低于95%;有规定极值的检查项目,任一单个检测值不应突破规定极值,否则该检查项目为不合格;其他检测项目,合格率应不低于80%。

边坡临时脚手架验收应满足《施工脚手架通用规范》(GB 55023—2022)中第6节相关要求。

2)验收程序

施工过程工序验收应严格执行三检制。

3)验收内容

根据《公路工程质量检验评定标准 第一册 土建工程》(JTG F80/1—2017)及设计文件中路堑相关指标相关要求进行验收。如边坡坡度、坡面应满足设计要求;锚杆、锚索的数量不得少于设计数量;框格梁钢筋、钢筋网与锚杆或其他锚固装置连接牢固;注浆性能应符合相关施工技术规范规定,锚孔内注浆应密实,注浆压力满足设计要求;坡面混凝土喷射前应对坡面的渗漏水等进行处理;预应力锚杆、锚索并按设计要求的工艺进行张拉;锚杆、锚索的长度应大于或等于设计长度,插入锚孔内的长度预应力锚杆、锚索不得小于设计长度的97%、其他不得小于98%;非锚固段套管安装位置应满足设计要求;沉降缝、伸缩缝的位置、缝宽应满足设计要求,采用弹性材料填充密实,填充深度应满足设计要求。

4)验收人员

关键工序隐蔽验收参与人员:施工单位现场技术员、监理单位现场监理工程师、建设单位相关负责人、施工与监理单位试验室现场检测人员和主要负责人。

工序验收参与人员:施工单位质检负责人、监理单位专业工程师、试验室相关主要负责人、建设单位工程部门负责人和中心试验室负责人及现场检测人员。

3.3.8 应急处置措施

1)施工专项应急预案

编制深挖路基专项应急预案,如边坡坍塌、物体打击及交通安全应急预案。明确应急组织机构和职责、应急救援小组组成与职责,包括抢险、安保、后勤、医疗救护、善后、应急救援工作流程及应对措施、联系方式等。判断事故类型及危害程度,制定应急处置的基本原则、编制预防和预警措施及信息报告程序。

2)现场应急措施

针对施工过程中的机械伤害、触电等制定现场急救措施。

3)应急物资准备

制定应急物资与装备保障清单。

3.3.9 计算书及相关施工图纸

(1)深挖路基段落专项施工图纸,含设计说明、典型横断面。
(2)地勘资料。
(3)施工总平面布置图等。
(4)坡面脚手架稳定性计算书。

3.4 滑坡处治工程

本节提到的滑坡体处治工程指边坡上方存在的滑坡体。滑坡体专项施工方案编制内容应包含滑坡体的处治和支挡防护形式。滑坡体处治常与路堑边坡处治方案相结合。对于中型及以上的滑坡处治工程(滑坡体积大于或等于 10 万 m^3)的专项施工方案应邀请专家进行论证。本书以常见的削坡减载+抗滑桩+锚索框格梁滑坡处治方案为例进行说明。

3.4.1 工程概况

1)滑坡工程概况和特点

滑坡处治工程典型断面如图 3-17 所示。

图 3-17 滑坡处治工程典型断面

①工程基本情况:对滑坡体桩号位置、滑坡体方量、滑面位置、滑坡体形态特征、现有状态稳定系数、滑坡处治设计方案、滑坡体周边的建筑物等进行说明。

②工程地质情况:滑坡体的土质、岩性,滑坡体所处的地形地貌。

③工程水文地质情况:地表水、地下水、地层渗透性与地下水补给排泄等情况。

④工程的特点、难点。

2)施工平面布置

根据项目实际情况,重点介绍滑坡处治区域进场道路情况、拌和站设置、弃土场位置。

3)周边环境条件

滑坡工程区域附近房屋、管道分部情况及距离。

4)施工要求

在方案中应明确进度目标(本工程开工日期、计划竣工日期)、质量目标、安全目标要求。

5)风险辨识与分级

根据风险评估报告,说明该段滑坡工程处治风险因素辨识及安全风险分级。

3.4.2 编制依据

1)规范性文件

《滑坡防治工程勘查规范》(GB/T 32864—2016)、《滑坡防治设计规范》(GB/T 38509—2020)、《公路路基施工技术规范》(JTG 3610—2019)、《公路路基设计规范》(JTG D30—2015)、《工程测量规范》(GB 50026—2007)、《公路工程施工安全技术规范》(JTG F90—2015)、《公路工程质量检验评定标准 第一册 土建工程》(JTG F80/1—2017)等国家、行业标准。

2)项目文件

施工合同(施工承包模式)、勘察文件、设计施工图纸、现状地形地质灾害危险性评价报告、建设单位相关规定等。

3.4.3 施工计划

1)施工进度计划

明确滑坡处治施工进度安排,具体到各分项工程的进度安排,如清方卸载、边坡处治、抗滑桩施工等分项,并编制施工进度计划横道图。

2)材料计划等

根据滑坡体体积及防护形式编制钢筋、混凝土等主要材料及周转材料需求计划,主要材料投入计划、力学性能要求。

3)劳动力计划

明确拟投入的施工管理人员、专职安全生产管理人员、特种作业人员及其他人员等。

4)机械设备投入计划

根据滑坡体体积及防护形式编制挖掘机、自卸汽车、桩基施工等机械设备投入数量。

5)监控量测计划

结合滑坡工程处治实际情况,对抗滑桩、边坡支护进行监控量测,并按照施工过程和竣工验收编制监控量测计划。

3.4.4 施工工艺技术

1)技术参数

削坡减载预估方量、台阶宽度、高度,抗滑桩尺寸、锁扣与护壁形式、配筋形式、边坡防护形式、坡率、环形截水沟的尺寸等。

2)工艺流程

施工工艺流程如下:

施工准备→截水沟施工→滑坡体卸载→抗滑桩施工→边坡土石方开挖→锚索(杆)框格梁防护施工→变形监测。

3)施工方法及操作要求

(1)施工准备。

在正式施工前,复核滑坡体的工程地质、施工图纸、现场复测、放样等资料。检查主要施工机械及其配套设备的技术性能。检查施工方案以及抗滑桩钢筋混凝土所用建材(水泥、砂石、钢筋)的质检报告等。

现场复核边坡的稳定性,当边坡欠稳定时应采取临时防护措施,如反压回填、临时钢管桩等,确保施工过程中边坡稳定安全,不出现二次滑坡。

(2)清表处理。

填方地基表层清表按设计要求不小于30cm,清表土方进行集中堆弃,用于后期防护和排水工程的培土、植草。

(3)滑坡体卸载。

在卸载滑坡体开挖前做好施工测量,严格按图纸进行卸载。卸载滑坡体施工总的原则为由上而下进行施工,待上方滑坡体卸载完成后再进行下方的削坡。在卸载滑坡体施工过程中,若实际情况与地质资料出入较大,应及时上报监理单位。卸载滑坡体应由上向下逐层开挖,严禁在施工范围内进行土方堆载,并应及时将土方清理出现场。

(4)抗滑桩施工。

抗滑桩专项施工方案编制要点见第4章桥梁工程中的人工挖孔桩专项施工方案编制要点。

(5)边坡土石方开挖。

边坡土石方开挖编制要点见3.2节相关内容。

(6)锚索(杆)框格梁防护施工。

边坡土石方开挖编制要点见3.2节相关内容。

(7)变形监测。

根据设计文件要求在抗滑桩、边坡支护框格梁上方设置监控量测点。

3.4.5 施工安全保证措施

1)组织保障措施

在方案中应对项目安全生产管理体系进行简单介绍,明确安全组织机构(安全生产领导小组)、安全保证体系及相应人员安全职责等。安全生产领导小组组长为本项目负责人,公示相关应急管理电话。如滑坡处治工程位于分部或工区,安全生产领导小组应建立至分部或工区。针对滑坡处治工程施工制定安全生产管理制度、安全教育培训制度及技术交底制度。

2)技术措施

结合专项风险评估报告中的重大风险源,针对边坡开挖及抗滑桩人工开挖过程中边坡坍塌、机械伤害、窒息中毒、高处坠落、物体打击、触电等事故制定技术措施。

3)监测监控措施

针对抗滑桩、边坡开挖过程中的危险源进行监测。

3.4.6 施工管理及作业人员配备和分工

1)施工管理人员

列出管理人员名单及岗位职责(如项目负责人、项目技术负责人、施工员、质量员、各班组长等)。

2)专职安全人员

列出专职安全生产管理人员名单及岗位职责。

3)特种作业人员

列出特种作业人员持证人员名单及岗位职责(附特种作业证书)。

4)其他作业人员

列出其他人员名单及岗位职责。

3.4.7 验收要求

1)验收标准

滑坡处治工程中边坡锚固工程应分别满足《公路工程质量检验评定标准 第一册 土建工程》(JTG F80/1—2017)中6.6节要求及设计文件要求。其中,边坡锚固工程中混凝土强度、注浆强度、锚杆、锚索拉力、张拉力合格率不得低于95%;有规定极值的检查项目,任一单个检测值不应突破规定极值,否则该检查项目为不合格;其他检测项目,合格率应不低于80%。

2)验收程序

施工过程工序验收应严格执行三检制。

3）验收内容

根据《公路工程质量检验评定标准　第一册　土建工程》（JTG F80/1—2017）及设计文件中相关指标相关要求进行验收。如抗滑桩终孔验收、成桩质量、钢筋安装、边坡坡度、坡面应满足设计要求。锚杆、锚索的数量不得少于设计数量。

4）验收人员

关键工序隐蔽验收参与人员：施工单位现场技术员、监理单位现场监理工程师、建设单位相关负责人、施工与监理单位试验室现场检测人员和主要负责人。

工序验收参与人员：施工单位质检负责人、监理单位专业工程师、试验室相关主要负责人、建设单位工程部门负责人和中心试验室负责人及现场检测人员。

3.4.8　应急处置措施

1）施工专项应急预案

编制滑坡体处治工程专项应急预案，明确应急组织机构和职责、应急救援小组组成与职责，包括抢险、安保、后勤、医疗救护、善后、应急救援工作流程及应对措施、联系方式等。判断事故类型及危害程度，制定应急处置的基本原则、编制预防和预警措施及信息报告程序。

2）现场应急措施

针对施工过程中的窒息中毒、机械伤害、触电等制定现场应急措施。

3）应急物资准备

制定应急物资与装备保障清单。

3.4.9　计算书及相关施工图纸

（1）滑坡处治工程专项施工图纸，含设计说明、典型横断面。

（2）地勘资料。

（3）施工总平面布置图。

（4）临时处治措施计算书，如反压回填对边坡的稳定性、临时钢管桩支护等。

第4章 桥梁工程

随着我国基建工程建设的大规模开展,桥梁工程成为公路建设中最常见、结构形式最复杂,应用最多、最广的专业工程,而公路往往通过地形地貌、地层岩性、气象水文等地质条件差异很大的地区,使桥梁工程具有典型的多类型、多结构形式。本章将针对常见的人工挖孔桩、预制梁运输及吊装、钢箱梁制作及吊装、钢箱梁顶推、桥梁转体、大型预制构件水上运输的危险性较大分部分项工程专项技术方案的编制技术要点进行介绍。

4.1 一般规定

4.1.1 编制对象

桥梁工程专项施工方案编制过程中常包含桩基础,桥梁工程中包含梁、拱、柱构件施工,顶进工程,上跨或下穿既有公路、铁路、管线施工等。当上述危险性较大的分部分项工程超过一定规模时,应组织专家对方案进行论证。

公路桥梁工程中危险性较大的分部分项工程需编制专项施工方案的,有如下几个方面:

(1)桩基础。

(2)桥梁工程中梁、拱、柱构件施工。

(3)打桩船作业、施工船作业。

(4)边通航边施工作业。

(5)水下工程中的水下焊接、混凝土浇筑等。

(6)顶进工程。

(7)上跨或下穿既有公路、铁路、管线施工。

公路桥梁工程中超过一定规模危险性较大的分部分项工程需外部专家论证的通常是指:

(1)深度不小于15m的人工挖孔桩或开挖深度不超过15m,但地质条件复杂或存在有毒有害气体的人工挖孔桩工程。

(2)长度不小于 40m 的预制梁的运输与安装,钢箱梁吊装。

(3)高度不小于 40m 的墩柱、高度不小于 100m 的索塔等的施工。

(4)离岸无掩护条件下的桩基施工。

(5)开敞式水域大型预制构件的运输与吊装作业。

(6)转体施工。

4.1.2 主要编制内容

根据住房和城乡建设部发布的《危险性较大的分部分项工程专项施工方案编制指南》(建办质〔2021〕48 号),专项施工方案内容包含九部分:工程概况、编制依据、施工计划、施工工艺技术、施工保证措施、施工管理及作业人员配备和分工、验收要求、应急处置措施、计算书及相关施工图纸。

根据《公路工程施工安全技术规范》(JTG F90—2015),专项施工方案的主要内容为七部分:工程概况、编制依据、施工计划、施工工艺技术、施工安全保证措施、劳动力计划、计算书及相关施工图纸。

本章将按住房和城乡建设部发布的《危险性较大的分部分项工程专项施工方案编制指南》(建办质〔2021〕48 号)中九部分的要求进行专项施工方案技术要点的编制说明,以下以转体桥为示例说明主要编制内容。

1)工程概况

(1)工程概况和特点。

①工程基本情况:按照设计文件要求,结合项目实际情况,对项目所在地、转体桥设计参数(上、下部结构形式、预应力体系、与跨线位置交角、转体重量等)进行说明,列表说明本方案所包含的转体桥工程量。

②工程地质情况:对比设计文件说明,结合项目现场实际踏勘情况,说明本方案实施区域的地形、地貌、地质等情况(附桥位地貌照片)。

③工程水文地质情况:说明桥位处地表水、地下水等情况。

④工程的特点、难点:转体桥在既有线附近施工,且上跨既有道路(公路、铁路),如何保证既有线及铁路行车安全,特别是桥位处地下水、地表水对既有公路、铁路稳定性影响,说明若地下水丰富,下部结构施工时应采取的措施(如止水帷幕等),是本工程的重中之重;对梁端挠度的控制要求较高,决定着转体后桥梁能否准确合龙;转体重量较大,必须严格控制球铰加工质量以及转动墩处下沉量,确保转体施工顺利进行。当桥梁位于多风地区时,必须考虑风荷载对转体桥梁稳定性的影响。

(2)施工平面布置。

根据项目实际情况,需说明清楚转体桥与铁路平面位置关系、本区域临时道路(标明行进方向)、材料堆场、用水用电、临时排水、塔式起重机及施工设备等平立面位置,描述钢筋生产加工场地用水用电、临时排水、消防布置及施工设备等平面位置信息。

(3)周边环境条件。

详细说明跨越铁路以及邻近道路的重要性、使用情况,电力线路、地下管线(供水、燃气、供电、通信等)的重要性、架线高度或埋置深度。

(4)施工要求。

明确质量、安全、进度、环水保目标要求,工期要求(本工程开工日期、计划竣工日期),转体桥工程计划开工日期、计划完工日期。

(5)风险辨识与分级。

根据风险评估报告,说明转体桥风险因素辨识以及安全风险等级。

2)编制依据

(1)现行相关规范性文件等。

(2)施工图设计文件。招标文件、勘察文件、设计图纸、业主相关规定等。

(3)施工组织设计、风险评估报告等。

3)施工计划

(1)施工进度计划。

根据主要节点目标及施工工艺工序,统筹现场设备、材料情况,简述施工进度计划安排,明确转体桥施工进度计划图(网络图或横道图)。

(2)材料计划。

列表说明本方案所使用的材料、设备名称、规格型号、具体数量及用途。

(3)劳动力计划。

列表说明拟投入的施工管理人员、专职安全管理人员、特种作业人员以及其他人员。

(4)机械设备投入计划。

根据施工进度拟投入的机械设备。

4)施工工艺技术

(1)技术参数:说明转体桥上下部结构形式等主要技术参数;混凝土输送设备技术参数;列表说明主要施工设备性能参数。

转体系统的主要技术参数有:球铰制作精度、球铰安装精度(说明保证球铰安装顶口务必水平、球铰转动中心务必位于设计位置的误差要求)、滑道安装精度(说明滑道顶面相对高差、局部高差相关要求)、转体技术参数(说明转体角度、转体时间、转体梁端线速度、转体角速度)。

(2)工艺流程:转体桥施工工艺流程。

(3)施工方法及操作要求:施工准备、主墩桩基施工、转体承台及转体系统安装、主墩及承托、转体箱梁、转体准备工作和转体实施、合龙段施工等。

5)施工安全保证措施

(1)组织保障措施。

方案中应对项目安全生产管理体系进行简单介绍,明确安全组织机构(安全生产领导小组)、安全保证体系及相应人员安全职责等。安全生产领导小组组长为本项目负责人,公示相关应急管理电话。针对转体桥施工制定安全生产管理制度、安全教育培训制度及技术交底制度。

(2)技术保障措施。

根据施工工艺结合专项风险评估报告中的重大风险源，针对各分项工程（预应力施工、防侵限安全保证措施、跨既有道路转体施工安全措施等）制定针对性的安全保证措施（包括人身安全、高空安全、用电安全、机械设备安全措施等）；制定冬/雨季施工保障措施、质量技术保证措施、文明施工保证措施、环境保护措施等。

(3)监测监控措施。

方案中应明确结构高程及主梁线性的监测监控措施；说明转盘应力的相关措施；说明主梁悬臂浇筑过程中立模高程的监测监控措施；说明转体桥称重的相关监测监控措施；说明转动过程中转动速度控制的相关措施；说明施工过程周边环境安全等因素的人工巡视计划及巡查过程中处置流程或方案。

6)施工管理及作业人员配备和分工

(1)施工管理人员。

列出管理人员名单及岗位职责（如项目负责人、项目技术负责人、施工员、质量员、各班组长等）。

(2)专职安全人员。

列出专职安全生产管理人员名单及岗位职责。

(3)特种作业人员。

列出特种作业人员持证人员名单及岗位职责（附特种作业证书）。

(4)其他作业人员。

列出其他人员名单及岗位职责。

7)验收要求

(1)验收标准。

应满足《公路桥涵施工技术规范》(JTG/T 3650—2020)、《公路桥涵设计通用规范》(JTG D60—2015)、《公路工程施工安全技术规范》(JTG F90—2015)、《公路工程质量检验评定标准　第一册　土建工程》(JTG F80/1—2017)等规范相关要求。

(2)验收程序。

转体桥施工必须每一道工序验收合格后方可进入下一道工序。施工过程工序验收应严格执行三检制。

(3)验收内容。

根据《公路工程质量检验评定标准　第一册　土建工程》(JTG F80/1—2017)及设计文件中相关指标相关要求进行验收。如悬臂梁浇筑混凝土强度、轴线偏位、顶面高程、断面尺寸、相邻梁段间错台、顶面横坡、封闭转盘和合龙段混凝土强度、同一横断面两侧或相邻上部构件高差等指标。

(4)验收人员。

关键工序隐蔽验收参与人员：施工单位现场技术员、监理单位现场监理工程师、建设单位相关负责人、施工与监理单位试验室现场检测人员和主要负责人。

转体桥施工各工序验收参与人员：施工单位质检负责人、监理单位专业工程师、试验室相关主要负责人、建设单位工程部门负责人和中心试验室负责人及现场检测人员。

8)应急处置措施

(1)施工专项应急预案。

针对触电、高处坠落、机械伤害等风险源,结合以上三个方面编制跨线转体施工应急预案,明确应急处置领导小组组成与职责、应急救援小组组成与职责,包括抢险、安保、后勤、医疗救护、善后、应急救援工作流程及应对措施、联系方式等,项目参建、周边建(构)物产权单位各方联系方式、救援医院信息(名称、电话、救援线路)。

(2)现场应急措施。

针对转体桥施工过程中的机械伤害、高处坠落、物体打击、触电等制定现场急救措施。

(3)应急物资准备。

制定应急物资与装备保障清单。

9)计算书及相关施工图纸

(1)施工设计计算书。

墩身支架结构计算书;挂篮以及模板计算书;主梁预应力张拉计算书;转体牵引计算书;其他临时结构计算书(安全通道等)。

(2)相关图纸。

施工平面布置图;转体结构设计图;挂篮设计图;定型产品相关设计说明书;作业平台构造图;其他与本方案相关的图纸。

4.2 人工挖孔桩

在山区公路建设过程中,因高山峡谷的地形复杂、高差大等给施工带来巨大困难,特别是桩基施工或路基防护抗滑桩有时不得不采取人工挖孔。鉴于人工挖孔桩施工中存在事故率高、风险大、安全管理难的特点,人工挖孔桩为危险性较大工程。深度不小于15m的人工挖孔桩或开挖深度不超过15m,但地质条件复杂或存在有毒有害气体的人工挖孔桩工程,应邀请专家对方案进行论证。

下列情况之一者,不得使用挖孔桩:

(1)开挖深度范围内分布有厚度超过2m的流塑状泥或厚度超过4m的软塑状土。

(2)开挖深度范围内分布有层厚超过2m的砂层。

(3)有涌水的地质断裂带。

(4)地下水丰富,采取措施后仍无法避免边抽水边作业。

(5)高压缩性人工杂填土厚度超过5m。

(6)开挖面3m以下土层中分布有腐殖质有机物、煤层等可能存在有毒气体的土层。

4.2.1 工程概况

1)工程概况和特点

(1)工程基本情况:按照设计文件要求,结合项目实际情况,对项目路线、起止桩号、桩基结构形式等进行说明,并说明标段内哪些桥梁及抗滑桩等符合人工挖孔桩实施条件。说明基础或基坑(边坡)支护桩规模[基坑(边坡)周长、面积、开挖深度、设计基坑(边坡)使用时间,基础桩形式及其上建构筑物概况等,基础或基坑(边坡)支护桩设计概述(桩径、桩长、桩间距、桩芯及护壁混凝土型号、钢筋笼配置、桩端持力层要求及嵌固深度、主要工程量清单等]。

(2)工程地质情况:对比设计文件说明,结合项目现场实际踏勘情况,说明本方案实施区域的地形、地貌、地质、不良地质等情况,与挖孔桩有关的地层描述,包括名称、厚度、状态、性质等。

(3)工程水文地质情况:说明挖孔桩处地表水、地下水等情况,与挖孔桩有关的含水层描述及应对措施。

(4)工程特点、难点:地下水、流沙、孔壁渗水。

2)施工平面布置

说明清楚现场平面位置关系、本区域临时道路、材料堆场、用水用电等平立面位置,描述钢筋生产加工场地用水用电、临时排水、消防布置及施工设备等平面位置信息,并附上施工平面布置图。给出挖孔桩平面及典型的挖孔桩开挖地层概况图等。

3)周边环境条件

详细说明挖孔桩周边环境施工现场条件,邻近道路的重要性、使用情况,电力线路、地下管线(供水、燃气、供电、通信等)的重要性或埋置深度。

4)施工要求

明确质量、安全、进度、环水保目标要求,工期要求(本工程开工日期、计划竣工日期),工程计划开工日期、计划完工日期。

5)风险辨识与分级

根据风险评估报告,说明人工挖孔桩风险因素辨识以及安全风险等级。

4.2.2 编制依据

(1)规范性文件。

《建筑施工易发事故防治安全标准》(JGJ/T 429—2018)、《环境空气质量标准》(GB 3095—2012)、《公路工程施工安全技术规范》(JTG F90—2015)以及其他现行相关标准、规范等。

(2)施工图设计文件。招标文件、勘察文件、设计图纸、建设单位相关规定等。

(3)施工组织设计、风险评估报告等。

4.2.3 施工计划

1)施工进度计划

根据主要节点目标及施工工艺工序,统筹现场设备、材料情况,简述施工进度计划安排,明确挖孔桩施工进度计划图(网络图或横道图),每一段桩基按照奇数及偶数分两个循环跳孔开挖计划施工。

2）材料计划

列表说明本方案所使用的主要材料数量（钢筋、混凝土）、设备名称（不列入淘汰设备）、规格型号、具体数量及用途（如定型钢模、串筒、上下爬梯等）。

3）劳动力计划

列表说明拟投入的施工管理人员、专职安全管理人员、特种作业人员以及其他人员。

4）机械设备投入计划

根据施工进度说明拟投入的机械设备（如挖掘机、装载机、空气压缩机、提升机、风镐、钢筋加工设备等）。

4.2.4 施工工艺技术

1）技术参数

说明挖孔桩孔径、深度、钢筋笼重量、混凝土数量等技术参数；混凝土输送设备技术参数；列表说明主要施工设备性能参数。

2）工艺流程

人工挖孔桩工艺流程如图4-1所示。

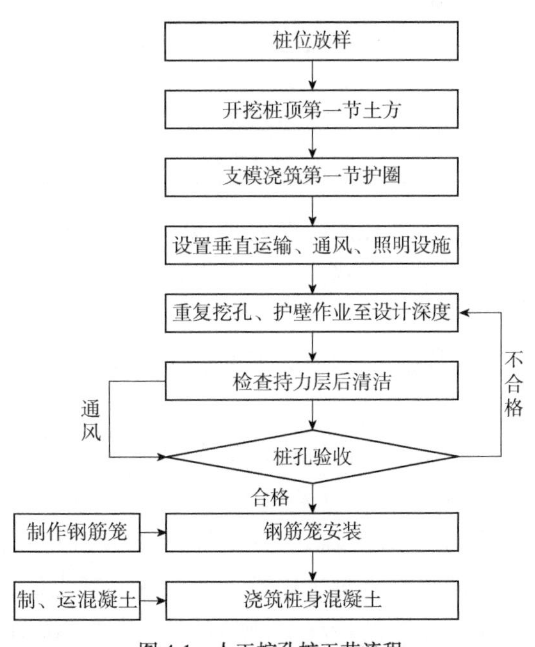

图4-1 人工挖孔桩工艺流程

3）施工方法及操作要求

（1）桩位定线及锁口施工。

结合桩位放样和锁口施工的程序，操作过程中的注意事项以及偏差范围等进行描述。

（2）桩孔开挖。

开孔前应按施工图纸准确放线，确定桩位中心位置，并向桩心位置四周引出控制点，以控制桩心。校核孔中心位置和垂直度，在井圈上测量出圈顶高程并标注。

挖孔施工应根据地质和水文地质情况，因地制宜选择开挖方式。根据不同地质情况，可分为人工开挖、风镐开挖及微爆破开挖。对于孔内的黏土、淤泥、流沙层，可用人工使用铁铲、锄头进行开挖。强度低的中风化岩层采用风镐破碎挖出，强度高的弱风化岩层采用风钻钻孔，布置小剂量炸药爆破，风镐配合破碎。

（3）护壁。

为防止塌孔，每一层土方开挖后应进行护壁。护壁厚度根据设计及现场实际情况，一般不少于15cm。

（4）终孔及成孔检验。

人工凿除或风镐开挖至设计高程，保证桩底岩层的完整性；挖孔达到设计高程，同时入岩深度满足设计要求时,报监理工程师、设计代表、建设单位代表四方共同确认地层,同意终孔基底;确认终孔后立即对孔底进行处理,做到平整、无松渣、淤泥、沉淀或扰动过的软土,然后报监理工程师检验,并留影像资料。采用探笼对桩孔直径进行检测;若孔底发现地质复杂或开挖中发现地质不良情况(如陷穴、溶洞、薄层泥岩、不规则软弱层等),应立即与监理工程师、设计代表取得联系,共同确定处理方案。

(5)通风、照明及排水。

①通风。

挖孔至5m深度后,应设置孔内照明系统。挖孔时,应经常检查孔内有害气体浓度,当腐殖质土层较厚时,应加强通风。管道式通风方案见表4-1。

管道式通风方案的比较 表4-1

序号	通风方式	布置形式	优点	缺点
1	送入式		能很快地排出工作面的污浊空气,拆装简单	污浊空气流经全洞
2	吸出式		工作面净化较快,洞内空气较好	风机移动频繁,噪声大,管道漏风可造成循环污染
3	混合式		洞内空气好、净化快	噪声大,受空间限制

综合考虑孔洞断面大小、开挖方法、出渣方式、设备条件等因素,通过分析比较,选出最适宜的通风方式。

②照明。

挖孔施工过程中必须保证作业面明亮,采用安全电压。

③排水。

若地下水渗出较快或雨水流入,抽排水不及时,就会出现积水。开挖过程中孔底要挖集水坑,降水井孔要比桩孔深2m,及时下泵抽水。下井前先排出井下积水,并观察渗水速度;护壁设导流孔,并由导流管引到井底,井下设排水泵排水。如有少量积水,浇筑混凝土时可在首盘采用半干硬性的混凝土(浇筑前与混凝土搅拌站协调),在大量积水又一时排除困难的情况下,则应用导管水下浇筑混凝土的方法,确保施工质量。

(6)提升设备与孔内安全。

第一节桩孔成孔后,在桩孔口上架设提升架,要求搭设稳定、牢固。提升架与地面接触处要压实,连接要牢固,或用混凝土进行硬化并埋设连接钢筋处理。提升架基座配重,以保证吊装作业时不倾覆。孔口防护如图4-2所示。

安装吊桶、活动盖板、水泵、通风机等,吊桶安装如图4-3所示。

(7)钢筋笼的制作和吊装及混凝土浇筑施工。

①从钢筋模架、钢筋丝头加工要求、钢筋机械接长要求、钢筋笼的安装、起吊机械设备及料具配备等方面展开叙述。

②从混凝土拌和、运输、浇筑过程中的注意事项等方面进行叙述。

图 4-2　孔口防护示意图

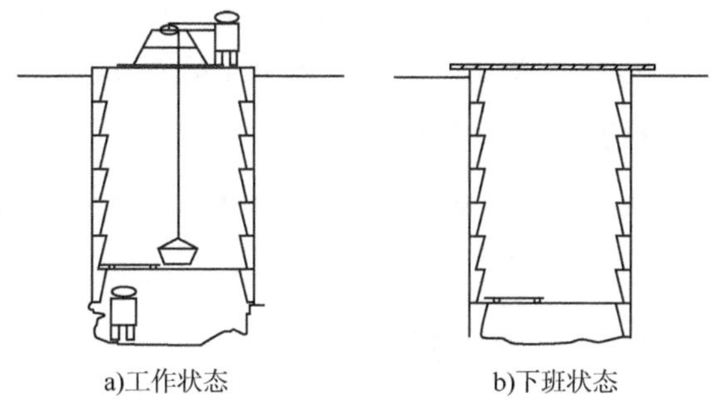

图 4-3　安装吊桶工作状态示意图

4.2.5　施工安全保证措施

1) 组织保障措施

方案中应对项目安全生产管理体系进行简单介绍,列出安全组织机构框架图、安全保证体系框架图。针对人工挖孔桩施工的制度保障(安全教育培训、技术交底制度、专项施工方案验收制度)、安全教育培训制度及技术交底制度,说明应急队伍保障、应急物资保障、安全经费保障措施。

2) 技术保障措施

各分部分项(孔口施工、护壁、提升设备、孔内照明、空气监测、钢筋笼吊装、混凝土浇筑)制定针对性的安全保证措施(包括防挖孔坠落、临时用电安全、爆破施工、机械设备安全措施、有害气体防范措施等);制定冬/雨季施工保障措施、质量技术保证措施、文明施工保证措施、环境保护措施等。

3) 监测监控措施

(1)有害气体监测措施。

说明检测设备类型、主要的监测气体、检测频率、监测的主要技术要点。

(2)位移监控措施。

说明桩顶位移沉降、监测点埋设与监测要求。

4.2.6　施工管理及作业人员配备和分工

1) 施工管理人员

列出管理人员名单及岗位职责(如具有丰富的人工挖孔桩施工经验的项目负责人、项目技术负责人、施工员、质量员、各班组长等)。

2) 专职安全人员

列出专职安全生产管理人员名单(应根据合同价足额配备)及岗位职责(熟悉人工挖孔桩施工工艺及安全管控要点,如锁口处理、护壁设置、提升设备等相关要求),附安全管理人员安全考核证书。

3) 特种作业人员

给出特种作业人员持证人员名单及操作类型,附特种作业证书。

特种作业人员应包括而不限于电工、焊接与热切割作业人员、架子工、场内专用机动车司机、从事爆破工作的爆破员、安全员、瓦斯监测员。

4）其他作业人员

列出其他人员名单（如班组长、测量员、钢筋工、木工、混凝土工、保通人员等）及岗位职责。

4.2.7 验收要求

1）验收标准

人工挖孔桩验收应满足《公路桥涵施工技术规范》（JTG/T 3650—2020）、《公路工程施工安全技术规范》（JTG F90—2015）、《公路工程质量检验评定标准　第一册　土建工程》（JTG F80/1—2017）等相关验收要求。

2）验收程序

人工挖孔桩施工必须每一道工序验收合格后方可进入下一道工序。施工过程工序验收应严格执行三检制。

3）验收内容

（1）原材料验收内容。

列表说明进场的水泥、砂、石、钢筋（产品质量合格证明书等）等原材料检查项目、标准、方法。

（2）挖孔桩成孔检查验收内容。

列表说明成孔质量检验项目。

（3）钢筋制作安装检查验收内容。

钢筋骨架必须按设计要求加工安装，钢筋主筋间距、箍筋间距、直径、长度等应符合设计和规范要求，列表说明钢筋制作安装验收项目。

（4）验收人员。

列表说明主要验收人员：施工单位现场技术员、监理单位现场监理工程师、建设单位相关负责人、施工与监理单位试验室现场检测人员和主要负责人。

4.2.8 应急处置措施

1）应急预案

根据人工挖孔桩特点及施工工艺的实际情况，列表说明事故类型（护壁坍塌、中毒窒息、高处坠落、物体打击、孔壁涌水、流沙、溶洞等）及危害程度，制定本项目发生紧急情况或事故的应急措施，列表应急组织体系框图。

2）现场应急措施

制定人工挖孔桩施工过程中的窒息中毒事故的应急预案措施；高空坠落、物体打击事故的应急预案措施；触电事故的应急预案措施；机械伤害事故的应急预案措施；坍塌事故的应急预案措施等。

3)应急物资准备

制定应急物资与装备保障清单。

4.2.9 计算书及相关施工图纸

(1)施工设计计算书。

①悬臂起吊机具的起吊卷扬机选型计算。

②钢丝绳承载力(拉力)计算。

③起吊机具主要杆件的承载力计算。

④起吊机具的配重及稳定性计算。

(2)相关图纸:临时用电、用水布置图等。

4.3 预制梁运输及吊装

预制梁在现代桥梁工程中取得广泛应用,但其对运输和安装的方式均提出较高的要求。为充分发挥预制梁的应用优势,需采用科学可行的施工技术,做好预制梁施工全过程中的各项工作。对于长度不小于40m的预制梁的运输与安装,应邀请专家对方案进行论证。

4.3.1 工程概况

1)工程概况和特点

(1)工程基本情况:按照设计文件要求,结合项目实际情况,对实施预制梁运输路线及吊装对应主桥所处位置及其周边环境情况进行详细说明。列表说明本方案所需运输及吊装的工程量。简要叙述涉及本方案的桥梁结构形式、支座形式、桥台形式、桥长、桥宽、桥高、纵横坡度,说明预制梁几何尺寸等设计参数(附桥位地貌照片、桥梁布置图等)。

(2)工程地质情况:对比设计文件说明,结合项目现场实际踏勘情况,对实施区域的地形、地貌、地质、水文、气象等情况进行简要说明(施工期间最大风速、附桥位地貌照片)。

(3)工程水文地质情况:说明桥位处地表水、地下水等情况。

(4)工程特点、难点:预制梁的运输通道在既有道路及施工便道上,且预制梁跨径大、如何保证既有线路行车安全以及运输距离和运输通行能力是本工程的重中之重。

2)施工平面布置

项目根据实际情况、项目组织机构设置及施工调查资料等情况,结合施工总体规划、工期、成本等因素,确定预制场施工平面布置方案、运输方案及吊装方案进行详细说明(需表示清楚本区域运梁通道(标明行进方向)、施工平面布置简要描述梁场、运梁通道、吊装场地、电力分布、拌和站、钢筋场、驻地和施工设备等平面位置信息;施工区域平面布置图表示清楚本桥区域内架桥设备等平面位置,架桥机行走路线)。

3)周边环境条件

详细说明预制梁运输及吊装的桥位周边环境施工现场条件,邻近道路的重要性、使用情况，电力线路、地下管线(供水、燃气、供电、通信等)的重要性或埋置深度。

4)施工要求

明确质量、安全、进度、环水保目标要求，工期要求(本工程开工日期、计划竣工日期)，工程计划开工日期、计划完工日期。

5)风险辨识与分级

根据风险评估报告，说明预制梁运输及吊装风险因素辨识以及安全风险等级。

4.3.2 编制依据

(1)规范性文件。

《建筑施工易发事故防治安全标准》(JGJ/T 429—2018)、《公路工程施工安全技术规范》(JTG F90—2015)、《建筑施工高处作业安全技术规范》(JGJ 80—2016)、《架桥机通用技术条件》(GB/T 26470—2011)、《装配式混凝土建筑技术标准》(GB/T 51231—2016)以及其他现行规范性文件等。

(2)施工图设计文件。招标文件、勘察文件、设计图纸、建设单位相关规定等。

(3)施工组织设计、风险评估报告等。

4.3.3 施工计划

1)施工进度计划

根据主要节点目标及施工工艺工序，统筹现场设备、材料情况，简述施工进度计划安排，明确施工进度计划图(网络图或横道图)，详细说明左右幅及各跨的施工顺序、架桥机转场计划。

2)材料计划

列表说明本方案所使用的材料名称、规格型号、具体数量及用途(如钢丝绳、弧形托板护板、硬木、临时支座、手拉葫芦、钢板、安全防护网等)。

3)劳动力计划

列表说明拟投入的施工管理人员、专职安全管理人员、特种作业人员以及其他人员。

4)机械设备投入计划

根据施工进度说明拟投入的机械设备名称、型号、数量(如门式起重机、架桥机、运梁车、电焊机等)。

4.3.4 施工工艺技术

1)技术参数

说明临时支座类型、规格、数量等主要技术参数；门式起重机、架桥机等起重设备的主要技术参数(型号、最大起重重量、吊绳吊具、工作幅度等)；运梁车的主要技术参数(型号、载重、最大坡度、转弯半径等)。

2)工艺流程

预制梁架设施工流程如图 4-4 所示。

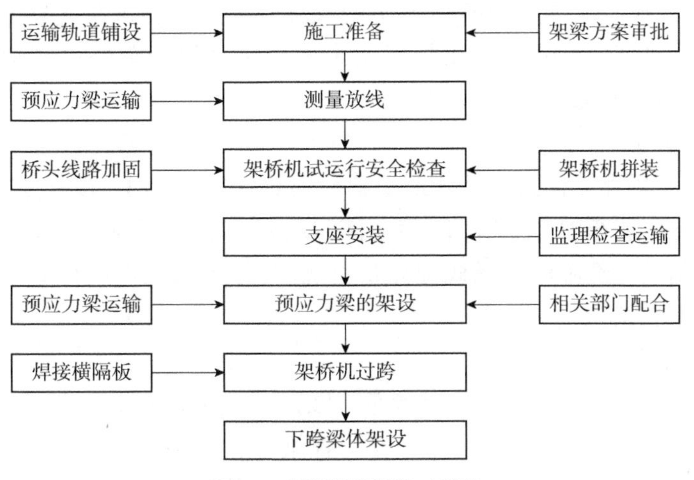

图 4-4　预制梁架设施工流程

3)施工方法及操作要求

预制梁在预制场集中预制,梁体达到设计强度后,进行张拉压浆,由门式起重机转运至存梁区。

待各桥桥墩盖梁施工完成后,将预制梁运至各桥墩位处进行架设,每一跨预制梁架设完成后进行湿接缝、横隔板预埋钢筋的焊接施工,以保证梁体稳定性;须待后续的桥梁架设完成后方可进行湿接缝、湿接头、桥面铺装、防撞护栏、伸缩缝等施工。

(1)架桥机安装、检查、试吊。

①安装场地要求。

在桥头路基段进行架桥机拼装,安装要求场地平整,无障碍物,范围内不应有积水,且有排水措施。作业区域内无高压线及其他电力线通过。

②安装顺序。

安装前支横移轨道、组装前支腿→安装中托横移轨道、中托轮、后托轮→组装主梁,安装主梁、上横梁、后支腿→调整安装前支腿→组装提升小车,将提升小车安装到主梁上→安装电器线路→安装吊具。

③检查工作。

检查两主导梁间连接是否可靠,连接各节导梁的销栓必须销死、到位;检查各台车连接是否可靠,润滑是否良好,减速机与台车连接必须紧固、可靠;检查横移台车与横移轨道的位置是否正确;检查主横梁:连接螺栓紧固可靠,两主横梁间的连接板栓紧固可靠;检查起重行车:螺栓紧固,轴承、链条润滑良好。

④试吊。

利用所架设的第一片预制梁进行试吊,按照静载和动载的要求进行试吊。

空载试车:架桥机启动后,对架桥机天车前后行走、左右横移和钢丝绳的升降的动作情况进行试验,并做好记录。

静载试验:确认钢丝绳捆扎完毕后,将 40m 预制梁起吊过程中,观察架桥机各部位是否有异常情况,技术人员测试主梁垂直下挠度并做记录。

动载试验:梁板吊起后,确认起升机构和各受检部位无异常情况后,方可出梁,出梁过程中检查两台天车与主梁的连接状态、轨道走行状态，出现异常情况停止出梁，同时试验吊梁天车重载时的制动系统，待梁板至架设位置时吊梁天车停止出梁，此时用全站仪测量主梁跨中下挠度并做记录。

(2)预制梁运输。

预制梁在预制场存梁区通过门式起重机机落梁至运梁车上，预制梁重心要与运梁车纵向中心线相吻合；装车时，运梁车间距应满足支承点距离要求，支点处设活转盘，以免搓伤梁体；在预制梁端部临时支承线位置布置枕木，并采用枕木进行横向支撑，以防止运输过程梁体倾倒、断裂。

(3)预制梁架设。

预制梁架设的流程：调整梁至待架状态→喂梁→捆梁(前端)→吊梁(前端)→纵向移梁→捆梁(后端)→吊梁(后端)→纵向移梁→落梁→横向移梁→已落放的梁片应予支撑或连接固牢，确保其稳定→架桥机空机横移至运梁轨道前端→架设边梁→梁体两端进行支撑(图4-5)。

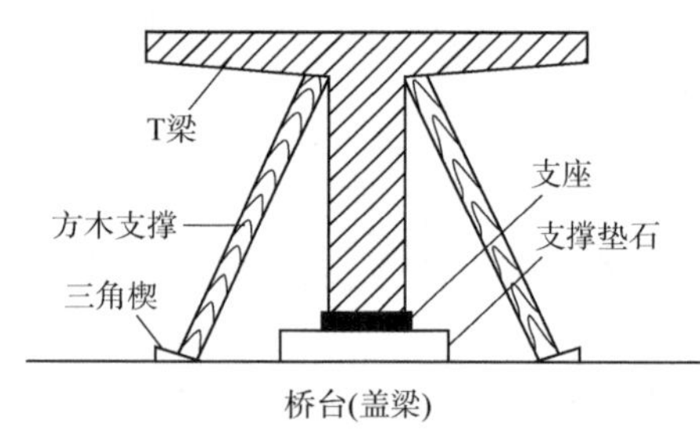

图4-5 T梁临时支撑示意图

(4)梁板吊装后的临时支撑方法。

①支撑稳定方木。

②安全防护：预制梁安装好后，及时对横隔板位置钢筋进行连接，对预制梁间湿接缝位置及端横梁湿接缝位置用防落网铺盖，在边梁侧边设置围栏，以确保施工人员的安全。

4.3.5 施工安全保证措施

1)组织保障措施

在方案中应对项目安全生产管理体系进行简单介绍，明确安全组织机构(安全生产领导小组)、安全保证体系及相应人员安全职责等。安全生产领导小组组长为本项目负责人，公示相关应急管理电话。制定安全生产管理制度、安全教育培训制度及技术交底制度。

2)技术保障措施

指定针对性的安全保证措施(包括防止高空坠落、防止触电、防止起重伤害、防风措施等)；制定冬/雨季施工保障措施、质量技术保证措施、文明施工保证措施、环境保护措施等。

3)监测监控措施

按照《架桥机安全规程》(GB 26469—2011)、《架桥机通用技术条件》(GB/T 26470—2011)对架桥机的性能和技术标准进行相应的监测监控。严格落实架桥机日常检查、架桥机月检查，对照检查表，落实监测监控。

4.3.6 施工管理及作业人员配备和分工

1)施工管理人员

列出管理人员名单及岗位职责(如具有至少两个项目的预制梁运输吊装施工经验的

项目负责人、项目技术负责人、施工员、质量员、各班组长等)。

2)专职安全人员

列出专职安全生产管理人员名单(应根据合同价足额配备)及岗位职责(熟悉预制梁运输与吊装施工工艺及安全管控要点,如架桥机拼装拆除、运输过程、临时支座安装、架桥机过孔、横隔板钢筋焊接等相关要求),附安全管理人员安全考核证书。

3)特种作业人员

列出特种作业人员持证人员名单及操作类型,附特种作业证书。

特种作业人员应包括而不限于电工、焊接与热切割作业人员、司索工、起重机械司机、架桥机安装拆卸工,高处作业吊篮安装拆卸工、电梯司机、场内专用机动车司机(炮车)、登高架设作业人员。

4)其他作业人员

列出其他人员名单(如班组长、测量员、钢筋工、保通人员、指挥人员等)及岗位职责。

4.3.7 验收要求

1)验收标准

验收应满足《公路工程施工安全技术规范》(JTG F90—2015)、《架桥机通用技术条件》(GB/T 26470—2011)、《架桥机安全规程》(GB 26469—2011)、《公路工程质量检验评定标准 第一册 土建工程》(JTG F80/1—2017)、《施工现场临时用电安全规范》(JGJ 46—2005)、《建筑机械使用安全技术规程》(JGJ 33—2012)等相关要求。

2)验收程序

预制梁运输架设每一道工序验收合格后方可进入下一道工序。施工过程工序验收应严格执行三检制。

3)验收内容

根据相关标准规范、操作规程及相关要求,列表说明架桥机设备、过程施工和实体工程成品等方面的检查验收,并附检查验收表,包括但不限于以下内容:

(1)根据《公路工程质量检验评定标准 第一册 土建工程》(JTG F80/1—2017)及设计文件中相关指标相关要求列表并进行验收。如支座垫石实测项目、支座安装实测项目、梁板安装实测项目等指标,列表说明架桥机验收相关内容。

(2)T 梁验收(如张拉注浆质量验收,翼板及端头凿毛,预埋件数量、位置,T 梁重心与运梁车中心线位置重合)。

(3)运梁道路验收(运梁道路宽度,运梁道路横坡、纵坡,桥头路基回填压实度)。

(4)架梁验收(架桥机备案登记材料、架桥机现场拼装验收、支座安装质量、横隔板钢筋焊接、架桥机过跨、端横梁及湿接缝验收)。

4)验收人员

验收由安全部会同质检部进行,现场各工序的施工过程验收工作由工程队长和质检部人员负责,自检合格后统一由质检部人员向监理工程师报检。

4.3.8 应急处置措施

1)应急预案

重点针对高空坠落、触电、机械伤害等风险源编制预制梁吊装施工应急预案,明确应急处置领导小组组成与职责、应急救援小组组成与职责,包括抢险、安保、后勤、医疗救护、善后、应急救援工作流程及应对措施、联系方式等,项目参建、周边建(构)物产权单位各方联系方式、救援医院信息(名称、电话、救援线路)。

2)现场应急措施

针对预制梁运输吊装施工制定高空坠落、物体打击事故的应急措施;触电事故的应急措施;机械伤害事故的应急措施;高空中暑的应急措施。

3)应急物资准备

制定应急物资与装备保障清单。

4.3.9 计算书及相关施工图纸

1)施工设计计算书

(1)预制场门架强度、刚度(专业定型产品厂家计算,满足安全系数 1.25 即可使用)。

(2)架桥机吊装绳最大拉力、安全系数计算(>6)、卷扬机起重绳拉力计算。

(3)架桥机强度、稳定性计算、悬臂挠度计算(专业定型产品厂家计算,满足安全系数 1.2 即可使用)。

(4)起重卷扬机、钢丝绳及起吊千斤绳的计算。

(5)临时支座计算(最大承受荷载、最大承受压力)。

2)相关图纸

施工平面布置图;预制梁架设过跨示意图;进度计划图(横道图或者网络图);架桥机、门式起重机特种设备相关图纸;其他有关本方案的图纸。

4.4 钢箱梁制作及吊装

高速公路主线与下方匝道交叉施工难度大,对施工技术和质量控制提出了较高要求。钢箱梁具有结构重量轻、工厂化生产、现场安装、质量保证容易、工期短等优点,同时能有效提高梁片安装效率,快速跨越既有线路,有效降低了施工对交通运行的影响。对于长度不小于 40m 的预制梁的运输与安装、钢箱梁吊装,应邀请专家对方案进行论证。

4.4.1 工程概况

1)工程概况和特点

(1)工程基本情况:按照设计图纸要求,结合项目钢箱制作拼装场地选址情况,对实施钢箱梁吊装对应主桥所处位置及其周边环境情况进行详细说明。列表说明本方案钢箱梁所包含的工程量。简要叙述涉及本方案的桥梁下部结构形式、跨径、材质、钢箱梁总重、最大安装高度、箱梁高度、顶面全宽、两侧挑臂宽、腹板间距、箱梁顶板厚、纵向分段等设计参数。

(2)工程地质情况:对比设计文件说明,结合项目现场实际踏勘情况,对实施区域的地形、地貌、地质、水文、气象等情况进行简要说明(施工期间最大风速、附桥位地貌照片)。

(3)工程水文地质情况:说明桥位处地表水、地下水等情况。

(4)工程特点、难点:钢箱梁的吊装在既有道路附近施工,且跨径大、上跨既有道路(公路、铁路),如何保证既有线路行车安全,是本工程的重中之重。且梁段组装预拼线形与全桥成桥线形要一致,梁段支座加劲部件制造、安装;相邻梁段端口与U形肋组装要一致,钢箱梁节段端口制作外形尺寸,以及节段组装焊接质量控制。

2)施工平面布置

根据实际情况,项目组织机构设置及施工调查资料等情况,结合施工总体规划,工期、成本等因素,确定主要使用的机械设备、吊装设备、施工平面布置方案、运输方案及顶推方案进行详细说明,平面布置图主要从施工堆放、施工机械、现场临时用电、安全文明施工方面进行布局。

3)周边环境条件

详细说明钢箱梁制作及吊装的桥位周边环境施工现场条件,邻近道路的重要性、使用情况,电力线路、地下管线(供水、燃气、供电、通信等)的重要性或埋置深度。

4)施工要求

明确质量、安全、进度、环水保目标要求,工期要求(本工程开工日期、计划竣工日期),工程计划开工日期、计划完工日期。

5)风险辨识与分级

根据风险评估报告,说明钢箱梁吊装风险因素辨识以及安全风险等级。

4.4.2 编制依据

依据现行规范,应参考《公路桥涵施工技术规范》(JTG/T 3650—2020)、《公路桥涵设计通用规范》(JTG D60—2015)、《公路工程施工安全技术规范》(JTG F90—2015)、《公路工程质量检验评定标准 第一册 土建工程》(JTG F80/1—2017)、《建筑施工临时支撑结构技术规范》(JGJ 300—2013)、《建筑施工高处作业安全技术规范》(JGJ 80—2016)、《钢结构焊接规范》(GB 50661—2011)等进行编制。

4.4.3 施工计划

1)施工进度计划

根据主要节点目标及施工工艺工序,统筹现场设备、材料情况,简述施工进度计划安排,明确钢箱梁制作以及吊装施工进度计划图(网络图或横道图),应考虑大型吊装设备进场时间、天气等对进度的影响。

2)材料计划

列表说明本方案所使用的材料、设备名称、规格型号、具体数量及用途(如钢箱梁、卸载支墩、卸载垫块、型钢、吊装夹具、钢丝绳等)。

3)劳动力计划

列表说明拟投入的施工管理人员、专职安全管理人员、特种作业人员以及其他人员。

4)机械设备投入计划

根据施工进度说明拟投入的机械设备名称、规格型号、具体数量及用途(如汽车起重机、运输车辆、空气压缩机、烘箱、直流电焊机、埋弧焊机、千斤顶、手拉葫芦、喷漆泵、切割机等)。

4.4.4 施工工艺技术

1)技术参数

说明钢箱梁上部结构形式等主要技术参数;箱室结构设计,节段的参数(尺寸、重量)等钢箱梁技术参数;说明钢材材质、规格、数量等主要技术参数;焊接安装主要技术参数;吊装设备的主要技术参数(型号、最大起重量、吊绳吊具、工作幅度等);混凝土输送设备技术参数,列表说明主要施工设备性能参数。

2)工艺流程

(1)钢箱梁加工制作。

下料→组装成单元→焊接→梁段整体组装→梁段调整和验收预拼装→除锈、涂装。

(2)钢箱梁运输及吊装。

地基处理→支架位置放线→支架搭设→支架校验调整→铺设纵、横工字钢支撑→安装工字钢支座→安装千斤顶等起落梁设备→支架调整→钢箱梁安装→钢梁箱焊接→落梁→支架拆除。

3)施工方法及操作要求

(1)钢箱梁加工制作。

钢箱梁制造工艺分四大步骤:工厂下料、加工坡口、板单元组焊加工、表面预处理。

在厂内将板单元拼焊成半副桥面的上下盖板,在现场将节段组装焊接成箱梁。工厂内进行节段的试拼装、焊接。现场吊装、就位及焊接,进行桥面调整及表面涂装。

(2)采取的工艺施工措施。

①利用切割精度较高的数控多头直条切割机进行顶板、底板、腹板及横隔板的下料,并考虑后道工序的焊接及修整的回弹值。

②对于预拱度,通过控制焊接顺序、预拼装调整来保证全桥的拱度曲线。

③所有组装均在胎架上进行,以控制梁段的组装精度。

④为减小焊接变形,选用焊接变形较小的 CO_2 气体保护方法进行焊接,同时按照合理的焊接顺序和焊接方向进行施焊作业,如采用对称焊接法、交替施焊作业等。

⑤根据焊脚尺寸、焊接长度、焊缝位置的疏密度、焊接线能量的大小来计算梁段的焊接收缩量,并考虑火焰修整造成的收缩量。

(3)下料。

钢箱梁采取实尺寸放样和数控放样相结合的方法,放出实际线形,然后制造切割、下料和加工的草图和样板,样板必须写明零件号、材质、规格、数量等,并按工艺规则留出加工余量及焊接收缩量。

①对于形状复杂的零、部件,在图中不易确定的尺寸,通过放样校对确定。

②样板、样杆、样条制作允许偏差见表4-2。

制作允许偏差表 表4-2

项目	允许偏差(mm)
两相邻孔中线距离	±0.5
对角线、两极边孔中心距离	±1.0
孔中心与孔群中线的横向距离	0.5
宽度、长度	+0.5,-1.0
曲线样板上任意点偏离	1.0

③下料前应检查钢料的牌号、规格、质量,如发现钢料不平直,有蚀锈、油漆等污物时,应矫正、清理后再号料,号料外形尺寸允许偏差为±1mm。

④主梁顶板、腹板及横隔板的下料,其主要应力方向应与钢板轧制方向一致。

(4)切割。

为了确保切割面的质量,减少对母体金属机械性能的影响,保证切割的精度,必须进行切割工艺试验,选择切割变形小且效率高的切割方法。单元件制作中如采用反变形工艺、板件下料采用无余量切割,必须先进行相关工艺试验,取得工艺参数。

(5)组装。

①底板单元由底板和底板纵向加劲肋构成。

②腹板单元由盖板、腹板和竖向加劲肋构成。

③隔板单元由隔板、腹板、隔板、盖板和纵横向加劲肋构成。

(6)焊接。

钢箱梁由于采用了中厚板件,大量使用半自动焊和手工焊,为确保焊接结构具有足够的韧性和塑性,必须严格按焊接工艺操作,进行焊前工艺评定。本工程主要采用下列三种焊接方法或其组合进行焊接:

①手工电弧焊:用于定位焊缝,不适宜用 CO_2 气体保护电弧焊焊接的焊缝的坡口打底。

②CO_2 气体保护电弧焊:用于坡口打底焊缝,部分填充焊缝及纵横梁拼接焊缝等。

③埋弧自动焊:用于填充焊缝及盖面焊,纵横梁拼接焊缝等。

(7)整体组装。

为提高钢箱梁梁段制作精度及焊接质量,应编制梁段制作工艺,包括胎架结构、装配次序、焊接顺序、检查方法、运输方法等;在梁段制作中应尽量减少临时连接码板;钢箱梁段整体组装必须在专用胎架上进行,胎架长度不宜小于5个梁段的长度,且胎架的基础应有足够的强度、刚度和稳定性。

(8)箱形梁的调整和验收。

按技术要求对箱形梁逐项进行检查探伤,如不符合要求要进行整形校正。

按分段吊装方案现场进行纵向主梁的试拼,组焊临时定位装置并加以调整。

(9)预拼装。

钢箱梁在预拼装场地进行预拼装时,当发现梁段尺寸有误或预拱度不符时,即可在预拼装场地进行尺寸修正和调整匹配件尺寸,避免在施工现场调整,减小高空作业难度和加快安装速度,确保钢箱梁顺利架设。

①修正桥面板或桥底板长度。

钢箱梁的空中曲线近似为一圆曲线,通过对每个梁段的上盖板与下盖板的长度差的计算,在预拼装时对实际尺寸加以修正。

②钢箱梁梁段预拼装。

预拼装必须不少于3个梁段,按设计线形及梁段预留间隙,使相邻梁段连接断面相匹配,然后施焊组装。施焊完毕,将前2个梁段运出堆放,留下最后一个梁段,与下2个梁段进行预拼装,预拼装顺序与梁段安装顺序相同,安装时不允许调换梁段号。

③修正钢箱梁总长度。

每个预拼装单元预拼装后,测量其总长度,将该长度与理论长度比较,其差值可在下一个预拼装单元加以修正,避免误差累积。

④修整对接口。

相邻梁段的端口尺寸偏差难以避免,预拼装时对相邻端口加以修整,使之在空中安装时顺利对正及焊接。

⑤定位匹配件的安装。

预拼装时已确定相邻梁段的相对位置,把两梁段的相应匹配件成对地安装在焊缝两侧,在高空吊装时只要将匹配件准确定位,即可恢复到预拼装状态。

(10)涂装。

①钢箱梁外表面涂装工艺流程:

预处理→装焊报检→二次表面处理→喷涂水性无机锌车间底漆→检查报验(不合格则返工)→喷涂环氧底漆→检查报验(不合格则返工)→喷涂环氧云铁漆→检查报验(不合格则返工)→喷涂脂肪族聚氨酯面漆→检查报验(不合格则返工)→桥位喷涂第二道脂肪族聚氨酯面漆→检查报验(不合格则返工)→养生。

②钢箱梁内表面涂装工艺流程:

预处理→装焊报检→二次表面处理→检查报验(不合格则返工)→喷涂无机硅酸锌车间底漆→检查报验(不合格则返工)→喷涂改性环氧防锈漆→检查报验(不合格则返工)喷涂改性环氧防锈漆→养生。

③钢箱梁顶板上表面(桥面)涂装工艺流程:

预处理→装焊报检→二次表面处理→清砂除尘→检查报验(不合格则返工)→环氧富锌底漆→检查报验(不合格则返工)→喷涂沥青厚浆型防锈漆→检查报验(不合格则返工)→喷涂第二道沥青厚浆型防锈漆→检查报验(不合格则返工)。

(11)支架搭设。

支架设计分基础、支架、纵梁三个部分,要进行基底承载力、强度、刚度、挠度和稳定性验算,以确定基础的形式、杆件的间距、数量和预留起拱度。

(12)吊装。

吊装顺序:根据施工现场的实际情况,结合以往的施工经验,详细叙述吊装顺序,安装挑臂的吊装顺。单幅桥横桥向吊装顺序如图4-6所示。

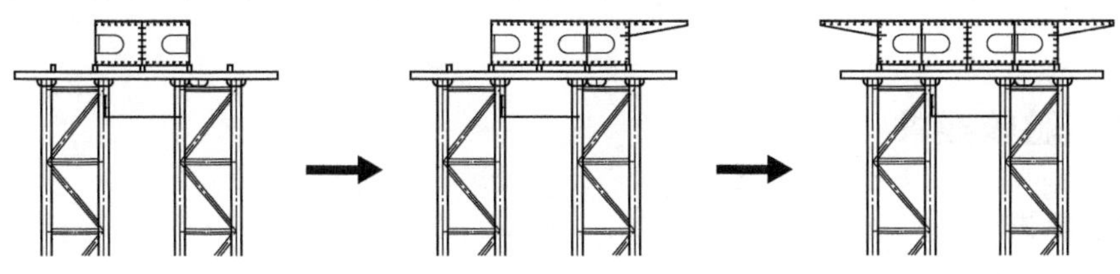

图4-6 单幅桥横桥向吊装顺序

4.4.5 施工安全保证措施

1)组织保障措施

方案中应对项目安全生产管理体系进行简单介绍,明确安全组织机构(安全生产领导小组)、安全保证体系及相应人员安全职责等。安全生产领导小组组长为本项目负责人,公示相关应急管理电话。针对钢箱梁制作及吊装施工制定安全生产管理制度、安全教育培训制度及技术交底制度。

2)技术保障措施

制定针对性的安全保证措施(包括防止高空坠落、防止触电、防止起重伤害、防风措施等);针对冬/雨季施工、文明施工等制定安全保证措施、质量技术保证措施、文明施工保证措施、环境保护措施等。

3)监测监控措施

在方案中应明确本方案主要风险源识别分析;风险源的综合预防、控制措施;危险事故的应急措施;安全专项施工措施;环境保护与文明施工措施;施工过程中周边环境安全等因素的人工巡视及巡查过程中的处置流程或方案。

4.4.6 施工管理及作业人员配备和分工

1)施工管理人员

列出管理人员名单及岗位职责(如具有至少两个项目相关业绩施工经验的项目负责人、项目技术负责人、施工员、质量员、各班组长等)。

2)专职安全人员

列出专职安全生产管理人员名单(应根据合同价足额配备)及岗位职责(熟悉钢箱梁运输与吊装施工工艺及安全管控要点,如支架安装拆除、运输过程、起落梁、钢箱梁焊接等相关要求),附安全管理人员安全考核证书。

3)特种作业人员

列出特种作业人员持证人员名单及操作类型,附特种作业证书。

特种作业人员应包括而不限于电工、焊接与热切割作业人员、架子工、司索工、汽车起重机司机、高处作业吊篮安装拆卸工、场内专用机动车司机。

4)其他作业人员

列出其他人员名单(如班组长、测量员、钢筋工、木工、混凝土工、保通人员等)及岗位职责。

4.4.7 验收要求

1)验收标准

应满足《公路桥涵施工技术规范》(JTG/T 3650—2020)、《公路桥涵设计通用规范》(JTG D60—2015)、《公路工程施工安全技术规范》(JTG F90—2015)、《公路工程质量检验评定标准 第一册 土建工程》(JTG F80/1—2017)、《建筑施工临时支撑结构技术规范》(JGJ 300—2013)、《建筑施工高处作业安全技术规范》(JGJ 80—2016)、《钢结构焊接规范》(GB 50661—2011)、《钢结构工程施工规范》(GB 50755—2012)、《公路桥梁钢结构防腐涂装技术条件》(JT/T 722—2023)等相关要求。

2)验收程序

钢箱梁制作及吊装每一道工序验收合格后方可进入下一道工序。施工过程工序验收应严格执行三检制。

3)验收内容

根据相关标准规范、操作规程及相关要求,列表说明机械设备、支架搭设、过程施工和实体工程成品等方面的检查验收,并附检查验收表,包括但不局限于以下内容:

(1)支架搭设前的地基承载力验收。

(2)支架搭设的验收。

(3)钢箱梁制作实测项目、钢梁安装实测项目等指标。

(4)混凝土原材料、配合比及强度试验检测报告。

(5)提供的资料文件(如钢箱梁产品合格证,焊丝、焊剂产品合格证,检验报告,涂料合格证,检查报告;现场焊接无损检验报告等)。

(6)隐蔽验收记录。

4)验收人员

验收由安全部会同质检部进行,现场各工序的施工过程验收工作由工程队长和质检部人员负责,自检合格后统一由质检部人员向监理工程师报检。

4.4.8 应急处置措施

1)应急预案

重点针对高空坠落、触电、机械伤害及有限空间作业等风险源编制钢箱梁吊装施工应急预案,明确应急处置领导小组组成与职责、应急救援小组组成与职责,包括抢险、安保、后勤、医疗救护、善后、应急救援工作流程及应对措施、联系方式等,项目参建、周边建(构)物产权单位各方联系方式、救援医院信息(名称、电话、救援路线)。

2)现场应急措施

针对预制梁运输吊装施工制定高空坠落、物体打击事故、有限空间作业事故的应急预案措施;触电事故的应急预案措施;机械伤害事故的应急预案措施;高空中暑的应急预案措施。

3)应急物资准备

制定应急物资与装备保障清单。

4.4.9 计算书及相关施工图纸

1)施工设计计算书

(1)钢箱梁吊装时起重机的选型计算。

(2)吊装时吊耳及吊耳焊缝、吊环、千斤绳的计算。

(3)分段吊装时支架强度、刚度、稳定性、抗倾覆、支架基础、地基承载力计算。

2)相关图纸

施工平面布置图;进度计划图(横道图或者网络图);其他有关本方案的图纸。

4.5 钢箱梁顶推

随着现代桥梁事业的发展,桥梁材料、技术发生了巨大改变,钢箱梁顶推法凭借施工速度快、机械化程度高、适用范围广等优势获得行业的认可。顶进工程属于超过一定规模的危大工程,应邀请专家对方案进行论证。

4.5.1 工程概况

1)工程概况和特点

(1)工程基本情况:按照设计图纸要求,结合项目钢箱梁二次拼装场地选址情况,对实施钢箱梁顶推对应主桥所处位置及其周边环境情况进行详细说明。列表说明本方案所包含的工程量。简要叙述涉及本方案的桥梁下部结构形式、跨径、材质,钢箱梁总重、最大安装高度,箱梁高度、顶面全宽,两侧挑臂宽,腹板间距,箱梁顶板厚,纵向分段等设计参数。

(2)工程地质情况:对比设计文件说明,结合项目现场实际踏勘情况,对实施区域的地形、地貌、地质、水文、气象等情况进行简要说明(施工期间最大风速、附桥位地貌照片)。

(3)工程水文地质情况:说明桥位处地表水、地下水等情况。

(4)工程特点、难点:临时墩、拼装平台、顶推平台的设计是施工安全的直接影响因素。在复杂的施工环境制约下,既要确保钢箱梁顶推施工顺利进行,又要考虑特殊地基沉降的不利因素,因此,临时结构设施布置及结构设计是施工的难点。钢箱梁主要设计在上跨原有道路(公路、铁路)上,施工环境复杂、跨径大、工序复杂、自重大,临时结构设施在既有线路区域的布置及结构设计,施工时对工艺、质量、安全等方面的要求就相当严格。为保证既有线路行车安全,满足较高的施工安全控制要求是本工程的重中之重。

2)施工平面布置

根据项目实际情况、项目组织机构设置及施工调查资料等情况,结合施工总体规划、工期、成本等因素,确定主要使用的机械设备、顶推设备、施工平面布置方案、运输方案及顶推方案进行详细说明。平面布置图主要从材料堆放、施工机械、现场临时用电、安全文明施工方面进行布局。

3)周边环境条件

详细说明钢箱梁顶推的桥位周边环境施工现场条件,邻近道路的重要性、使用情况,电力线路、地下管线(供水、燃气、供电、通信等)的重要性或埋置深度。

4)施工要求

明确质量、安全、进度、环水保目标要求,工期要求,工程计划开工日期、完工日期。

5)风险辨识与分级

根据风险评估报告,说明钢箱梁顶推风险因素辨识以及安全风险等级。

4.5.2 编制依据

(1)规范性文件。《公路钢混组合桥梁设计与施工规范》(JTG/T D64-01—2015)、《建筑施工易发事故防治安全标准》(JGJ/T 429—2018)以及其他现行相关规范性文件。

(2)施工图设计文件。招标文件、勘察文件、设计图纸、业主相关规定等。

(3)施工组织设计、风险评估报告等。

4.5.3 施工计划

1)施工进度计划

根据主要节点目标及施工工艺工序,统筹现场设备、材料情况,简述施工进度计划安排,明确施工进度计划图(网络图或横道图),应考虑临时墩搭设、钢箱梁吊装焊接和天气对进度的影响。

2)材料计划

列表说明本方案所使用的材料名称、规格型号、具体数量及用途(如钢筋、胎膜支架、工字钢、钢板、镀锌钢丝绳、防护栏杆、导梁、预埋板、顶推垫梁、直线桁架吊篮等)。

3)劳动力计划

列表说明拟投入的施工管理人员、专职安全管理人员、特种作业人员以及其他人员。

4)机械设备投入计划

根据施工进度说明拟投入的机械设备名称、规格型号、具体数量及用途(如汽车起重机、运输车辆、空气压缩机、烘箱、直流电焊机、埋弧焊机、千斤顶、手拉葫芦、喷漆泵、切割机、步履式顶推设备、液压同步控制系统等)。

4.5.4 施工工艺技术

1)技术参数

说明箱室结构设计,节段的参数(尺寸、重量)等钢箱梁技术参数;钢箱梁梁高、悬臂宽,说明导梁长度、高度、截面、重量、材质等导梁及支架技术参数;说明吊装设备、顶推设备、落梁设备等,列表说明性能参数;说明桥梁顶推平立面线形参数。

2)施工方法及操作要求

(1)钢箱梁加工单元划分。

钢箱梁横向划分、钢箱梁纵向划分如图4-7、图4-8所示。

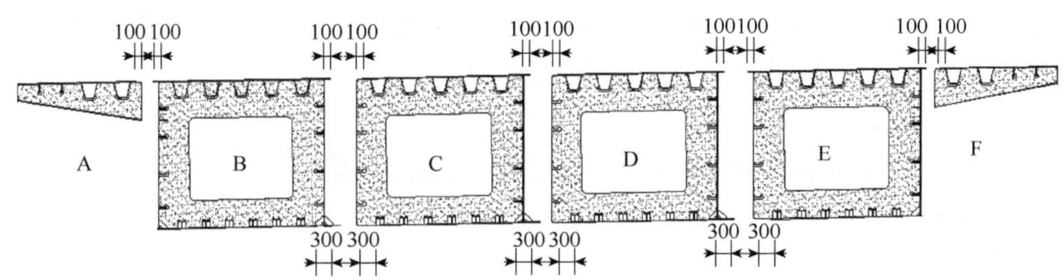

图4-7 钢箱梁横向划分示意图(尺寸单位:mm)

(2)工厂加工说明。

所有钢梁均在钢结构加工场加工,加工成半成品到现场拼装焊接形成完整桥梁。工厂制作包括加工技术准备、工艺流程、焊接评定、图纸深化、原材料控制、材料加工、组装等方面。

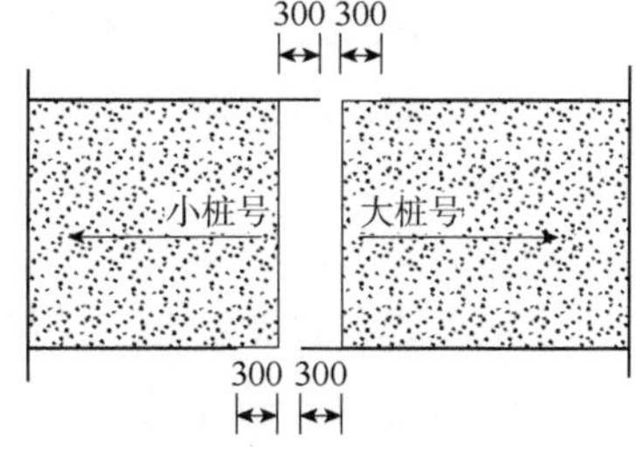

图4-8 钢箱梁纵向划分示意图(尺寸单位:mm)

(3)现场拼装方案。

钢箱梁现场拼装,在拼装平台上设立拼装支架,使用汽车起重机将钢箱梁分段吊至拼装支架上进行铆固。

(4)支架及基础。

支架基础均为混凝土基础,基础顶面与地面平齐,基础浇筑前应将基础及周边2m范围地基进行处理,地基应具备足够的承载力,避免在施工过程中支架沉降或不均匀沉降影响施工质量。并附支架平面、立面图、基础平面及配筋图,墩柱前支架、支架平面、立面图,混凝土基础及大样图,支架及布置图。

(5)顶推垫梁安装。

(6)顶推设备安装。

安装流程:垫梁→顶推千斤顶→顶升千斤顶→纠偏千斤顶→设备调整。

(7)支架安装顺序。

安装顺序:基础钢筋、预埋件安装→支架基础→支架安装→横梁安装→顶推设备安装→检查验收。

(8)支架拆除顺序。

拆除顺序:顶推设备拆除→顶推设备支架拆除→横梁拆除→拆除连杆及撑杆→拆除柱脚→支架体。

(9)顶推设备介绍。

一套顶推设备包括机械结构系统、液压系统、电控系统(电气、控制、传感器)。该设备交替进行“顶”“推”“降”“缩”四个步骤,先将主桥整体顶升托起;然后顶推平移液压缸向前推送一个行程;之后将主桥整体下降置于临时垫梁上;顶推平移液压缸再缩缸到底,完成一个行程的顶推;继续进行下一个循环,通过往复顶推步骤,最终将主桥顶推到预定的位置。

(10)墩柱加固措施。

受最大顶推反力较大的是墩柱,墩柱自身能够抵抗的水平力较小。为防止未预见的不可控因素发生,对墩柱进行加固,确保顶推施工墩柱安全。

(11)钢箱梁卸载。

顶推到位后,安装临时支墩和液压卸载千斤顶,拆除顶推支架和设备。

卸载流程:

①安装操作平台。

②安装临时支墩,顶升千斤顶;千斤顶顶起钢箱梁,拆除顶推设备及临时支架,千斤顶缩回,钢箱梁落在临时支墩。

③千斤顶同步顶升 30mm,抽掉临时支墩顶部 20mm 厚钢垫板 1 片,千斤顶同步缩回,钢箱梁落在临时支墩上。

④循环步骤②,至钢垫板抽完或千斤顶至梁底距离小于 30mm 时,千斤顶顶起,抽掉最上面一个支墩,放上钢垫板,千斤顶同步缩回,钢箱梁落在支墩上,抽掉千斤顶下一个支墩。

⑤循环步骤②、步骤③。

⑥钢箱梁落至永久支座,拆除支墩,千斤顶完成落梁。

(12)钢箱梁现场焊接。

焊接时,采用 2 人进行对称焊接,减少钢板焊接变形量。

各部位焊接方法见表 4-3,焊接流程如图 4-9 所示。

各部位焊接方法 表 4-3

焊接部位	焊接方法	焊缝要求
U 形板嵌补段	CO_2 气体保护焊	熔透不少于 85%
顶板对接焊缝	陶瓷衬垫,1 道 CO_2 气体保护焊打底,埋弧焊成型	横向Ⅰ级,单面成型
底板对接焊缝	陶瓷衬垫,1 道 CO_2 气体保护焊打底,1 道 CO_2 气体保护焊填充,1 道 CO_2 气体保护焊盖面	横向Ⅰ级,单面成型
腹板	陶瓷衬垫 CO_2 气体保护焊 3 道	Ⅰ级焊缝
横隔板	CO_2 气体保护焊	竖向Ⅰ级,单面成型
定位焊	CO_2 气体保护焊	—

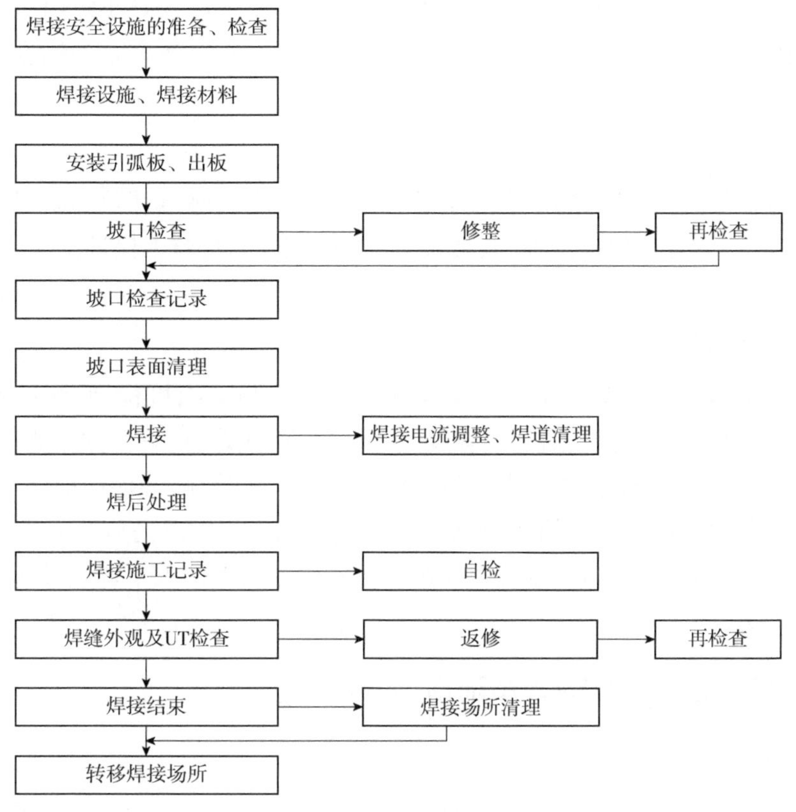

图4-9 焊接流程

(13)钢箱梁涂装。

①钢结构外表面(不含顶板上表面)。

喷砂除锈(Sa3.0)或手工机械除锈(St3.0)→清砂除尘→检查报验(不合格则返工)→喷涂第一道水性无机富锌底漆→检查报验(不合格则返工)→喷涂第二道水性无机富锌底漆→检查报验(不合格则返工)→喷涂环氧云铁连接漆→检查报验(不合格则返工)→喷涂环氧云铁中间漆→检查报验(不合格则返工)→喷涂第一道脂肪族聚氨酯面漆→检查报验(不合格则返工)→喷涂第二道脂肪族聚氨酯面漆→检查报验(不合格则返工)→养生。

②主体钢箱梁内表面。

喷砂除锈(Sa2.5)或手工机械除锈(St3.0)→清砂除尘→检查报验(不合格则返工)→喷涂环氧防锈漆→检查报验(不合格则返工)→养生。

③钢箱梁顶板上表面(桥面)。

喷砂除锈(Sa3.0)或手工机械除锈(St3.0)→清砂除尘→检查报验(不合格则返工)→喷涂环氧富锌底漆→检查报验(不合格则返工)→养生。

4.5.5 施工安全保证措施

1)组织保障措施

在方案中应对项目安全生产管理体系进行简单介绍,明确安全组织机构(安全生产领导小组)、安全保证体系及相应人员安全职责等。安全生产领导小组组长为本项目负责人,公示相关应急管理电话。制定安全生产管理制度、安全教育培训制度及技术交底制度。

2)技术保障措施

制定针对性的安全保证措施(包括防止高空坠落、防止触电、防止起重伤害、防风措施等);制定冬/雨季施工保障措施、质量技术保证措施、文明施工保证措施、环境保护措施等。

3)监测监控措施

方案中应明确第三监测与施工方案监测内容。监测组织机构、监测仪器设备及精度、监测仪器有效期证明材料,监测内容及位移控制值、预警值、第三方监测、施工方监测或双方共同监测内容,监测操作要点(导梁挠度、横向位移检测;导向墩横向、纵向位移检测;顶推力监测;顶推过程中钢箱梁、导梁横向位移监测;支座反力监测),监测达到预警值及控制值时的应对措施,施工过程中周边环境安全等因素的人工巡视及巡查过程中的处置流程或方案。

4.5.6 施工管理及作业人员配备和分工

1)施工管理人员

列出管理人员名单及岗位职责(如具有至少两个项目钢箱梁顶推施工经验的项目负责人、项目技术负责人、施工员、质量员、各班组长等)。

2)专职安全人员

列出专职安全生产管理人员名单(应根据合同价足额配备)及岗位职责(熟悉钢箱梁施工工艺及安全管控要点,如钢箱梁单元加工拼装、支架安装拆除、顶推设备安装、墩柱加固措施、钢箱梁焊接涂装等相关要求),附安全管理人员安全考核证书。

3)特种作业人员

列出特种作业人员持证人员名单及操作类型,附特种作业证书。

特种作业人员应包括而不限于电工、焊接与热切割作业人员、架子工、起重信号司索工、汽车起重机司机、高处作业吊篮安装拆卸工、顶推工作操作人员等。

4)其他作业人员

列出其他人员名单(如班组长、测量员、保通人员、信号指挥人员等)及岗位职责。

4.5.7 验收要求

1)验收标准

应满足《公路桥涵施工技术规范》(JTG/T 3650—2020)、《公路桥涵设计通用规范》(JTG D60—2015)、《公路工程施工安全技术规范》(JTG F90—2015)、《公路工程质量检验评定标准 第一册 土建工程》(JTG F80/1—2017)、《建筑施工临时支撑结构技术规范》(JGJ 300—2013)、《建筑施工高处作业安全技术规范》(JGJ 80—2016)、《钢结构焊接规范》(GB 50661—2011)、《钢结构工程施工规范》(GB 50755—2012)、《公路桥梁钢结构防腐涂装技术条件》(JT/T 722—2023)等相关要求。

2)验收程序

钢箱梁顶推每一道工序验收合格后方可进入下一道工序。施工过程工序验收应严格执行三检制。

3)验收内容

根据《公路工程质量检验评定标准　第一册　土建工程》(JTG F80/1—2017)及设计文件中相关指标相关要求列表并进行验收。如钢箱梁焊接、钢箱梁临时支架、顶推设备、滑板、纠偏设施、钢箱梁现场油漆补涂及面漆喷涂、轴线偏位、顶面高程、断面尺寸、顶面横坡、同一横断面两侧或相邻上部构件高差等指标。

4)验收人员

验收由安全部会同质检部进行,现场各工序的施工过程验收工作由工程队长和质检部人员负责,自检合格后统一由质检部人员向监理工程师报检。

4.5.8　应急处置措施

1)应急预案

针对高空坠落、触电、机械伤害等风险源编制钢箱梁顶推施工应急预案,明确应急处置领导小组组成与职责、应急救援小组组成与职责,包括抢险、安保、后勤、医疗救护、善后、应急救援工作流程及应对措施、联系方式等,项目参建、周边建(构)物产权单位各方联系方式、救援医院信息(名称、电话、救援路线)。

2)现场应急措施

针对钢箱梁运输顶推施工制定高空坠落、物体打击事故的应急预案措施,触电事故的应急预案措施,机械伤害事故的应急预案措施,高空中暑的应急预案措施。

3)应急物资准备

制定应急物资与装备保障清单。

4.5.9　计算书及相关施工图纸

1)施工设计计算书

(1)顶推前钢箱梁节块拼装时起重机的选型计算。

(2)吊装时吊耳及吊耳焊缝、吊环、千斤绳的计算。

(3)顶推时导梁的强度、刚度计算。

(4)钢梁抗倾覆计算。

(5)钢箱梁在临时支承处的局部承压计算,采用临时支墩时,临时支墩的强度、稳定性计算(重点强调不能有水平力的产生)。

（6）滑座、滑道强度、刚度、稳定性计算。

2）相关图纸

施工平面布置图；导梁设计图；监测点位布置图；顶推施工流程图；落梁施工流程图；临时支墩、支架设计图；其他与本方案相关的图纸。

4.6 桥梁转体

随着我国公路工程技术的不断发展与进步，我国桥梁建设的种类也越来越丰富，在公路、铁路建设进程不断推进的过程中，一些在建道路会和一些既有公路、铁路发生交叉的情况。为了保证公路、铁路的安全运营，需要在跨公、铁路桥梁施工上采用一种转体施工的方法，对于整体工程质量的保证有着积极意义。上跨或下穿既有公路、铁路、管线施工，以及超过一定规模危险性较大分部分项工程，应邀请专家对方案进行论证。

4.6.1 工程概况

1）工程概况和特点

（1）工程基本情况：按照设计文件要求，结合项目实际情况，对项目所在地、转体桥设计参数（上、下部结构形式、预应力体系、与跨线位置交角、转体重量等）进行说明，列表说明本方案所包含的转体桥工程量。

（2）工程地质情况：对比设计文件说明，结合项目现场实际踏勘情况，说明本方案实施区域的地形、地貌、地质等情况（附桥位地貌照片）。

（3）工程水文地质情况：说明桥位处地表水、地下水等情况。

（4）工程特点、难点：转体桥在既有线附近施工，且上跨既有道路（公路、铁路），如何保证既有道路（公路、铁路）行车安全，特别是桥位处地下水、地表水情况对既有公路、铁路稳定性影响，说明若地下水丰富下部结构施工时应采取的措施（如止水帷幕等），是本工程的重中之重；对梁端挠度的控制要求较高，决定着转体后桥梁能否准确合龙；转体重量较大，必须严格控制球铰加工质量以及转动墩处下沉量，确保转体施工顺利进行。当桥梁位于多风地区时，必须考虑风荷载对转体桥梁稳定性的影响。

2）施工平面布置

说明清楚转体桥与既有道路（公路、铁路）平面位置关系、本区域临时道路（标明行进方向）、材料堆场、用水用电、临时排水、塔式起重机及施工设备等平立面位置，描述拌和站钢筋生产加工场地用水用电、临时排水、消防布置及施工设备等平面位置信息。

3）周边环境条件

详细说明跨越既有道路（公路、铁路）的重要性、使用情况，电力线路、地下管线（供水、燃气、供电、通信等）的重要性、架线高度或埋置深度。

4）施工要求

明确质量、安全、进度、环水保目标要求，工期要求，工程计划开工日期、计划完工日期。

5）风险辨识与分级

根据风险评估报告，说明转体桥风险因素辨识以及安全风险等级。

4.6.2 编制依据

（1）规范性文件。

依据现行规范，应参考《公路桥涵施工技术规范》（JTG/T 3650—2020）、《公路桥涵设计通用规范》（JTG D60—2015）、《城市桥梁工程施工与质量验收规范》（CJJ 2—2008）、《建筑施工模板安全技术规范》（JGJ 162—2019）、《碗扣式脚手架安全技术规范》（JGJ 166—2016）、《钢管满堂支架预压技术规程》（GJ/T 194—2009）、《公路工程施工安全技术规范》（JTG F90—2015）、《公路工程质量检验评定标准　第一册　土建工程》（JTG F80/1—2017）、《公路桥涵地基与基础设计规范》（JTG D63—2019）等进行编制。

（2）施工图设计文件。招标文件、勘察文件、设计图纸、建设单位相关规定等。

（3）施工组织设计、风险评估报告等。

4.6.3 施工计划

1）施工进度计划

根据主要节点目标及施工工艺工序，统筹现场设备、材料情况，施工进度计划具体到相应工序的进度安排，如防护桩施工、主墩桩基施工、转体承台及转体系统安装、主墩施工、转体箱梁施工、转体准备及实施、边跨合龙施工等，明确转体桥施工进度计划图（网络图或横道图）。

2）材料计划

列表说明本方案所使用的材料、设备名称、规格型号、具体数量及用途（如钢筋、钢绞线、锚具、型钢、上下球铰、滑道、四氟乙烯滑片、黄油、撑脚、支架、模板等）。

3）劳动力计划

列表说明拟投入的施工管理人员、专职安全管理人员、特种作业人员以及其他人员，结合工程特点，工种合理配置（如电工、模板工、钢筋工、张拉工等）。

4）机械设备投入计划

根据施工进度说明拟投入的机械设备名称、规格型号、具体数量及用途（如汽车起重机、挖掘机、装载机、发电机、水泵、智能连续千斤顶、主控台、电焊机等）。

4.6.4 施工工艺技术

1）技术参数

说明转体桥上下部结构形式等主要技术参数，混凝土输送设备技术参数；列表说明主要施工设备性能参数。

说明转体系统的主要技术参数:球铰制作精度、球铰安装精度(说明保证球铰安装顶口务必水平、球铰转动中心务必位于设计位置的误差要求)、滑道安装精度(说明滑道顶面相对高差、局部高差相关要求)、转体技术参数(说明转体角度、转体时间、转体梁端线速度、转体角速度)。

2)工艺流程

桥梁转体施工工艺流程如图 4-10 所示。

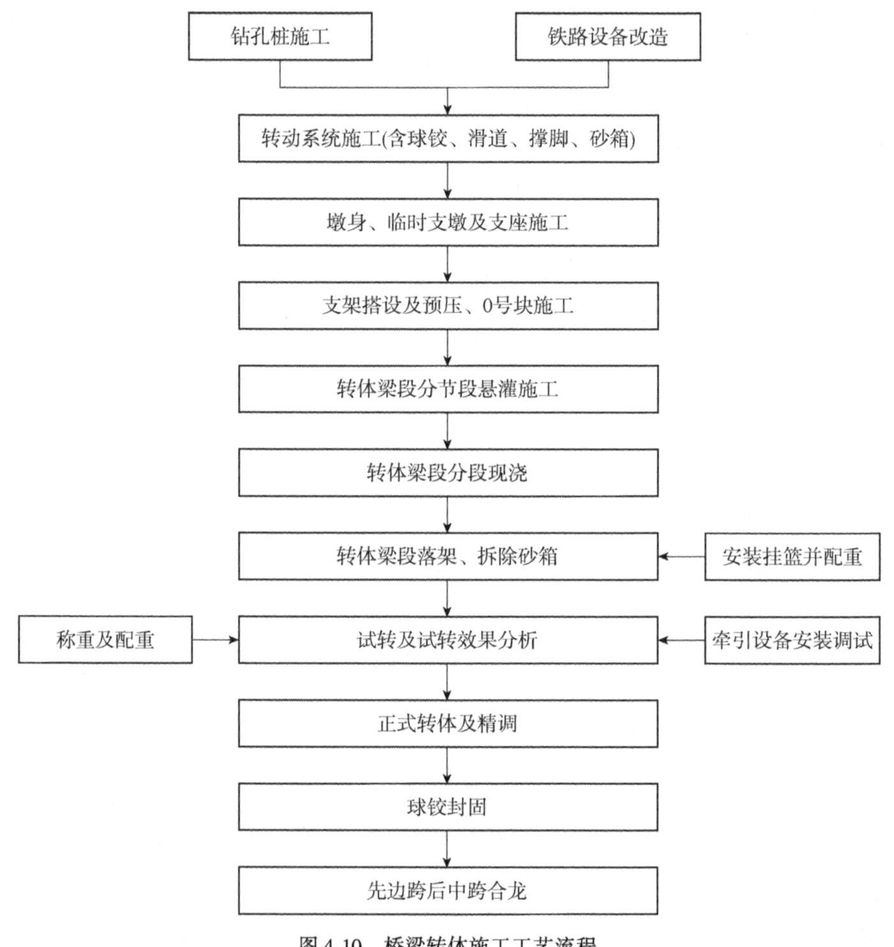

图 4-10 桥梁转体施工工艺流程

3)施工方法及操作要求

(1)施工准备。

施工准备包含施工技术准备、试验准备、人员准备、材料准备、机械设备准备等。

(2)钻孔灌注桩施工。

详细说明桩基施工要点,若采用人工挖孔桩,编制要点参照 4.2 节。

(3)转体承台施工顺序。

转体承台施工工艺流程如图 4-11 所示。

(4)转动系统安装工艺。

①转动体系组成介绍。

如图4-12所示,本桥转动体系采用环道与球铰中心支撑相结合的平转结构。转动体系由球铰(上、下球铰、球铰间四氟乙烯板、固定上下球铰的钢销、下球铰钢骨架)(图4-13)、上/下转盘、环形滑道、支撑支腿、牵引反力座、助推反力座构成。

②下转盘施工。

施工流程:安装球铰支架→安装下球铰及滑道→安装上球铰。

③上转盘施工。

上转盘撑脚施工:说明上转盘下设有撑脚数量(8个),叙述每个撑脚结构尺寸以及扇形钢板厚度,撑脚钢管内灌注微膨胀高强度等级混凝土(C50、C55)。撑脚在工厂制造后运进工地,在下转盘混凝土浇筑完成上球铰安装就位时即安装撑脚,撑脚采用起重机吊装(图4-14)。

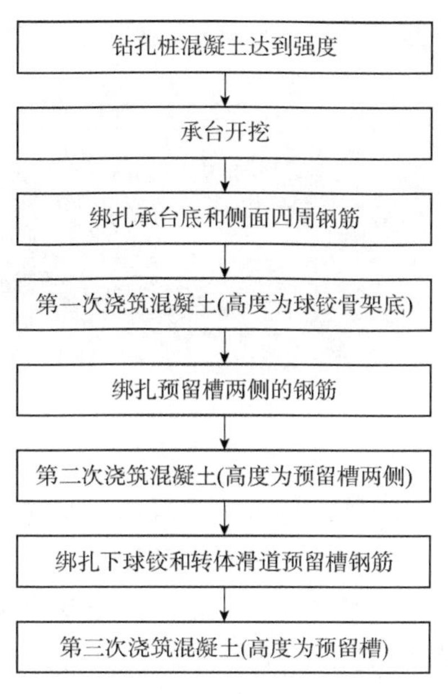

图4-11　转体承台施工工艺流程

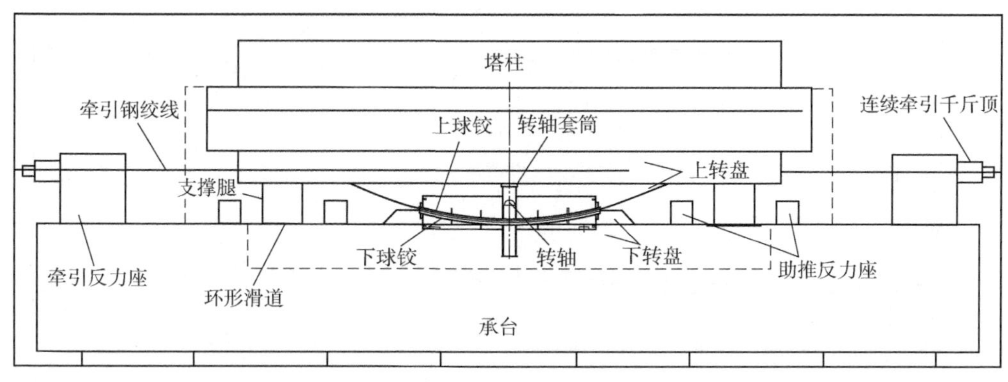

图4-12　转动体系示意图

a)上球铰及球铰骨架

b)下球铰表面及排列有序的聚四氟乙烯片

图4-13　球铰照片

a)

b)

图 4-14　撑脚安装

转体前将石英砂清理干净，在滑道面内铺设聚四氟乙烯板。

砂箱施工：为保证拆除支架后撑脚与滑道不被挤压紧密，转体前用砂箱做临时支撑，砂箱布置在外侧一排千斤顶反力座上，每个反力座设置 2 个砂箱，撑脚之间设置 8 组砂箱，每组 2 个，每个上转盘共计设置 32 个砂箱。砂箱内设黄沙，黄沙水洗干净并烘干后方可使用，砂箱在使用前预压密实。砂箱设计图如图 4-15 所示。

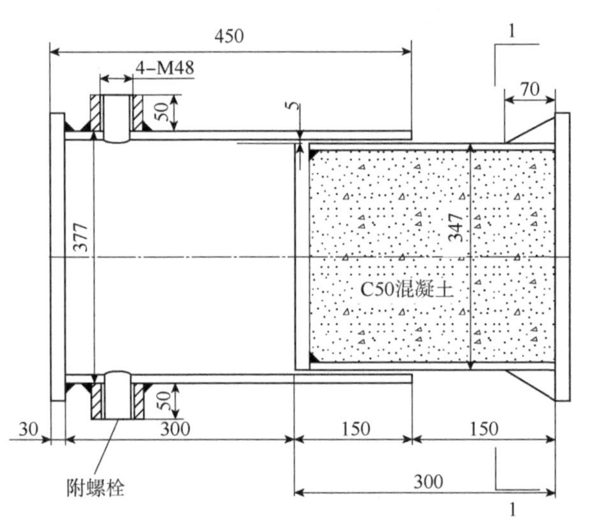

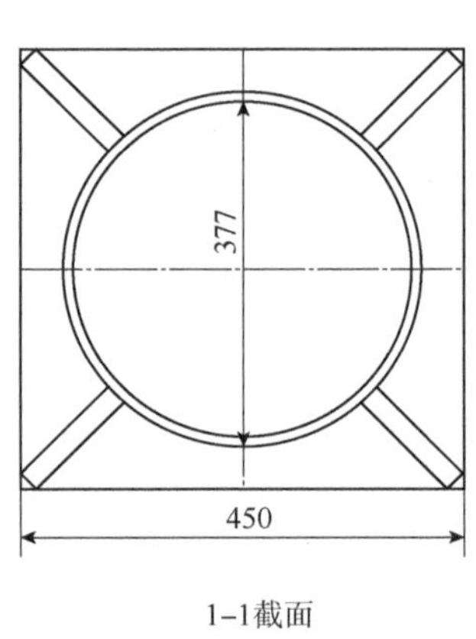

图 4-15　砂箱设计图(尺寸单位：mm)

上转盘模板施工：上转盘模板支撑体系采用 ϕ48mm×3.5mm 无缝钢管支架，上转盘底模采用 18mm 厚优质竹胶板，上承台侧模采用定型钢平模，钢管支架立杆采用纵横向 60cm×60cm 布置，横杆间距 60cm，与立杆采用十字扣件相连，支架顶采用 10cm×15cm 方木作为纵横梁。

上转盘支架及模板安装现场施工照片如图 4-16 所示。

上转盘钢筋及预应力筋安装：上转盘是转体的重要结构，在整个转体过程中形成一个多向、立体的受力状态。应说明上转盘边长、高度，转台直径、高度等相关参数。转台是球铰、撑脚与上转盘相连接的部分，又是转体牵引力直接施加的部位。转台内预埋转体牵引索，预埋端采用 P 型锚具，同一对索的锚固端在同一直径线上并对称于圆心，注意每根索的预埋高度和牵引方向应一致。每根索埋入转盘长度大于 250cm，每对索的出口点对称于转盘中心。应将牵引索外露部分圆顺地缠绕在转盘周围,互不干扰地搁置于预埋钢筋上,并做好保护措施,防止施工过程中钢绞线损伤或严重生锈。

a)

b)

c)

图4-16 上转盘支架及模板安装

牵引索锚固端安装:采用P型锚具固定于混凝土牛腿上,具体形式如图4-17、图4-18所示。

上转盘混凝土施工:上转盘分3层施工,第1层施工至下承台以上0.9m高位置,安装完撑脚及砂箱后进行第2层混凝土施工,最后进行上承台施工。

上转盘第1层钢筋及模板施工现场照片如图4-19所示。

上承台施工时在上承台避开预应力筋位置预留8个后封混凝土振捣孔,采用ϕ12mm聚氯乙烯(PVC)管,两头采用胶带封堵,避免进浆。

(5)墩柱施工。

主墩空心墩身模板采用整体模板,混凝土分层浇筑成型。

墩身施工时采用钢管排架防护,排架与工字钢连接牢固,靠既有道路侧罩密眼安全网,防止杂物掉入既有道路内。

墩台身施工前将承台顶面冲洗干净,凿除承台混凝土表面的浮灰,整修连接钢筋。在基础顶面测定中线、水平,画出墩台底面位置。钢筋在钢筋加工场制作后运至施工现场,人工绑扎安装,主筋采用焊接技术连接。

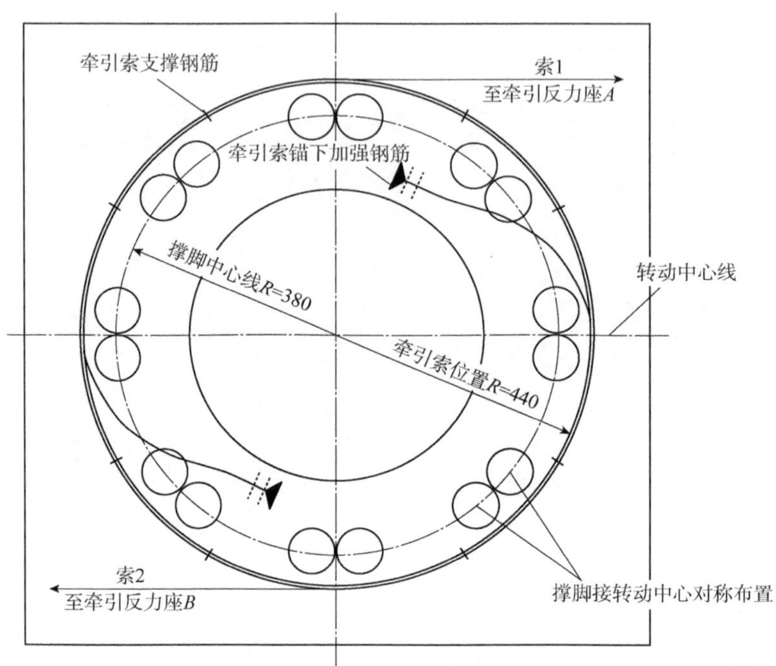

图 4-17　牵引索安装示意图(尺寸单位:cm)

图 4-18　牵引索锚固端

图 4-19　上转盘第 1 层钢筋及模板施工

墩身的模板支架采用脚手架,在其下部用钢底座支垫,采用大块模板整体立设。施工缝位置距墩、柱顶部的距离不小于 50cm,钢模用 10 号槽钢横竖带和套管拉筋固定,模板接缝采用橡胶带止浆,模板缝应符合设计线形,每块面积要大于 $2m^2$,施工中注意各种预留孔、预埋件和支座平台等的位置、形状尺寸、高程要准确无误,采取绑扎牵制或固定板等措施,保证预埋件和预留孔不致因浇筑混凝土而移位。

每节模板在现场预先组拼,用钢刷将表面清理干净,分层均匀涂刷聚氨酯脱模剂,至少 24h 脱模剂达到一定强度后,人工配合起重机拆装。模板及支架要有足够的强度、稳定性与刚度,模板接缝严密,不得漏浆。脚手架、人行道不得与模板、支架相连接。模板采用缆风绳向既有道路外侧进行拉锚,防止模板倾覆时倒向既有道路。

墩身混凝土浇筑时水平分层浇筑,用插入式振捣器振捣,每层浇筑厚度 30cm 左右。浇筑混凝土时,经常检查模板、钢筋及预埋件的位置和保护层的尺寸。混凝土自由落下的高度不得超过 2m。超过 2m 时应采用导管或溜槽。导管或溜槽应保持干净,使用过程中要避免混凝土发生离析。墩顶预埋件位置控制应采用模架法固定成型,混凝土浇筑完成后及时覆盖,并按时浇水养生。

(6)转体箱梁施工。

①0 号块施工。

0 号块施工参照 5.4 节编制要点。

②箱梁施工。

箱梁悬臂浇筑施工参照 5.5 节编制要点。

(7)转体施工。

水平转体施工是本工程施工的重点核心部分。为确保水平转体施工安全、顺利地实施,需要解决水平转体施工工艺流程、水平转体施工的准备、转体施工预案的制定、转体过程控制测量等问题。

①转体施工工艺流程。

转体施工工艺流程如图 4-20 所示。

②称重试验。

称重前准备工作:撤除梁顶所有材料、机具、设备;检查上转盘撑脚下滑板;安放千斤顶、大量程百分表;拆除支架、砂箱,在撑脚下安装四氟乙烯滑板。

本试验在施工支架完全拆除后和转体前进行,测试内容主要包括:转动体部分的纵桥向不平衡力矩;转动体部分的纵向偏心距;转体球铰的摩阻力矩及摩擦因数;完成转体梁的配重方案。

测点布置:在桥梁转动体两侧的临时支承处布置多台千斤顶,用以在称重试验时对转动体进行顶放,在每台千斤顶上设置荷重传感器,测试试验过程中临时支点的支反力值。在球铰上转盘四周布置多个百分表,如图 4-21、图 4-22 所示。

③转体施工准备。

平衡控制:由于箱梁每个节段箱室较多且结构形式复杂,如果采取在施工过程中进行梁上内模制作安装,对混凝土结构尺寸无法精确控制,将造成两侧不平衡重。为此,采取在梁下分箱室整体预制内模、整体吊装、精确就位。同时在混凝土浇筑过程中对箱梁顶、底板抹面高程进行严格控制并记录混凝土浇筑数量。整理混凝土浇筑记录,计算混凝土不平衡重。

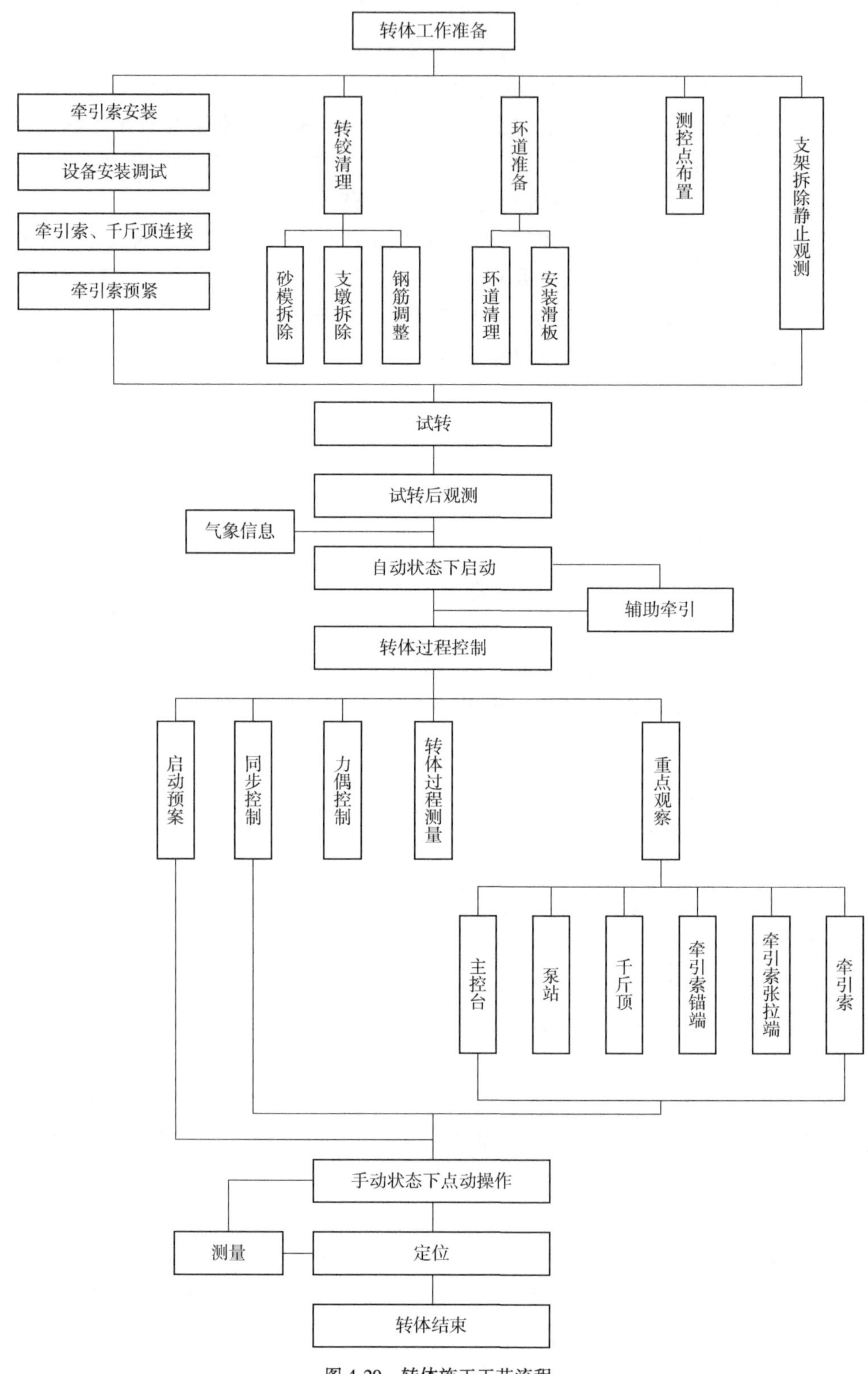

图 4-20 转体施工工艺流程

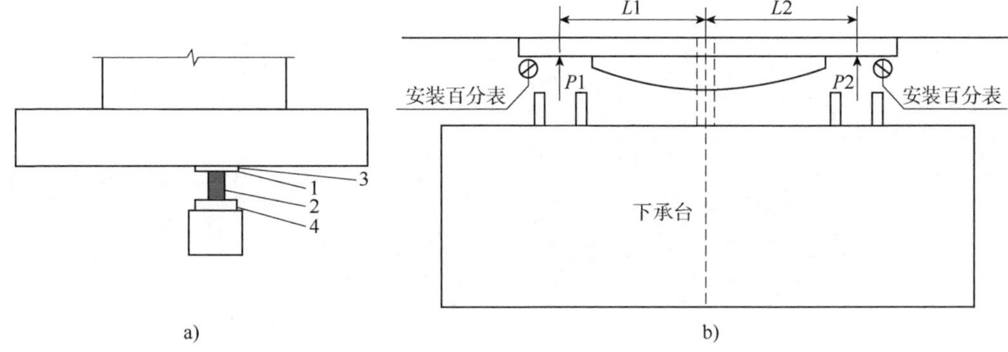

图 4-21 测点布置示意图

1-400t 压力传感器;2-400t 千斤顶;3-承台底垫钢板(250mm×250mm×40mm);4-千斤顶底座

图 4-22 称重设备

计算结构不平衡力矩。上转盘混凝土牛腿为对称结构,对转体结构不产生平衡力矩;梁部本身对于转体结构物轴心来说是对称结构,但由于纵坡影响使其产生不平衡力矩。

梁部施工完成,支架拆除后,进行 48h 的全天候观测。在梁下利用千斤顶进行等力、不等力反顶称重并观测变化,根据观测数值进行分析,确定不平衡重调整值,委托有专业资质的单位称重。

平衡加载:称重完成后根据转体结构物不平衡力矩(混凝土施工不平衡力矩+结构物产生不平衡力矩+观测分析调整值),在梁上采用吨位砂袋进行加载配重,加载位置根据称重确定的不平衡力矩以及沙袋重量计算确定。梁上配重现场照片如图 4-23 所示。

拆除砂箱:待配重到位后,拆除撑脚与滑道间的石英砂箱,清理滑道与撑脚间的石英砂,并在撑脚下铺设聚四氟乙烯滑板后对称、均衡拆除上、下转盘间的砂箱,拆除后利用高压水冲洗以保证清洁。砂箱拆除照片如图 4-24 所示。

图 4-23　配重

图 4-24　砂箱拆除

钢筋调整：在转体施工前，对承台预埋钢筋、墩身钢筋及箱梁端头钢筋进行调整，调整原则为：对预埋钢筋进行弯折，保证在转体过程中不发生相互干扰，转体完成后进行恢复并连接。

滑道清理：对滑道表面进行清理并对环道钢板进行除锈，对滑道与撑脚之间的预留空隙利用高压风清理干净。对滑道平整度进行检查；对滑道与撑脚之间预留空隙进行检查；对撑脚在转体范围内所经过的路径进行检查，检查是否存在可能擦脚现象。在撑脚下放置四氟滑板，四氟面朝下，并在滑道上涂润滑油以减小摩阻力。上下转盘间防水带拆除，临时固结装置拆除。完成桥面及箱室内杂物清理工作，清理箱梁表面及端头松散混凝土及杂物。滑道清理过程现场照片如图 4-25 所示。

图 4-25　滑道清理

④设备安装调试。

两台连续穿心式千斤顶分别按水平、平行、对称的要求布置于转盘两侧，千斤顶的中心线必须与上转盘外圆相切，中心线高度与上转盘预埋钢绞线的中心线高度相等。

按设备平面布置图将设备安装就位，连接好主控台、泵站、千斤顶间的信号线，接好泵站与千斤顶间的油路，连接主控台、泵站电源。设备空载试运行，检查设备运行是否正常。

转体牵引体系、转体现场资料照片分别如图 4-26、图 4-27 所示。

⑤辅助顶推装置。

在反力座两侧设置横梁，横梁采用双拼 20 工字钢，通过 ϕ32mm 精轧螺纹钢对拉，在下横梁上设置千斤顶。根据现场条件，将 4 台千斤顶对称、水平地安放到合适的反力座上，根据需要在启动助推、止动、姿态微调时使用。

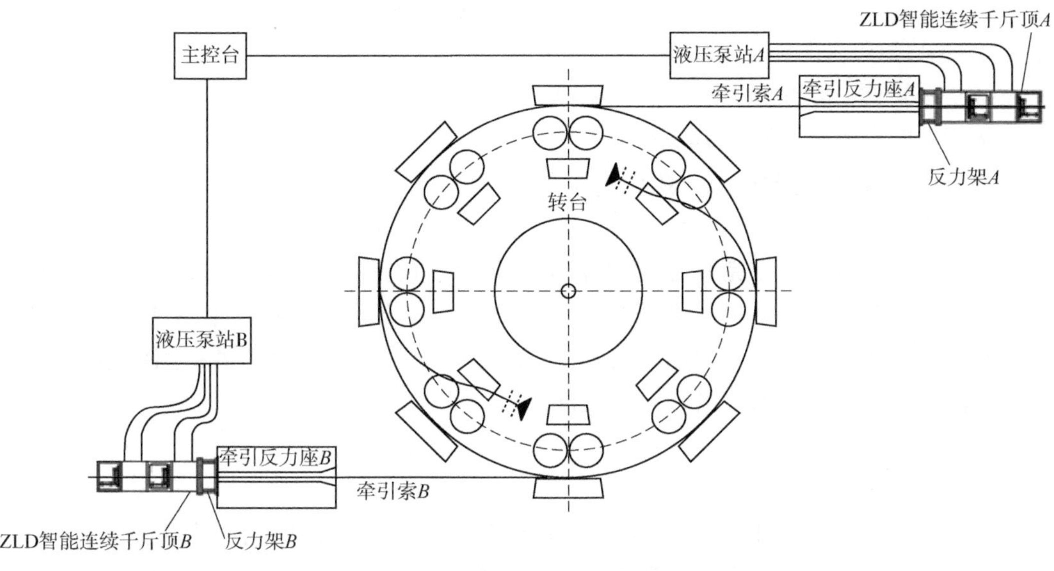

图 4-26 转体牵引体系示意图

⑥转盘限位装置。

根据转体角度进行测量。在平衡盘上标注保险支腿转过位置,当最后一根保险支腿快将到位时,在反力座一侧放置 I20 工字钢对其限位,防止超转。同时,转体到位后在保险支腿与滑道钢板之间采用楔铁楔紧并固定。转盘限位装置如图 4-28 所示。

图 4-27 转体现场资料图片

⑦转盘安装刻度。

在转台上将转体角度换算成刻度,安装指针和刻度盘,如图 4-29 所示。

图 4-28 转盘限位装置

图 4-29 指针和刻度盘

⑧转体理论计算。

动力储备系数的计算:转体结构的牵引力计算:

$$T = 2/3 \times (R \cdot W \cdot \mu)/D \tag{4-1}$$

式中:R——球铰平面半径,假设 $R=1.75$m;

W——转体总重量,假设 $W=76000$kN;

D——转台直径,假设 $D=8.4$m;

μ——球铰摩擦因数,$\mu_{静}=0.1$,$\mu_{动}=0.6$。

⑨试转。

在上述各项准备工作完成后,正式转动之前,应进行结构转体试运转,检测牵引体系和各个结构体系是否能够正常完成相关动作及整个系统的安全可靠性。同时,由测量和监控人员对转体系统进行各项初始资料的采集,准备对转体全过程进行跟踪监测,为正式实施转体提供主要技术参数和可靠保证。

(8)正式转体施工。

①转体实施。

试转结束,分析采集的各项数据,整理出控制转体的详细数据,马上进行正式转体,试转和正式转的间隔时间不要超过 24h;液压控制系统、要点审批、气象条件、结构物等全部就绪并满足转体要求,各岗位人员到位,转体人员接到转体命令后,启动动力系统设备,并使其在"自动"状态下运行。

②转体就位。

中心垂球控制:用垂球校核箱梁梁端中心线与临时排架上的中心线是否重合。

转体结束前:梁端中心线距设计位置 1.5m 时,降低顶推千斤顶的供油量,对整个平转体减速。约 0.5m 时,点动给油,靠惯性就位。速度控制在 0.08m/min,到位后临时进行限位。

转体结构精确就位后,即对结构进行约束固定。利用转盘底设置的千斤顶精确地调整梁体端部高程,并采取措施抄垫梁端。梁体高程调整完转体结构精确就位后,即对结构进行约束固定。

转体精确就位后,立即进行封盘混凝土浇筑施工,以最短的时间完成转盘结构固结。清洗底盘上表面,焊接预留钢筋,立模浇筑封固混凝土,使转盘与下转盘连成一体。控制混凝土坍落度,以方便振捣和增强封固效果。

③转体后销轴压浆及球铰封盘。

梁体转体就位后,进行销轴压浆,套管在销轴端部上下各预留一压浆孔以备转体完成后往套管中压入微膨胀混凝土。压浆完成后进行封盘施工。采用第二次封盘,第一次先封上盘混凝土,在与上部墩身的接口预埋压浆浇筑钢管,待封盘混凝土凝固后用灌浆法填补因混凝土收缩留下的空隙,保证墩身与上下盘间混凝土的整体性。

4.6.5 施工安全保证措施

1)组织保障措施

在方案中应对项目安全生产管理体系进行简单介绍,明确安全组织机构(安全生产领导小组)、安全保证体系及相应人员安全职责等。安全生产领导小组组长为本项目负责人,公示相关应急管理电话。针对转体桥施工制定安全生产管理制度、安全教育培训制度及技术交底制度。

2)技术保障措施

为各分项工程(预应力施工、防侵限安全保证措施、跨铁路转体施工安全措施等)制定针对性的安全保证措施(包括人身安全、高空安全、用电安全、机械设备安全措施等);针对性制定冬/雨季施工保障措施、质量技术保证措施、文明施工保证措施、环境保护措施等。

3)监测监控措施

在方案中应明确结构高程及主梁线形的监测监控措施;说明转盘应力的相关措施;说明主梁悬臂浇筑过程中立模标高的监测监控措施;说明转体桥称重的相关监测监控措施;说明转动过程中转动速度控制的相关措施;明确施工过程中周边环境安全等因素的人工巡视及巡查过程中的处置流程或方案。

4.6.6 施工管理及作业人员配备和分工

1)施工管理人员

列出管理人员名单及岗位职责(如具有转体桥施工经验的项目负责人、项目技术负责人、施工员、质量员、各班组长等)。

2)专职安全人员

列出专职安全生产管理人员名单(应根据合同价足额配备)及岗位职责(熟悉转体桥施工工艺及安全管控要点,如上下球铰安装施工、支架安装拆除、牵引索预埋安装、滑道安装、称重、转体控制等相关要求),附安全管理人员安全考核证书。

3)特种作业人员

列出特种作业人员持证人员名单及操作类型,附特种作业证书。

特种作业人员应包括而不限于电工、焊接与热切割作业人员、架子工、司索工、塔式起重机司机、转体操作人员等。

4)其他作业人员

列出其他人员名单(如班组长、测量员、保通人员、信号指挥人员等)及岗位职责。

4.6.7 验收要求

1)验收标准

应满足《公路桥涵施工技术规范》(JTG/T 3650—2020)、《公路桥涵设计通用规范》(JTG D60—2015)、《公路工程施工安全技术规范》(JTG F90—2015)、《公路工程质量检验评定标准 第一册 土建工程》(JTG F80/1—2017)等相关要求。

2)验收程序

转体桥每一道工序验收合格后方可进入下一道工序。施工过程工序验收应严格执行三检制。

3)验收内容

根据《公路工程质量检验评定标准 第一册 土建工程》(JTG F80/1—2017)及设计文件中相关指标(如悬臂浇筑梁混凝土强度、轴线偏位、顶面高程、断面尺寸、相邻梁段间错台、顶面横坡、封闭转盘和合龙段混凝土强度、同一横断面两侧或相邻上部构件高差等指标相关要求进行验收)。

4)验收人员

关键工序隐蔽验收参与人员:施工单位现场技术员、监理单位现场监理工程师、建设单位相关负责人、施工与监理单位试验室现场检测人员和主要负责人。

转体桥施工各工序验收参与人员:施工单位质检负责人、监理单位专业工程师、试验室相关主要负责人、建设单位工程部门负责人和中心试验室负责人及现场检测人员。

4.6.8 应急处置措施

1)应急预案

针对吊装及拆卸、转体安全、触电等危险源编制跨线转体施工应急预案,明确应急处置领导小组组成与职责、应急救援小组组成与职责,包括抢险、安保、后勤、医疗救护、善后、应急救援工作流程及应对措施、联系方式等,项目参建、周边建(构)物产权单位各方联系方式、救援医院信息(名称、电话、救援路线)。

2)现场应急措施

针对转体桥施工制定高空坠落、物体打击事故的应急预案措施,触电事故的应急预案措施,机械伤害事故的应急预案措施,高空中暑的应急预案措施。

3)应急物资准备

制定应急物资与装备保障清单。

4.6.9 计算书及相关施工图纸

1)施工设计计算书

包括墩身支架结构计算书;挂篮以及模板计算书;主梁预应力张拉计算书;转体牵引计算书;称重以及配重计算书;撑脚支撑力计算书;其他临时结构计算书(安全通道等)。

2)相关图纸

包括施工平面布置图;转体结构设计图;挂篮设计图;撑脚设计图;牵引索布置图;定型产品相关设计说明书;作业平台构造图;其他与本方案相关的图纸。

4.7 大型预制构件水上运输

4.7.1 工程概况

1)工程概况和特点

(1)工程基本情况:说明本方案的大型预制构件场情况;明确本方案的实施范围;说明本方案所包含的预制构件数量以及水上运输条件。

(2)工程地质情况:结合项目现场实际踏勘情况,对实施区域的地形、地貌、地质、水文、气象等情况进行简要说明。

(3)工程水文地质情况:对降雨、台风、雾霾、风速、潮汐及波浪等情况进行简要说明(施工期间最大风速、水深、流速、河床附桥位地貌照片)。

(4)工程特点、难点:预制构件吊装、运输船加固以及航行速度等控制为本方案难点;水中运输大型预制构件整体吊装、施工精度要求高。同步施工作业组织难度大,施工环境条件复杂,安全风险高,多区域施工组织协调管理难度大。

2)施工平面布置

施工平面图、预制构件水上运输线路、预制场的平面图、用电、消防布置、照明设置、运输设备等平面位置信息。

3)周边环境条件

说明水上运输线路周边环境施工现场条件,邻近道路的重要性、使用情况,电力线路、地下管线(供水、燃气、供电、通信等)的重要性或埋置深度。

4)施工要求

明确质量、安全、进度、环水保目标要求,工期要求(本工程开工日期、计划竣工日期),工程计划开工日期、计划完工日期。

5)风险辨识与分级

根据风险评估报告,说明水上运输风险因素辨识以及安全风险等级。

4.7.2 编制依据

(1)规范性文件。

《公路工程施工安全技术规范》(JTG F90—2015)、《装配式混凝土建筑技术标准》(GB/T 51231—2016)以及其他现行规范性文件等。

(2)施工图设计文件。招标文件、勘察文件、设计图纸、建设单位相关规定等。

(3)施工组织设计、风险评估报告等。

4.7.3 施工计划

1)施工进度计划

根据主要节点目标及施工工艺工序,统筹现场设备、材料情况,列表说明预制构件水上运输施工进度计划图(网络图或横道图),应考虑天气对运输进度的影响。

2)材料计划

列表说明本方案所使用的材料名称、规格型号、具体数量及用途(如钢丝绳、弧形托板护板、硬木、手拉葫芦、防滑块等)。

3)劳动力计划

列表说明拟投入的施工管理人员、专职安全管理人员、特种作业人员以及其他人员。

4)机械设备投入计划

根据施工进度说明拟投入的机械设备名称、规格型号、具体数量及用途(汽车起重机、运输车辆、船舶等)。

4.7.4 施工工艺技术

1)技术参数

说明预制构件结构形式以及主要技术参数;验算并说明运输机具最大运输重量、起重设备最大起重量、工作幅度等主要技术参数;说明运输机具的性能以及主要技术参数;列表说明主要施工设备性能参数。

2)工艺流程

按照分部分项工程施工工艺流程,叙述水上运输施工步骤及注意事项,附水上运输工艺流程图。按照分部分项工程施工工艺流程叙述水上运输各个施工工艺的施工方法;总体顺序按运输机具的选择、构件出运、牵引力运算、构件移运稳定性、构件移动过程中的启动与制定、移运偏移的纠正措施、构件出运使用设备和配置等进行。

3)施工方法及操作要求

根据安装施工进度需要,运梁船运送箱梁节段至安装现场。运梁船投入使用前,需对船体进行局部加固。在运梁驳船底部上焊接限位固定钢架,梁段吊装完成后,在梁段下部塞上防滑木楔,顶口设置缆风绳及防倾支撑,确保梁段运输过程中的安全。

装船完成后,及时对箱梁节段采取加固措施,避免箱梁节段在运输过程中倾倒。具体措施见箱梁装船临时固定示意图,如图4-30、图4-31所示。

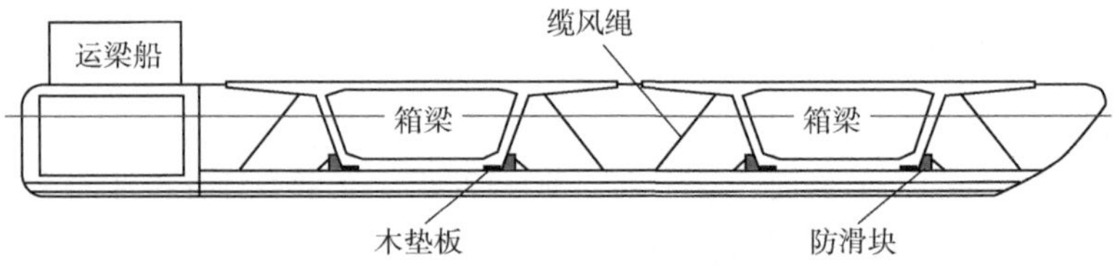

图4-30 梁段装船固定示意图(纵船向)

箱梁装船并固定好之后,由项目部安全部会同船长、起重组对临时固定措施进行检查,确认固定可靠后船舶即可离港。将箱梁节段运送到安装现场,在指定的停泊位置靠泊。

(1)预制构件水上运输。

潮水满足动力驳船吃水深度要求后,驳船驶入门式起重机下。由提梁站将节段梁从栈桥上吊运至动力驳船上,如图4-32所示。

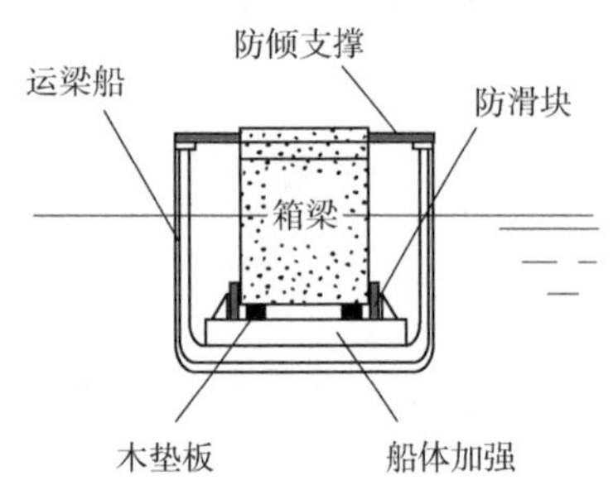

图4-31 梁段装船固定示意图(横船向)

图4-32 预制构件水上运输

说明大型预制构件最大重量；同时能运输几榀；考虑2倍的安全系数，计划采用何种的动力驳船进行运输。应对船体性能按表4-4进行记录。

运梁船性能表　　表4-4

船体性能						
船体尺度(m)			吃水(m)		空载排水量(t)	装载能力(t)
总长	型宽	型深	空载	重载		

为确保水上运梁安全，事先在仓驳内焊接限位钢架，并在节段摆放完成后，拉上风缆。采取前后装梁的形式。图4-33为水上运梁吊装过程现场照片。

驳船必须精确定位，保证驳船与栈桥之间的安全距离。

(2)船舶交通组织。

①水上交通管理。

悬拼时由驳船将梁段运输至现场后由架桥机拼装箱梁，此阶段运输驳船工作频繁，运输距离远，而且在运输中要穿梭航道，存在较大安全隐患。故当运输船在开始出发或返回时，通过高频对讲机与调度取得联系，在调度统一调度的情况下才能行驶在指定区域，同时行驶过程中随时通过高频对讲机向其他船只发布自己的航行情况。

图4-33　水上运梁吊装过程

②施工船舶管理。

进入施工现场的施工船舶必须证照齐全，配足船员，机械性能良好，能满足施工要求。在船舶进入施工水域时，由船长、驾驶员带齐有效证书到项目部设备部、安全部登记后，派人员对进入船舶进行自检；自检合格后，及时和海事部门联系，进行报港签证并申请由海事部门进行安检。对海事部门安检中查出的隐患，各船长、驾驶员要及时、认真地进行整改，船机、安全部门进行督促整改，整改完后，由船机、安全部负责，申请海事部门复检。对复检不合格，存在严重隐患的船舶，责令离开施工现场。

所有的施工船舶配置高频或甚高频(Very High Frequency，VHF)无线通信系统、全球定位系统(Global Positioning System，GPS)、避让雷达等安全设施，在每个墩位的上、下游设置醒目的标志和无线通信系统，提醒过往的航行船舶注意安全，并减速通过。

③交通调度管理。

结合大桥施工建设特点及航道情况，派专人根据生产计划及工序衔接，对所有运梁船舶进行统一调度；说明本标段船舶出发和返回时间以及航行路线，发布本标段的航行情况；设置调度室，及时通报及反馈航行情况；收集天气、风力、风向等预报信息。

4.7.5　施工安全保证措施

1)组织保障措施

在方案中应对项目安全生产管理体系进行简单介绍，明确安全组织机构(安全生产领导小组)、安全保证体系及相应人员安全职责等。安全生产领导小组组长为本项目负责人,公示相关应急管理电话。针对水上运输施工制定安全生产管理制度、安全教育培训制度及技术交底制度。

2)技术保障措施

从施工现场安全技术要求、供电与电气设备安全措施、机械设备使用安全技术措施、安装拆除工作管理制度和安全操作规程、用电安全管理、设备安全管理、施工现场安全防护措施等几个方面展开叙述。

3)监测监控措施

方案中应明确本方案主要风险源识别分析;风险源的综合预防、控制措施;危险事故的应急措施;安全专项施工措施;环境保护与文明施工措施;施工过程周边环境安全等因素的人工巡视及巡查过程中处置流程或方案;能够有效避免起重机械吊装过程中存在的结构自身危险(超重、风速、倾斜危险)的相关措施。

4.7.6 施工管理及作业人员配备和分工

1)施工管理人员

列出管理人员名单及岗位职责(如具有水上运输施工经验的项目负责人、项目技术负责人、施工员、质量员、各班组长等)。

2)专职安全人员

列出专职安全生产管理人员名单及岗位职责,附安全管理人员安全考核证书。

3)特种作业人员

列出特种作业人员持证人员名单及操作类型,附特种作业证书。

特种作业人员应包括而不限于架子工、起重信号司索工、起重机械司机、起重机械安装拆卸工,高处作业吊篮安装拆卸工、锅炉司机、压力容器操作人员、场内专用机动车司机、工程船舶船员、潜水员。

4)其他作业人员

列出其他人员名单及岗位职责。

4.7.7 验收要求

1)验收标准

列表说明起重设备相关规范。

2)验收程序

项目部自检(合格)→驻地办验收(合格)→项目公司验收(合格)→属地管理部门报备。

3)验收内容

(1)按照图纸尺寸和技术要求检查全机各紧固件是否牢固,各传动机构是否精确灵活,金属结构有无变形,钢丝绳绕绳是否正确,绳头捆扎是否牢固。

(2)检查起重机的组装是否符合要求。

(3)检查运输船运输能力是否能够满足运输构件要求。

4)验收人员

验收由安全部会同质检部进行,现场各工序的施工过程验收工作由工程队长和质检部人员负责,自检合格后统一由安全部人员向属地管理部门报检。

4.7.8 应急处置措施

1)应急预案

结合现场实际情况,对船舶准备实施运输路线的水域图、气象、海况、水位,所用机械设备及拖缆、脱钩,船舶航行、保障措施(机务安全、设备装载后的安全加固和维护保障、船主要设备、助航设备及通信设备安全保障、消防安全、弯曲航道、危险航道的安全保障、通过桥区安全保障)进行说明。简要叙述船舶碰撞、船舶失控、船舶搁浅、船舶失火、船舶溢油及防台避风的处理措施。对大型预制构件水上运输影响主要有航区的气象、海况、水位、大风,浓雾等面情况;针对航行线路水位对运输安全、运输过程中大风影响、运输过程中机械伤害等风险源编制大型预制构件水上运输施工应急预案,明确应急处置领导小组组成与职责、应急救援小组组成与职责,包括抢险、安保、后勤、医疗救护、善后、应急救援工作流程及应对措施、联系方式等,项目参建、周边建(构)物产权单位各方联系方式、救援医院信息(名称、电话、救援路线)。

2)现场应急措施

针对起重机械安装拆除制定高空坠落、物体打击事故的应急预案措施,触电事故的应急预案措施,机械伤害事故的应急预案措施,高空中暑的应急预案措施,运输过程中的应急预案措施。

3)应急物资准备

制定应急物资与装备保障清单。

4.7.9 计算书及相关施工图纸

1)施工设计计算书

预制构件的自重计算、运输设备的最大荷载计算、吊装设备的最大起重量(运输设备选型验吊装设备选型验算)。

2)相关图纸

施工平面布置图、水位监测布置图、水上运输流程图、其他与本方案相关的图纸。

第5章 大型临时工程

随着我国基建工程建设的大规模开展，公路工程施工过程中临时工程的应用最多也最广，考虑到临时工程具有典型的多类型、多结构形式，本章将针对常见的深水围堰、现浇箱梁、高墩工程、连续刚构0号块、连续刚构悬臂浇筑、连续刚构边跨浇筑、连续刚构边跨中跨合龙等危险性较大的分部分项工程专项技术方案的编制技术要点进行介绍。

5.1 一般规定

5.1.1 编制对象

大型临时工程专项施工方案编制常包含围堰工程、各类工具式模板工程、脚手架工程、挂篮、便桥、水上作业平台等内容。当上述危险性较大的分部分项工程超过一定规模时，应组织专家对方案进行论证。

公路桥梁工程中需编制专项施工方案的分部分项工程如下：

(1)围堰工程。

(2)各类工具式模板工程。

(3)高度不小于5m；跨度不小于10m，施工总荷载不小于10kN/m^{2}且集中线荷载不小于15kN/m的支架工程。

(4)搭设高度24m及以上的落地钢管脚手架工程；附着式整体和分片提升脚手架工程；悬挑式脚手架工程；吊篮脚手架工程；新型及异型脚手架工程。

(5)挂篮。

(6)便桥、临时码头。

(7)水上作业平台。

(8)自制卸料平台、移动操作平台工程。

公路桥梁工程中需外部专家论证超过一定规模危险性较大的分部分项工程通常是指：

(1)水深不小于10m的围堰工程。

(2)高度不小于40m的墩柱，高度不小于100m的索塔滑模、爬模、翻模工程。

(3)高度不小于8m,跨度不小于18m,施工总荷载不小于15kN/m^2,集中线荷载不小于20kN/m的支架工程。

(4)50m及以上的落地式钢管脚手架工程;承受单点集中荷载7kN以上的用于钢结构安装等满堂承重支撑体系。

(5)猫道、移动模架。

5.1.2 主要编制内容

根据住房和城乡建设部发布的《危险性较大的分部分项工程专项施工方案编制指南》(建办质〔2021〕48号),专项施工方案内容应包含九部分:工程概况、编制依据、施工计划、施工工艺技术、施工保证措施、施工管理及作业人员配备和分工、验收要求、应急处置措施、计算书及相关施工图纸。

本章将按上述九部分的要求进行专项施工方案技术要点的编制说明,以下以现浇箱梁为例说明主要编制内容。

1)工程概况

(1)工程概况及特点。

①工程基本情况:按照设计文件要求,结合项目实际情况,对涉及专项施工方案的桥梁情况(跨数、联长、孔跨布置方案、桥梁纵横坡、平面曲线要素、墩柱结构形式及尺寸等)进行说明。

②工程地质情况:对比设计文件,结合项目现场实际踏勘情况,说明本方案实施区域的地形、地貌、地质等情况(附桥位地貌照片)。

③工程水文地质情况:说明桥位处地表水、地下水等情况。

④工程特点、难点:现浇箱梁地基处理、支架搭设、预压、浇筑顺序是工程的重中之重,过程中需要严格控制,确保现浇箱梁施工顺利进行。

(2)施工平面布置。

结合实施项目施工组织设计,应表示清楚现场平面位置关系,本区域临时道路(标明行进方向)、材料堆场等的平立面位置,描述拌和站、钢筋加工场用水用电、临时排水、消防布置及施工设备等的平面位置信息,并附上施工平面布置图。

(3)周边环境条件。

详细说明现浇箱梁邻近道路的位置、电力线路、地下管线(供水、燃气、供电、通信等)的布置情况、架线高度或埋置深度。

(4)施工要求。

明确施工质量、施工安全、施工进度、环境保护等方面的目标及要求。

(5)风险辨识与分级。

根据风险评估报告,说明现浇箱梁风险因素辨识以及安全风险等级。

2)编制依据

(1)规范性文件。

依据现行规范,应参考《公路桥涵施工技术规范》(JTG/T 3650—2020)、《公路桥涵设计通用规范》(JTG D60—2015)、《节段预制混凝土桥梁技术标准》(CJJ/T 111—2023)、

《公路钢混组合桥梁设计与施工规范》(JTG/T D64-01—2015)、《施工脚手架通用规范》(GB 55023—2022)、《水利水电工程围堰设计规范》(SL 645—2013)、《建筑施工模板安全技术规范》(JGJ 162—2019)、《建筑施工碗扣式钢管脚手架安全技术规范》(JGJ 166—2016)、《钢管满堂支架预压技术规程》(JGJ/T 194—2009)、《公路工程施工安全技术规范》(JTG F90—2015)、《公路工程质量检验评定标准 第一册 土建工程》(JTG F80/1—2017)等进行编制。

(2)施工图设计文件。施工图设计文件包含招标文件、勘察文件、设计图纸、建设单位相关规定等。

(3)施工组织设计、风险评估报告。

3)施工计划

(1)施工进度计划。

根据主要节点的目标及施工工艺工序,统筹现场设备、材料情况,简述施工进度计划安排,明确各联(跨)的施工顺序,绘制网络图或横道图、支架搭设计划图、箱梁施工进度计划图(网络图或横道图),能反映到每一联(跨)。

(2)材料与设备计划。

列表说明专项施工方案中所使用的材料、设备名称、规格型号、具体数量及用途。

(3)劳动力计划。

列表说明拟投入的施工管理人员、专职安全管理人员、特种作业人员以及其他人员。

(4)机械设备投入计划。

根据施工进度说明拟投入的机械设备。

4)施工工艺技术

(1)技术参数。

说明包括地基承载力设计值,地基处理、基础分台、截排水设计方案等。明确模板及支架体系的材料选型、规格及质量要求,模板及支架体系设计、构造措施等技术参数(如纵横向间距、步距、斜杆、剪刀撑、与墩柱连接等)。列表说明主要施工设备的性能参数。

(2)工艺流程。

说明现浇箱梁施工工艺流程。

(3)施工方法及操作要求。

按照分部分项工程施工工艺流程,结合相关安全技术规程、质量评定验收标准等,按工艺、工序流程顺序详细叙述各个工艺、工序的施工方法,突出重难点工艺、工序的控制要点及注意事项,对非关键工艺、工序应做简要介绍或说明。

5)施工安全保障措施

(1)组织保障措施。

方案中应对项目安全生产管理体系进行简单介绍,明确安全组织机构(安全生产领导小组)、安全保证体系及相应人员安全职责等。安全生产领导小组组长为本项目负责人,公示相关应急管理电话。制定相应的安全生产管理制度、安全教育培训制度及技术交底制度。

(2)技术保障措施。

制定针对性的安全保证措施(包括防止高空坠落、物体打击、起重伤害、支架坍塌等措施,以及防风措施);制定冬/雨季施工保障措施、质量技术保证措施、文明施工保证措施、环境保护措施等。

(3)监测监控措施。

方案中应明确该方案主要风险源识别分析;箱梁沉降值、挠度及线形观测监控措施,支架预压监测监控措施;风险源的综合预防、控制措施;危险事故的应急措施;安全专项施工措施;环境保护与文明施工措施;施工过程周边环境安全等因素的人工巡视及巡查过程中处置流程或方案。

6)施工管理及作业人员配备和分工

(1)施工管理人员。

列出管理人员名单及岗位职责(如项目负责人、项目技术负责人、施工员、质量员、各班组长等)。

(2)专职安全人员。

列出专职安全生产管理人员名单及岗位职责。

(3)特种作业人员。

列出特种作业人员持证人员名单及岗位职责(附特种作业证书)。

(4)其他作业人员。

列出其他人员名单及岗位职责。

7)验收要求

(1)验收标准。

现浇箱梁应满足《公路桥涵施工技术规范》(JTG/T 3650—2020)、《公路桥涵设计通用规范》(JTG D60—2015)、《建筑施工模板安全技术规范》(JGJ 162—2019)、《建筑施工碗扣式钢管脚手架安全技术规范》(JGJ 166—2016)、《钢管满堂支架预压技术规程》(JGJ/T 194—2009)、《公路工程施工安全技术规范》(JTG F90—2015)、《公路工程质量检验评定标准　第一册　土建工程》(JTG F80/1—2017)等相关规范要求。

(2)验收程序。

现浇箱梁每一道工序验收合格后方可进入下一道工序。施工过程工序验收应严格执行三检制。

(3)验收内容。

根据相关标准规范、操作规程及相关要求,列表说明机械设备、材料、地基承载力、支架搭设、支架预压、模板安装、过程施工和实体工程成品等方面的检查验收,并附检查验收表,包括但不限于以下内容:

①支架搭设前的地基承载力验收。

②支架搭设的验收。

③支架预压的验收。

④混凝土原材料、配合比及强度试验检测报告。

⑤箱梁顶面高程、横坡、纵坡。

⑥提供的资料文件。

⑦隐蔽验收记录。

(4)验收人员。

验收由安全部合同质检部进行,现场各工序的施工过程验收工作由工程队长和质检部人员负责,自检合格后统一由质检部人员向监理工程师报检。

8)应急处置措施

(1)应急预案。

针对物体打击、触电、机械伤害、支架坍塌等风险源编制预制梁吊装施工应急预案,明确应急处置领导小组组成与职责、应急救援小组组成与职责,包括抢险、安保、后勤、医疗救护、善后、应急救援工作流程及应对措施、联系方式等,收集项目参建、周边建(构)物产权单位各方联系方式、救援医院信息(名称、电话、救援路线)。

(2)现场应急措施。

针对现浇箱梁施工制定高空坠落、触电、物体打击、支架坍塌事故发生的应急预案,触电事故发生的应急预案措施,机械伤害事故发生的应急预案措施,高空中暑事件发生的应急预案措施。

(3)应急物资准备。

制定应急物资与装备保障清单。

9)计算书及相关施工图纸

(1)施工设计计算书。

现浇箱梁所需编制的计算书包括模板及支架计算书、预应力张拉计算书,其中应对现浇箱梁底模及底模系统的强度及刚度、支架的强度及稳定性、落地式支架基础的地基承载力进行计算。当利用既有结构物作为支撑时,需对跨越式支架相应预埋件的强度和稳定性进行计算;当风荷载影响大于6级时,需对风荷载的影响进行验算。

(2)相关图纸。

施工平面布置图;模板及支架设计图;其他与本方案相关的图纸。

5.2 现浇箱梁

随着工程技术人员的持续探索,我国道路桥梁的建设水平正逐步提高,相配套的施工技术类型不断丰富且更加具有可行性。现浇箱梁是道路桥梁中较为常见的结构形式,现浇箱梁技术具有高性能、低成本、形式美观等优势,因此在公路桥梁工程建设中得到了广泛的应用。当现浇箱梁支架搭设高度不小于8m,跨度不小于18m,施工总荷载不小于15kN/m^2,集中线荷载不小于20kN/m时,应邀请专家对方案进行论证。

5.2.1 工程概况

1)工程概况和特点

(1)工程基本情况:按照设计文件要求,结合项目实际情况,对涉及本方案的桥梁情况(跨数、联长、孔跨布置、桥梁纵横坡、平面曲线要素、墩柱结构形式及尺寸等)进行介绍,并明确现浇箱梁的设计参数,对该方案所包含的现浇箱梁工程量进行列表说明。

(2)工程地质情况:对比设计文件,结合项目现场实际踏勘情况,说明本方案实施区域的地形、地貌、地质等情况(附桥位地貌照片)。

(3)工程水文地质情况:说明桥位处地表水、地下水等情况。

(4)工程特点、难点:现浇箱梁地基处理、支架搭设、预压、浇筑顺序是该专项工程施工的重中之重,过程中需要严格控制,确保现浇箱梁施工顺利进行。

2)施工平面布置

结合实施项目的施工组织设计,应表示清楚现场平面位置关系、本区域临时道路(标明行进方向)、材料堆场、用水用电等平立面位置,描述钢筋生产加工场地用水用电、临时排水、消防布置及施工设备等的平面位置信息,并附上施工平面布置图。

3)周边环境条件

详细说明现浇箱梁邻近道路的位置、电力线路、地下管线(供水、燃气、供电、通信等)的布置情况、架线高度或埋置深度。

4)施工要求

明确质量、安全、进度、环水保目标要求,工期要求(该工程开工日期、计划竣工日期)。

5)风险辨识与分级

根据风险评估报告,说明现浇箱梁风险因素辨识以及安全风险等级。

5.2.2 编制依据

(1)规范性文件。

依据现行规范,应参考《公路桥涵施工技术规范》(JTG/T 3650—2020)、《公路桥涵设计通用规范》(JTG D60—2015)、《城市桥梁工程施工与质量验收规范》(CJJ 2—2008)、《建筑施工模板安全技术规范》(JGJ 162—2019)、《建筑施工碗扣式钢管脚手架安全技术规范》(JGJ 166—2016)、《钢管满堂支架预压技术规程》(JGJ/T 194—2009)、《公路工程施工安全技术规范》(JTG F90—2015)、《公路工程质量检验评定标准 第一册 土建工程》(JTG F80/1—2017)等进行编制。

(2)施工图设计文件。施工图设计文件包含招标文件、勘察文件、设计图纸、建设单位相关规定等。

(3)施工组织设计、风险评估报告。

5.2.3 施工计划

1)施工进度计划

明确总体工期要求、现浇箱梁的施工工序;根据主要节点目标及施工工艺工序,明确现浇箱梁的进度安排,具体到相应工序的进度安排,如支架搭设、模板支护、支架预压、大体积混凝土浇筑等;统筹现场设备、材料情况,简述施工进度计划安排;明确各联(跨)的施工顺序,绘制网络图或横道图、支架搭设计划图、箱梁施工进度计划图(网络图或横道图),能反映到每个联(跨)。

2)材料计划

列表说明本方案所使用的材料名称、规格型号、具体数量及用途,明确周转材料的质量要求和进场时间要求(如支架、模板等)。

3)劳动力计划

列表说明拟投入的施工管理人员、专职安全管理人员、特种作业人员以及其他人员(架子工、模板工、钢筋工、混凝土工);根据施工进度,分批进场,支架搭设完成,模板支护模板工后续进场,既满足施工要求,又不浪费人力。

4)机械设备投入计划

根据施工进度说明拟投入的机械设备名称、规格型号、具体数量及用途,如塔式起重机、汽车起重机、张拉设备等。

5.2.4 施工工艺技术

1)技术参数

编制包括地基处理、基础分台、截排水措施等在内的具体施工方案。说明模板及支架体系的材料选型、规格及质量要求,模板及支架体系设计、构造措施等技术参数(如纵横向间距、步距、斜杆、剪刀撑、与墩柱连接等),并将主要施工设备的性能参数列于表中。

2)工艺流程

现浇箱梁总体施工工艺流程为:方案报监理工程师批准→地基处理→地基验收→支架材料验收→搭设支架→支架验收→安装箱梁底模→支架预压→沉降观测→安装外侧模板→安装底板及腹板钢筋→安装内室模板及外侧模板→浇筑底腹板混凝土→安装内室顶板模板→安装顶板钢筋→安装各种预埋件→浇筑箱梁顶板混凝土→箱梁混凝土养生→脱模、支架拆除,如图5-1所示。

3)施工方法及操作要求

(1)施工准备。

现浇箱梁施工准备包括施工便道、用水、用电准备、测量放样准备、地基情况及加固准备、支架基础预压准备等,对于以上施工准备需展开详细说明。

(2)地基处理。

按满堂支架设计方案要求的地基承载力对地基做特殊处理。

①箱梁投影宽度外各2m范围用挖掘机大面整平,之后用22t振动式压路机进行碾压,然后分两层回填碎石土,将顶面做成2%的横向排水横坡。地基处理完成后通过试验检测,确保基层承载力满足设计方案要求。

②支立基础模板,然后浇筑C20素混凝土面层,形成模板支撑架体系的整体基础。

③地基处理完后,在支架搭设范围四周顺桥向设排水沟,排水沟纵坡根据现场情况设置,确保地基基础不受雨水浸泡(地基处理示意图如图5-2所示)。

④对于纵坡高差较大的地段,支架地基采用台阶布设法进行处理。

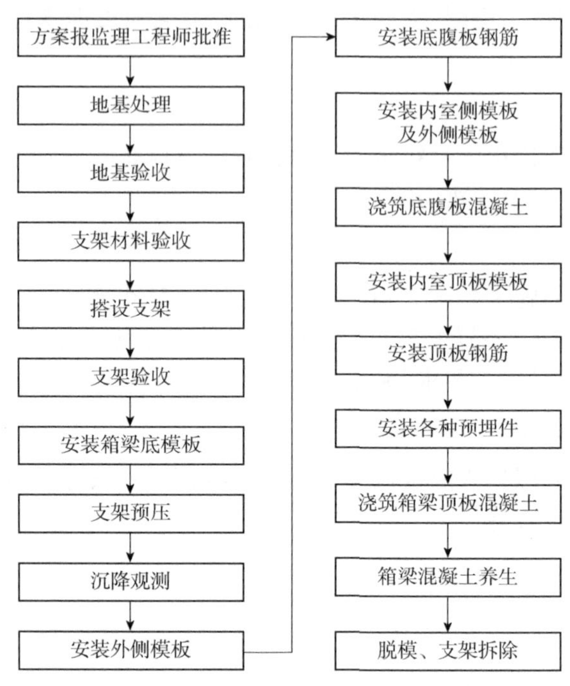

图 5-1　现浇箱梁施工工艺流程

图 5-2　地基处理示意图

(3)现浇箱梁支架搭设。

①测量放样。

支架体系安装前应对支架体系进行预排,用全站仪对方案中立杆纵向和横向间距进行现场定位,并上弹控制线或拉线进行控制。

②安放可调底座。

按横向、纵向间距安放可调底座,以水准仪现场实际测量结果确定底座高程,调整好底座上可调螺母位置,保证架体的统一平面。

③纵、横向立杆安装。

安装前,检查脚手架有无弯曲、接头开焊、断裂等现象,无误后可实施支架体系的拼装。

搭设支架时要保证立杆的垂直偏差不大于架体高度的 1/400,待第一步架体拼装完成后,应调整所有立杆的垂直度和水平杆的平整度,待全部调整完成后方可拼装下一步支架。

搭设支架时,立杆应根据实际情况采用不同的长度,以使立杆的接头得以错开。

支架首层纵横向扫地杆距地面最大高度不得大于 30cm(立杆布置如图 5-3 所示)。

④剪刀撑布设。

纵、横向剪刀撑布置与立杆横杆同步逐层搭设完成,剪刀撑安装到位后,需要敲击锁紧剪刀撑。剪刀撑连接方式示意图如图 5-4 所示。

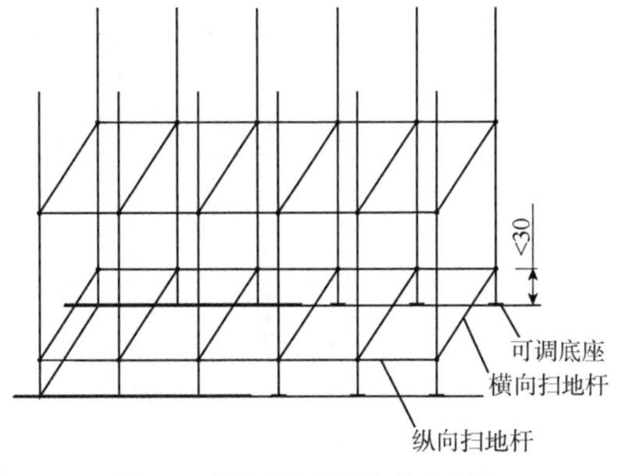

图 5-3　首层立杆布置大样示意图
(尺寸单位:cm)

特殊位置剪刀撑布置纵横向设置钢管扣件将底托进行连接,并将剪刀撑延伸到此(布置图如图 5-5 所示)。

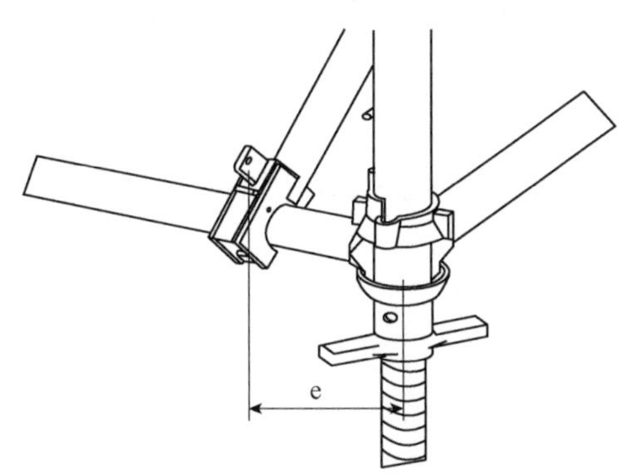

图 5-4　剪刀撑连接示意图

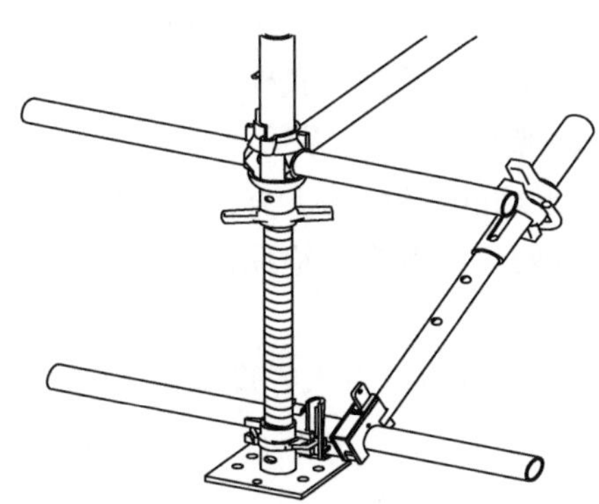

图 5-5　特殊位置剪刀撑布置示意图

水平剪刀撑根据《碗扣式脚手架安全技术规范》(JGJ 166—2016)6.3.10 条的要求进行布设。

(4)安装顶层可调顶托和悬挑翼缘板定型钢架。

①顶层可调顶托安装。

拼装到顶层立杆后,即可装上顶层可调顶托,并依据设计高程将各顶托顶面调至设计高程位置。

②定型钢架安装。

利用冷弯双 U 型钢拼接组装翼缘定型支撑钢架,根据桥梁控制点,调整顶托高度,保证梁底的纵横坡度满足要求。然后放置桥梁宽度边线,确定翼缘边线,安装翼缘竖向支撑双 U 型钢,可调支撑杆竖向 U 型钢,并根据翼缘上转角高程,确定翼缘悬挑支撑双 U 型钢、可调支撑杆,复测翼缘顶部高程,锁定可调支撑杆,将每列支撑主棱纵向连接为整体(具体布设如图 5-6 所示)。

(5)铺设顶层主龙骨,分配方木。

顶托顶面调至设计高程位置后,铺设冷弯双 U 型钢,并利用连接件将双 U 型钢互相进行横向首尾相连,成为整体。

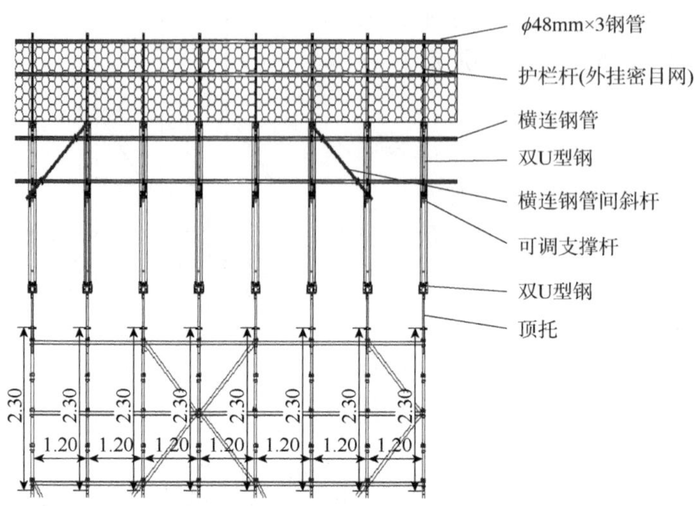

图 5-6　剪刀撑横向连接支撑主棱示意图

顺桥向铺设方木,铺设间距要严格按照设计进行,并预留箱梁预拱度,使用水准仪检查高程,无误后可拼装底模模板。

(6)架体与墩柱、系梁连接。

靠近墩柱、系梁的下方设置纵横杆支架与墩柱、系梁抱紧,并用可调节钢管与墩柱抵牢,连接处使用木模支垫保证墩柱混凝土不受损坏。

(7)翼板位置支撑。

翼缘悬挑板位置大样图如图 5-7 所示。

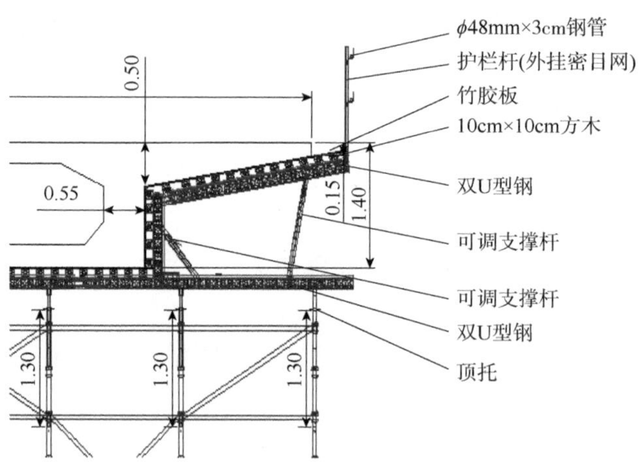

图 5-7　翼缘悬挑板位置大样图示意图(尺寸单位:m)

(8)上桥楼梯。

当桥梁高度较高,施工区域较长时,为了满足施工要求,可考虑在左右各设置两架楼梯。楼梯需要与满堂架体进行连接,并应保证能够约束楼梯三个方向的移动(人行爬梯现场图如图 5-8 所示)。

(9)安全防护栏杆搭设。

箱梁顶面作业层支架外侧必须设置安全防护栏杆及安全网(安全防护示意图如图 5-9 所示)。

图 5-8 人行爬梯现场示意图

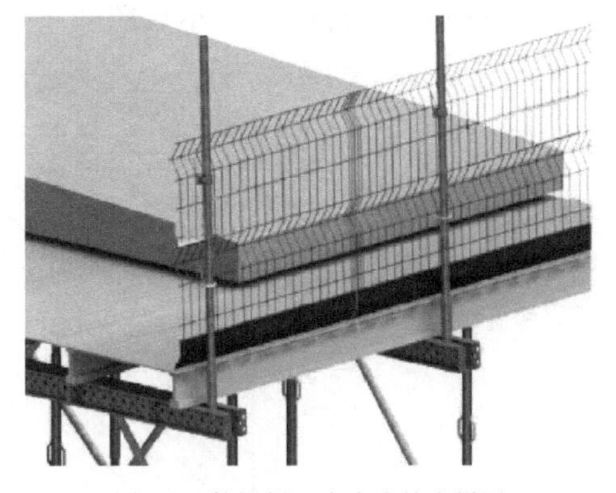

图 5-9 箱梁桥面安全防护大样图-挂密目网或防护栏示意图

4)现浇箱梁支架验收

在支撑架搭设完成以后应组织自检，主要检查上碗扣锁紧情况、立杆连接销的使用安装情况、斜杆扣接点是否正确、扣件拧紧程度、架体纵向直线度，立杆垂直度等，自检合格后应及时报监理单位验收。对照表 5-1 认真填写检查结果。

支架搭设的技术要求、允许偏差与检验方法 表 5-1

项次	项目		技术要求	允许偏差(mm)	检查方法与工具
1	地基基础	处理、承载力	符合方案设计要求	—	触探
		排水	符合方案设计要求	—	目测
		底座	符合方案设计要求	±5	经纬仪、吊线、钢卷尺
2	立杆垂直度	垂直度	高度在 1.8m 内	<5	用经纬仪或吊线和卷尺
3	间距	步距	符合方案设计要求	—	钢板尺
		纵距			
		纵距			
4	脚手架横向水平杆外伸长度偏差		符合方案设计要求，且≤650mm	—	钢板尺
5	扣件安装	扣件螺栓拧紧扭力矩	40～65N · m	—	扭力扳手
6	剪刀撑斜杆与地面的斜角		45°～60°	—	角尺

5)现浇箱梁支架预压

为验证支架搭设范围内基础的承载能力和沉降情况，根据《钢管满堂支架预压技术规程》(JGJ/T 194—2009)的相关要求，在脚手架基础施工完毕后进行支架基础的预压试验。

支架预压工艺流程为(以满堂支架预压为例)：

预压前支架及混凝土垫层的检查验收→预压前各测点的高程及坐标测量→人工堆码沙袋→压重 60%时进行一次观测→压重达到荷载值 80%时进行一次观测→全部压重 100%时进行一次观测→每 12h 进行一次观测→沉降稳定→卸载→最终观测→底模及垫层的调整。

桥梁基础预压范围平面示意图如图5-10所示。

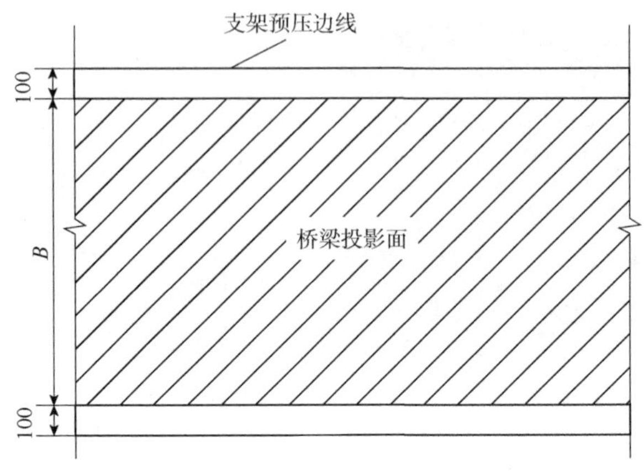

图5-10 桥梁基础预压范围平面示意图(尺寸单位:mm)

B-桥梁投影宽度

6)现浇箱梁支架拆除

(1)卸落支架程序。

卸落支架程序为:

①从纵横向跨中位置开始,沿纵向两侧对称进行,直至两侧桥墩位置,敲松顶托丝杆。

②从纵横向跨中位置开始,沿纵向两侧对称进行,直至两侧桥墩位置,回松顶托至分配方木以下。

③拆除顶部模板和分配方木。

④从跨中开始向两侧对称拆除支撑主楞和支架。

(2)承重模板、支架拆除。

(3)支撑架拆架前应对拟拆除的架体进行全面检查,并根据检查结果,编制具体的拆除方案报监理单位审批,待批准后方可组织实施。

(4)支撑架拆除应按照先拆除翼缘板支撑架,后拆除箱室支撑架的顺序进行。

(5)拆除箱室支撑架时应先拆除各跨跨中附近的支撑架,然后再由跨中向两边延伸,最后拆除墩台等支点处的支撑架,各跨支撑架均应对称拆除。

(6)芯模和预留孔道内模,应在混凝土强度能保证其表面不发生塌陷和裂缝现象时,方可拆除。

(7)拆除模板及其支架结构后,在混凝土强度符合设计混凝土强度等级的要求时方可承受全部使用荷载,当施工荷载所产生的效应比使用荷载的效应更为不利时,必须经过核算,加设临时支撑。

7)现浇箱梁支座安装

支座统一采用和设计相符的盆式支座,每跨混凝土现浇梁的支座个数和规格应严格按照设计图纸提供的型号、数量、位置坐标等要求进行安装。同时,为保证安装质量,在安装前请支座厂家派技术人员现场指导安装,并对安装人员进行培训。

8)现浇箱梁模板安装

(1)箱梁底板及外侧模安装。

施工工艺流程:安装底、侧模板→绑扎钢筋→安装内模。

外侧模安装由人工配合汽车起重机吊装,各块侧模之间用胶带密封。安装过程中外侧模严格控制侧模板的垂直度、平面位置、线形及高程,并及时加固。

底模检查如图5-11所示。

图5-11 底模检查

(2)箱室内腹板侧模、顶板模板安装。

①箱室内腹板、横隔板模板安装。

内模板采用地面自行加工定型后,用起重机分块吊装至安装位置进行底板与腹板钢筋施工,开始安装内模,在采取一定的固定措施,在控制保护层厚度的同时保证内模稳定。腹板横向内支撑要求稳固不变形。内模底板、腹板及隔板上使用混凝土保护层垫块,并用镀锌铁丝将内模的下倒角板与底板钢筋固定在一起(内腹板模板安装、加固如图5-12、图5-13所示)。

图5-12 箱室内腹板模板安装

图5-13 箱室内腹板模板加固

②顶板模板安装。

内模板采用竹胶板进行拼接,在顶板底模上预留工作人孔→拼装时首先从第一次浇筑完成的腹板位置开始拼装,至底板及腹板强度达到设计要求,接触面混凝土凿毛到位后,开始内膜支撑架施工,再将顶板边模按设计图纸测量放样至边线位置,同时按设计要求调整翼缘板模板高度。

9)现浇箱梁混凝土浇筑

混凝土浇筑按两次浇筑法,第一次浇筑底板和腹板,第二次浇筑顶板,浇筑均从箱梁中心开始向两侧对称进行。

(1)第一次浇筑底板和腹板。

使用两台泵车分别从跨中开始向两端墩顶浇注底板混凝土,该区域的混凝土应连续、对称地进行浇筑。混凝土灌注总体采用水平分层的方式,振捣采用插入式振动棒捣固密实,并及时对底板混凝土进行抹平、压实和表面抛光(第一次底板浇筑如图 5-14 所示)。

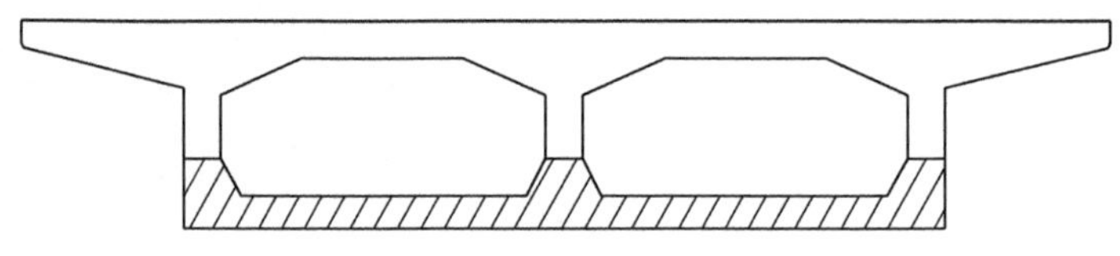

图 5-14　第一次底板浇筑示意图

底板浇筑到位后,采用混凝土输送泵,从中间向两端浇筑,浇筑采用纵向分段、水平分层的方式,按从低向高的顺序连续浇筑(第一次腹板浇筑如图 5-15 所示)。

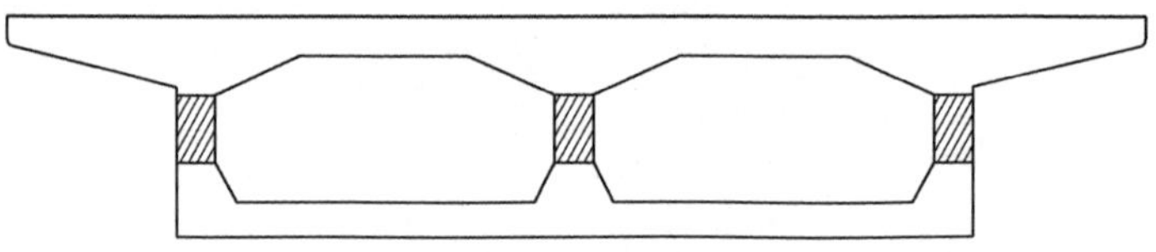

图 5-15　第一次腹板浇筑示意图

(2)第二次浇筑顶板。

底板和腹板混凝土浇筑完成,拆模养生强度符合设计要求后,安装箱式内芯模及顶板边模板、翼缘板底模板。顶板钢筋绑扎完成,经现场监理工程师验收合格后,再进行顶板混凝土浇筑(第二次顶板浇筑如图 5-16 所示)。

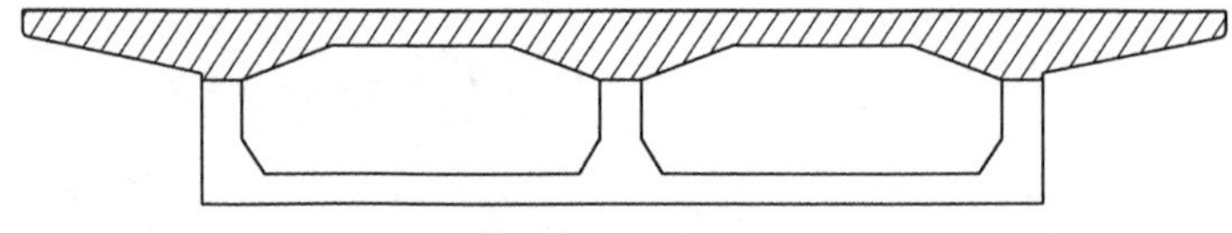

图 5-16　第二次顶板浇筑示意图

顶板混凝土灌筑由梁纵向中心线对称向两侧翼缘板进行全断面浇筑,并采用横向振动梁和收浆机进行表面混凝土的振捣、整平工作。

10)预应力钢绞线施工

(1)波纹管安装。

预应力筋的孔道采用波纹管,使用前要对波纹管进行检查,不能使用咬口不紧的波纹管。安装波纹管前,必须先对预应力管道坐标及曲线数据进行复核、验算,确定无误后方可放样安装。

波纹管安装时,应避免其反复受弯,以防穿束时管道破裂,波纹管安装后应检查管道有无破裂、接头是否松动。

管道安装要点:

①波纹管安装前,应准确确定波纹管(或定位钢筋)的位置,尤其是曲线段。

②波纹管安装时,应去掉端头毛刺、卷边和折角,尽量避免反复弯曲,以防管壁开裂,同时还应防止电焊火花烧伤管壁。

(2)锚垫板安装。

锚垫板安装位置必须符合设计要求,外平面和孔道设计轴线必须垂直,锚垫板在对角处用螺栓栓紧在封头模板上,压浆孔用软物质填塞,以免被水泥封堵造成压浆困难。

(3)波纹管与锚垫板喇叭段接口。

波纹管接口和波纹管与锚垫板喇叭段接口用封箱带包裹15cm左右,并沿长度方向用两层胶布在接口处包缠不小于5cm的长度。

(4)预应力筋的安装。

①预应力筋可在浇筑混凝土之前或之后穿入于孔道,穿束前应检查锚垫板和孔道,锚垫板的位置应准确,孔道应畅通,无水和其他杂物。

②宜将一根钢束中的全部预应力筋编束后整体穿入孔道中,整体穿束时,束的前端宜设置穿束网套或特制的牵引头,保持预应力筋顺直,且仅能前后拖动,不得扭转。对钢绞线,可采用穿束机逐根将其穿入孔道内,但应保证其在于孔道内不发生相互缠绕。

③对在混凝土浇筑及养生之前安装在孔道中,但在规范规定时限内未压浆的预应力筋,应采取防止锈蚀的措施,直至压浆。

④当在安装有预应力筋的结构或构件附近进行电焊时,均应对预应力筋、管道和附属构件进行保护,防止溅上焊渣或造成其他损坏。

⑤对在混凝土浇筑前穿束的管道,预应力筋安装完成后,应进行全面检查,查出可能损坏的管道。

(5)预应力筋的张拉及压浆。

张拉顺序和张拉控制应力应符合设计要求,对张拉施工应以张拉应力和伸长值进行双控。

张拉前,必须解除侧模。底模和支架必须在注浆后拆除。

11)模板与支架拆除

(1)内模与侧模拆除。

混凝土强度达到2.5MPa时方可拆除非承重模板的内模与侧模(有设计规定时按照设计要求执行);梁体芯部与表层混凝土温差小于15℃时方可拆除内模与外模。

(2)拆支架及底模。

混凝土达到设计强度时(预应力混凝土管道压浆结束养生到期后)即可拆除支架、底模。拆除的顺序:先拆除每跨中间部分,然后由中间向两边(支座处)对称拆除,使箱梁逐渐受力,防止因突然受力引起裂纹等。待所有的底模与混凝土箱梁全部脱开以后,即可拆除模板。拆除顺序为先侧模、后底模,自上而下。在上部未拆除完成前,其支架的剪刀撑或横向联系杆件不得拆除，以防支架失稳伤人。

(3)防撞墙钢筋安装、模板安装、混凝土浇筑。

箱梁混凝土浇筑前应注意预埋的防撞墙钢筋，并注意预埋钢筋的防腐涂料的涂刷。在箱梁混凝土张拉完成后及时进行防撞墙其余钢筋的安装和模板的安装，验收符合要求后进行混凝土浇筑，混凝土浇筑完及时覆盖养生。

12)箱梁防裂措施

箱梁混凝土产生裂纹主要分为收缩裂纹、温度裂纹两种。为防止上述裂缝的产生，在现场施工中注意以下几点：

(1)严格控制拆除模板及支架的时间与顺序，并做到文明施工。

(2)为防止收缩裂缝的产生，在施工中采取三次收浆。

(3)为防止温度裂缝产生，在施工中混凝土浇筑完毕或拆模后，应立即进行洒水覆盖养生，确保养生时间充分。

5.2.5 施工安全保证措施

1)组织保障措施

方案中应对项目安全生产管理体系进行简单介绍，明确安全组织机构(安全生产领导小组)、安全保证体系及相应人员安全职责等。安全生产领导小组组长为该项目负责人，公示相关应急管理电话。并制定安全生产管理制度、安全教育培训制度及技术交底制度。

2)技术保障措施

方案中应明确安全组织机构、安全保证体系，相应人员安全职责及安全检查相关内容，制定有针对性的安全保证措施(包括人身安全、高空安全、用电安全、机械设备安全措施等)、施工及检查人员上下安全通行措施等。

3)监测监控措施

方案中应明确该方案的主要风险源识别分析；箱梁沉降值、挠度及线形观测监控措施，支架预压监测监控措施；风险源的综合预防、控制措施；危险事故的应急措施；安全专项施工措施；环境保护与文明施工措施；施工过程中周边环境安全等因素的人工巡视及巡查过程中的处置流程或方案。

5.2.6 施工管理及作业人员配备和分工

1)施工管理人员

列出管理人员名单及岗位职责(如具有丰富的现浇箱梁施工经验的项目负责人、项目技术负责人、施工员、质量员、各班组长等)。

2)专职安全人员

列出专职安全生产管理人员名单(应根据合同价足额配备)及岗位职责(熟悉现浇箱梁施工工艺及安全管控要点，如地基处理、支架搭设拆除、预压等相关要求)，附安全管理人员安全考核证书。

3) 特种作业人员

列出特种作业人员持证人员名单及岗位职责(附特种作业证书)。

特种作业人员应包括而不限于电工、焊接与热切割作业人员、起重机司机、塔式起重机安装拆卸工、塔式起重机司机、司索工等。

4) 其他作业人员

列出其他人员名单(钢筋工、模板工、混凝土工、架子工、指挥人员等)及岗位职责。

5.2.7 验收要求

1) 验收标准

现浇箱梁应满足《公路桥涵施工技术规范》(JTG/T 3650—2020)、《公路桥涵设计通用规范》(JTG D60—2015)、《建筑施工模板安全技术规范》(JGJ 162—2019)、《建筑施工碗扣式钢管脚手架安全技术规范》(JGJ 166—2016)、《钢管满堂支架预压技术规程》(JGJ/T 194—2009)、《公路工程施工安全技术规范》(JTG F90—2015)、《公路工程质量检验评定标准 第一册 土建工程》(JTG F80/1—2017)等相关规范要求。

2) 验收程序

现浇箱梁每一道工序验收合格后方可进入下一道工序。施工过程工序验收应严格执行三检制。

3) 验收内容

根据相关标准规范、操作规程及相关要求,列表说明机械设备、材料、地基承载力、支架搭设、支架预压、模板安装、过程施工和实体工程成品等方面的检查验收,并附检查验收表,包括但不限于以下内容:

(1) 支架搭设前的地基承载力验收。

(2) 支架搭设的验收。

(3) 支架预压的验收。

(4) 混凝土原材、配合比及强度试验检测报告。

(5) 箱梁顶面高程、横坡、纵坡。

(6) 提供的资料文件。

(7) 隐蔽验收记录。

4) 验收人员

验收人员由建设、勘察、设计、施工、监理、监测等单位相关负责人组成。

5.2.8 应急处置措施

1) 应急预案

提前进行应急物资准备,以表格方式编写危险源清单及应对措施。

2) 应急小组组织构成

明确应急处置领导小组组成与职责、应急救援小组组成与职责,包括抢险、安保、后勤、医疗救护、善后、应急救援工作流程及应对措施、联系方式等,收集项目参建、周边建(构)筑物产权单位的联系方式、救援医院信息(名称、电话、救援路线)。

5.2.9 计算书及相关施工图纸

1)施工设计计算书

现浇箱梁所需编制的计算书包括模板及支架计算书、预应力张拉计算书,其中应对现浇箱梁底模及底模系统的强度及刚度、支架的强度及稳定性、落地式支架基础的地基承载力进行计算。当利用既有结构物作为支撑时,需对跨越式支架相应预埋件的强度和稳定性进行计算;当风荷载影响大于6级时,需对风荷载的影响进行验算。

2)相关图纸

施工平面布置图;模板及支架设计图;其他与本方案相关的图纸。

5.3 桥梁高墩工程

高墩施工作为公路桥梁施工过程中必不可少的核心环节之一,深度影响着项目整体建设的质量、稳定性及安全性,进而影响公路使用者的出行安全。高度不小于40m的墩柱、高度不小于100m的索塔进行施工时,均应邀请专家对方案进行论证。

5.3.1 工程概况

1)工程概况和特点

(1)工程基本情况:按照设计文件要求,结合项目实际情况,对项目所在地、项目工程线形、起讫桩号、地形地貌、工程数量等作说明(附桥位地貌照片、河床断面图、桥梁布置图等),列表说明该方案所包含的高墩工程规模(高墩数量、位置、最大墩高、主要工程量清单等)。

(2)工程地质情况:对比设计文件,结合项目现场实际踏勘情况,说明该方案实施区域的地形、地貌、地质等情况。

(3)工程水文地质情况:说明桥位处地表水、地下水等情况。

(4)工程特点、难点:高墩施工存在周期长、危险因素多,定位控制精度要求高等难点;由于对桥墩竖直度的控制要求较高,必须严格控制墩柱的施工精度;由于高墩不止承压,还承受弯矩扭矩作用,所以对高墩整体稳定性要求高。

2)施工平面布置

结合实施项目施工组织设计,应表示清楚现场平面位置关系、本区域临时道路(标明行进方向)、材料堆场、用水用电等平立面位置,描述钢筋生产加工场地用水用电、临时排水、消防布置及施工设备等的平面位置信息,并附上施工平面布置图。

3)周边环境条件

详细说明桥梁高墩桥位周边的现场环境条件,邻近道路的重要性、使用情况,电力线路、地下管线(供水、燃气、供电、通信等)的重要性或埋置深度。

4) 施工要求

明确质量、安全、进度、环水保目标要求，工期要求（该工程开工日期、计划竣工日期）。

5) 风险辨识与分级

根据风险评估报告，说明桥梁高墩风险因素辨识以及安全风险等级。

5.3.2 编制依据

（1）规范性文件。

依据现行规范，应参考《公路桥涵施工技术规范》（JTG/T 3650—2020）、《公路桥涵设计通用规范》（JTG D60—2015）、《城市桥梁工程施工与质量验收规范》（CJJ 2—2008）、《节段预制混凝土桥梁技术标准》（CJJ/T 111—2023）、《公路钢混组合桥梁设计与施工规范》（JTG/T D64-01—2015）、《施工脚手架通用规范》（GB 55023—2022）、《建筑施工模板安全技术规范》（JGJ 162—2019）、《建筑施工碗扣式钢管脚手架安全技术规范》（JGJ 166—2016）、《钢管满堂支架预压技术规程》（JGJ/T 194—2009）、《公路工程施工安全技术规范》（JTG F90—2015）、《公路工程质量检验评定标准　第一册　土建工程》（JTG F80/1—2017）等。

（2）施工图设计文件。招标文件、勘察文件、设计图纸、建设单位相关规定等。

（3）施工组织设计、风险评估报告。

5.3.3 施工计划

1) 施工进度计划

桥梁高墩工程施工进度安排应具体到各分项工程的进度安排，明确各墩的施工顺序；附上墩柱施工进度计划图（网络图或横道图），能反映每个墩如塔式起重机安装、钢筋加工及安装、模板安装、混凝土浇筑等程序；统筹现场设备、材料、人员等，应充分考虑模板、塔式起重机数量等对进度计划影响。

2) 材料计划

明确选用的材料进出场明细表。明确方案所使用的材料和设备的名称、规格型号、数量和对应用途（如钢筋、水泥、钢模等）。

3) 劳动力计划

列表说明拟投入的施工管理人员、专职安全管理人员、特种作业人员以及其他人员。

4) 机械设备投入计划

根据施工进度说明拟投入的机械设备（如塔式起重机、电梯等）。

5.3.4 施工工艺技术

1) 技术参数

技术参数包括：混凝土配合比等参数，高墩模板的类型（钢模、木模）以及设计参数，施工塔式起重机、电梯等垂直运输设备的设计参数(最大起重重量、工作幅度等),提升混凝土的方式,墩身混凝土的养生方式等。

2)工艺流程

高墩滑模施工工艺流程如图5-17所示。

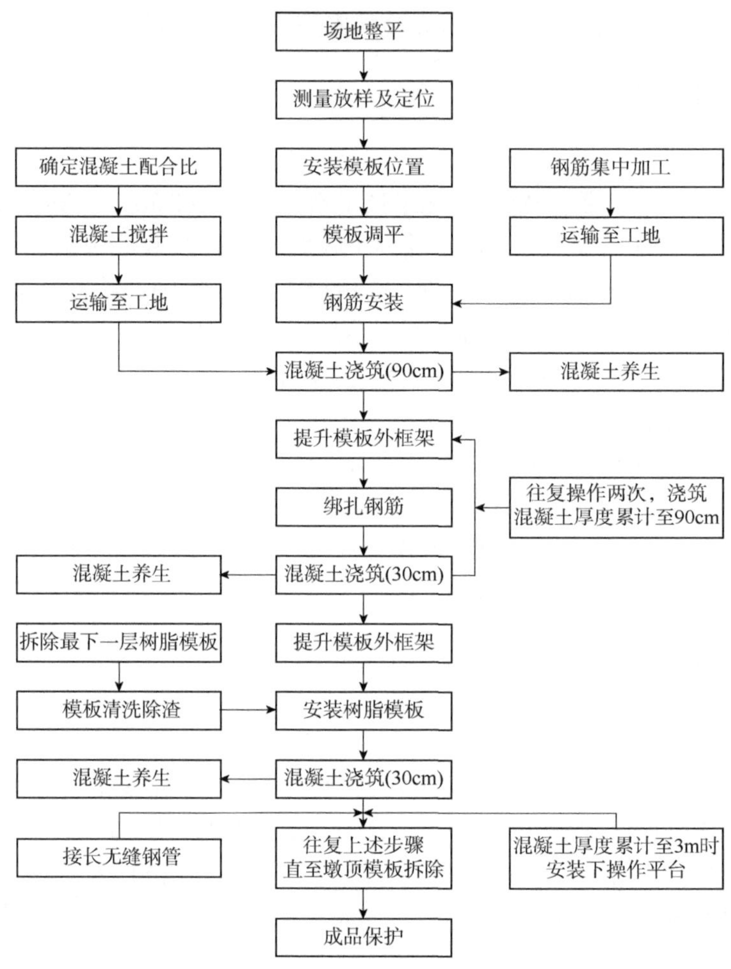

图5-17　高墩滑模施工工艺流程

3)施工方法及操作要求

钢筋加工由钢筋场集中加工,连接方式采用CABR镦粗等强直螺纹连接技术(或其他有效的机械连接形式);混凝土采用拌和站集中拌制,由运输车运至现场。混凝土入模采用地泵及吊斗施工,以保证工期和避免现场出现故障导致混凝土浇筑出现问题,内模采用钢膜,拆模采用人工配合手拉葫芦拆除或用起重机拆除。

(1)施工准备。

施工准备包含操作平台系统、模板系统、电气控制系统、自动液压提升系统等的准备。

(2)筒内支架的安装与翻拆。

①初次搭设筒内支架。

支架四周与墩身内壁间留50cm间隙,用于拆除、提升内模。

②支架接高。

每节墩身浇筑混凝土后,及时将支架接高。

③调整支架成为隔板(或封顶)的支撑。

混凝土浇筑到隔板(或封顶混凝土)位置时,拆除墩身内模,在支架上铺设隔板的底模,并安装钢筋,浇筑混凝土。

④支架拆除。

隔板混凝土达到设计强度后,即可拆除隔板下的钢管支架,方便钢管架的接长升高。如此重复,直到墩顶。墩身封顶后,从墩顶预留孔洞中拆除全部钢管支架。

(3)模板安装。

①在承台顶面上将混凝土凿毛清洗,接长竖向主筋,绑扎提升架横梁以下的横向结构筋,检验合格后,铺设方木搭设临时安装平台,定出桥墩墩底截面的几何中心。

②检查及油路试压:模板在拼装过程中要随时检查及纠正。

③提升整个系统,撤去方木,将模板下落就位,再安装其他设施。

④安装下操作平台为便于施工人员能及时拆除树脂模板,检查脱模后的混凝土质量,及时修补混凝土表面缺陷,扒出埋件,同时也能够及时对混凝土表面进行养生。

(4)混凝土浇筑。

混凝土浇筑部分应结合混凝土拌和、运输、施工缝的控制、上下两节段混凝土接合部位的凿毛等内容计划施工顺序。

(5)模板拆卸和滑升。

①提升模板外框架。

模板外框架的提升通过6个同步千斤顶实现,操作分为两步进行:一为6个液压缸同步提升,二为单个液压缸微调。具体操作步骤如下。

总提升流程(6个液压缸同步提升)如图5-18所示。

单提升流程(单个液压缸提升)如图5-19所示。

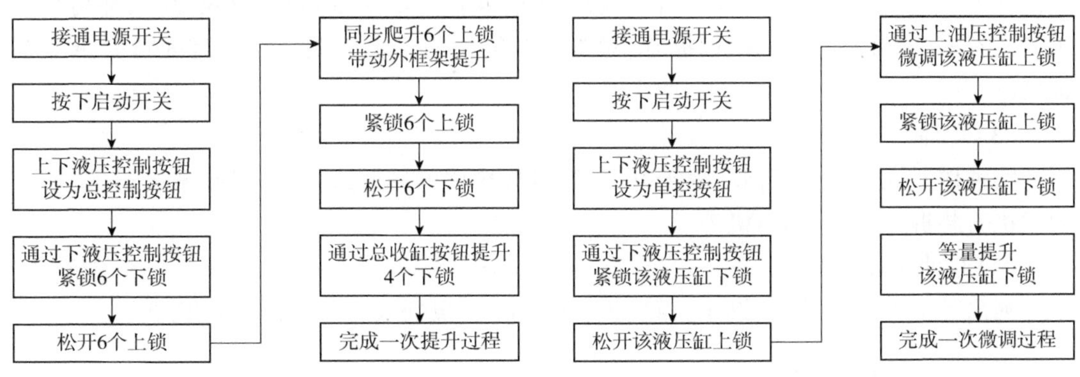

图5-18 总提升流程　　图5-19 单提升流程

②拆除、安装树脂模板。

在连续浇筑三次混凝土后,需进行一次模板拆除和安装。

(6)混凝土养生。

混凝土浇完后,立即对墩身进行养生;拆模后宜用喷洒养生剂或自动喷淋的方式进行养生,冬季施工时需进行覆盖保温。

(7)墩柱施工测量控制。

墩身竖直度测量采用全站仪进行测量。

5.3.5 施工安全保证措施

(1)组织保障措施。

方案中应对项目安全生产管理体系进行简单介绍,明确安全组织机构(安全生产领导小组)、安全保证体系及相应人员安全职责等。安全生产领导小组组长为本项目负责人,公示相关应急管理电话。针对高墩施工制定安全生产管理制度、安全教育培训制度及技术交底制度。

(2)技术保障措施。

明确安全组织机构、安全保证体系、相应人员的安全职责和安全检查相关内容,制定有针对性的安全保证措施(包括人身安全、高空作业安全、用电安全、机械设备安全措施等)、高空坠落的预防措施、防止触电的措施、防雷电安全措施、施工及检查人员上下安全通行措施等。

(3)监测监控措施。

施工过程中建立监测监控高墩自身及周边环境安全因素的人工巡查及巡查过程中的处置流程或方案。

5.3.6 施工管理及作业人员配备和分工

(1)施工管理人员。

列出管理人员名单及岗位职责(如项目负责人、项目技术负责人、施工员具有 40m 以上高墩施工经验的、质量员、各班组长等)。

(2)专职安全人员。

列出专职安全生产管理人员名单(应根据合同价足额配备)及岗位职责(熟悉高墩施工工艺及安全管控要点,如模板提升、对拉螺杆等相关要求),附安全管理人员安全考核证书。

(3)特种作业人员。

特种作业人员应包括但不限于电工、焊接与热切割作业人员、塔式起重机司机、塔式起重机安装拆卸工、电梯司机等。

(4)其他作业人员。

列出其他人员名单(钢筋工、模板工、混凝土工、保通人员等)及岗位职责。

5.3.7 验收要求

(1)验收标准。

桥梁高墩工程应满足《公路桥涵施工技术规范》(JTG/T 3650—2020)、《建筑施工模板安全技术规范》(JGJ 162—2019)、《塔式起重机安全规程》(GB 5144—2006)、《公路工程施工安全技术规范》(JTG F90—2015)、《公路工程质量检验评定标准 第一册 土建工程》(JTG F80/1—2017)及设计文件中的相关要求。

(2)验收程序。

高墩施工必须每一道工序验收合格后方可进入下一道工序。施工过程工序验收应严格执行三检制。

(3)验收内容。

列表说明机械设备、材料、地基承载力、施工塔式起重机的安装、施工电梯的安装、模板安装、过程施工和实体工程成品等方面的检查验收,并附检查验收表,包括但不局限于以下内容:

①施工塔式起重机及施工电梯安装前的地基承载力验收。

②施工塔式起重机及施工电梯安装的验收(会同公司安全管理部、施工项目三方人员进行安全检查和验收,同时向属地质监部报备、检测,并出相应的检测合格报告)。

③桥梁高墩的混凝土强度、竖直度。

④混凝土原材、配合比及强度试验检测报告。

⑤提供的资料文件。

⑥隐蔽验收记录。

(4)验收人员。

验收人员由建设、勘察、设计、施工、监理、监测等单位相关负责人组成。

5.3.8 应急处置措施

(1)应急预案。

根据桥梁高墩特点及施工工艺的实际情况,制定由项目经理组织的应急抢救小组,并认真组织小组成员了解高墩施工风险源和环境因素的识别和评论,制定该项目发生紧急情况或事故的应急措施,同时对广大员工开展应急知识教育和应急演练,提高现场操作人员的应急能力,减小突发事件造成的损害和不良影响。

(2)现场应急措施。

建立针对桥梁高墩施工过程中的火灾事故的应急预案措施、高空坠落、物体打击事故的应急预案措施、触电事故的应急预案措施、机械伤害事故的应急预案措施、高空中暑的应急预案措施、塔式起重机事故的应急预案措施。

(3)应急物资准备。

收集应急物资并编写装备保障清单。

5.3.9 计算书及相关施工图纸

(1)施工设计计算书。

桥梁高墩计算书内容包括模板的强度及刚度计算、模板对拉杆强度计算、对拉杆处背挡的强度及刚度计算、墩身横隔板和墩顶实心段混凝土浇筑时预埋牛腿的强度及稳定性计算。

(2)相关图纸。

桥梁高墩图纸包括施工平面布置图、相关构件的平立面图和大样图(如施工塔式起重机、电梯与墩柱连接节点)、其他与本方案相关的图纸。

5.4 连续刚构 0 号块

连续刚构 0 号块是连续钢构桥箱梁预应力混凝土的第一浇筑段,结构复杂,是整个桥梁施工过程中至关重要的一个环节,也是施工中的一个难点。它对于之后进行的全桥合龙以及整个结构体系的结构受力有着关键性的作用,因此需编制专项施工方案。

5.4.1 工程概况

1) 工程概况和特点

(1)工程基本情况:按照设计文件要求,结合项目实际情况,明确本方案的实施范围,涉及该方案的桥梁情况(跨数、联长、孔跨布置、桥梁纵横坡、平面曲线要素、墩柱结构形式及尺寸等)、连续刚构 0 号块的设计参数应详细介绍,并列表说明本方案所包含的连续刚构 0 号块的工程量。

(2)工程地质情况:对比设计文件,结合项目现场实际踏勘情况,说明该方案实施区域的地形、地貌、地质钻孔等情况(附桥位地貌照片)。

(3)工程水文地质情况:说明桥位处地表水、地下水、通航、温度、风力风向情况。

(4)工程特点、难点:连续刚构 0 号块施工的控制要求较高,应考虑托架、支架系统,并且其强度、刚度、稳定性应满足设计要求,同时应考虑变形、地基的不均匀沉降对支架系统的不利影响。

2) 施工平面布置

结合实施项目施工组织设计,应表示清楚现场平面位置关系、本区域临时道路(标明行进方向)、材料堆场、用水用电等平立面位置,描述钢筋生产加工场地用水用电、临时排水、消防布置及施工设备等的平面位置信息,并附上施工平面布置图。

3) 周边环境条件

连续刚构桥主要受周边条件限制,如通航、峡谷、红线、桥下构筑物、线路斜交等因素。

4) 施工要求

明确质量、安全、进度、环水保目标要求,工期要求(本工程开工日期、计划竣工日期)。

5) 风险辨识与分级

根据风险评估报告,说明连续刚构 0 号块风险因素辨识以及安全风险等级。常见的风险源有:用电不规范、特种作业人员未持证上岗、高空作业人员违章作业、无安全警示和告知牌、未设置安全步梯、无指挥人员、关键部位材料不满足要求、未进行预压、预压未按设计要求进行、预压后未验收等。

5.4.2 编制依据

(1)规范性文件。

依据现行规范,应参考《公路桥涵施工技术规范》(JTG/T 3650—2020)、《公路桥涵设计通用规范》(JTG D60—2015)、《城市桥梁工程施工与质量验收规范》(CJJ 2—2008)、《节段预制混凝土桥梁技术标准》(CJJ/T 111—2023)、《公路钢混组合桥梁设计与施工规范》(JTG/T D64-01—2015)、《建筑施工模板安全技术规范》(JGJ 162—2019)、《公路工程施工安全技术规范》(JTG F90—2015)、《公路工程质量检验评定标准　第一册　土建工程》(JTG F80/1—2017)等。

(2)施工图设计文件。包括招标文件、勘察文件、设计图纸、业主相关规定等。

(3)施工组织设计、风险评估报告。

5.4.3　施工计划

1)施工进度计划

根据主要节点目标及施工工艺工序,统筹安排现场设备、材料,具体到相应工序的进度安排,如塔式起重机安装、0 号块支架拼装预压、模板支护、钢筋制作及安装、混凝土浇筑等,简述施工进度计划安排,明确连续刚构 0 号块施工进度计划图(网络图或横道图)。

2)材料计划

列表说明该方案所使用的材料、设备名称、规格型号、具体数量及用途(如支架、模板、托架等)。

3)劳动力计划

列表说明拟投入的施工管理人员、专职安全管理人员、特种作业人员以及其他人员(钢筋工、模板工、混凝土工);根据连续刚构 0 号块的进度要求,分批进场,做到既满足施工生产要求又不浪费劳动力。

4)机械设备投入计划

根据施工进度说明拟投入的机械设备(如塔式起重机、电梯、汽车起重机、张拉设备、挂篮等)。

5.4.4　施工工艺技术

1)技术参数

说明 0 号块模板及支架的结构形式以及主要技术参数,设备基础位置、设备最大起重量和工作幅度等主要技术参数,混凝土输送设备的技术参数,并将主要施工设备性能参数列于表中。

2)工艺流程

连续刚构 0 号块整体施工工艺流程如图 5-20 所示。

3)施工方法及操作要求

0 号块节段内力结构和受力比较复杂,混凝土方量大,钢筋多且安装复杂,墩顶部分的梁段有横向的隔板,采用整体立模一次成型的施工方法。

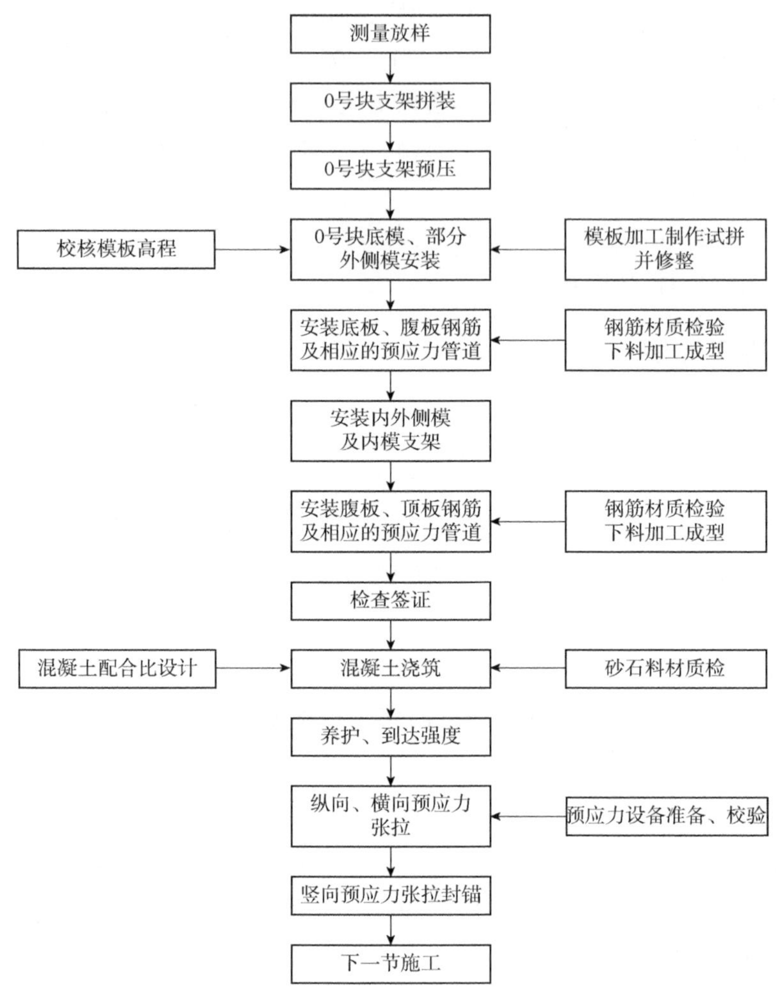

图 5-20　连续刚构 0 号块整体施工工艺流程

(1)托架制作与安装。

0 号块托架按照一次浇筑的情况进行设计。0 号块托架设计图纸及计算书应将其附于附件中。

墩身施工时,在墩身中预埋钢盒,说明钢盒设计尺寸。挂腿安装完成后,工程部和总工要组织进行验收,验收合格后方可进行托架安装。

托架拼装完成后,在平台上对托架进行荷载预压。

托架预压完毕后测量托架高程,根据测得的高程反算箱梁底板高差,按尺寸制作调坡、卸落砂箱。

在托架安装并检查合格后,安装分配梁。分配梁分两种:纵向分配梁和横向分配梁。分配梁安装要按设计位置准确定位,点焊固定。托架布置平面图如图 5-21 所示。

(2)托架验收与预压。

①托架验收。

仔细检查现场搭设支架是否符合设计要求,支架搭设完成后须由总包部、分部进行联合验收,验收合格后报请监理、业主部门验收,验收合格后方可进行支架预压。

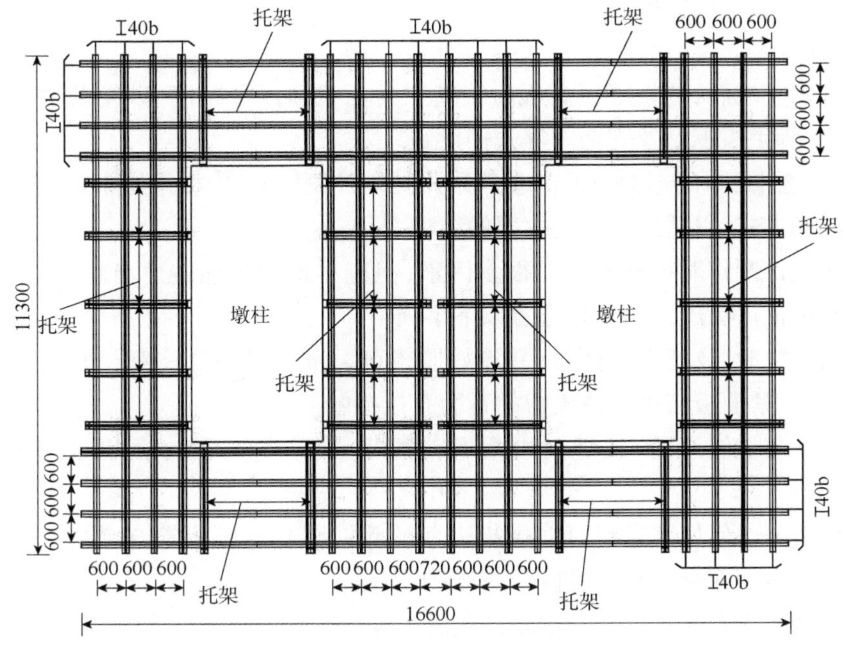

图 5-21　托架布置平面图(尺寸单位:mm)

②托架预压。

整个托架安装完成并检查后进行试压,试压重量为(钢筋混凝土的重量+内、外模板重量+钢绞线重量+临时荷载)×1.2 倍的安全系数。

③测点布置。

在加载预压之前测出各测量控制点高程,将观测点设置在托架主梁的中部位置处,并布置成 1 排,每排 5 个测点分别位于 2 个腹板、底板的中心位置。

④预压材料。

荷载试验采用墩顶反向千斤顶施压,按照计算荷载的分布来布置,尽量与实际荷载相对应。

⑤加载方式及荷载。

预压荷载按照施工荷载分成四级进行加载,各级加载完成后,静停 2h 测量竖向及横向变形值并记录。最后两次观测的变形值之差不大于 2mm 时,认为变形基本稳定。

⑥注意事项。

加载前,项目部相关部门必须组织联合验收。在验收合格后才能进行托架预压相关事项。具体内容包括:托架安装是否进行了技术安全交底,临边防护措施是否到位等。

加载过程中采用塔式起重机吊装,人工进行配合,加载中注意 0 号块两侧托架均布加载,每侧加载均匀整齐。

卸载的顺序按照“后加载的先卸载,先加载的后卸载”的原则,即按最大施工荷载分成三级进行,逐级逐层两侧对称均匀卸载,禁止进行集中卸载。

⑦预压结果处理。

当预压沉降稳定后,记录各测点的最终沉降值,绘出沉降曲线,推算出底模各测点的高程。根据计算结果,对底模的高程进行调整,使预留的预拱度更加准确,同时是对支架强度、刚度和稳定性的检验。

(3)模板工程。

荷载试验完成后,调整底模高程。检查三角托架顶面平整度、砂箱及底模横梁的就位情况,铺设脚手板围栏及安全网等防护设施。

0号块外侧模采用挂篮外模,外模架采用挂篮外侧模架;内模采用木制模板与组合钢模板相结合的方式,以适应0号块内部的结构变化。

模板在设计制作时虽然考虑了很多因素,但应尽最大可能避免出现缺陷,或将缺陷的影响降到最低。在施工时必须注意以下事项:

①模板存放时,要清理好面板,并涂好脱模剂。堆码时还要注意相邻的模板必须是面板对面板,严禁面板与另一块模板的背肋直接接触。

②模板安装挂线进行,接缝间用两面胶密贴,接缝确保不漏浆,连接牢固、平顺无错台。

③安装前务必使用磨光机打磨模板表面的浮锈、残渣、刺头等有害物质。彻底清理之后在模板内表面涂刷脱模剂,进入下一道工序。

④脱模时要先内模后外模。拆除外侧模板宜在达到混凝土设计强度要求后进行。

⑤浇筑混凝土时,注意对模板的保护。注意振动棒不能接触面板。布料要均匀,防止模板受力不均。落在模板上的灰浆和混凝土要及时清理。

(4)钢筋及预应力管道安装。

①钢筋的制作及安装。

施工前对所有的钢筋大样进行复核,使之与箱梁的尺寸相对应,制定0号块箱梁及其横隔板钢筋的绑扎方案。

0号节段钢筋采用整体绑扎的方式,先进行底板及腹板钢筋的绑扎,然后进行顶板钢筋的绑扎,当节段钢筋与预应力钢筋相碰时,适当移动节段钢筋或进行适当弯折。

考虑到桥面顶板预埋件和钢筋较多,防撞栏杆的预埋筋,通风孔、排水孔、泄水孔,检查孔的加强筋等,都应绑扎牢固。钢筋绑扎全部完成后,应进行全面检查,合格后才能进入下一道工序。

②波纹管安装。

钢束管道位置按设计图纸用定位钢筋固定。锚具垫板及喇叭管尺寸要正确,喇叭管的中心线要与锚具垫板严格垂直,喇叭管和波纹管的衔接要平顺、不得漏浆,并杜绝堵塞孔道。在腹板或底板预应力平弯或竖弯处必须按设计图纸所示设置防崩钢筋。

悬臂浇筑法施工,预应力管道多且长,混凝土堵塞管道的现象常有发生。因此,施工时应特别注意保护好管道:一是加强操作工人岗位责任制,严格按照操作工艺要求安装;二是在浇筑混凝土过程中不准碰坏或压偏管道,可采取在管道内预先插入高压胶管等措施;三是混凝土浇筑完毕后,立即拔出胶管,检查是否漏浆,必要时使用高压水或压缩空气冲洗管道。

(5)混凝土浇筑。

混凝土浇筑顺序为:先底板、腹板最后顶板。从悬臂端开始向桥墩位置进行纵、横向对称连续浇筑。混凝土浇筑完成后,顶板及底板均须收浆抹面,防止表面收缩裂纹的产生。

(6)预应力施工。

预应力的施工是连续梁施工的关键工序,预应力钢束需待混凝土强度不小于设计强度等级的90%、龄期不少于7d时才可张拉。张拉工作开始前应对梁体进行检查,并对张拉设备检查校核,检查校验合格后方可进行张拉。

①预应力钢绞线张拉。

张拉顺序:纵向→横向→竖向。

纵向:两端同步张拉,左右对称进行,先腹板,后顶板,从外到内左右对称进行。

横向:先中间后两边束。

竖向:由墩顶向合龙段方向,依次对称张拉。

张拉程序:

0→初始应力 $0.2\sigma_{con}$(σ_{con}为张拉时的控制压力值,包括预应力损失值。此处为伸长值标记)→分级加载(测伸长值)→张拉 σ_{con}(测伸长值)→持荷 2min→σ_{con}(锚固测回缩量)→回油(测总回缩量及夹片外露量)→退顶。

②竖向预应力精轧螺纹钢筋张拉。

张拉程序:0→初始应力(作伸长量标记)→每 5MPa 级加载(测伸长值)→张拉 σ_{con}→持荷 5min(测量伸长量)→拧紧螺母→0。

5.4.5 施工安全保证措施

1)组织保障措施

方案中应对项目安全生产管理体系进行简单介绍,明确安全组织机构(安全生产领导小组)、安全保证体系及相应人员安全职责等。安全生产领导小组组长为本项目负责人,公示相关应急管理电话。制定安全生产管理制度、安全教育培训制度及技术交底制度。

2)技术保障措施

各分项工程(支架、托架安全措施、预应力施工安全措施等)需制定针对性的安全保证措施(包括人身安全、高空吊装作业安全、防洪防汛安全、用电安全、临边防护、机械设备安全措施等)。制定冬/雨季施工保障措施、质量技术保证措施、文明施工保证措施、环境保护措施等。

3)监测监控措施

方案中应明确托架、支架预压相关的监测监控措施。制定考虑施工过程中周边环境安全等因素的人工巡查及巡查过程中的处置流程或方案。

5.4.6 施工管理及作业人员配备和分工

1)施工管理人员

列出管理人员名单及岗位职责(如具有丰富 0 号块施工经验的项目负责人、项目技术负责人、施工员、质量员、各班组长等)。

2)专职安全人员

列出专职安全生产管理人员名单(应根据合同价足额配备)及岗位职责(熟悉0号块施工工艺及安全管控要点,如0号块托架施工、预压、张拉等相关要求),附安全管理人员安全考核证书。

3)特种作业人员

列出特种作业人员持证人员名单及岗位职责,附特种作业证书。

特种作业人员应包括而不限于电工、焊接与热切割作业人员、塔式起重机司机、塔式起重机安装拆卸工、汽车起重机司机、信号指挥工、司索工等。

4)其他作业人员

列出其他人员名单(钢筋工、模板工、混凝土工、保通人员等)及岗位职责。

5.4.7 验收要求

1)验收标准

连续刚构0号块工程应满足《公路桥涵施工技术规范》(JTG/T 3650—2020)、《公路桥涵设计通用规范》(JTG D60—2015)、《建筑施工模板安全技术规范》(JGJ 162—2019)、《钢管满堂支架预压技术规程》(JGJ/T 194—2009)、《公路工程施工安全技术规范》(JTG F90—2015)、《公路工程质量检验评定标准　第一册　土建工程》(JTG F80/1—2017)等相关验收要求。

2)验收程序

边跨现浇箱梁每一道工序验收合格后方可进入下一道工序。施工过程工序验收应严格执行三检制。

3)验收内容

针对连续钢构0号块的验收内容,应根据相关法律法规、标准规范、操作规程及相关要求,列表说明机械设备、材料、地基承载力、过程施工和实体工程成品等方面的检查验收,并附检查验收表,包括但不局限于以下内容:

(1)施工塔式起重机及施工电梯安装前的地基承载力验收。

(2)施工塔式起重机及施工电梯安装的验收(会同公司安全管理部、施工项目三方人员进行安全检查和验收,同时向属地质监部报备、检测,并出相应的检测合格报告)。

(3)连续刚构0号块验收(如混凝土强度、断面尺寸、轴线偏位等)。

(4)混凝土原材、配合比及强度试验检测报告。

(5)托架验收及预压验收。

(6)孔道预埋件验收。

4)验收人员

验收人员由建设、勘察、设计、施工、监理、监测等单位相关负责人组成。

5.4.8 应急处置措施

1)现场应急措施

针对0号块施工制定高空坠落、触电、物体打击、支架坍塌和高空中暑等的应急预案措施。

2)应急预案

针对物体打击、机械打击、触电、支架坍塌等编制施工应急预案,明确应急处置领导小组组成与职责、应急救援小组组成与职责,包括抢险、安保、后勤、医疗救护、善后、应急救援工作流程及应对措施、联系方式等,收集项目参建、周边建(构)物产权单位各方联系方式、救援医院信息(名称、电话、救援线路)。

3)应急物资准备

制定应急物资与装备保障清单。

5.4.9 计算书及相关施工图纸

1)施工设计计算书

计算书内容包括:0 号块底模及底模系统(托架)的强度及刚度计算,侧模的强度及刚度计算,侧模对拉杆的强度计算,侧模对拉杆处背挡的强度及刚度计算,模板系统支撑处的强度计算。

2)相关图纸

施工平面布置图、模板及支架设计图、作业平台构造图、其他与本方案相关的图纸。

5.5 连续刚构悬臂浇筑

悬臂浇筑施工又称为挂篮施工,利用一个能沿梁顶滑动或滚动的承重系统,将挂篮锚固悬挂在已施工梁段上,在挂篮上即可进行下一段的各项作业,完成一个阶段的循环后,挂篮即可前移并固定,进行下一阶段的悬灌,如此循环直至悬臂浇筑完成。挂篮属于危险性较大的大型临时工程,需编制专项施工方案。

5.5.1 工程概况

1)工程概况和特点

(1)工程基本情况:按照设计文件要求,结合项目实际情况,对项目所在地及主桥上下部结构形式、梁段划分、预应力体系、高程系统、设计荷载、环境类别、设计基准期、道路等级、桥梁尺寸、航道要求、抗震设计等进行说明,列表说明该方案所包含的主要工程项目及数量。

(2)工程地质情况:对比设计文件,结合项目现场实际踏勘情况,说明该方案实施区域的地形、地貌、地质钻孔等情况(附桥位地貌照片)。

(3)工程水文地质情况:说明桥位处地表水、地下水、通航、温度、风力风向情况。

(4)工程特点、难点:悬臂浇筑不受通航、洪水和深谷的影响,并可减少或不设临时支承(架),可减少或不使用大型起重机进行大跨径桥梁的上部结构施工,具有缩短有效工期、提高经济效益的特点。但是采用悬臂施工法施工有若干关键问题需要解决。例如:如何保证合龙前两悬臂端竖向挠度的偏差和主梁轴线的横向偏移不超过容许范围;如何保证合龙后的桥面线形良好;如何避免施工中主梁截面出现过大的应力。上述这些问题若处理不当,不仅会对结构受力不利,而且可能会使主梁梁底曲线不顺畅,形成永久性缺陷而影响外形美观。

2)施工平面布置

结合所实施项目的施工组织设计,应表示清楚现场平面位置关系、本区域临时道路(标明行进方向)、材料堆场、用水用电等平立面位置,描述钢筋生产加工场地用水用电、临时排水、消防布置及施工设备等平面位置信息,并附上施工平面布置图。

3)周边环境条件

连续刚构桥主要受周边条件限制,如通航、峡谷、红线、桥下构筑物、线路斜交等,因此需要对周边的环境条件进行说明。

4)施工要求

明确质量、安全、进度、环水保目标要求,工期要求(本工程开工日期、计划竣工日期)。

5)风险辨识与分级

根据风险评估报告,说明连续刚构悬臂浇筑风险因素辨识以及安全风险等级。常见的风险源有用电不规范、特种作业人员未持证上岗、高空作业人员违章作业、无安全警示和告知牌、未设置安全步梯、挂篮安装未封闭、无指挥人员、关键部位材料不满足要求、未进行预压或预压未按设计要求进行、挂篮拼装完成但预压后未验收、挂篮移动未严格按照方案执行等。

5.5.2　编制依据

(1)规范性文件。

依据现行规范,应参考《公路桥涵施工技术规范》(JTG/T 3650—2020)、《公路桥涵设计通用规范》(JTG D60—2015)、《节段预制混凝土桥梁技术标准》(CJJ/T 111—2006)、《公路钢混组合桥梁设计与施工规范》(JTG/T D64-01—2015)、《施工脚手架通用规范》(GB 55023—2022)、《公路工程施工安全技术规范》(JTG F90—2015)、《公路工程质量检验评定标准　第一册　土建工程》(JTG F80/1—2017)等。

(2)施工图设计文件。招标文件、勘察文件、设计图纸、建设单位相关规定等。

(3)施工组织设计、风险评估报告。

5.5.3　施工计划

1)施工进度计划

根据主要节点目标及施工工艺工序,统筹现场设备、材料情况,简述施工进度计划安排,结合各工序说明(如挂篮拼装、挂篮预压、模板支护、钢筋制作及安装、混凝土浇筑、预应力张拉、挂篮行走等)明确连续刚构悬臂浇筑施工进度计划图(网络图或横道图)。

2)材料计划

列表说明该方案所使用的材料名称、规格型号、具体数量及用途(如钢筋、钢绞线、木模等)。

3)劳动力计划

列表说明拟投入的施工管理人员、专职安全管理人员、特种作业人员以及其他人员

(钢筋工、模板工、混凝土工),根据连续刚构悬臂浇筑的进度要求,分批进场。

4)机械设备投入计划

根据施工进度说明拟投入的机械设备(如塔式起重机、汽车起重机、张拉设备、挂篮等)。

5.5.4 施工工艺技术

1)技术参数

说明连续刚构悬臂浇筑主要技术参数,列表说明主要施工设备性能参数。

2)工艺流程

连续刚构悬臂浇筑工艺流程如图5-22所示。

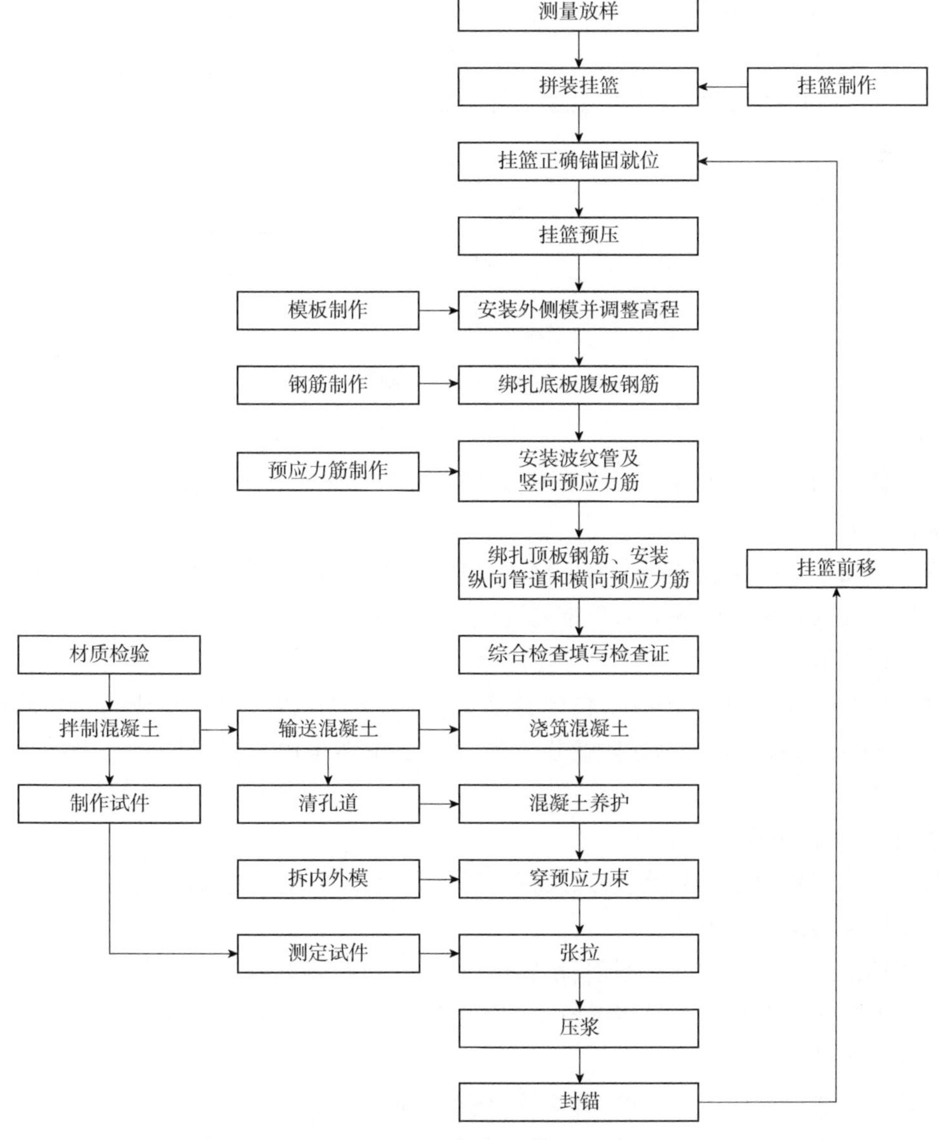

图5-22 连续刚构悬臂浇筑工艺流程

3) 施工方法及操作要求

(1) 挂篮的主要构造。

挂篮主要组成部分为桁架系统、行走系统、后锚固系统、吊挂系统、底模平台及模板系统。挂篮详细结构如图 5-23 所示。

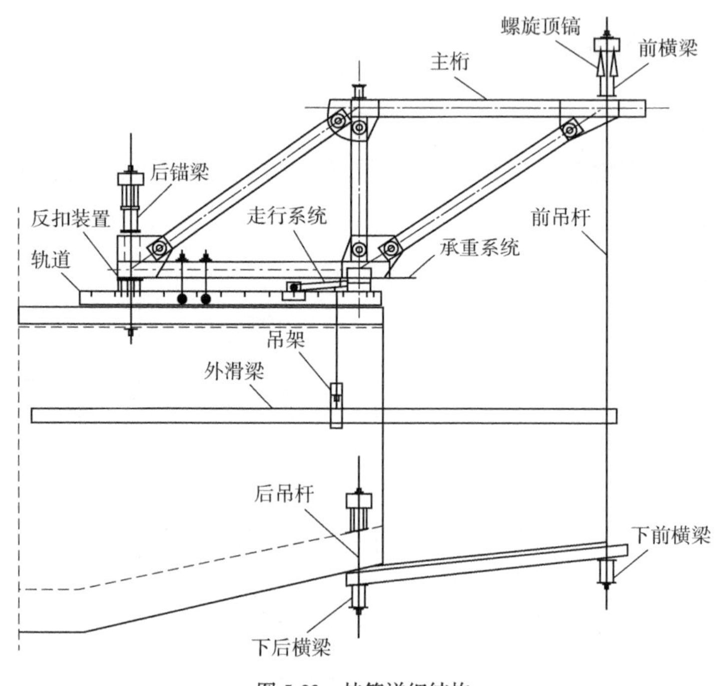

图 5-23 挂篮详细结构

①主桁体系。

主桁体系由定型槽钢焊接成的菱形框架构成,以保证结构的整体稳定性。

②横梁系。

横梁系由前上横梁、后锚梁、前下横梁、后下横梁及底模纵梁等组成。前下横梁和底横梁共同承托底模及梁段的大部分钢筋混凝土的重量。

③悬吊体系。

悬吊体系是挂篮的升降系统,位于挂篮的前部,其作用是悬吊和升降底模、侧模、内模及工作平台等,以适应悬臂梁段高度的变化。悬吊体系由吊杆、吊杆座、千斤顶、手拉葫芦等组成。

④行走、锚固体系。

行走体系主要由手拉葫芦、平滚及行走反压平衡装置组成,挂篮行走时,反压平衡装置锚固于箱梁竖向预应力筋上。

锚固体系由主桁上的反压型钢、精轧螺纹钢筋构成,挂篮行走到位后,用精轧螺纹钢将主桁上的反压型钢锚固于已浇梁段上,并用液压千斤顶施加一定的预压力。

⑤模板系统。

挂篮悬浇箱梁的模板由底模、侧模及内模三部分构成。

内模系统由顶板底模及可伸缩骨架、滑移轨道、肋板内模、下倒角模板、防止翻浆的压板及内支撑等组成。

为了增加模板的周转次数,确保箱梁的外观质量,底模拟采用大面钢模,按方格形布置。底模由底模架和底模板组成。底模纵梁由槽钢组焊而成,底模板由轻型槽钢和钢板焊成,底模架前端连有角钢,组成操作平台。

侧模由侧模纵梁承托,侧模纵梁前部通过悬吊系吊在前上横梁上。后端通过吊杆悬吊在浇好的箱梁顶板上,后吊杆与走行梁间设有后吊架,后吊架上装有滚动轴承,挂篮行走时,外侧模走行梁与侧模一起沿后吊架滑行。

内模由木模组成,内模架以型钢加工而成,下设滑套,可以沿内模纵梁滑动。内模的前移在下一梁段的底板,腹板的钢筋、预应力管道、预埋件等安装完成后进行。

(2)挂篮制造要求。

①纵梁(或横梁)的装配位置和主要尺寸必须达到设计图纸的要求,并达到规定的精度要求。各连接部位的连接形式正确。

②焊缝尺寸、质量按图纸和规范的要求。焊缝表面形状不得有高低不平、焊缝宽度不齐、焊缝尺寸过大或过小、咬边、弧坑、焊瘤、表面气孔、表面裂纹等现象。

③滑道的布设要求平整光滑,摩阻小,铺拆方便,能反复使用。

④挂篮采用的模板必须满足其刚度、平整度的要求。下横梁、底模纵梁、吊杆及后锚系统的制造和安装必须达到设计要求,尽量减少结构的安装应力和安装变形。

⑤挂篮支承平台除了要有足够的强度外,还应有足够的平面尺寸,以满足梁段的现场作业需要。

(3)挂篮安装。

挂篮安装采用塔式起重机并使用倒链辅助进行,具体流程如图5-24所示。

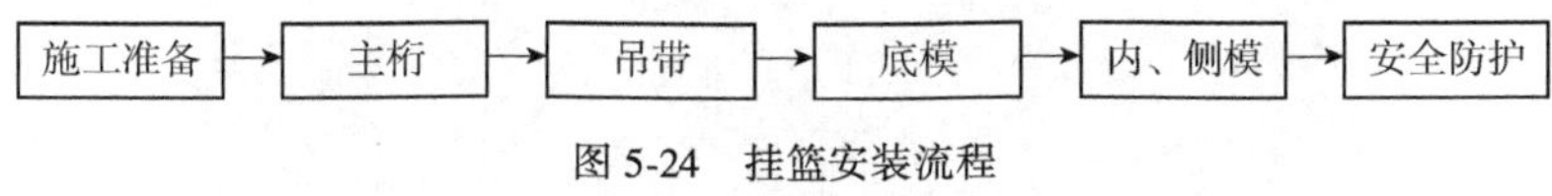

图5-24 挂篮安装流程

①组装主桁架。挂篮主桁架组装前,应组织相关人员对主桁架进行检查,对局部主桁架钢缀板应该进行补焊,对主桁架的检查结果应该记录存档,经监理工程师签字合格后方可进行主桁架组装。

②将组装好的三片主桁架用塔式起重机吊到0号块上,桁架下用铁马凳垫高,以利于调整挂篮。后边用精轧螺纹钢和桥面上的预埋精轧螺纹钢连接锚固(主桁架安装示意图如图5-25所示)。

③在三主桁架片之间安装横向联系桁架片,使三角桁架形成整体,以增强稳定性(横向联系桁架片安装示意图如图5-26所示)。

④安装前上、前下、后横梁以及底模系统(横梁、底模安装示意图如图5-27所示)。

⑤安装侧模系统(侧模安装示意图如图5-28所示)。

⑥安装临边防护系统(临边防护安装示意图如图5-29所示)。

(4)挂篮预压。

挂篮拼装完成后,进行预压,预压重量取最大节段——1号节段钢筋混凝土重量的1.2倍。观测点布置在挂篮前端的模口处,并分别在腹板处及翼板内外缘布置测点。

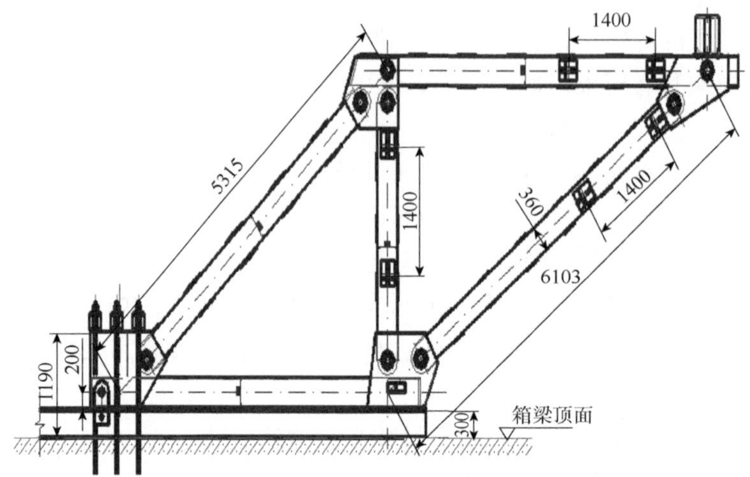

图 5-25　主桁架安装示意图(尺寸单位:mm)

图 5-26　横向联系桁架片安装示意图

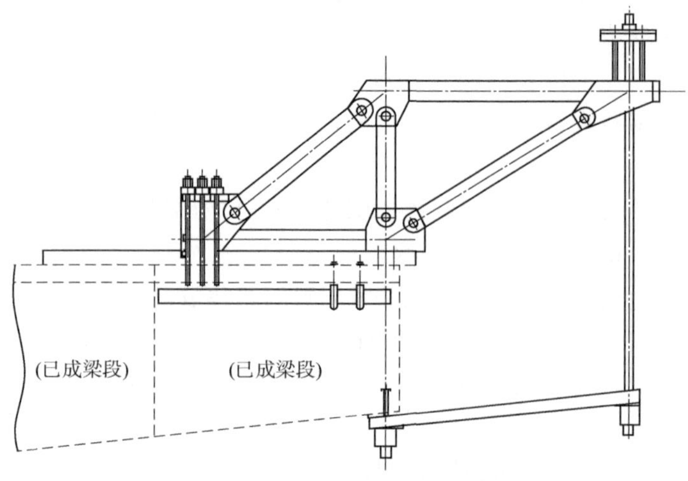

图 5-27　横梁、底模安装示意图

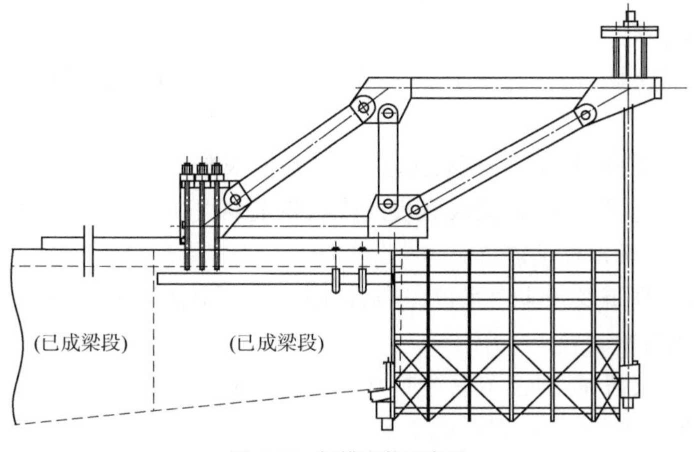

图 5-28 侧模安装示意图

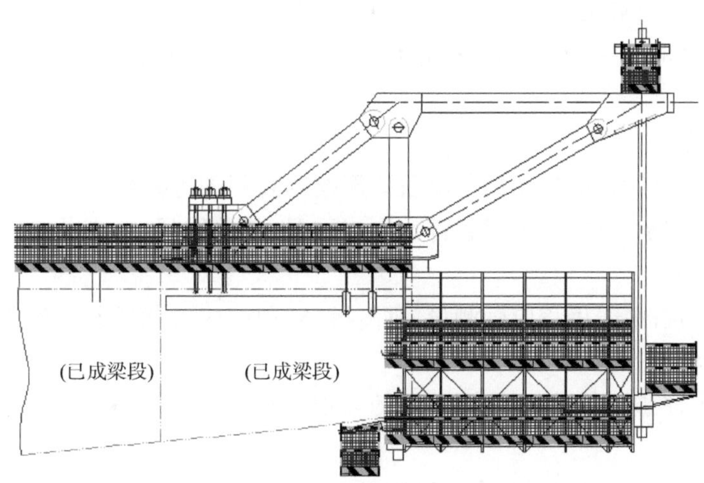

图 5-29 临边防护安装示意图

(5)挂篮行走。

在每一梁段混凝土浇筑及预应力张拉完毕后,将挂篮移至下一梁段位置进行施工,直到悬臂浇筑梁段施工完毕。

挂篮前移时工作步骤如下:

①当前梁段预应力张拉、压浆完成后,进行脱模(脱开底模、侧模和内模)。

②下落底模,使底模平台仅悬挂在上横梁和前上横梁上;在梁段顶面找平,测量好滑道位置,并对预埋的钢筋进行定位和固定;在梁面挂篮滑轨道下用砂浆精确找平并用预埋钢筋加固,解除挂篮后锚固,两端同时进行行走,使主梁连同挂外模、内模及底模系统前移到位。

③挂篮后节点进行锚固转换,将上拔力转给后锚小车。

④拆除底模后锚杆,此时底模后横梁仅用吊带吊住。

⑤拆除侧模后端的内吊杆,用后滑梁将后端吊住,此时内滑梁架的上端固定在桥面上。

⑥拆除内模滑梁的后吊杆,用特制的后滑梁架将内模滑梁后端吊住,上端固定在桥

面上,用水平千斤顶顶推挂篮前移,连同底模、侧模、主桁系统及内模滑梁一起推动向前移动,直至下一梁段位置。

⑦确认挂篮就位后,用挂篮后节点千斤顶进行锚固转换,将上拔力由锚固小车转给主桁后锚杆。

⑧安装底模后锚杆、侧模、内模后吊杆,调整后滑梁架。

⑨调整模板位置及高程,待梁段底板及腹板钢筋绑扎完毕后,将内模拖动就位,调整高程后,即可安装梁段顶板钢筋。

⑩梁段混凝土浇筑及预应力张拉完毕后,进入下一个挂篮移动循环。

(6)挂篮结构拆除。

主梁悬臂浇筑梁段施工完毕后,进行挂篮结构拆除。挂篮的拆除应在T构的两悬臂端对称进行,使T构平衡受力,保证施工安全。

(7)施工精度控制。

精度的控制应严格执行交通运输部发布的《公路工程质量检验评定标准　第一册　土建工程》(JTG F80/1—2017)和《公路桥涵施工技术规范》(JTG/T 3650—2020)中规定的要求。

(8)线形控制。

①施工前,应对设计图提供的各节段线形控制高程进行核算。

②悬浇线形控制,应综合考虑悬臂长度与重量、挂篮重量、施工荷载、预加应力、温度及施工调整等因素。

③梁段悬浇时,中线里程应勤测量、勤复核,对预施应力前后及温度影响应及早找到变化规律并加以修正。

④测量放样时,应注意使同孔同节段的高程、中线偏位及里程保持一致,以确保顺利合龙与成桥线形。

⑤挠度控制一般考虑以下几个方面因素:

a.根据监控单位提供的数值设置预拱度。

b.在施工过程中,每浇筑一梁段,应随时观测梁段发生的实际挠度,并对照理论计算值,在下一梁段浇筑施工中予以调整。

c.在梁段顶面中心及梁两侧埋设水平观测点随时观测各截面处的高程在整个梁体施工过程中的变化,以及时掌握和调整梁段预拱高程。

(9)挂篮悬臂浇筑施工流程:底板钢筋安装(锯齿块钢筋及其模板、底板预应力孔道等)→腹板钢筋安装→腹板纵向波纹管安装→内模安装→顶板钢筋、纵向波纹管安装→端头模板安装→检查验收→混凝土浇筑→混凝土养生→端头模板拆除并凿毛端头混凝土→内外模拆除→纵向预应力筋张拉→压浆→挂篮各吊带放松→挂篮前移→挂篮就位→继续下一梁段施工。

5.5.5　施工安全保证措施

1)组织保障措施

明确安全生产小组及各班组组成人员。

2)技术保障措施

明确安全组织机构、安全保证体系及相应人员安全职责、安全检查相关内容,制定有针对性的安全保证措施(包括人身安全、高空安全、用电安全、机械设备安全措施等)、施工及检查人员上下安全通行措施等。

3)监测监控措施

方案中应明确结构高程及主梁线形的监测监控措施、挂篮施工过程中高程及其稳定性的监测监控措施、主梁悬臂浇筑过程中立模高程的监测监控措施、主线桥在施工过程中挠度监测监控措施、合龙段相邻两节段高程和气温量测措施,施工过程中考虑周边环境安全等因素的人工巡查机制及巡查过程中处置流程或方案。

5.5.6 施工管理及作业人员配备和分工

1)施工管理人员

列出管理人员名单及岗位职责(如具有丰富挂篮施工经验的项目负责人、项目技术负责人、施工员、质量员、各班组长等)。

2)专职安全人员

列出专职安全生产管理人员名单(应根据合同价足额配备)及岗位职责(熟悉挂篮施工工艺及安全管控要点,如预拱度设置、张拉、挂篮行走等相关要求),附安全管理人员安全考核证书。

3)特种作业人员

列出特种作业人员持证人员名单及岗位职责(附特种作业证书)。

特种作业人员应包括而不限于电工、焊接与热切割作业人员、塔式起重机司机、塔式起重机安装拆卸工、汽车起重机司机、信号指挥工、司索工等。

4)其他作业人员

列出其他人员名单(钢筋工、模板工、混凝土工、预应力张拉人员、挂篮行走指挥人员等)及岗位职责。

5.5.7 验收要求

1)验收标准

连续刚构桥悬臂浇筑工程各工序如挂篮验收按照《钢结构工程施工及验收规范》(GB 50205—2017)和设计要求,挂篮拼装时应严格按《钢结构工程施工及验收规范》(GB 50205—2017)进行检查验收;同时也需满足《公路桥涵施工技术规范》(JTG/T 3650—2020)、《公路工程施工安全技术规范》(JTG F90—2015)、《公路工程质量检验评定标准 第一册 土建工程》(JTG F80/1—2017)等相关验收要求。

2)验收程序

边跨现浇箱梁每一道工序验收合格后方可进入下一道工序;施工过程工序验收应严格执行三检制。

3) 验收内容

根据《公路工程质量检验评定标准　第一册　土建工程》(JTG F80/1—2017)及设计文件中的相关指标、相关要求进行验收。如悬臂浇筑梁混凝土强度、轴线偏位、顶面高程、断面尺寸、相邻梁段间错台、顶面横坡、同一横断面两侧或相邻上部构件高差等指标。

4) 验收人员

验收人员由建设、勘察、设计、施工、监理、监测等单位相关负责人组成。

5.5.8　应急处置措施

1) 现场应急措施

针对连续刚构悬臂浇筑施工制定高空坠落、触电、物体打击、挂篮行走、机械伤害事故的应急预案措施以及施工人员高空中暑的应急预案措施。

2) 应急预案

针对物体打击、触电、机械伤害、预应力张拉、挂篮行走等危险源编制预制梁吊装施工应急预案,明确应急处置领导小组组成与职责、应急救援小组组成与职责,包括抢险、安保、后勤、医疗救护、善后、应急救援工作流程及应对措施、联系方式等,收集项目参建、周边建(构)物产权单位各方联系方式、救援医院信息(名称、电话、救援路线)。

5.5.9　计算书及相关施工图纸

1) 施工设计计算书

计算书的内容应包括:挂篮主桁的强度、刚度计算;挂篮的前、后吊带(吊杆)及后锚点杆件的强度计算;侧模的强度及刚度计算;侧模对拉杆的强度计算;侧模对拉杆处背担的强度及刚度计算。预制产品由生产厂家进行计算,满足设计荷载要求即可使用。

2) 相关图纸

施工平面布置图、挂篮设计图、预留孔布置图、作业平台构造图、其他与本方案相关的图纸。

5.6　连续刚构边跨浇筑

在桥梁分段浇筑施工的几种类型中,悬臂浇筑法是最被广泛采用的一种施工方法,其主要优点是投入设备少、施工方便。但是边跨直线段混凝土施工一般采用托架或支架作为支撑结构,其刚度、稳定性及变形直接影响结构质量和安全性。特别是连续刚构超高薄壁空心墩边墩边跨现浇段施工时,由于引桥上部结构预制梁未架设,边跨现浇段施加荷载后,产生不平衡力矩,导致墩身引桥侧拉应力过大,如果不加以控制,则会导致墩身开裂。

5.6.1 工程概况

1) 工程概况和特点

(1)工程基本情况。

按照设计文件要求,结合项目实际情况,对涉及该方案的桥梁情况(跨数、联长、孔跨布置、桥梁纵横坡、平面曲线要素、墩柱结构形式及尺寸等)和连续刚构边跨现浇段设计参数进行说明,明确该方案的实施范围,并列表说明该方案所包含的连续刚构边跨现浇段工程量。

(2)工程地质情况。

对比设计文件,结合项目现场实际踏勘情况,说明该方案实施区域的地形、地貌、地质等情况(附桥位地貌照片)。

(3)工程水文地质情况。

说明桥位处地表水、地下水等情况。

(4)工程特点、难点。

托架的安装预压、支座安装、钢绞线的安装张拉等。

2) 施工平面布置

结合所实施项目的施工组织设计,应表示清楚现场的平面位置关系、本区域临时道路(标明行进方向)、材料堆场、用水用电等平立面位置,描述钢筋生产加工场地用水用电、临时排水、消防布置及施工设备等平面位置信息,并附上施工平面布置图。

3) 周边环境条件

详细说明边跨现浇箱梁邻近道路的位置、电力线路、地下管线(供水、燃气、供电、通信等)的布置情况、架线高度或埋置深度。

4) 施工要求

明确质量、安全、进度、环水保目标要求,工期要求(本工程开工日期、计划竣工日期)。

5) 风险辨识与分级

根据风险评估报告,说明边跨现浇箱梁风险因素辨识以及安全风险等级。

5.6.2 编制依据

(1)规范性文件。

依据现行规范,应参考《公路桥涵施工技术规范》(JTG/T 3650—2020)、《公路桥涵设计通用规范》(JTG D60—2015)、《城市桥梁工程施工与质量验收规范》(CJJ 2—2008)、《节段预制混凝土桥梁技术标准》(CJJ/T 111—2006)、《公路钢混组合桥梁设计与施工规范》(JTG/T D64-01—2015)、《建筑施工模板安全技术规范》(JGJ 162—2019)、《公路工程施工安全技术规范》(JTG F90—2015)、《公路工程质量检验评定标准》(JTG F80/1—2017)等。

(2)施工图设计文件。

招标文件、勘察文件、设计图纸、业主相关规定等。

(3)施工组织设计、风险评估报告。

5.6.3 施工计划

1)施工进度计划

根据主要节点目标及施工工艺工序,统筹现场设备、材料情况,简述施工进度计划安排,具体到相应工序的进度安排,如过渡墩墩身施工、托架安装预压、支座安装、模板安装、钢筋制作及安装、混凝土浇筑等,明确连续刚构边跨现浇段施工进度计划图(网络图或横道图)。

2)材料计划

列表说明该方案所使用的材料名称、规格型号、具体数量及用途(如钢筋、钢管支架、托架、模板等)。

3)劳动力计划

列表说明拟投入的施工管理人员、专职安全管理人员、特种作业人员以及其他人员(钢筋工、模板工、混凝土工、架子工);根据连续刚构边跨浇筑的进度要求,分批进场。

4)机械设备投入计划

根据施工进度说明拟投入的机械设备(如汽车起重机、张拉设备等)。

5.6.4 施工工艺技术

1)技术参数

说明模板及支架的结构形式、架体高度、宽度等主要技术参数;说明垂直运输设备基础位置、设备最大起重量、工作幅度等主要技术参数;列表说明主要施工设备性能参数。

2)工艺流程

边跨现浇段施工工艺流程如图 5-30 所示。

3)施工方法及操作要求

(1)支架安装及搭设。

在墩身及盖梁上预埋预埋件,在预埋件上安装牛腿及托架作为主要受力支撑。

边跨现浇直线段支架布置图如图 5-31 所示。

(2)模板工程。

现浇段底模及内、外模均采用竹胶板。外模和内模采用钢管支架,立柱上设置顶托,以利于调节,然后铺设底模板。

(3)支架预压。

通过预压以检查支架强度、刚度及稳定。消除非弹性变形后,测量出支架的弹性变形,并根据支架的弹性变形设置施工预拱度。

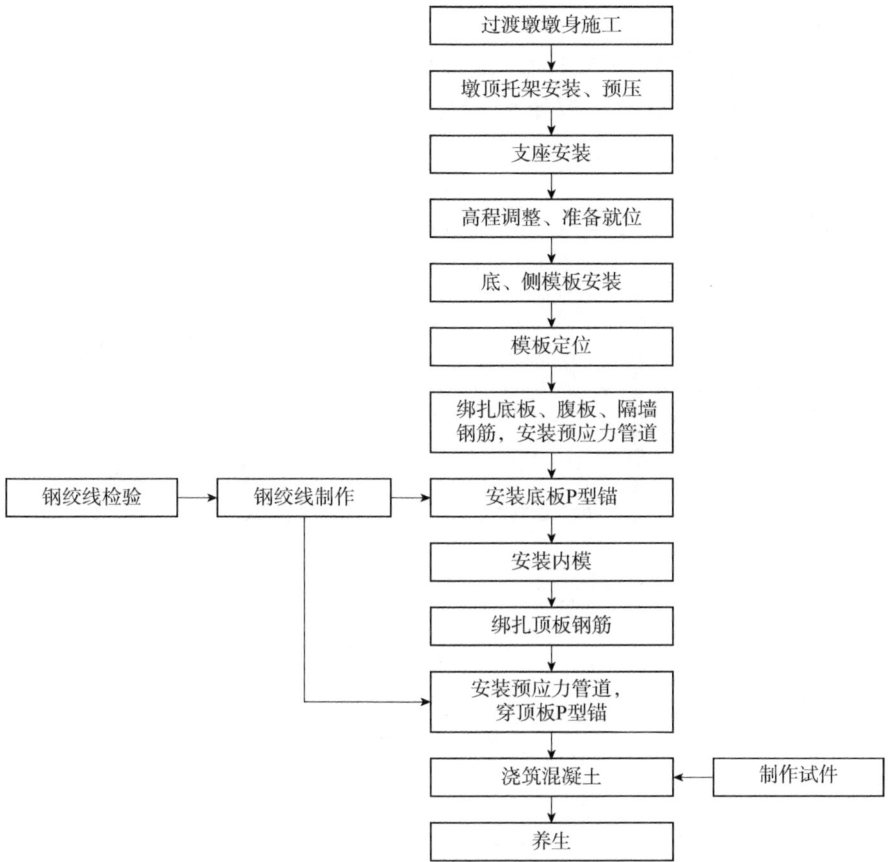

图 5-30　边跨现浇段施工工艺流程

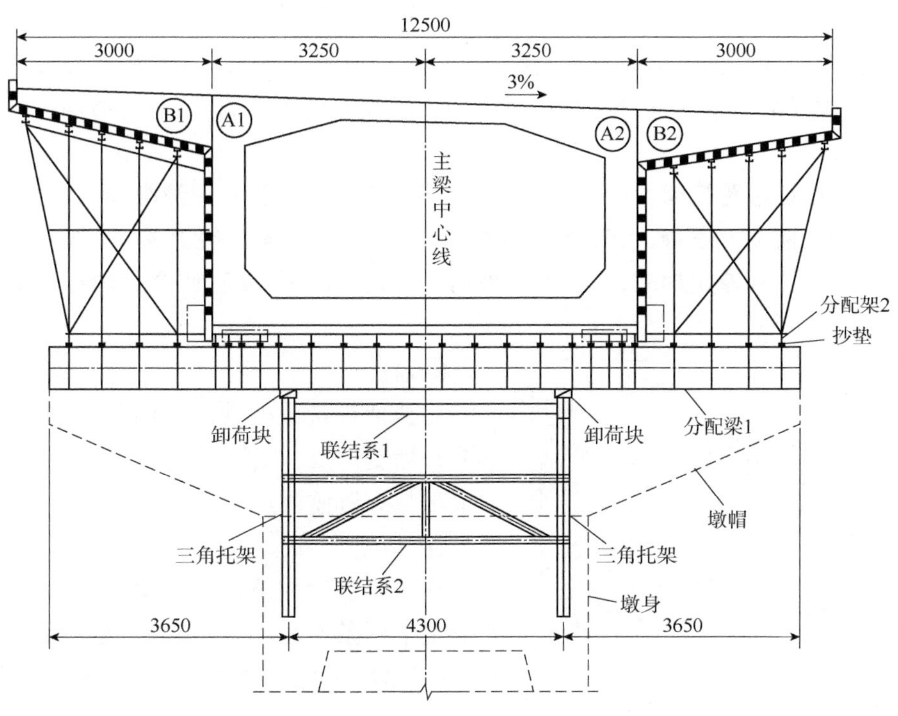

图 5-31　边跨现浇直线段支架布置图(尺寸单位:mm)

①预压分区及荷载。

为模拟箱梁边跨现浇段浇筑工况,应根据各部重量的不同对支架进行预压单元划分,主要分为中部区域、翼缘板区域等 4 个单元(边跨现浇段支架预压单元划分示意图如图 5-32 所示)。

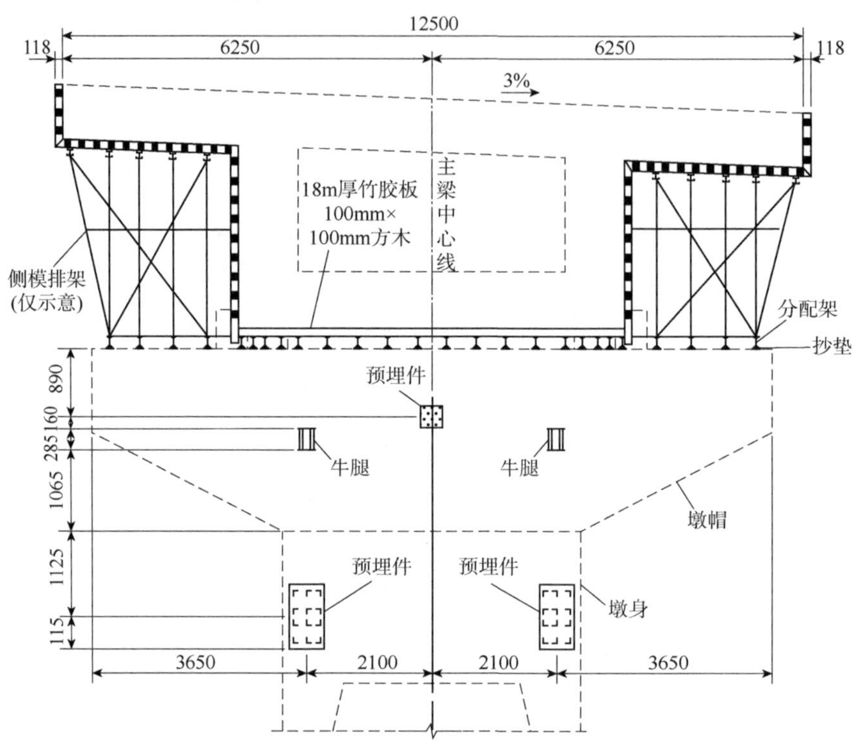

图 5-32　边跨现浇段支架预压单元划分示意图(尺寸单位:mm)

预压荷载包含混凝土钢筋自重、模板支架自重及施工荷载,将模板支架自重及施工荷载换算成钢筋混凝土自重,总预压荷载取 1.2 倍钢筋混凝土自重,分三级加载。

②加载。

加载前,保证边跨托架及底模系统安装完毕,各单元边线标记清晰,验收合格。加载过程中,应做好监测与巡查工作,当支架发出异常声响、托架焊缝开裂、支架变形急剧增大的情况时,应立即停止加载,人员撤离现场。待查明原因、妥善研究处理排除危险后方可继续施工。

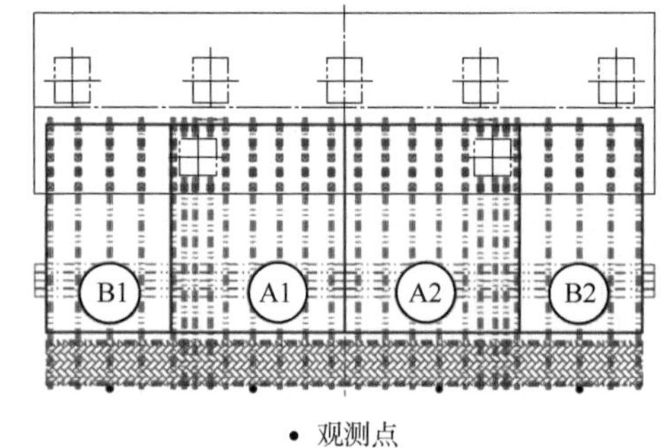

图 5-33　监测点布置示意图

③监测。

为全面评价支架性能,计算支架弹性变形量和非弹性变形量,在箱梁腹板、翼板、底板中间等对应部位布置监测点,如图 5-33 所示。

④卸载。

在全部加载完成后的支架预压监测过程中,当满足下列条件之一时,应判定支架预压合格:

a.各监测点最初 24h 的沉降量平均值小于 1mm。

b.各监测点最初72h的沉降量平均值小于5mm。

支架预压一次性卸载时,预压荷载应对称、均衡、同步卸载。

(4)边跨现浇段模板安装。

边跨现浇段外侧模采用挂篮外模,外模架采用挂篮外侧模架;内模采用木制模板与组合钢模板相结合的方式,以适应边跨现浇段箱内的结构变化。内孔箱内采用钢管脚手架进行支撑及稳固,支架落在边跨现浇底模上,支撑杆的支撑点与托架的横梁需重合并密实。内模支撑布置示意图如图5-34所示。

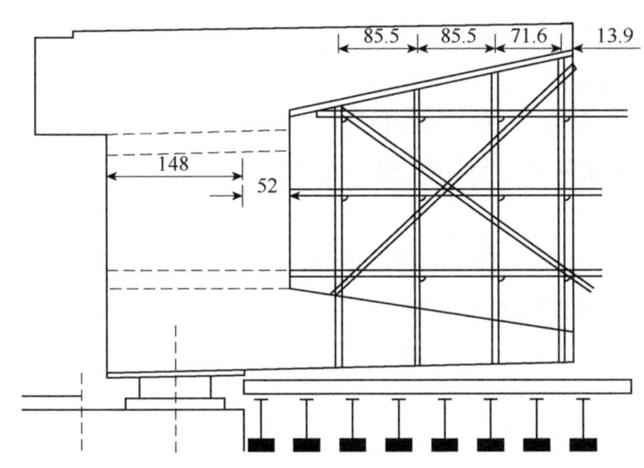

图5-34 内模支撑布置示意图(尺寸单位:cm)

(5)钢筋及预应力管道施工。

①边跨现浇段钢筋绑扎及预应力管道安装。

边跨现浇段钢筋及预应力管道安装顺序为:底板钢筋安装→腹板钢筋、纵向预应力管道及竖向预应力钢筋安装,端头隔板钢筋安装→顶板钢筋、横向预应力管道及横向预应力钢筋安装→防护墙及竖墙预埋钢筋安装。

②注意事项。

在施工中除按照常规要求施工外,还要注意以下几点:

a.施工前要认真审阅钢筋图、预应力筋布置图,注意绑扎顺序,避免遗漏造成返工;

b.竖向架立筋底部与底模之间采用高强垫块支垫;

c.腹板钢筋按一般要求设架立筋固定,但架立筋不得影响预应力管道位置;

d.施工中应保证孔道的位置、波纹管的位置、预应力筋的位置准确,管道严密不漏浆;

e.预应力管道安装以后,在波纹管附近尽量避免焊接作业,以防焊渣烧坏波纹管。

③预应力管道的质量控制措施。

a.预应力留孔道的尺寸与位置应正确,孔道应平顺,端部的预埋钢垫板应垂直于孔道中心线;

b.管道内径面积除满足设计要求外,还应保证不小于两倍钢绞线截面面积;

c.管道应采用定位钢筋固定安装,使其能牢固地置于模板内的设计位置,并在混凝土浇筑期间不产生位移;

d.施工图对锚固区做了专门的加强设计,必须严格验收锚后钢筋配置;

e.直缝钢管管道接头处的连接、焊接时应严格对接，严禁焊伤，并应缠裹紧密，防止水泥浆的渗入；

f.管道在模板内安装完毕后，应将其端部盖好，防止水或其他杂物进入；

g.浇筑混凝土之前，在管道内穿入钢筋，防止浇筑混凝土的时候振动棒振动使钢管变形，浇筑完成之后，待混凝土初凝后转动衬管，并拔出，如遇到堵塞，立即处理；

h.竖向预应力管道采用定位筋及增加横向钢筋的方法来保证其竖直度。

(6)预埋件施工。

对于预埋件采取打磨并涂防锈漆处理，以防止钢构件对混凝土造成污染。

(7)混凝土浇筑施工。

浇筑采用分层法浇筑工艺施工，水平分层，对称一次性连续浇筑成型。浇筑顺序为：先浇筑腹板根部，再浇筑底板、端隔墙，最后浇筑顶板。

(8)预应力及压浆施工。

纵向预应力体系的施工顺序为：管道安装→钢绞线下料→编束→穿束→浇筑混凝土→张拉(施工工艺流程如图5-35所示)。

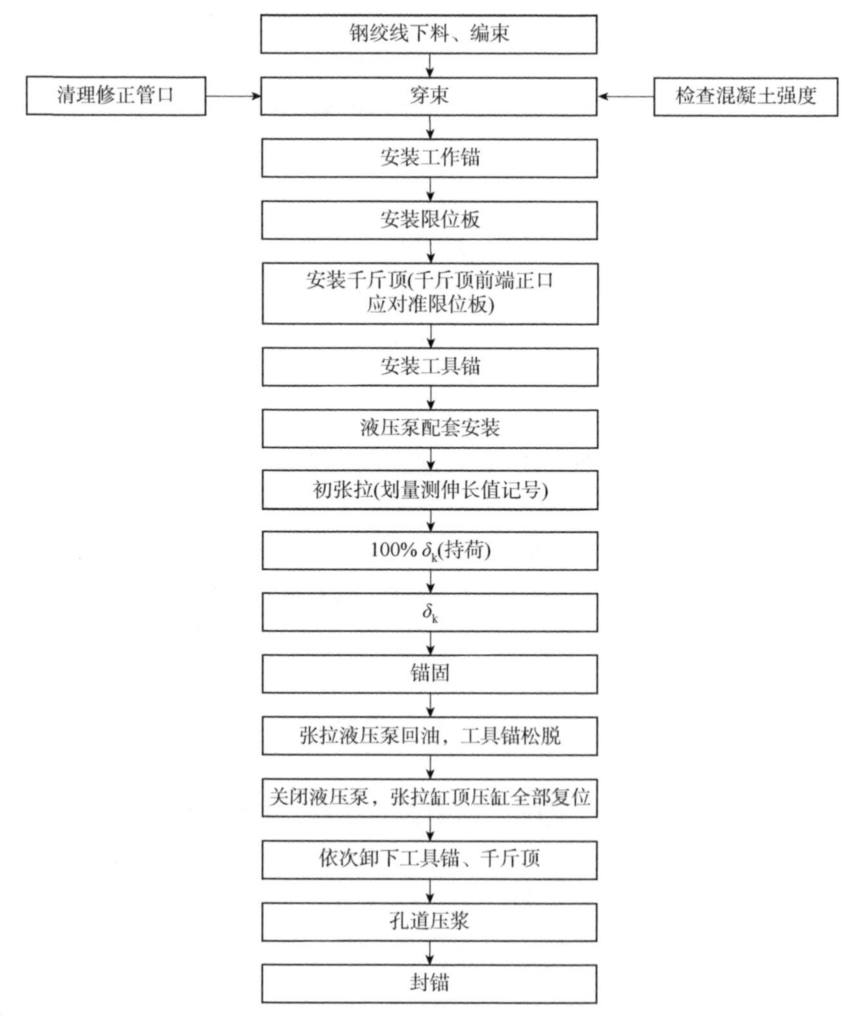

图5-35 预应力及压浆施工工艺流程

竖向预应力体系的施工顺序为:精轧螺纹钢定制→制作竖向预应力体系→编束→安装预应力体系→浇筑混凝土→张拉。

压浆操作顺序如下:

①打开全部进浆孔和排气孔;

②用压浆泵将水泥浆从压浆孔中压入;

③当另一端压浆孔流出的浆和压浆孔压入的浆稠度相同时,关闭原先的压浆孔;

④移至新的压浆孔继续送浆,如此不断往前直至到达另一端的排气孔;

⑤关闭排气孔阀门;

⑥逐渐升至 0.6MPa 后稳定一定时间(不少于 2min);

⑦关闭压浆嘴。

5.6.5 施工安全保证措施

1)组织保障措施

方案中应对项目安全生产管理体系进行简单介绍,明确安全组织机构(安全生产领导小组)、安全保证体系及相应人员安全职责等。安全生产领导小组组长为该项目负责人,公示相关应急管理电话。同时制定相应的安全生产管理制度、安全教育培训制度及技术交底制度。

2)技术保障措施

明确安全组织机构、安全保证体系、相应人员安全职责及安全检查相关内容,制定有针对性的安全保证措施(包括人身安全、高空安全、用电安全、机械设备安全措施等)、施工及检查人员上下安全通行措施等。

3)监测监控措施

混凝土浇筑为边跨现浇段最大荷载施加阶段,也是边跨现浇段施工最危险的时候,故在混凝土浇筑时需对支架进行实时监测,浇筑混凝土前架设多个全站仪、水准仪等观测设备对支架焊接处、牛腿位置等核心部位、应力集中位置进行观测。

5.6.6 施工管理及作业人员配备和分工

1)施工管理人员

列出管理人员名单及岗位职责(如具有两个项目以上连续刚构桥施工经验的项目负责人、项目技术负责人、施工员、质量员、各班组长等)。

2)专职安全人员

列出专职安全生产管理人员名单(应根据合同价足额配备)及岗位职责(熟悉挂篮施工工艺及安全管控要点,如支架搭设、张拉等相关要求),附安全管理人员安全考核证书。

3)特种作业人员

列出特种作业人员持证人员名单及岗位职责(附特种作业证书)。

特种作业人员应包括而不限于电工、焊接与热切割作业人员、汽车起重机司机、司索工等。

4）其他作业人员

列出其他人员名单（钢筋工、模板工、混凝土工、架子工、预应力张拉人员、指挥人员等）及岗位职责。

5.6.7 验收要求

1）验收标准

严格按照《公路工程质量检验评定标准　第一册　土建工程》（JTG F80/1—2017）以及《公路桥涵施工技术规范》（JTG/T 3650—2020）执行。

边跨现浇施工前先对全桥进行贯通测量，内容包括各墩台的跨度及轴线的检核、支承垫石位置及高程检核。墩台轴线偏离不得大于10mm，墩台间隔误差不大于±20mm，否则须作调整。对照设计图要求，核对伸缩缝墩、支座墩、固结墩现场实际情况与设计图是否相符。

2）验收程序

（1）建立健全验收体系，成立由各职能部门组成的验收检查小组，明确验收责任人员。

（2）对墩身预埋件进行检查验收，确保预埋件位置准确，材料合格。

（3）对托架材料、钢管支架、模板等进行进场验收，确保进场的材料质量合格。

（4）对托架搭建进行检查验收，确保托架按设计组装。

（5）对托架预压进行验收，保障预压有效，托架体系稳定。

（6）对钢管支架、模板体系进行验收，确保模板体系稳固。

（7）按相关管理制度要求，对支座安装、钢筋绑扎、预埋件安装、混凝土浇筑等工序进行检查验收。

3）验收内容

进场材料、设备验收要求及验收表、边跨现浇段工程验收要求和验收表（如托架验收及预压、支座垫石质量验收，连续梁悬臂浇筑梁段允许偏差、连续梁梁体外形尺寸允许偏差、预应力筋下料长度的允许偏差、预埋件安装允许偏差等）。

4）验收人员

验收人员由建设、勘察、设计、施工、监理、监测等单位相关负责人组成。

5.6.8 应急处置措施

1）现场应急措施

针对边跨现浇箱梁施工制定高空坠落、触电、物体打击、支架坍塌、人员高空中暑事故的应急预案措施。

2）应急预案

针对物体打击、触电、机械伤害、支架坍塌等风险源编制施工应急预案，明确应急处置领导小组组成与职责、应急救援小组组成与职责，包括抢险、安保、后勤、医疗救护、善后、应急救援工作流程及应对措施、联系方式等，收集项目参建、周边建（构）物产权单位各方联系方式、救援医院信息（名称、电话、救援路线）。

5.6.9 计算书及相关施工图纸

1）施工设计计算书

计算书内容包括：模板及支架（如基础、架体、模板等）的强度、稳定性计算；预应力张拉计算；其他临时结构强度、稳定性计算（安全通道等）。

2）相关图纸

施工平面布置图、模板及支架设计图、定型产品相关设计说明书、作业平台构造图、其他与该方案相关的图纸。

5.7 连续刚构边跨中跨合龙

连续刚构合龙段施工是由静定结构向超静定结构转换的重要环节，在转换过程中受力情况复杂，故按设计意图对合龙段进行施工对保证成桥质量至关重要。合龙原则是低温灌注，合龙前采用劲性骨架临时连接，保持相对固定，以防止合龙段混凝土在早期因为混凝土热胀冷缩开裂。

5.7.1 工程概况

1）工程概况和特点

（1）工程基本情况：按照设计文件要求，结合项目实际情况，对涉及该方案的桥梁情况（跨数、联长、孔跨布置、桥梁纵横坡、平面曲线要素、墩柱结构形式及尺寸等）、连续刚构边跨合龙段设计参数、该方案的实施范围进行说明；同时列表说明该方案所包含的连续刚构边跨中跨合龙段工程量。

（2）工程地质情况

对比设计文件，结合项目现场实际踏勘情况，说明该方案实施区域的地形、地貌、地质等情况（附桥位地貌照片）。

（3）工程水文地质情况

说明桥位处地表水、地下水等情况。

（4）工程特点、难点

托架的安装预压、施工过程中的平衡重施加、合龙段浇筑气温的影响、新老混凝土收缩、徐变影响、边跨、中跨合龙段合龙顺序是连续刚构边跨中跨合龙施工的特点以及需要重点关注的难点。

2）施工平面布置

结合实施项目施工组织设计，应表示清楚现场平面位置关系、本区域临时道路（标明行进方向）、材料堆场、用水用电等平立面位置，描述钢筋生产加工场地用水用电、临时排水、消防布置及施工设备等平面位置信息，并附上施工平面布置图。

3) 周边环境条件

说明合龙段浇筑气温条件。

4) 施工要求

明确质量、安全、进度、环水保目标要求，工期要求（本工程开工日期、计划竣工日期）。

5) 风险辨识与分级

根据风险评估报告，说明合龙段施工风险因素辨识以及安全风险等级。

5.7.2 编制依据

（1）规范性文件。

依据现行规范，应参考《公路桥涵施工技术规范》（JTG/T 3650—2020）、《公路桥涵设计通用规范》（JTG D60—2015）、《城市桥梁工程施工与质量验收规范》（CJJ 2—2008）、《节段预制混凝土桥梁技术标准》（CJJ/T 111—2006）、《公路钢混组合桥梁设计与施工规范》（JTG/T D64-01—2015）、《公路工程施工安全技术规范》（JTG F90—2015）、《公路工程质量检验评定标准 第一册 土建工程》（JTG F80/1—2017）等。

（2）施工图设计文件。

招标文件、勘察文件、设计图纸、建设单位相关规定等。

（3）施工组织设计、风险评估报告。

5.7.3 施工计划

1) 施工进度计划

根据主要节点目标及施工工艺工序，统筹现场设备、材料情况，简述施工进度计划安排，具体到相应工序的进度安排，如合龙段吊架模板、钢筋制作及安装、劲性骨架锁定、混凝土浇筑等，明确合龙段施工各工序进度计划图（网络图或横道图）。

2) 材料计划

说明该方案所使用的材料名称、规格型号、具体数量及用途（钢筋、刚性支撑、模板、配重材料等）。

3) 劳动力计划

说明拟投入的施工管理人员、专职安全管理人员、特种作业人员以及其他人员（钢筋工、模板工、混凝土工、架子工、司索工、指挥人员）；根据连续刚构合龙段浇筑的进度要求，分批进场。

4) 机械设备投入计划

说明拟投入的机械设备（如挂篮、塔式起重机、汽车起重机、智能张拉设备、压浆设备等）。

5.7.4 施工工艺技术

1) 技术参数

说明吊架的结构形式等主要技术参数；同时列表说明主要施工设备的性能参数。

2)工艺流程

合龙段施工工艺流程如图 5-36 所示。

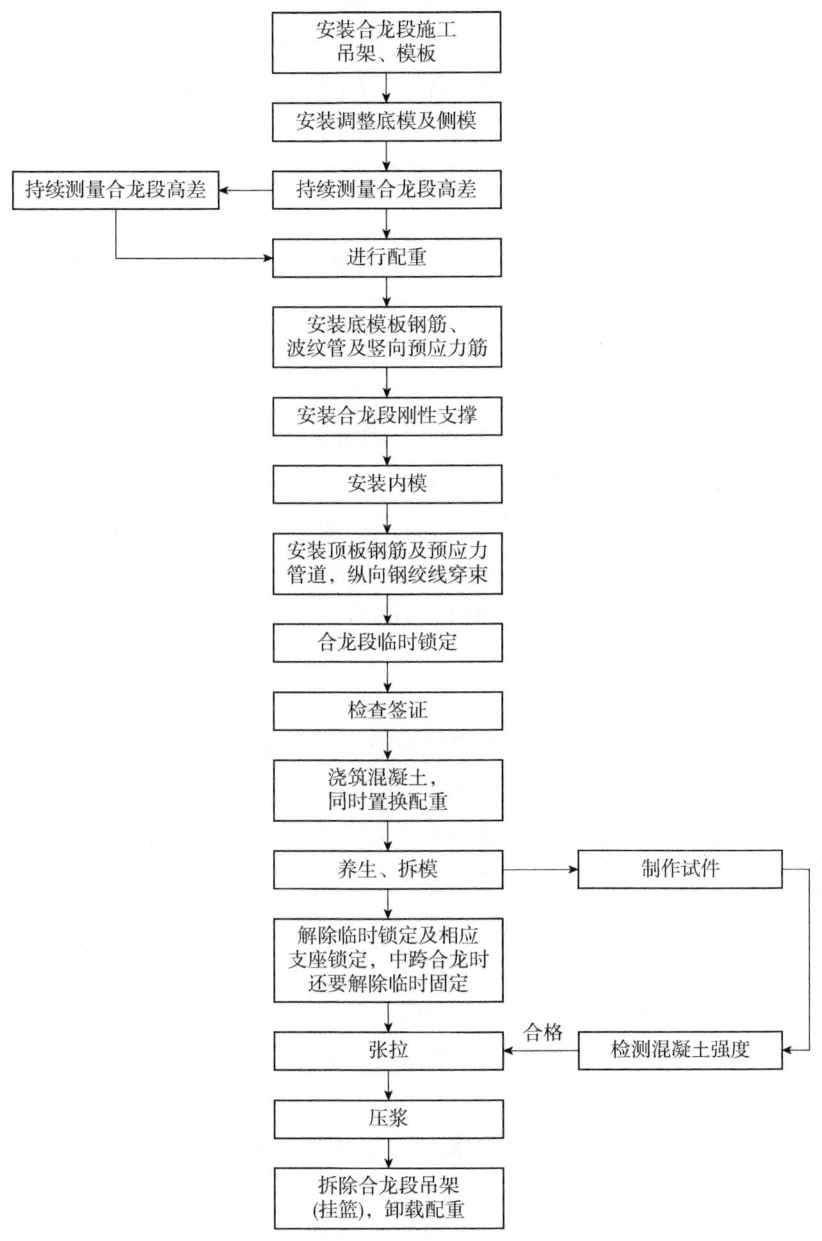

图 5-36　合龙段施工工艺流程

3)施工方法及操作要求

合龙段施工应遵循“先边跨、后中跨”的原则,边孔节段施工完成后先边跨合龙,待完成后再进行中跨合龙段的施工。

(1)边跨合龙段施工。

①边跨直线段浇筑完成,拆除侧模及排架,混凝土达到设计强度等级的 90%后,割掉部分分配梁,准备进行边跨合龙段挂篮走行。

②挂篮走行前清除箱顶、箱内的施工材料、机具,用于合龙段施工的材料、设备有序放至墩顶。

③放松挂篮吊挂系统,下落底模平台、侧模系统及内模系统,保留前后操作平台。

④拖拉内、外导梁到边跨吊挂位置,将其后吊点转换吊挂于走行吊环上,底模平台外吊点吊挂至导梁上,解除底模平台其他后吊挂和主桁架后锚固钢筋,将后反勾板反扣于走道梁翼缘板。

⑤检查挂篮结构后,于走道梁上安装拽拉千斤顶反力座,以千斤顶拽拉挂篮主桁前行。

⑥解除外导梁前吊挂,保留底模平台前吊挂;底模平台前外吊点吊挂至外导梁上,解除底模平台其他前吊挂。

⑦安装内、外导梁牵引导链;挂篮前上横梁移至设计位置。

⑧边跨悬浇端根据钢筋混凝土重量计算配重重量,施工时遵循杠杆原理,合龙段两端需保持平衡。另外,边跨合龙施工时梁端头需预留一定工作空间,若水箱及工器具邻边则会导致安全隐患,需设置安全距离。

⑨待合龙段混凝土强度及弹性模量达到设计要求的 90%,且混凝土龄期不少于 7d 后,张拉边跨顶、底板预应力钢束,张拉时,先长束后短束。

⑩按"先装后拆,后装先拆"原则拆除边跨合龙段底模,最终拆除边跨现浇直线段支架。

(2)中跨合龙段施工。

中跨合龙节段采用吊架施工,模板采用挂篮底模及模板系统,合龙段应选择气温日差变化较小的天气,且在当日温度较低时浇筑混凝土。

①挂篮悬臂浇筑完成最后一个节段后,一侧挂篮拆除,一侧挂篮保留。边跨合龙段施工完成后,准备浇筑中跨合龙段节段;放松挂篮吊挂系统,下落底模平台、侧模系统及内模系统,保留前后操作平台。中跨合龙段一侧挂篮拆除示意图如图 5-37 所示。

②检查挂篮结构后,于走道梁上安装拽拉千斤顶反力座,以千斤顶拽拉挂篮主桁前行,主桁带底模平台、外侧模、内、外导梁前移。

③解除前上横梁吊挂,保留底模平台前吊挂;底模平台前外吊点吊挂外导梁上,解除底模平台其他前吊挂。

④安装内、外导梁牵引导链,导链拖拽内、外导梁前移;挂篮前上横梁移至设计位置。

⑤主桁架后退至预定位置;安装底模平台前后吊挂,提升并调整到位;安装内、外导梁前后吊挂,提升内、外侧模系统并调整到位。

⑥钢筋、预应力管道安装。

⑦中跨安装平衡配重,合龙段两端施加顶推力,并安装内外刚性支撑。

⑧选择日温差变化较小、风速较低的天气浇筑中跨合龙段混凝土,并对混凝土进行养生。

⑨张拉中跨顶、底板预应力钢束。

⑩拆除中跨合龙段外刚性支撑、底模和吊架,主桥竖向预应力钢束复拉。

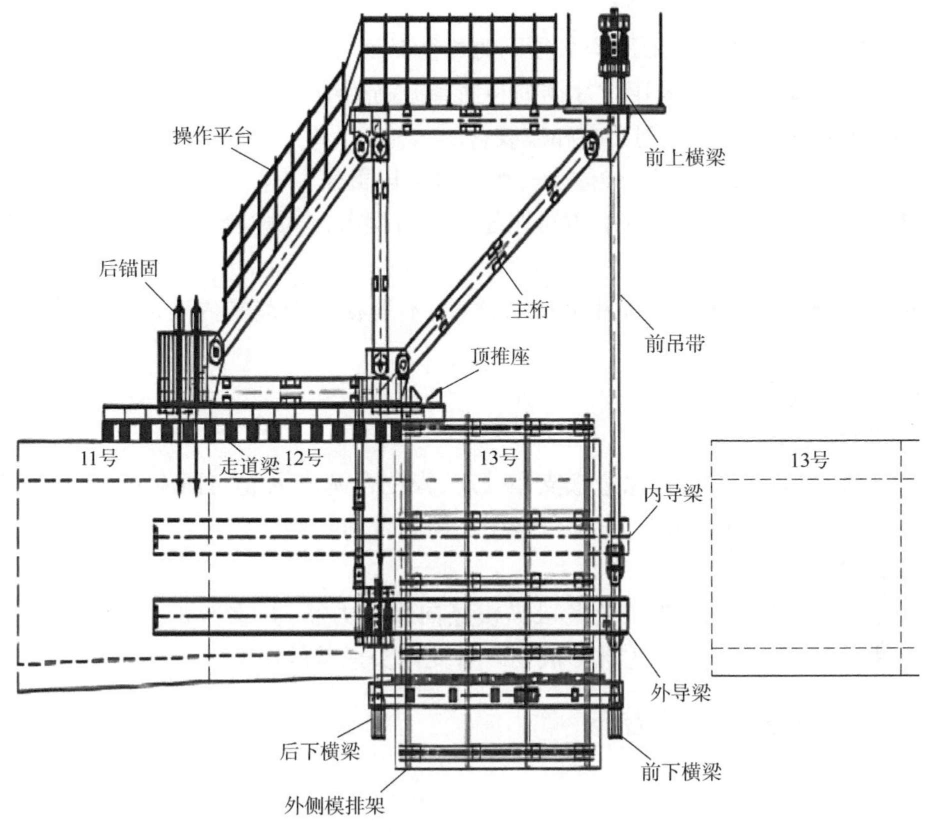

图5-37　中跨合龙段一侧挂篮拆除示意图

(3)边跨、中跨合龙段施工操作要点。

①合龙口锁定。

现场技术人员及质检人员须对刚性支撑的预埋钢板进行仔细检查,确保预埋位置准确,满足设计要求。

②钢筋制造安装及预应力管道安装。

普通钢筋在钢筋加工厂集中加工成型,运至合龙段绑扎安装,绑扎时将劲性骨架安装位置预留,等劲性骨架锁定后补充绑扎。

③混凝土浇筑。

合龙段混凝土施工选择在一天中温度最低的时间进行。浇筑完成后,时值气温开始上升为宜。注意振捣和养生质量,以防裂缝发生。

④预应力施工。

张拉按纵向到横向的顺序进行。纵向预应力束张拉:先长束、后短束;先底板束、后顶板束。同一断面先边束、后中束的顺序左右对称进行。在遇到临时合龙束时,按设计要求补足到张拉控制应力。

⑤合龙段施工注意事项。

a.接近合龙段的几个节段施工时加强节段的中线、高程控制,并进行联测。观测气温与悬臂端高程的变化、气温与合龙段长度的变化、气温与梁体温度的关系等,以确定合龙时间,并作为选择合龙口锁定方式的依据。

b.加强合龙前的监测和分析。

c.连续刚构体系多个T形刚构必须同时均衡对称合龙。

d.在孔道密集的部位,采用竹片插捣和插棒振捣相结合的方式,慎重操作,不得漏振、欠振、过振;振捣时不得触碰钢支撑和波纹管。

e.合龙段混凝土加强养生,梁体受日照部分加以覆盖。

f.混凝土强度达到设计要求后方可张拉预应力钢束,合龙段预应力钢束张拉前,拆除刚性锁定。

g.在跨中合龙段混凝土合龙束未张拉之前,不得在跨中范围内堆放重物或行走施工工具。

(4)体系转换。

①边跨体系转换。

拆除合龙段临时刚接,解除边墩支座锁定,张拉合龙段纵竖向预应力筋,并重新张拉合龙段张拉临时束至设计张拉力,形成两个单跨悬臂简支梁。

②中跨体系转换。

拆除合龙段临时刚接,张拉合龙段纵横竖向预应力筋,并重新张拉合龙段张拉临时束至设计张拉力,使中跨两个主墩形成中跨合龙两头悬臂的箱梁。

5.7.5 施工安全保证措施

1)组织保障措施

明确安全生产小组、各班组组成人员。

2)技术保障措施

明确安全组织机构、安全保证体系、相应人员安全职责和安全检查相关内容,制定有针对性的安全保证措施(包括人身安全、高空安全、用电安全、机械设备安全措施等)、施工及检查人员上下安全通行措施等。

3)监测监控措施

方案中应明确合龙段两侧高程的监测监控措施;说明温度控制(当天温度较低时)的相关措施;说明平衡重分次拆除的相关措施;制定考虑施工过程周边环境安全等因素的人工巡查机制及巡查过程中处置流程或方案。

5.7.6 施工管理及作业人员配备和分工

1)施工管理人员

列出管理人员名单及岗位职责(如具有两个项目以上连续刚构桥合龙段施工经验的项目负责人、项目技术负责人、施工员、质量员、各班组长等)。

2)专职安全人员

列出专职安全生产管理人员名单(应根据合同价足额配备)及岗位职责(熟悉合龙段施工工艺及安全管控要点,如挂篮行走、刚性支撑、配重、张拉、挂篮拆除等相关要求),附安全管理人员安全考核证书。

3）特种作业人员

列出特种作业人员持证人员名单及岗位职责，附特种作业证书。

特种作业人员应包括而不限于电工、焊接与热切割作业人员、塔式起重机司机、司索工、信号指挥工等。

4）其他作业人员

列出其他人员名单（钢筋工、模板工、混凝土工、预应力张拉人员、指挥人员等）及岗位职责。

5.7.7 验收要求

1）验收标准

合龙段工程各项有关验收标准及验收条件应满足《公路桥涵施工技术规范》（JTG/T 3650—2020）、《公路工程施工安全技术规范》（JTG F90—2015）、《公路工程质量检验评定标准 第一册 土建工程》（JTG F80/1—2017）等相关要求。

2）验收程序

（1）组织对合龙所需预埋件进行验收，检验中跨现浇段，为合龙所准备的预埋件的位置、结构尺寸、数量是否达到要求。

（2）组织对合龙段悬浇挂篮进行验收。

（3）组织对合龙段模板架设、钢筋安装、波纹管埋设等内容进行验收。

（4）组织对合龙施工所用的水箱等临时措施进行验收。

3）验收内容

进场材料、设备验收要求及验收表，合龙段工程验收要求和验收表。

4）验收人员

验收人员由建设、勘察、设计、施工、监理、监测等单位相关负责人组成。

5.7.8 应急处置措施

1）应急预案

准备应急物资、危险源清单及应对措施（以表格方式）。

2）现场应急措施

明确应急处置领导小组组成与职责、应急救援小组组成与职责，包括抢险、安保、后勤、医疗救护、善后、应急救援工作流程及应对措施、联系方式等，收集项目参建、周边建（构）物产权单位各方联系方式、救援医院信息（名称、电话、救援路线）。

5.7.9 计算书及相关施工图纸

1）施工设计计算书

计算书内容应包括底模及底模系统的强度及刚度计算、侧模的强度及刚度计算、侧模对拉杆强度计算、侧模对拉杆处背担的强度及刚度计算、模板系统支撑处的强度计算。

2) 相关图纸

施工平面布置图、吊架设计图、定型产品相关设计说明书、作业平台构造图、其他与本方案相关的图纸。

5.8 深水围堰

基础工程中的所谓“浅水”或“深水”目前尚没有明确的定量界限,目前工程界暂将深水基础定义为:“水深在5~6m以上,不能采用一般的土围堰、木板桩围堰等防水技术的基础称为深水基础。”在编制深水围堰专项施工方案时,应考虑水上作业平台的布设方案,当水深不小于10m时,应邀请专家对方案进行论证。本书以深水围堰中常见的钢板桩围堰为例进行说明。

5.8.1 工程概况

1) 工程概况和特点

(1)工程基本情况。

按照设计文件要求,结合项目现场实际踏勘情况及地质勘察报告,对实施深水围堰对应主桥所处的位置、桥跨、桥长、下部结构等进行说明(附桥位地貌照片、河床断面图、桥梁布置图等)。

(2)工程地质情况。

结合项目现场实际踏勘情况,对比设计文件上的要求,对地形地貌、地层岩性、不良地质作用和地质灾害、特殊性岩土等进行说明。

(3)工程水文地质情况。

主桥所跨水域的设计洪水位、设计通航水位、施工实测水位、荣枯期、气候特征等情况。

2) 施工平面布置

根据项目实际情况,介绍围堰平面布置、围堰高程尺寸、泄洪通道、施工总平面布置及说明。应表示清楚该区域临时道路(标明行进方向)、材料堆场的位置,描述钢筋生产加工场地用水用电、临时排水、消防布置及施工设备等平面位置信息。

3) 周边环境条件

详细说明深水围堰邻近道路的重要性、使用情况,电力线路、地下管线(供水、燃气、供电、通信等)的重要性、架线高度或埋置深度。

4) 施工要求

明确质量、安全、进度、环水保目标要求,工期要求(本工程开工日期、计划竣工日期)。

5) 风险辨识与分级

根据风险评估报告,说明深水围堰风险因素辨识以及安全风险等级。

5.8.2 编制依据

(1)规范性文件。

依据现行规范,应参考《水利水电工程围堰设计规范》(SL 645—2013)、《钢结构工程施工及验收规范》(GB 50205—2017)、《公路桥涵地基与基础设计规范》(JTG 3363—2019)、《公路工程施工安全技术规范》(JTG F90—2015)、《公路工程质量检验评定标准 第一册 土建工程》(JTG F80/1—2017)等。

(2)施工图设计文件。招标文件、勘察文件、设计图纸、业主相关规定等。

(3)施工组织设计、风险评估报告。

5.8.3 施工计划

1)施工进度计划

根据主要节点目标及施工工艺工序,统筹现场设备、材料情况,简述施工进度计划安排,明确围堰施工进度计划图(网络图或横道图);进度图中应明确平台搭设、钢板桩打设、合龙节点;围堰降水、内支撑安装节点、围堰挖土、吸泥以及封底节点。

2)材料计划

说明该方案所使用的材料名称、规格型号、具体数量及用途(如钢套箱组合钢板、支撑钢管、工字钢、封底混凝土等)。

3)劳动力计划

说明拟投入的施工管理人员、专职安全管理人员、特种作业人员以及其他人员(钢筋工、模板工、混凝土工、指挥人员)。根据围堰施工的进度要求,分批进场。

4)机械设备投入计划

说明拟投入的机械设备(如汽车起重机、长臂挖掘机、振动锤、水泵等)。

5.8.4 施工工艺技术

1)技术参数

主要技术参数包括组拼作业平台、钻孔作业平台、锚碇系统的简况分析;围堰结构形式、尺寸大小;钢板桩入土深度验算;钢板桩稳定性验算;钢围囹抗弯强度验算;钢支撑强度及稳定性验算;围堰整体结构刚性、围堰承受向内压力、向外压力的定量分析;确定封底混凝土强度等级,厚度;抽水设备技术参数;钻孔设备技术参数、混凝土输送设备技术参数等。

2)工艺流程

按照分部分项工程施工工艺流程,叙述围堰施工主要施工步骤。钢板桩围堰可在桩基施工过程中或拆除钻孔平台过程中平行作业,钢板桩合龙后,拆除钻孔平台,边抽水、边安装分层钢支撑体系,并对钢板桩缝隙实施堵漏,形成钢围堰体系;然后对基底进行清底,根据基底实际情况,采取干封或水下混凝土封底,最后在钢围堰内实施低桩承台干法施工。

钢板桩围堰施工工艺流程如图5-38所示。

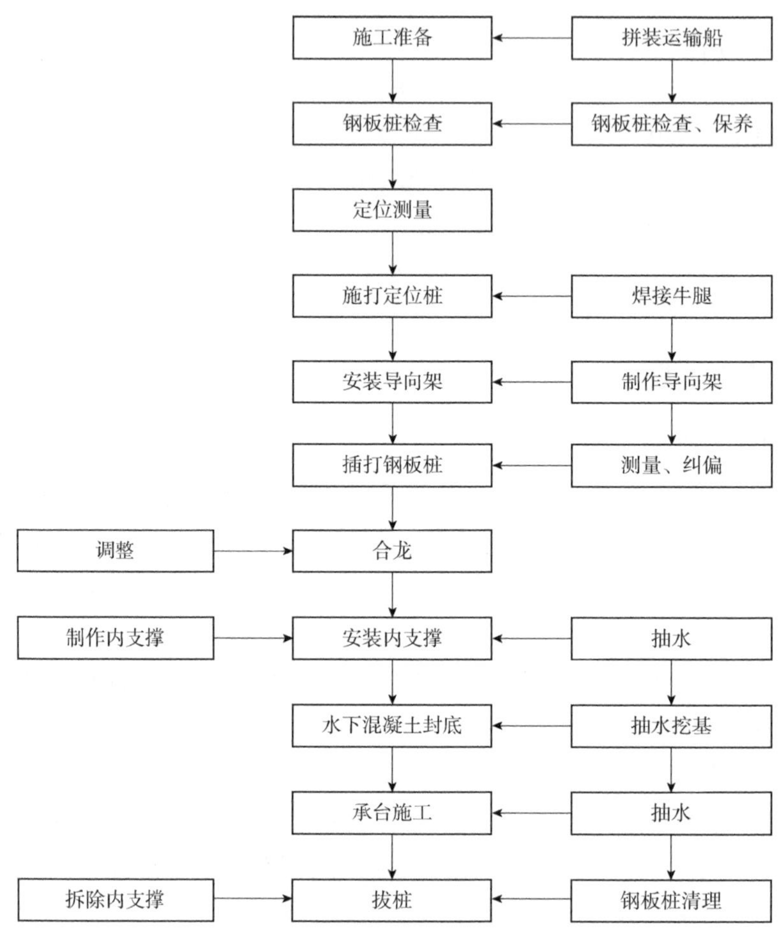

图5-38　钢板桩围堰施工流程

图5-39　钢围堰加工实景图

3)施工方法及操作要求

(1)钢板桩的整理。

钢板桩船运到场后,用一块钢板桩对所有同类型的钢板桩做锁口通过检查,检查时用卷扬机拉动标准钢板桩平车,从桩头至桩尾实施(钢围堰加工实景图如图5-39所示)。

(2)导桩打设。

导桩选用钢管桩,原钻孔平台的钢护筒作为部分导向桩。

(3)安装导梁。

在导桩上焊接水平支撑,各水平支撑的顶高程相同。

在水平撑上安装导梁,导梁选用边线顺直的钢板桩。安装及调整导梁的轴线和内边净距,将导梁与水平支撑临时焊接固定(导梁安装示意图如图5-40所示)。

(4)插打第一根边桩。

精确测定第一根边桩的方位,以此指挥打桩履带式起重机的移位,定位后,打桩锤的锤心必须与第一根桩的中心重合。

第一根桩插桩稳定后,用挡块等顶塞调整后的空隙使钢桩稳固,间歇启动振动锤,对第一根桩实施小位移量沉设,并跟踪复核桩体的垂直度,直至桩体下沉入土超过 3m 后,方可连续沉设至设定的桩顶的高程。

(5)其他钢板桩的插打。

顺着事先固定好的导梁依次插打其他钢板桩,钢板桩顺前一根钢板桩的锁口插入,插桩到位后加塞固定,启动振动锤分次沉设至设计高程(钢板桩插打如图 5-41 所示)。

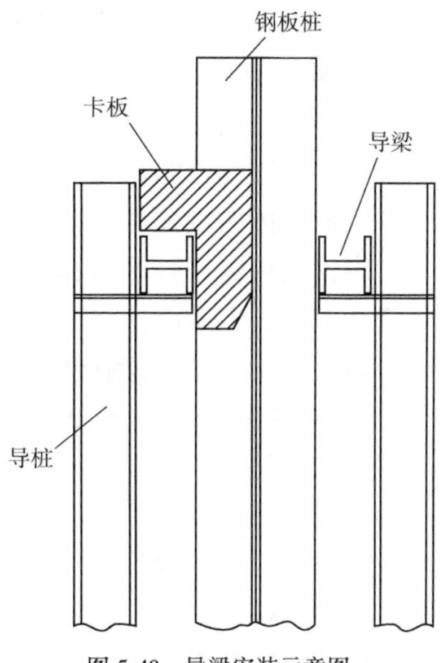

图 5-40 导梁安装示意图

a)单桩打入法

b)复式打入法

图 5-41 钢板桩插打方法

钢板桩插打过程中,可能遇到的问题有共连、扭转及水平伸长等,在此将相应的预防措施及处理方法列举于表 5-2。

钢板桩插打问题预防措施及处理方法 表 5-2

常见问题	预防及纠正措施
共连(施打时和已打入的邻桩一起下沉)	发生桩体倾斜及时纠正; 先预留 50cm,合龙后再打至设计高程
桩体扭转	安装好桩帽,尽量保证桩体全截面受力均匀; 将两块板桩锁口搭扣两边固定牢靠
水平伸长(沿打桩行进方向长度增加)	施打时提前考虑伸长值,在轴线修正时纠正

(6)钢板桩的合龙。

钢板桩围堰在合龙时,两侧锁口很难保证在一条直线上。此时,采取的措施为:在钢板桩合龙且剩下几组还未插打时,提前考虑合龙情况,可将围堰短边的钢板桩全部插入导梁内,然后再逐次打设钢桩,由于水流影响或其他原因,采取上述措施仍无法合龙时,可以根据实际需要制作异形钢板桩进行合龙。

(7)钢板桩围堰的内支撑设置。

假设主墩承台的钢板桩围堰共需设置3道水平内支撑。

①内支撑的设置时间。

在钢板桩围堰合龙后,立即予以设置,以提高钢板桩围堰在抽水过程中的整体受力效应。钢板桩围堰内抽水时,板桩须承受较大的内、外侧压力差,为确保施工安全,利用顶层内支撑的支撑力,围堰内进行抽水至第2层内支撑高程,待第2层内支撑设置完毕后,围堰内继续抽水(矩形围堰设围图和角撑实景图如图5-42所示)。

当抽水至最后第3层支撑高程后,即承台顶部时,设置第3层内支撑。待第3层内支撑设置完毕后,方可进行下一道工序的施工。

②内支撑的设置方法。

围堰内抽水(抽水时要随时进行堵漏)至该层内支撑的设计高程下50cm处时,维持围堰内的水面高程。

a.先在钢板桩围堰内壁按测定的高程焊接内支撑圈梁的三角支撑,三角支撑采用10号槽钢制作,支撑顶面高程相同。

b.起吊并水平安放由双拼50号工字钢焊接而成的圈梁,并连接固定,圈梁与板桩之间的空隙可用铁块或硬木予以垫塞。

c.起重机配合人工安装水平支撑,将水平支撑与圈梁焊接固定,以形成平面桁架结构(内支撑示意图如图5-43所示)。

图5-42 矩形围堰设围图和角撑实景图

图5-43 内支撑示意图

(8)围堰内除土。

钢围堰内基础开挖,拟采用水下吸泥。

(9)围堰封底。

由于基底土层较软,为了防止抽水后,钢板桩围堰向内滑移,同时为了防止抽水后,基底发生隆起,须进行水下混凝土封底。

(10)围堰抽水堵漏。

钢板桩围堰抽水,为确保围堰受力均匀,应将钢板桩与围堰之间缝隙用硬木楔等塞紧。

5.8.5 施工安全保证措施

1）组织保障措施

明确安全生产小组、各班组组成人员。

2）技术保障措施

明确安全组织机构、安全保证体系、相应人员安全职责和安全检查相关内容，制定有针对性的安全保证措施（包括人身安全、高空安全、用电安全、机械设备安全措施等），施工及检查人员上下安全通行措施等。

3）监测监控措施

方案中应明确围堰变形以及受力的监测监控措施；说明钢板桩顶位移以及桩身倾斜、水平支撑体系内力、围堰处水位的相关监测监控措施；制定考虑施工过程中周边环境安全等因素的人工巡查机制及巡查过程中处置流程或方案。

5.8.6 施工管理及作业人员配备和分工

1）施工管理人员

列出管理人员名单及岗位职责（如具有两个项目以上围堰施工经验的项目负责人、项目技术负责人、施工员、质量员、各班组长等）。

2）专职安全人员

列出专职安全生产管理人员名单（应根据合同价足额配备）及岗位职责（熟悉围堰施工工艺及安全管控要点，如钢板搭设、钢管支撑、围堰降水、封底等相关要求），附安全管理人员安全考核证书。

3）特种作业人员

列出特种作业人员持证人员名单及岗位职责，附特种作业证书。

特种作业人员应包括而不限于电工、焊接与热切割作业人员、汽车起重机司机、司索工、信号指挥工等。

4）其他作业人员

列出其他人员名单（钢筋工、模板工、混凝土工、指挥人员等）及岗位职责。

5.8.7 验收要求

1）验收标准

深水围堰工程各项有关验收标准及验收条件应满足《水利水电工程围堰设计规范》（SL 645—2013）、《钢结构工程施工及验收规范》（GB 50205—2017）、《公路桥涵地基与基础设计规范》（JTG 3363—2019）、《公路工程施工安全技术规范》（JTG F90—2015）、《公路工程质量检验评定标准　第一册　土建工程》（JTG F80/1—2017）等相关要求。

2）验收程序

深水围堰施工必须每一道工序验收合格后方可进入下一道工序，施工过程工序验收应严格执行三检制。

3）验收内容

进场材料、设备验收要求及验收表，围堰工程验收要求和验收表。

4）验收人员

工序验收参与人员包括施工单位质检负责人、监理单位专业工程师、试验室相关主要负责人、建设单位工程部门负责人和中心试验室负责人及现场检测人员。

5.8.8 应急处置措施

1）应急预案

根据深水围堰特点及施工工艺的实际情况，建立由项目经理组织的应急抢救小组，并认真组织了解高墩施工风险源和环境因素的识别和评论，制定该项目发生紧急情况或事故的应急措施，对广大员工开展应急知识教育和应急演练，提高现场操作人员的应急能力，减小突发事件造成的损害和不良影响。

2）现场应急措施

针对围堰渗漏、围堰变形、高空坠落、物体打击、触电、机械伤害、水位变化等风险源制定应急预案措施以及汛期的应急预案措施。

5.8.9 计算书及相关施工图纸

1）施工设计计算书

钢围堰结构计算书、其他临时结构计算书（安全通道等）。

2）相关图纸

相关图纸包括施工平面布置图、河床断面图、钢围堰结构设计图、钢板桩连接节点大样图、钢支撑设计图、定型产品相关设计说明书、作业平台构造图、其他与本方案相关的图纸。

第6章 起重吊装工程

随着我国基建工程建设的大规模开展，桥梁工程在公路建设中最常见、结构形式最复杂，应用最多、最广，而公路往往通过地形地貌、地层岩性、气象水文等地质条件差异很大的地区，造成桥梁工程吊装工程具有典型的多类型、多结构形式。本章将针对常见的悬索吊装、架桥机安拆、门式起重机安拆的危险性较大分部分项工程专项技术方案的编制技术要点进行介绍。

6.1 一般规定

6.1.1 编制对象

桥梁工程专项施工方案编制过程中常包含起重吊装以及起重机械安拆工程等。当上述危险性较大的分部分项工程超过一定规模时，应组织专家对方案进行论证。

公路桥梁工程中危险性较大的分部分项工程需编制专项施工方案的有如下几个方面：

(1)采用非常规起重设备、方法，且单件起吊重量在10kN及以上的起重吊装工程。

(2)采用起重机械进行安装的工程。

(3)起重机械安装和拆卸工程。

公路桥梁工程中超过一定规模危险性较大的分部分项工程需外部专家论证的通常是指：

(1)采用非常规起重设备、方法，且单件起吊重量在100kN及以上的起重吊装工程。

(2)起吊重量在300kN及以上的起重设备安装、拆卸工程。

6.1.2 主要编制内容

根据住房和城乡建设部发布的《危险性较大的分部分项工程专项施工方案编制指南》(建办质〔2021〕48号)，专项施工方案内容包含九部分：工程概况、编制依据、施工计划、施工工艺技术、施工保证措施、施工管理及作业人员配备和分工、验收要求、应急处置措施、计算书及相关施工图纸。

根据《公路工程施工安全技术规范》(JTG F90—2015),专项施工方案的主要内容为七部分:工程概况、编制依据、施工计划、施工工艺技术、施工安全保证措施、劳动力计划、计算书及相关施工图纸。

本章将按住房和城乡建设部发布的《危险性较大的分部分项工程专项施工方案编制指南》(建办质〔2021〕48 号)中九部分的要求进行专项施工方案技术要点的编制说明,以下以悬索吊装为示例说明主要编制内容。

1)工程概况

(1)工程概况和特点。

①工程基本情况:按照设计文件要求,结合项目实际情况,对主桥所在位置、结构特征、涉及悬索吊装的节段做简要介绍,对主缆结构、主缆主要参数、主索鞍结构、索夹结构形式、索夹参数、散索套构形式、吊索布置方式、吊索索规格、吊索与其他构件的连接方式、缆索系统、锚碇系统、风缆系统等进行说明,所需材料数量、规格、型号等列清单加以说明。

②工程地质情况:对比设计文件说明,结合项目现场实际踏勘情况,说明本方案实施区域的地形、地貌、地质等情况(附桥位地貌照片)。

③工程水文地质情况:说明桥位处设计洪水位、施工实测水位、荣枯期、气候特征、交通条件等情况。

④工程特点、难点:特点如吊装梁端的自重大小、桥位现状(桥梁跨径、桥梁高度、桥位处水面宽、平均水深、拟吊装时间的时令特点、通航状态、风向风速)、施工材料和运输条件、主要工程数量等。难点如桥结构体系是否复杂、气候条件是否恶劣、施工工期是否紧凑、交叉作业是否繁杂、主缆线形是否容易控制等。

(2)施工平面布置。

根据项目实际情况,标明施工道路、材料堆场、工地试验室、临时用水用电、消防设施布置、照明设置、临时支架、牵引工作索道布置、吊装设备等平面位置信息。

(3)周边环境条件。

说明周边现状建筑位置大小,说明其使用情况,详细说明电力线路、地下管线(供水、燃气、供电、通信等)的重要性、架线高度或埋置深度。

(4)施工要求。

明确质量、安全、进度、环水保目标要求,工期要求(本工程开工日期、计划竣工日期),工程计划开工日期、计划完工日期。

(5)风险辨识与分级。

根据风险评估报告,说明悬索吊装风险因素辨识以及安全风险等级。

2)编制依据

(1)规范性文件。

现行相关规范性文件等,例如《塔式起重机安全规程》(GB 5144—2006)、《起重机械安全技术监察规程》(TSGQ 0002—2019)、《建筑施工起重吊装工程安全技术规范》(JGJ 276—2012)。

(2)施工图设计文件。招标文件、勘察文件、设计图纸、建设单位相关规定等。

(3)施工组织设计、风险评估报告等。

3)施工计划

(1)施工进度计划。

根据主要节点目标及施工工艺工序,统筹现场设备、材料情况,简述施工进度计划安排,明确悬索吊装施工进度计划图(网络图或横道图)。

(2)材料与设备计划。

说明本方案所使用的材料、设备名称、规格型号、具体数量及用途。

(3)劳动力计划。

说明拟投入的施工管理人员、专职安全管理人员、特种作业人员以及其他人员。

(4)机械设备投入计划。

说明拟投入的机械设备。

4)施工工艺技术

(1)技术参数:说明悬索吊装各分系统主要技术参数;混凝土输送设备技术参数;列表说明主要施工设备性能参数。

(2)工艺流程:悬索吊装施工工艺流程。

(3)施工方法及操作要求:按照分部分项工程施工工艺流程,结合相关安全技术规程、质量评定验收标准等,制定吊装方案,按工艺、工序流程顺序详细叙述各个工艺、工序的施工方法,突出重难点的工艺、工序的控制要点及注意事项,对非关键工艺、工序做简要介绍或说明。

5)施工安全保证措施

(1)组织保障措施。

方案中应对项目安全生产管理体系进行简单介绍,明确安全组织机构(安全生产领导小组)、安全保证体系及相应人员安全职责等。安全生产领导小组组长为本项目负责人,公示相关应急管理电话。针对悬索吊装施工制定安全生产管理制度、安全教育培训制度及技术交底制度。

(2)技术保障措施。

各分项工程(塔柱墩台施工、牵引系统安装安全保障措施、索鞍安装保障措施、散索鞍安装保障措施、猫道安装保障措施、主缆安装保障措施等)制定针对性的安全保证措施(包括人身安全、高空安全、用电安全、机械设备安全措施等);制定冬/雨季施工保障措施、质量技术保证措施、文明施工保证措施、环境保护措施等。

(3)监测监控措施。

缆索起重机因工作范围较大,须明确指挥信号的监测监控措施(机上除配备信号灯、信号器外,还应配备无线电对讲机);说明起重作业的监测监控措施(如起重跑车支承于承重轨索上,缆索起重机起落刹车时注意吊重物反弹伤人,并采取防护措施预防吊重物反弹及摆动);缆索起重机使用初期,每次吊重前后以及起吊过程中均需测量观测锚碇位移,雨天更需严格执行。待运行步入正常后,可视情况逐步酌减观测次数;轨索跨中最大垂度及两轨索跨中垂度差,使用初期,每次吊重前后以及吊重过程中均需观测;施工过程周边环境安全等因素的人工巡查及巡查过程中处置流程或方案。

6）施工管理及作业人员配备和分工

（1）施工管理人员。

列出管理人员名单及岗位职责（如项目负责人、项目技术负责人、施工员、质量员、各班组长等）。

（2）专职安全人员。

列出专职安全生产管理人员名单及岗位职责。

（3）特种作业人员。

列出特种作业人员持证人员名单及岗位职责（附特种作业证书）。

（4）其他作业人员。

列出其他人员名单及岗位职责。

7）验收要求

（1）验收标准。

应满足《公路工程施工安全技术规范》（JTG F90—2015）、《公路工程质量检验评定标准　第一册　土建工程》（JTG F80/1—2017）等相关要求。

（2）验收程序。

悬索吊装施工必须每一道工序验收合格后方可进入下一道工序。施工过程工序验收应严格执行三检制。

（3）验收内容。

根据《公路工程质量检验评定标准　第一册　土建工程》（JTG F80/1—2017）及设计文件中相关指标相关要求进行验收。如预应力锚固系统中拉杆孔至锚固孔中心距、主要孔径、孔轴线与顶底面的垂直度、顶底面平行度、板厚、壁厚；锚碇混凝土块体中混凝土强度、轴线偏位、平面尺寸、基底高程、预埋件位置；索鞍制作中两平面的平行度、鞍体下面对中心索槽竖直平面的垂直度、鞍体底面对中心索槽底的高度、鞍槽的轮廓圆弧半径等指标。

（4）验收人员。

关键工序隐蔽验收参与人员：施工单位现场技术员、监理单位现场监理工程师、建设单位相关负责人、施工与监理单位试验室现场检测人员和主要负责人。

悬索吊装施工各工序验收参与人员：施工单位质检负责人、监理单位专业工程师、试验室相关主要负责人、建设单位工程部门负责人和中心试验室负责人及现场检测人员。

8）应急处置措施

（1）应急预案。

针对物体打击、机械伤害、高处坠落、洪涝、火灾、结构垮塌、触电、坠落溺水、食物中毒、传染病等风险源编制应急预案，明确应急处置领导小组组成与职责、应急救援小组组成与职责包括抢险、安保、后勤、医疗救护、善后、应急救援工作流程及应对措施、询问联系方式等，掌握项目参建、周边建（构）物产权单位各方联系方式、救援医院信息（名称、电话、救援线路）。

（2）现场应急措施。

在应急预案中应针对每种事故编写对应的现场应急救援与自救措施，明确应急处理程序,并对现场施工人员进行交底。

(3)应急物资准备。

制定应急物资与装备保障清单。

9)计算书及相关施工图纸

(1)施工设计计算书:悬索吊装计算书(吊装设备选型验算、主索、工作索、拱箱扣索验算)。

(2)相关图纸:施工平面布置图、监测点位布置图、吊装施工流程图、临时支墩、其他与本方案相关的图纸。

6.2 悬索吊装

悬索吊装是将承重钢索悬挂于两端支柱上(独脚桅杆、人字桅杆或塔架),通过挂在钢索上并行走的缆行车起吊、运输、安装构件,是一种采用非常规起重设备、方法的起重吊装工程,属于危险性较大的工程。采用悬索吊装,当单件起吊重量在100kN及以上时,应邀请专家对方案进行论证。悬索吊装系统布置示意图如图6-1所示。

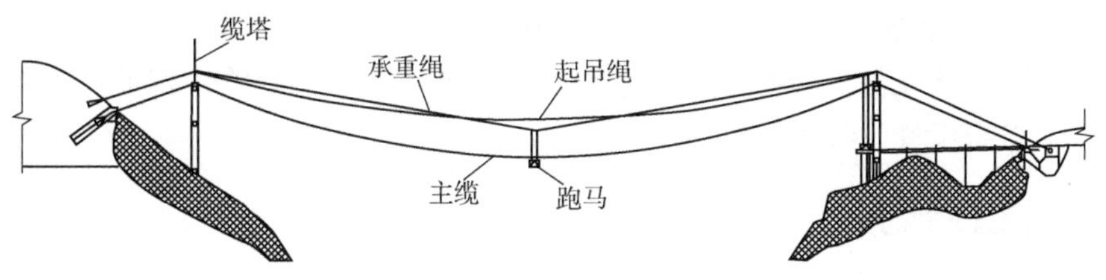

图6-1 悬索吊装系统布置示意图

6.2.1 工程概况

1)工程概况和特点

(1)工程基本情况:按照设计文件要求,结合项目实际情况,对主桥所在位置、结构特征、涉及悬索吊装的节段做简要介绍,对主缆结构、主缆主要参数、主索鞍结构、索夹结构形式、索夹参数、散索套构形式、吊索布置方式、吊索规格、吊索与其他构件的连接方式、缆索系统、锚碇系统、风缆系统等进行说明,所需材料数量、规格、型号等列清单说明。

(2)工程地质情况:对比设计文件说明,结合项目现场实际踏勘情况,说明本方案实施区域的地形、地貌、地质等情况(附桥位地貌照片)。

(3)工程水文地质情况:说明桥位处设计洪水位、施工实测水位、荣枯期、气候特征、交通条件等情况。

(4)工程特点、难点:特点如吊装梁端的自重大小、桥位现状(桥梁跨径、桥梁高度、桥位处水面宽、平均水深、拟吊装时间的时令特点、通航状态、风向风速)、施工材料和运输条件、主要工程数量等。难点如桥结构体系是否复杂,气候条件是否恶劣、施工工期是否紧凑、交叉作业是否繁杂、主缆线形是否容易控制等。

2)施工平面布置

根据项目实际情况,标明施工道路、材料堆场、工地试验室、临时用水用电、消防设施布置、照明设置、临时支架、牵引工作索道布置、吊装设备等平面位置信息。

3)周边环境条件

说明周边现状建筑位置大小,说明其使用情况,详细说明电力线路、地下管线(供水、燃气、供电、通信等)的重要性、架线高度或埋置深度。

4)施工要求

明确质量、安全、进度、环水保目标要求,工期要求(本工程开工日期、计划竣工日期),工程计划开工日期、计划完工日期。

5)风险辨识与分级

根据风险评估报告,说明悬索吊装风险因素辨识以及安全风险等级。

6.2.2 编制依据

(1)规范性文件。

现行规范性文件,例如《起重机械安全技术监察规程》(TSGQ 0002—2019)、《建筑施工起重吊装工程安全技术规范》(JGJ 276—2012)等。

(2)施工图设计文件。招标文件、勘察文件、设计图纸、建设单位相关规定等。

(3)施工组织设计、风险评估报告等。

6.2.3 施工计划

1)施工进度计划

明确总工期要求、悬索吊装的施工顺序,结合当地气象水文条件,保证前后工序有效连接。依此编制主要节点目标及悬索吊装施工的进度计划,该计划应具体到各工序的进度安排,如:地锚施工、塔架加工及安装、索鞍加工及安装、缆索系统、风缆系统的架设安装等,同时统筹现场各类工种、设备、材料的情况,并在影响工期的关键线路上加大投入,优化资源配置,挖掘人员和设备潜力,合理安排施工工期充分考虑技术间歇,附悬索吊装进度计划图(横道图或网络图)。

2)材料计划

列表说明本方案所使用的材料、设备名称、规格型号、具体数量及用途(如钢筋、钢绞线、钢丝绳、锚具、炮车、索鞍等)。

3)劳动力计划

列表说明拟投入的施工管理人员、专职安全管理人员、特种作业人员(如起重指挥、起重司机、电工、架子工、电焊工等)以及其他人员(如模板工、混凝土工、钢筋工、普工等),人员投入应根据施工进度及强度要求分批进场,做到既不耽误施工进度,又满足施工要求,不浪费人力。

4)机械设备投入计划

根据施工进度说明拟投入的机械设备名称、型号、数量,包括跑马、起重机、绳卡、滑车、千斤顶、预应力张拉设备、液压泵、卷扬机、交流电焊机、紧缆机、握索器、游标卡尺、磅秤、温度计、标准养生室、全球定位系统(Global Positioning System,GPS)测量设备、全站仪、水准仪等。

6.2.4 施工工艺技术

1)技术参数

说明悬索吊装各分系统主要技术参数、混凝土输送设备技术参数,列表说明主要施工设备性能参数。

2)工艺流程

悬索吊装工艺流程如图6-2所示。

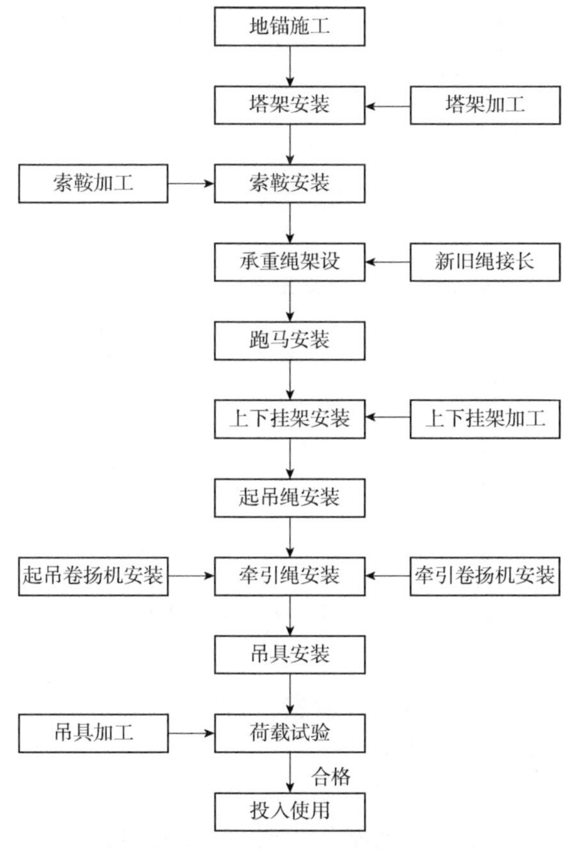

图6-2 悬索吊装工艺流程

3)施工方法及操作要求

(1)地锚。

①锚墙。

为了保证预应力力岩锚的成孔精度,通常采取先浇筑锚墙再进行预应力岩锚的施工方法。根据测量放样出来的岩锚中心位置,拉线把锚墙位置放样出来,再进行清表,把锚墙的后坡面开挖出来,绑扎钢筋,分层浇筑锚墙混凝土。在锚墙混凝土浇筑前,进行定位钢支架的安装,按承重绳对应坐标把岩锚孔道预留出来,如图6-3所示。

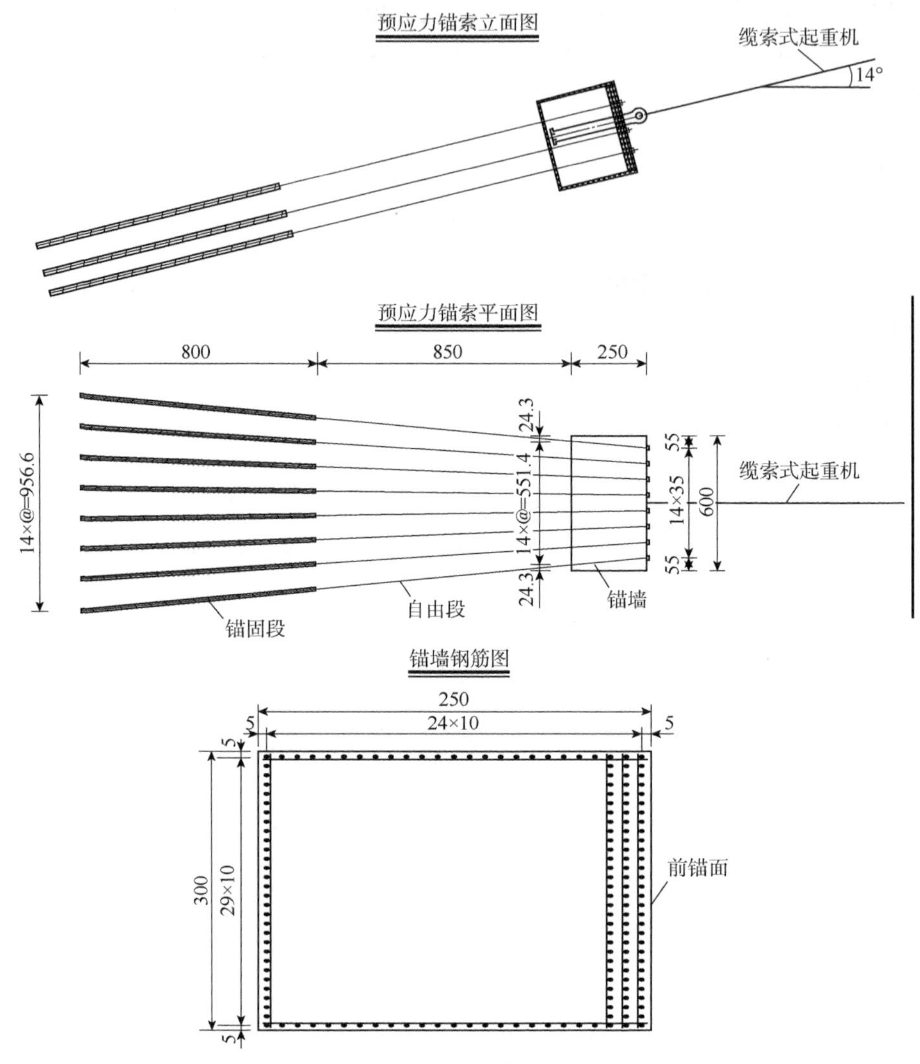

图 6-3　岩锚+混凝土锚墙地锚结构(尺寸单位:cm)

②拉带施工。

缆索式起重机地锚采用拉带锚固承重索,拉带安装前先安装定位钢支架,再按承重绳对应坐标把拉带安装在定位支架上。

③岩锚成孔。

在锚墙混凝土达到设计强度的 85%以上时,进行岩锚成孔施工,直接按照锚墙上的预留孔道位置钻进,确保钻孔施工有很高的精度。当钻孔达到设计深度后,应及时用高压风清理孔道,将钻渣清理干净,在锚索安装前应再次清孔,并检测钻孔深度。

④锚索的制作及安装。

锚索的制作应按照设计要求进行,在锚索制作过程中,应严格控制质量。钢绞线下料长度要准确,下料时宜用砂轮切割,以免钢绞线损伤,降低抗拉强度。

⑤岩锚的压浆。

锚索放置就位后应及时进行压浆施工。锚索压浆应质量可靠,锚索应位于锚孔中央,四周均被砂浆包裹,注浆饱满度应达到 95%以上,并采用止浆袋防止浆液溢出。

⑥锚索张拉。

当岩锚孔中压浆浆体的强度达设计张拉强度后,即可进行岩锚的张拉工作。在进行岩锚张拉之前,应首先确定张拉工艺。预应力锚索结构图如图 6-4 所示。张拉施工完成后,即可对自由段灌浆或封孔灌浆。

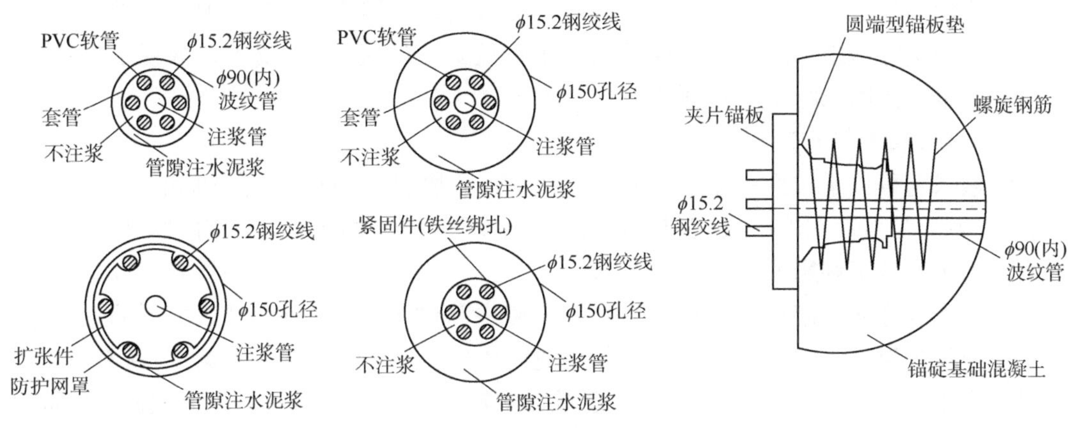

图 6-4　预应力锚索结构图(单位:mm)

(2)塔架拼装。

每个塔架构件通过塔式起重机吊装安装到位。

进行塔脚系统施工前,需塔顶预埋钢板表面进行清理,清除表面的杂物和粉尘,进行塔脚系统施工,施工时注意各焊缝尺寸和施焊顺序应满足《钢结构设计规范》(GB 50017—2017)和图纸要求。

塔架顶部设置两道横向承重梁。塔架安装完后应与塔顶门架联结成一个整体,以增加塔架整体的稳定性,如图 6-5 所示。

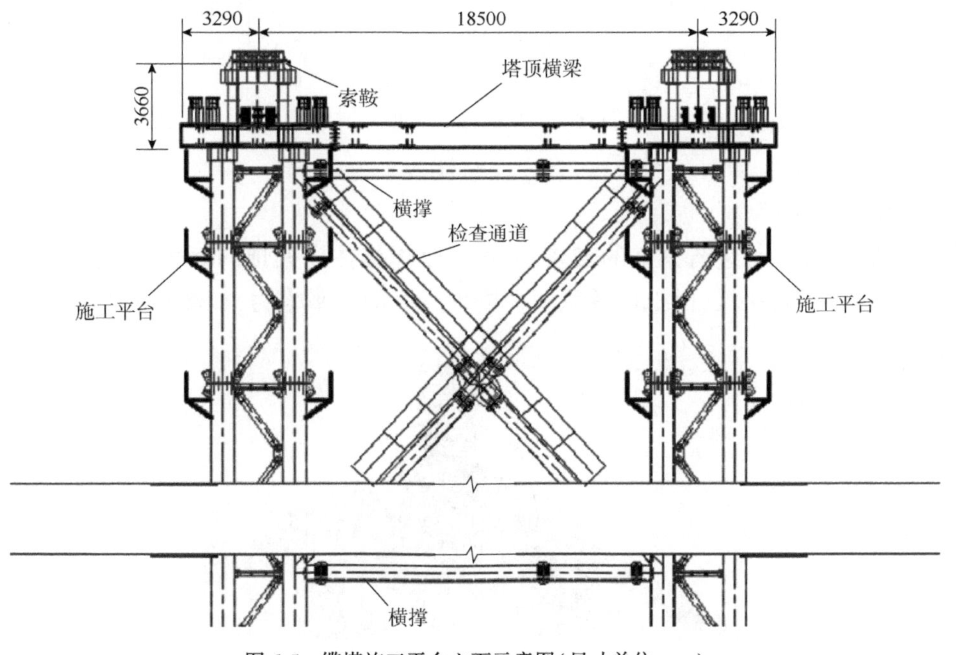

图 6-5　缆塔施工平台立面示意图(尺寸单位:mm)

(3)承重绳接长。

为了提高粗径钢丝绳的重复使用率,减少浪费,节约成本,钢丝绳的接长常有发生。旧钢绳使用前,必须安排专人对其外观质量进行排查,检查钢丝绳的磨损程度、断丝情况、润滑情况、变形情况以判断钢丝绳的合用度。旧钢绳使用前需要选取弯折最严重情况下的钢丝绳进行整拉试验,验证最小破断拉力和抗拉强度是否满足国家标准要求、可否用于工程实际施工。新旧钢丝绳接长采用销接式热铸锚接长,锚头采取现场浇铸,浇铸完毕后全部按国家标准进行顶压试验。

(4)地锚转向轮安装。

缆索式起重机承重绳一般由多根钢绳组成,吊物通过跑马系统分配作用在承重绳上,承重绳上受力存在不一致,引起承重绳的垂度不一致,影响跑马结构的运行,从而对缆索吊系统产生不利影响。

为了克服缆索式起重机承重绳受力不均衡引起的垂度不一致,可做如下的设置:在地锚处设置多组转向轮(图6-6),承重绳绕过转向轮后绳与绳之间对接起来,所有承重绳形成一个串联结构,承重绳的不均衡力通过转向轮转动使垂度不一致的承重绳调整成标高基本一致,承重绳受力基本均衡。

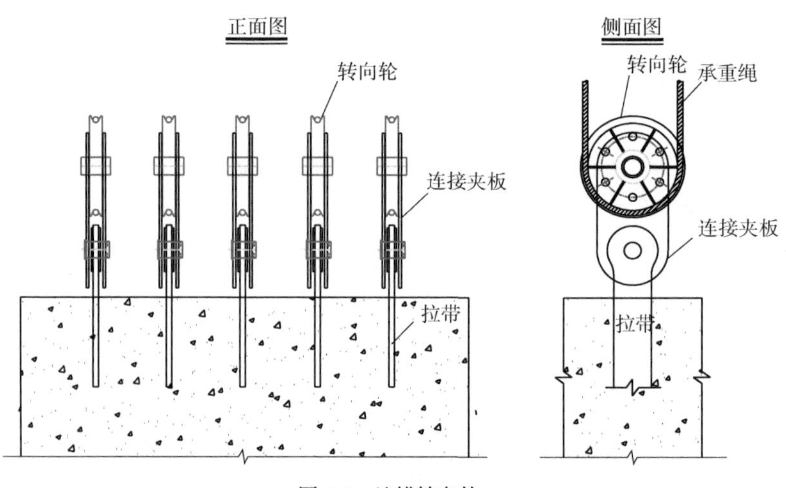

图6-6 地锚转向轮

(5)索鞍安装。

塔架拼装完成后,进行索鞍的安装,索鞍底座焊接在塔架顶的钢箱上,除了底座的平焊缝外,还需要焊接肋板,以抵抗承重索在塔顶产生的水平推力,如图6-7所示。

图6-7 塔顶鞍座

(6)承重索架设。

①承重绳架设顺序。

承重索的牵拉按由外向内的顺序进行,牵拉顺序如图6-8所示。

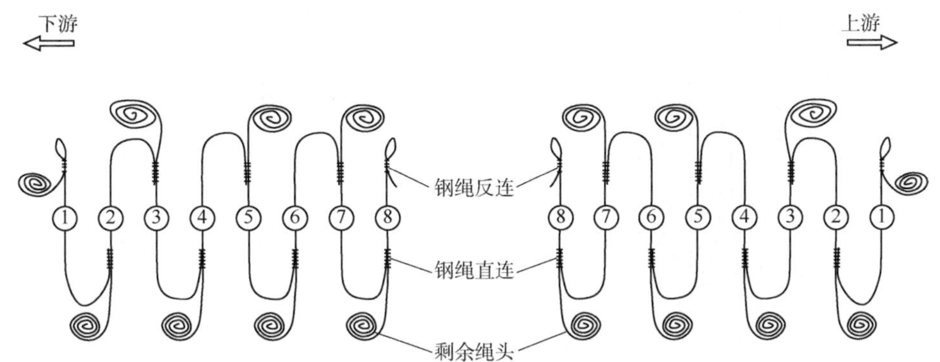

图6-8 缆索吊承重索牵拉顺序及连接示意图

②承重索的牵引。

缆索式起重机承重索的牵引利用主缆架设的牵引系统进行。承重索从放索架索盘松出,利用卷扬机牵拉至重力锚上方小门架处,然后连接拽拉器,拽拉器牵引至索塔,用同样的方法翻过索塔,再利用拽拉器牵拉至地锚处。

③承重索的入鞍。

承重索牵拉就位后,利用索塔顶门架上卷扬机,将塔顶范围内承重索提松,再利用塔式起重机提升将承重索入鞍(图6-9)。

图6-9 编索入鞍

④承重索调整。

承重索入鞍后,进行承重索的垂度调整。

⑤其他承重索架设。

进行下一根承重索的牵拉架设,步骤与第一根承重索架设方法基本相同,不同的是在两个边跨锚固时注意与前一牵拉的承重索对接,两根承重绳对接接头绳卡数量不少于20。

(7)跑马系统的安装。

承重索架设完毕后,在两岸索塔工作平台上拼装跑马滑车,跑马滑车分片安装在承重索上,再用组合轴将跑马连成整体,组装完成后安装运载梁、分配梁、上挂架。跑马结构示意图如图6-10所示,实景图如图6-11所示。

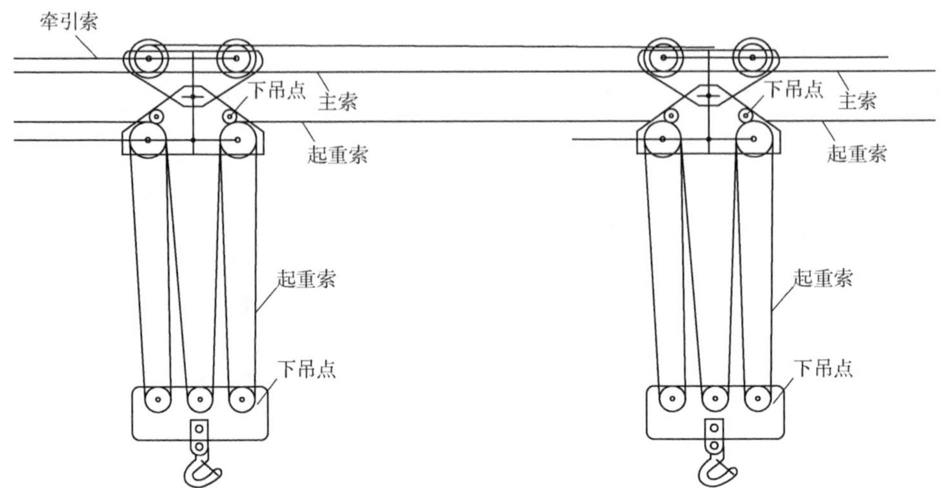

图 6-10　跑马结构示意图

图 6-11　跑马实景图

(8)起吊绳的安装。

起重索先从重力锚的起吊卷扬机上牵拉出来,经布置在重力锚混凝土上方的托轮,再从底座上方的压轮下穿过。利用拽拉器将起吊绳牵拉至索塔穿过索鞍和制索器,再穿过跑马上挂架、下挂架和另一个索塔,锚固于对岸散索鞍门架上,完成起吊绳的安装,如图 6-12 所示。

图 6-12　起吊绳实景图

(9)牵引绳的安装。

跑马系统形成、起吊绳架设完成后,将原主缆牵引系统拆除,每台卷扬机重新盘上钢丝绳作为牵引绳。

(10)吊架安装。

跑马下挂架下连接三角吊架作为起吊工具,三角吊架为等边三角形,三角吊架底下设一根 2I56 工字钢承重作为不同梁段的吊点分配。吊架安装通过销子直接与缆索吊下挂架连接。

至此,整个缆索式起重机系统形成。

(11)缆索式起重机拼装验收及试吊。

缆索式起重机全部拼装完成后,组织进行全面的检查验收,重点检查各部构件连接,钢绳的连接是否紧固可靠,跑车、滑轮组和动力设备是否操作灵活有效,并进行整机试运转,确认整机机构稳妥后方可实施吊装作业。

①空载试验。

空载试验目的主要是检验设备安装情况以及各项性能情况是否能满足图纸要求、安装是否正确,具体如下:

重点检查各部构件连接,钢绳的连接是否紧固可靠,跑车、滑轮组和动力设备是否操作灵活有效。

分别开动牵引卷扬机和起吊卷扬机,运行跑马,系统检查各部件的可靠性、起吊系统有无出现卡绳、提升速度是否同步及各配套的机具设备是否运行良好等。

用全站仪观测承重索在空载情况下的跨中位置处变形情况。

开动起吊卷扬机全程上下三次,要求二副起吊系统同步动作速度一致。

开动牵引机全程行走三次,要求二副跑马系统同步动作速度一致。

②荷载试验。

通过比较,利用桥面预制板作为缆索起重机单边的试吊荷载,目的通过试吊来检验缆索系统的吊重能力及系统工作状态是否正常。

加载步骤:分次按吊重的 50%、70%、100%、110%逐步加载,检查系统各受力部位。

试吊步骤:索塔跟前起吊试吊物离地面,静止→检查各受力部位→运行试吊物至跨中,静止→检查各受力数据,观测承重索垂度等→运行试吊物至对岸索塔跟前,静止→检查各受力数据,观测承重索垂度等→返回起点位置卸载。

③试吊试验。

试吊时主要观测要点如下:

承重索:对承重索各点的受力状况、垂度等进行测量观察。

塔架:在塔架处安装应变片,以测试塔架的变形和应力情况;在塔架顶上设定标志点,用全站仪在横桥向和桥轴线两个方向上观测塔顶位移;在塔脚斜撑上安装应变片以观测斜撑变形和应力情况。

地锚:在地锚拉带上设定标志点,起吊后用全站仪观察无位移变形,并且在拉带上安装应变片以观测预埋拉带受力情况。

导向轮、索鞍:对缆索吊导向轮、索鞍鞍座等部位的钢板、焊缝等注意观察。

起吊绳和牵引绳:检查其受力和锚固情况。

起吊和牵引卷扬机:主要检查其受力和刹车情况。

6.2.5 施工安全保证措施

1)组织保障措施

方案中应对项目安全生产管理体系进行简单介绍,明确安全组织机构(安全生产领导小组)、安全保证体系及相应人员安全职责等。安全生产领导小组组长为本项目负责人,公示相关应急管理电话。针对悬索吊装施工制定安全生产管理制度、安全教育培训制度及技术交底制度。

2)技术保障措施

各分项工程(塔柱墩台施工、牵引系统安装安全保障措施、索鞍安装保障措施、散索鞍安装保障措施、猫道安装保障措施、主缆安装保障措施等)制定针对性的安全保证措施(包括人身安全、高空安全、用电安全、机械设备安全措施等);制定冬/雨季施工保障措施、质量技术保证措施、文明施工保证措施、环境保护措施等。

3)监测监控措施

缆索式起重机因工作跨度较大,应明确指挥信号的监测监控措施(机上除配备信号灯、信号器外,还应配备无线电对讲机);说明起重作业的监测监控措施(如起重跑车支承于承重轨索上,缆索式起重机起落刹车时注意吊重物反弹伤人,并采取防护措施预防吊重物反弹及摆动);缆索式起重机使用初期,每次吊重前后以及起吊过程中均需测量观测锚碇位移,雨天更需严格执行。待运行步入正常后,可视情况逐步酌减观测次数;轨索跨中最大垂度及两轨索跨中垂度差,使用初期,每次吊重前后以及吊重过程中均需观测;施工过程周边环境安全等因素的人工巡查及巡查过程中处置流程或方案。

6.2.6 施工管理及作业人员配备和分工

1)施工管理人员

列出管理人员名单及岗位职责(如具有悬索吊装施工经验的项目负责人、项目技术负责人、施工员、质量员、各班组长等)。

2)专职安全人员

列出专职安全生产管理人员名单及岗位职责(熟悉悬索吊装施工工艺及安全管控要点,如导索过江、索鞍安装、承重绳架设、猫道安装等),附安全管理人员安全考核证书。

3)特种作业人员

列出特种作业人员持证人员名单及岗位职责,附特种作业证书。

特种作业人员应包括而不限于电工、焊接与热切割作业人员、汽车起重机司机、登高作业人员、信号指挥工、司索工、船舶司机等。

4)其他作业人员

列出其他人员名单(保通人员、辅助工人、组装工等)及岗位职责。

6.2.7 验收要求

1)验收标准

悬索吊装工程各项有关验收标准及验收条件应满足《公路工程施工安全技术规范》(JTG F90—2015)、《公路工程质量检验评定标准 第一册 土建工程》(JTG F80/1—2017)等相关要求。

2)验收程序

悬索吊装施工必须每一道工序验收合格后方可进入下一道工序。施工过程工序验收应严格执行三检制。

3)验收内容

根据《公路工程质量检验评定标准 第一册 土建工程》(JTG F80/1—2017)及设计文件中相关指标相关要求进行验收,包括预应力锚固系统中拉杆孔至锚固孔中心距、主要孔径、孔轴线与顶底面的垂直度、顶底面平行度、顶底面板厚、顶底面壁厚;锚碇混凝土块体中混凝土强度、轴线偏位、平面尺寸、基底高程、预埋件位置;索鞍制作中两平面的平行度、鞍体下面对中心索槽竖直平面的垂直度、鞍体底面对中心索槽底的高度、鞍槽的轮廓圆弧半径等指标。

4)验收人员

关键工序隐蔽验收参与人员:施工单位现场技术员、监理单位现场监理工程师、建设单位相关负责人、施工与监理单位试验室现场检测人员和主要负责人。

悬索吊装施工各工序验收参与人员:施工单位质检负责人、监理单位专业工程师、试验室相关主要负责人、建设单位工程部门负责人和中心试验室负责人及现场检测人员。

6.2.8 应急处置措施

1)应急预案

针对高空坠落、物体打击、机械伤害、触电、起重伤害、车辆伤害、高温中暑以及火灾、大风等自然灾害的应急预案,涉及水上施工的导索过江、承重索过索、牵引索过索、起重索过索等应急预案;明确应急处置领导小组组成与职责、应急救援小组组成与职责,包括抢险、安保、后勤、医疗救护、善后、应急救援工作流程及应对措施、询问联系方式等,掌握项目参建、周边建(构)物产权单位各方联系方式、救援医院信息(名称、电话、救援线路)。

2)现场应急措施

在应急预案中应针对每一种事故编写对应的现场应急救援与自救措施,明确应急处理程序,并对现场施工人员进行交底。

3)应急物资准备

制定应急物资与装备保障清单。

6.2.9 计算书及相关施工图纸

(1)施工设计计算书:悬索吊装计算书(吊装设备选型验算、主索、工作索、拱箱扣索验算)。

(2)相关图纸:施工平面布置图、监测点位布置图、吊装施工流程图、临时支墩、其他与本方案相关的图纸。

6.3 架桥机安拆

高速公路作为交通工程的重要组成部分,近些年规模逐渐扩大,数量不断增多。高速公路修建过程中涉及桥梁工程的施工,目前桥梁上部结构施工较快的一种工艺是架桥机铺设预制梁板,既能提升高速公路桥梁架设施工的机械化水平,又能加快施工总体进度。采用非常规起重设备、方法,且单件起吊重量在100kN及以上的起重吊装工程,起吊重量在300kN及以上的起重设备安装、拆卸工程,应编制专项施工方案并邀请专家对方案进行论证。

6.3.1 工程概况

1)工程概况和特点

(1)工程基本情况:按照设计文件要求,结合项目实际情况,对实施预制梁运输路线及吊装对应主桥所处位置及其周边环境情况进行详细说明。列表说明本方案需运输及吊装的工程量。说明预制场布置情况以及桥梁架设顺序;明确本方案的实施范围;列表说明本方案所包含的架桥机架设梁板的工程量。

(2)工程地质情况:对比设计文件说明,结合项目现场实际踏勘情况,对实施区域的地形、地貌、地质、水文、气象等情况进行简要说明,如施工期间最大风速。

(3)工程水文地质情况:说明架桥机安拆处地表水、地下水等情况。

(4)工程特点、难点:架桥机纵向稳定性、横向抗倾覆稳定性。

2)施工平面布置

项目根据实际情况、组织机构设置及施工调查资料等情况,结合施工总体规划、工期、成本等因素,确定架桥机安装拆除平面布置方案、吊装方案进行详细说明(须表示清楚施工区域平面布置图表示清楚本桥区域内架桥机设备等平面位置。

3)周边环境条件

说明架桥机安装拆除吊装时所处位置周边环境施工现场条件,邻近道路的重要性、使用情况,电力线路、地下管线(供水、燃气、供电、通信等)的重要性或埋置深度。

4)施工要求

明确质量、安全、进度、环水保目标要求,工期要求(本工程开工日期、计划竣工日期),工程计划开工日期、计划完工日期。

5)风险辨识与分级

根据风险评估报告,说明架桥机安拆风险因素辨识以及安全风险等级。

6.3.2 编制依据

(1)规范性文件。

依据现行规范性文件,例如《起重机设计规范》(GB/T 3811—2008)、《钢结构设计标准(附条文说明)》(GB 50017—2017)、《公路桥涵设计通用规范》(JTG D60—2015)、《公路桥涵施工技术规范》(JTG/T F50—2020)、《钢结构工程施工质量验收标准》(GB 50205—2020)、《建设工程安全生产管理条例》《特种设备安全监察条例》《建筑起重机械安全监督管理规定》《建筑施工特种作业人员管理规定》《建筑起重机械备案登记办法》等。

(2)施工图设计文件。包括招标文件、勘察文件、设计图纸、建设单位相关规定等。

(3)施工组织设计、风险评估报告等。

6.3.3 施工计划

1)施工进度计划

根据主要节点目标及施工工艺工序,统筹现场设备、材料情况,简述施工进度计划安排,明确架桥机安拆施工进度计划图(网络图或横道图),架桥机的安装结合项目工程实际进展情况进行,架桥机的拆除具体日期结合工地实际情况在桥梁梁板架设完毕后进行。

2)材料计划

说明本方案所使用的材料名称、规格型号、具体数量及用途(如钢丝绳、缆风绳、方木、轨道、主梁、支腿、天车等)。

3)劳动力计划

说明拟投入的施工管理人员、专职安全管理人员、特种作业人员以及其他人员。

4)机械设备投入计划

说明拟投入的机械设备名称、型号、数量(如汽车起重机、手拉葫芦、电工工具等)。

6.3.4 施工工艺技术

1)技术参数

说明架桥机主要技术参数(结构形式、工作坡度、桥梁最大横坡、最小工作平曲线半径、起重天车最大起升高度、起重天车纵向移动速度、整机横移速度、前中后支腿数量、整机自重等);介绍架桥机各部件(主桁架、前中后支腿、起重天车、液压系统、电气系统);列表说明架桥机各部件重量。

2)工艺流程

架桥机安装工艺流程如图 6-13 所示。架桥机拆除工艺流程如图 6-14 所示。

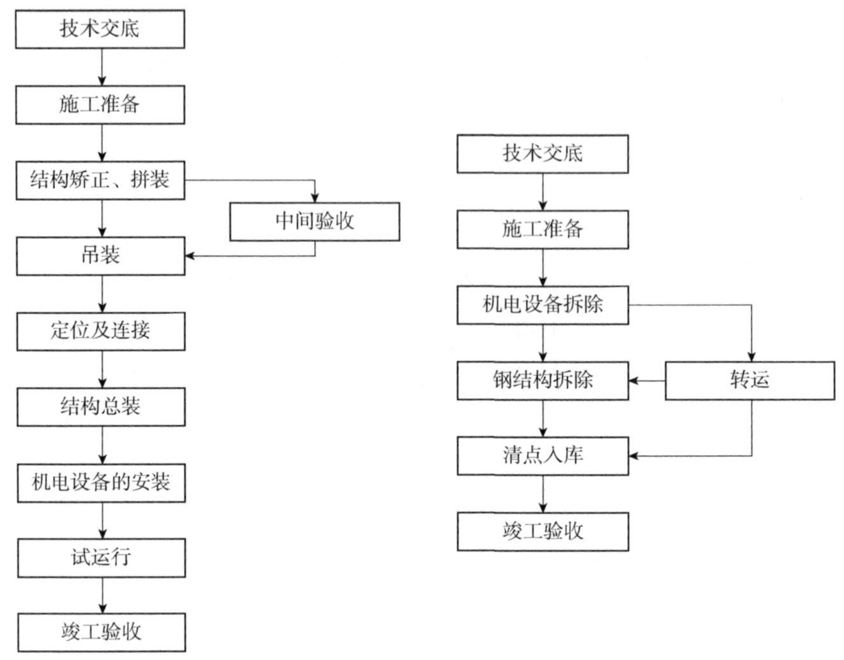

图 6-13　架桥机安装工艺流程　　　　图 6-14　架桥机拆除工艺流程

3) 施工方法及操作要求

(1)架桥机拼装施工工艺技术。

①安放中横移轨道。

枕木摆放:在桥头或预制梁端头上横向摆放枕木,两根枕木间距约为 0.5m,尽可能水平,摆成一条直线且与前桥墩平行,并在枕木间用抓钉连接牢固。

横移轨道摆放:用汽车起重机横移轨道各节摆放在枕木上。

连接:用专用铆钉固定横移轨道。

超平:用全站仪抄平横移轨道。

支垫:横移轨道与枕木有间隙或不太实的地方,用钢板支垫实落,特别注意横移轨道悬臂端。此步骤中横移吊装一定要垂直起吊,安装过程中人员不准站在吊钩下;横移轨道下枕木一定要垫实,防止轨道侧翻伤人。

②安放中托轮组。

中托下轮组摆放:让电机安装位置朝向后方,把中托下轮组摆放在横移轨道上,尽可能与运梁平车轨道相对。

电机减速机总成的安装:中托下轮组有齿轮边脱离轨道,上面涂抹适量的润滑脂,用螺栓把电机减速机总成安装在中托下轮组上,并添加齿轮油。

旋转座安装:摆放旋转座于中托下轮组上,安装旋转销轴及螺母、垫片。

反托轮组安装:摆放反托轮组于旋转座上,安装鞍座销轴并插上开口销。

电机减速机总成的安装:轮齿上涂抹适量的润滑脂,用螺栓把电机减速机总成安装在反托轮组上。

中托连杆:用销轴把中托下轮组与中托连杆连接,安装开口销,此步骤中中托轮组易产生翻滚，一定要先在地上翻至起吊位置再垂直起吊，以免伤人；旋转销轴一定要安装到位。

③拼装主梁。

安放前端梁节：搭起和中托一样高的枕木梁，用汽车起重机把前端梁节摆放在中托和枕木垛上。

依次组拼梁节：另搭起一组枕木垛，用销轴把梁节与前节梁连接，安装开口销，然后拆除前一组枕木垛用来搭下一组枕木垛，重复上述步骤按编号依次组拼各梁节（如果有起重量足够大的起重设备，可按编号依次组拼各梁节，再放在中托上）。

此步骤安全技术要求：主梁属桥机最重要的部件，每节约7~9t，挂钢丝绳一定要两端平均分后再起吊，以防主梁侧翻。枕木垛搭建一定要水平，基座宽度一定要超过主梁宽度，以防偏心受力后侧翻。

④拼装前框架梁。

摆放：用汽车起重机或其他起重设备吊起前框架，对正主梁前端的鞍座。

连接：插上销轴，插上开口销。

此步骤安全技术要求：拼接并框架，损伤人员再主衔上，一定要系安全绳子或安全带；焊接并框架梁耳板一定要牢固。

⑤后上横梁。

摆放：用汽车起重机或其他起重设备吊起后上横梁，摆放在末端梁节的横梁固定座上。

连接：用螺栓进行连接并紧固。

此步骤安全技术要求：用起重机起吊时，起重机底座一定要垫平、垫实。

⑥拼装前支腿。

液压泵安装：把花纹板铺设在前支位置旁边的主梁架内作为工作平台，把液压泵安放在工作平台上，用铁丝固定在工作平台上，在液压泵里添加液压油。

千斤顶安装：把千斤顶缸体固定端用销轴固定在主梁上的吊耳上，插上开口销，连接高压油管。

电机减速机总成的安装：前支轮组有齿轮边向上，轮齿上涂抹适量的润滑脂，用螺栓把电机减速机总成安装在前支轮组上添加齿轮油。

支腿安装：用螺栓把前支轮组、标准节、前支伸缩管连成一体。

托架安装：把托架套在伸缩管上，插上销轴，然后用螺栓组把托架、支腿一起安装在主梁上，插上销轴与千斤顶活塞端连接，插上开口销。

前支连杆：用销轴把前支轮组是支连杆连接，插上开口销。

此步骤安全技术要求：液压泵安放一定要牢固，以防下部轮轴滑行；前支腿安放下部一定不能站人；千斤顶高压轴管螺栓连接一定要牢固，以防泄油伤人。前支连杆焊接人员一定要系安全带。

⑦拼装后支腿。

泵站安装：把花纹板铺设在后支位置旁边的主梁架内作为工作平台，把液压泵安放在工作平台上，用铁丝固定在主梁上，在液压泵里加液压油。

千斤顶安装：把千斤顶缸体固定端用销轴固定在主梁上的吊耳上，插上开口销，连接高压油管。

电机减速机总成的安装：后支轮组有齿轮边向上，在轮齿上涂抹适量的润滑脂，用螺栓把电机减速机总成安装在后支轮组上，添加齿轮油。

托架安装：把托架套在后支伸缩管上，插上销轴，然后用螺栓组把托架、支腿一起安装在主梁上，伸缩管用销轴与千斤顶活塞端连接，插上开口销。

后支轮组的安装：把后支轮组按照工作状态安放在铺设好的运梁轨道上，且在后支正下方，然后把后支连接梁吊放在后支轮组上，对正法兰板，用螺栓把后支轮组与后支连接梁连成一体。

后支连接梁的安装：后支伸缩管下落，对正法兰盘，用螺栓把后支伸缩管与后支连接梁连接起来。

主梁及导梁安装完成示意图如图6-15所示。

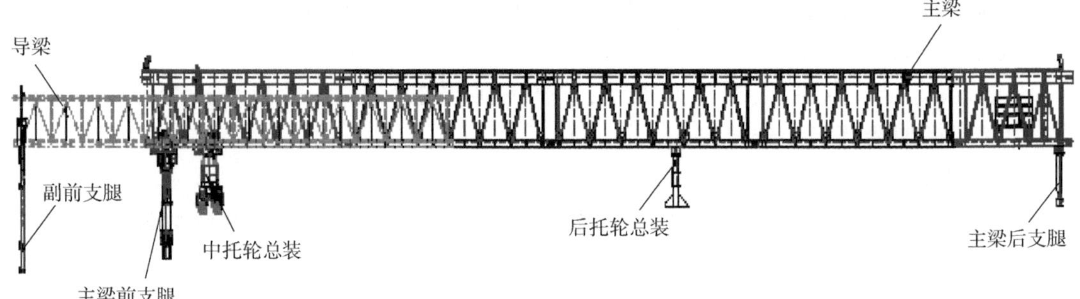

图6-15　主梁及导梁安装完成示意图

⑧拼装天车。

电机减速机总成的安装：天车轮组有齿轮边向上，轮齿上涂抹适量的润滑油脂，用螺栓把电机减速机总成安装在天车左右轮组上，添齿轮油。

天车轮组的安装：摆放好已装电机减速机总成的天车左右轮组，吊起天车梁安放在天车左右轮组上，用销轴和销轴把天车梁和天车左右轮组连接起来。

定滑轮组、起重小车的安装：把定滑轮组、起重小车安放在天车梁上，起重小车在定滑轮组的正上方，安装板簧，用螺杆连接定滑轮组和板簧，调节螺杆，让定滑轮组脱离天车梁，且螺杆有一定的预紧力。

小卷扬机的安装：把卷扬机摆放在座板上，用螺栓连接，安装天车梁另一端的导向滑轮，缠绕钢丝绳。

卷扬机的安装：把卷扬机摆放在起重小车上，用螺栓固定，添加齿轮油。

安放天车：把组装好的天车吊放在主梁轨道上。

动滑轮、吊具的安装：卷扬机松绳，缠绕钢丝绳，用绳扣固定钢丝绳，把吊具与动滑轮连接起来。

此步骤安全技术要求：天车必须先下地面安装完毕后一次起吊；走主梁上人员一定要系安全带；定滑轮组一定要打扫干净再穿钢丝绳，并观察滑轮片是否运行正常；动滑轮反吊具安装时，上部卷扬机卷筒处安排专人将钢丝绳绑紧，扎实。

架桥机安装就位如图6-16所示。

⑨电器系统安装。

线架安装:在主梁侧面、天车梁两端合适位置焊上滑线架,穿上线轮,用花篮栓张紧滑线。

电控柜安装:在中托位置主梁架内用花纹板铺设工作台,然后把电控柜安放在工作台上并固定。

附件的安装:在前支轮组、中托下轮组、天车轮组上安装缓冲器和限位开关,在定滑轮处安装重锤开关,在卷扬机上安装电阻切除器。

图6-16 架桥机安装就位

线路的铺设和捆扎:铺设卷扬机主线、电阻切除器信号线,铺设重锤开关信号线,铺设天车轮组主线和限位开关信号线,铺设前支轮组主线和限位开关信号线,铺设中托轮组主线和限位开关信号线,铺设前后泵站主线,铺设后支轮组主线。

各机构的调试运行:调整各运行电机转向,使其和控制面板表示一致,调整各运行电机的刹车达到使用要求。

(2)架桥机拆除施工工艺技术。

①拆除前的准备。

应将架桥机随机文件如图纸和有关技术资料准备齐全,并以此为依据拟定有关施工文件。

拆除前,应对设备进行全面检查、清理,如发现有损伤、腐蚀或其他缺陷,应在拆除前予以处理,合格后方可拆除。

②拆除场地。

场地应平整、无障碍物,一般选定已架设完成的桥梁桥台段路基上。

场地应设有排水设施且排水通畅。

起重机作业区域应无高压线及其他电力线通过。

③拆除顺序及施工组织。

架桥机的拆除按照电器系统拆除→伸缩系统拆除→提升小车拆除→前支腿及副前支腿的调整→主梁及导梁拆除→中托横移轨道、中托轮、后托轮的拆除→前支腿拆除的顺序完成。

(3)操作要求。

①架桥机安装要求。

按拟定的工艺进行架桥机的安装。

确定安装的指挥人员、执行人员、检查人员,各司其职,统一指挥。

密切注意安装设备及极距动作情况(特别是起吊设备、钢丝绳及捆扎结头等以完好牢固固定连接情况等)。

选好吊装着力点及吊装辅助结构,注意起重机在吊装时其他安装载荷不能大于起重机设计的安装载荷。

注意其中各部分正确就位及在空中的正确连接,特别是保证连接件的牢固有效、符合安装规范要求。

做好安装过程的记录和意外情况的及时处理。

②架桥机拆除要求。

架桥机应由具有拆除资质的单位和具有拆除资格的人员进行拆除。

参与拆除人员必须熟悉本机的结构、技术特征，电器元件的拆除必须由专业电工进行操作。

拆除前准备：按编号的序号检查各部分组件、部件是否齐全，检查数量、种类，检查各组件、总成及其他各构件是否齐全、完好，有无损伤、损坏、重要的拆除面有无损伤。

拆除顺序要与安装顺序相反，应自上而下地对架桥机主体结构进行拆除。

架桥机拆除前应设置操作区域，并使用警戒标志进行隔离，设立标志标牌，严禁非施工人员进入拆除操作区域。

对部件进行清洁，做好拆除所需的工具、机具设备的准备工作。

电器元件的拆除：电器元件的拆除应根据电器接线图和电器原理进行拆除。

拆除时严禁碰、刮伤安装面及连接销、轴等的机械加工面。

主要钢结构的连接螺栓拆除时，应以螺栓的对称（对角）位置从内向外（或从外向内）逐次按规定的扭矩旋松螺母。

吊运时要严格遵守起吊安全操作规程。

拆除后的部件要妥善放置，做好防雨、防腐、防尘。

6.3.5 施工安全保证措施

1）组织保障措施

方案中应对项目安全生产管理体系进行简单介绍，明确安全组织机构（安全生产领导小组）、安全保证体系及相应人员安全职责等。安全生产领导小组组长为本项目负责人，须公示相关应急管理电话。针对架桥机安拆施工制定安全生产管理制度、安全教育培训制度及技术交底制度。建立健全各项安全规章制度，做到依法办事；加强安全教育，提高广大职工的安全意识和防范安全事故的能力；及时开展安全生产大检查，消除事故隐患；制定切实可行的安全技术措施，在施工中严格执行；遵守一切指导安全、消防与职业健康方面的法规和规定并提供一切安全装置、设备与保护器材，以保护职工的生命、健康及公众的安全。

2）技术保障措施

技术保障措施包括施工现场安全技术要求、供电与电气设备安全措施、机械设备使用安全技术措施、架桥机拆除安全规定、架桥机高空作业安全技术措施、安装拆除工作管理制度和安全操作规程、用电安全管理、设备安全管理、施工现场安全防护措施等几个方面。

3）监测监控措施

监测各支腿顶升液压缸是否受力，各机构支撑是否可靠；主梁是否水平；各类限位器是否牢固可靠；吊具有无变形、缺损；卷扬机的制动是否可靠，制动是否灵敏。钢丝绳有无损伤，排列是否正确有序，绳卡安装是否正确可靠。监控架桥机过孔时支腿与行走运输机构绞座结合是否紧密,架桥机是否水平。机械运转过程中,应随时监视机械各部的运转及仪表指示信号的情况,若发现异常(如剧烈振动、异响、异味、泄漏、温度、压力等突变),应立即停机检查。

对架桥机天车纵向行程、高度、天车横向行程、重量、风速、水平度、支脚垂直度、整体纵向行程、整体横向行程等八种不同量进行测量、记录,从而能够有效避免架桥机运转过程中存在的结构自身危险(超重、风速、倾斜危险)。

6.3.6 施工管理及作业人员配备和分工

1)施工管理人员

列出管理人员名单及岗位职责(如具有架桥机安拆施工经验的项目负责人、项目技术负责人、施工员、质量员、各班组长等)。

2)专职安全人员

列出专职安全生产管理人员名单及岗位职责(熟悉架桥机安拆施工工艺及安全管控要点,如喂梁、落梁就位、架桥机过孔等),附安全管理人员安全考核证书。

3)特种作业人员

列出特种作业人员持证人员名单及岗位职责,附特种作业证书。

特种作业人员应包括而不限于电工、焊接与热切割作业人员、汽车起重机司机、架桥机安装拆卸工、登高作业人员、信号指挥工、司索工等。

4)其他作业人员

列出其他人员名单(保通人员、辅助工人等)及岗位职责。

6.3.7 验收要求

1)验收标准

各项有关验收标准及验收条件应满足《起重机设计规范》(GB/T 3811—2008)、《起重机械安全规程　第1部分　总则》(GB/T 6067.1—2010)、《起重机　钢丝绳　保养、维护、检验和报废》(GB 5972—2023)、《起重设备安装工程施工及验收规范》(GB 50278—2010)、《电气装置安装工程　起重机电气装置施工及验收规范》(GB 50256—2014)等相关要求。

2)验收程序

项目部自检(合格)→驻地办验收(合格)→项目公司验收(合格)→属地管理部门报备。

3)验收内容

(1)架桥机安装后的检验。

(2)架桥机试运转验收(动、静负荷验收)。

4)验收人员

验收由安全部会同质检部进行,现场各工序的施工过程验收工作由工程队长和质检部人员负责,自检合格后统一由安全部人员向属地管理部门报检。

6.3.8 应急处置措施

1)应急预案

针对现场架桥机安装拆除中存在的高空坠落、触电、机械伤害、高空中暑等风险源编制应急预案,明确应急处置领导小组组成与职责、应急救援小组组成与职责,包括抢险、安保、后勤、医疗救护、善后、应急救援工作流程及应对措施、询问联系方式等,掌握项目参建、周边建(构)物产权单位各方联系方式、救援医院信息(名称、电话、救援线路)。

2)现场应急措施

针对架桥机安装拆除制定高空坠落、物体打击事故的应急预案措施;触电事故的应急预案措施;机械伤害事故的应急预案措施;高空中暑的应急预案措施;倾翻、折断、倒塌事故的应急预案措施。

3)应急物资准备

制定应急物资与装备保障清单。

6.3.9 计算书及相关施工图纸

(1)施工设计计算书:架桥机计算书、钢丝绳计算书等。

(2)相关图纸:施工布置平面图、进度计划图(横道图或者网络图)、架桥机特种设备相关图纸、其他有关本方案的图纸。

6.4 门式起重机安装与拆除

随着公路工程建设的不断发展,门式起重机应用于预制场、钢筋加工场,既能提升公路建设的机械化水平,又能加快施工总体进度。采用非常规起重设备、方法,且单件起吊重量在100kN及以上的起重吊装工程;起吊重量在300kN及以上的起重设备安装、拆卸工程应编制专项施工方案并邀请专家对方案进行论证。

6.4.1 工程概况

1)工程概况和特点

(1)工程基本情况:说明本方案的预制场或钢筋加工场情况(预制场门式起重机位置、布置、梁板类型、梁板数量等);明确本方案的实施范围(钢筋加工的钢筋下料、钢筋加工及钢筋成品运输等);说明本方案所包含的门式起重机数量(轨道长度、门式起重机起重量)。

(2)工程地质情况:结合项目现场实际踏勘情况,对实施区域的地形、地貌、地质、水文、气象等情况进行简要说明。

(3)工程水文地质情况:说明架桥机安拆处地表水、地下水等情况。

(4)工程特点、难点:安装过程中作业面或基础条件,拆除过程中影响悬挂点的重量分布等要素。

2）施工平面布置

根据实际情况，项目组织机构设置及施工调查资料等情况，结合施工总体规划，工期、成本等因素，描述门式起重机安拆场地场地用水用电、临时排水、消防布置及施工设备等平面位置信息。

3）周边环境条件

说明门式起重机安拆位置周边环境施工现场条件，邻近道路的重要性、使用情况，电力线路、地下管线（供水、燃气、供电、通信等）的重要性或埋置深度。

4）施工要求

明确质量、安全、进度、环水保目标要求，工期要求（本工程开工日期、计划竣工日期），工程计划开工日期、计划完工日期。

5）风险辨识与分级

根据风险评估报告，说明门式起重机安拆吊装风险因素辨识以及安全风险等级。

6.4.2　编制依据

（1）规范性文件。

现行相关规范性文件，例如《通用门式起重机》（GB/T 14406—2011）、《特种设备安全监察条例》《建筑起重机械安全监督管理规定》《建筑施工特种作业人员管理规定》《建筑起重机械备案登记办法》等。

（2）施工图设计文件。包括招标文件、勘察文件、设计图纸、建设单位相关规定等。

（3）施工组织设计、风险评估报告等。

6.4.3　施工计划

1）施工进度计划

根据主要节点目标及施工工艺工序，统筹现场设备、材料情况，绘制门式起重机安拆施工进度计划图（网络图或横道图）。

2）材料计划

列表说明本方案所使用的材料名称、规格型号、具体数量及用途（如枕木、缆风绳、钢丝绳、铁丝等）。

3）劳动力计划

列表说明拟投入的施工管理人员、专职安全管理人员、特种作业人员以及其他人员。

4）机械设备投入计划

根据施工进度说明拟投入的机械设备名称、规格型号、具体数量（如汽车起重机、电焊机、千斤顶、手拉葫芦、扳手、撬棍等）。

6.4.4　施工工艺技术

1）技术参数

分别说明门式起重机主要技术参数（如工作级别、整机重量、跨度、额定起重量、起升高度、起升速度、大车行走速度、整机总功率等）；说明门式起重机采用的主要结构形式，三角桁架为受力单元；单元间采用销轴及螺栓副连接，分段制造，现场拼装；支腿采用无缝钢管焊接成桁架结构；说明起重系统卷扬机的型号；核算预制场最大起重量是否超过门式起重机额定重量（考虑门式起重机起重降低系数）。

2）工艺流程

门式起重机安装工艺流程如图6-17所示，拆除工艺流程如图6-18所示。

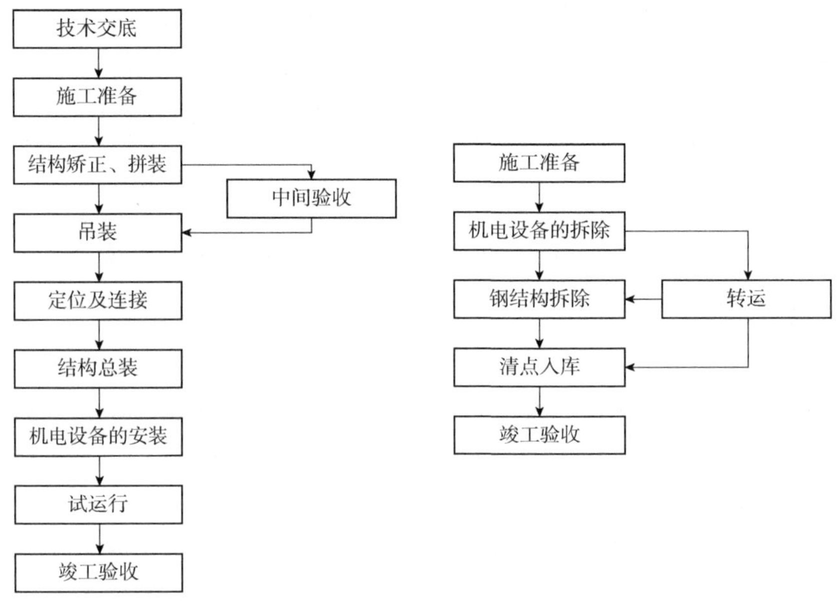

图6-17　门式起重机安装工艺流程

图6-18　门式起重机拆除工艺流程

3）施工方法及操作要求

（1）门式起重机安装。

开始→轨道复检→主梁组装→行走下横梁安装一连接支腿与行走下横梁→整体起吊门式起重机→连接支腿与主梁→操作室安装→电气系统安装一安全装置安装→整机检查→空载调试→负荷试验→结束。

①轨道的复检。

轨道应可靠固定，螺栓不得松动，压板不得变形，轨面不得有裂纹、疤痕和影响安全运行等缺陷；两轨道轨距误差不大于10mm；轨道顶面的纵向倾斜度不大于3/1000，且全行程内高低差不大于10mm；同一截面内两平行轨道的高程相对差不大于10mm；轨道接头采用对接布置，轨道接头处高低差、错牙不大于1mm。

②主梁组装。

10t主梁直接吊运到预定起吊位置，待支腿拼装完成后直接采用起重机起吊提升到安装位置。80t+80t主梁用起重机先将主梁左半段吊至预定位置后，进行调整支垫，然后用木方进行两侧支承，稳固并竖直后，依次进行主梁右半段的支垫固定工作（与左半段安装步骤相同），上述完成后进行主梁连接，随后对主梁进行检测工作，及时复查复测几何尺寸，进行找正，符合技术要求后进行整机坚固工作。

③行走下横梁安装。

用起重机将行走下横梁吊至轨道上，然后上紧夹轨器，台车侧面变速箱使用枕木支垫，走行梁两侧用方木支承稳固，并保证走行梁竖直。

④连接支腿与行走下横梁。

用起重机将支腿依次吊至行走下横梁端部进行安装，法兰应对应出厂编号，上紧螺栓拉好风缆绳。调整手拉葫芦松紧度，并测量校正支腿垂直度。

⑤主梁起吊。

起吊前要复核起重机的工作位置和作业半径，对主梁吊点、捆绑点包角位置进行检查，清除全部障碍物。单车起吊时，起重机由总指挥1人指挥，起重机设监护1人。起吊离开地面10cm，静止观察5min，复核桥架的重量和起重机的承载率，复核合格，使主梁落地就位。重新试验起重机刹车系统，检查没有异常问题后，可以起升，指挥人员与监护人员要密切观察，使整个主梁保持水平、平稳起升。主梁吊至高于支腿上方位置时，停止起吊，回转起重机至支腿与主梁连接法兰对正进行连接。在整个起升过程中，起重机的起吊绳、吊钩要始终保持竖直。两车抬梁时设总指1人，吊车设监护3人，两车吊点选择对称，保持两车吊重均衡，服从指挥员口令同时起吊距离地面约10cm，静止观察5min，检查两车吊装是否均衡，钢丝绳角度是否满足要求，并检查刹车系统，检查没有异常后，吊车开始起吊。指挥人员与监护人员要密切观察，保持两车起吊速度一致，使整个主梁保持水平、平稳起升。主梁吊至高于支腿上方位置时，停止起吊，回转起重机至支腿与主梁连接法兰对正进行连接。在起吊过程中，两车动作要一致、协调。

⑥操作室安装。

用起重机将操作室吊至设计位置，精确对位后进行连接。

⑦电气系统安装。

依次接好行走台梁电机的电缆，分别预留出其余各电机、各安全装置电缆接头。

⑧各安全装置的完善和调整。

门式起重机的安全装置主要有起重量限制器、吊钩高度限位器、走行限位器、扫轨器以及端部车挡等。调整起重量限制器，其综合误差为±5%，显示误差≤5%；调整走行限位器，其极限位置离两端各2m；调整吊钩高度限位，其动作位置距主梁部约2m。

⑨整机调试。

按图纸尺寸和技术要求检查全机：各紧固件是否牢固，各传动机构是否精确和灵活；金属结构有无变形，钢丝绳绕绳是否正确，绳头捆扎是否牢固。检查起重机的组装是否符合要求。

电气设备必须完成下列工作后方可试车：用兆姆表检查全部电气系统和所有电气设备的绝缘电阻。切断电路，检查操纵线路是否正确和所有操纵设备的运动部分是否灵活可靠，必要时进行润滑；用手转动起重机各部件，应无卡死现象。

经过上述检查，全机均已正常后，无卡死现象，便可进行无负荷试车。步骤如下：

空载电葫芦沿轨道车来回运行三次，此时车轮不应有明显的打滑，车轮应制动平稳可靠；然后使空钩上升下降各三次，起升限位应准确；再将电葫芦停于主横梁根部，使大车沿纵向轨道全长慢速行走两次，以验证轨道。然后以额定速度往返行走三次，检查运行机构之工作质量。启动和制动时,车轮不应打滑,运行平稳。

无负载试车情况正常后,才允许进行负载试车,负载试车分静载试车和动载试车两种。负载试车要求起重机金属结构的焊接,螺栓连接质量,应符合技术要求。机械设备、金属结构、吊具的强度和韧度应满足要求。制动器动作灵活、减速器无噪声,工作可靠。润滑部位润滑良好,轴承温升不超过规定。各机械动作平稳,无激烈振动和冲击。如有缺陷,应修理好后,再进行试验。

电葫芦起升额定负载,于主横梁上往返几次以后,将电葫芦运行到跨中,将重物升到一定高度(离地面约100mm),静置10min,此时测量主梁下挠度。如此连续试验三次,且第三次卸掉负荷后,主梁不得有残余变形,每次试验时间不得少于10min。于上述试验后,可进行超额定负荷的20%试车,方法和要求同上。

静负载试车合格后,方可进行动负载试车。电葫芦提升额定负载做反复起升和下降制动试车,然后开动满载电葫芦沿轨道来回行走3~5次。最后将满载电葫芦开到门架根部,让起重机以额定速度于大车轨道上往返2~3次,并反复制动和启动。此时,机构的制动器、限位开关、电气操作应可靠,准确和灵活,车轮不打滑,机架振动正常,机构运转平稳,卸载后机构和机架无残余变形。

上述试车结果良好,可做超负荷10%的试验,试验项目和要求与上述相同。

⑩吊梁和行走。

吊点处采用扁担双吊点,保持90°垂直吊,以保证梁的整体稳定。预制梁采用钢丝绳兜底的方式,钢丝绳与箱梁梁底角接触处垫钢护角,避免梁角混凝土脱落。钢丝绳选用时要有足够的安全系数(2~5)。吊梁时吊起离地面10cm,停机检查其稳定性、制动的可靠性、重物的平衡性。吊装边梁时,还要注意梁体的侧弯,无异常情况再正常起吊。

第一次行走时,大车及小车先用慢速,无异常情况再改用快速;大车及小车行走速度有快慢速时,承载对位时用慢速。门式起重机配置有遥控器时,重载情况下一起动作时要用遥控器操作,减少人为因素的影响。大车行走应前后左右有人看护运行情况,如有情况可随时停下检查。

(2)门式起重机拆除。

①拆除前准备。

清理拆除现场、保证拆除过程无障碍,划定拆除范围并设置警戒线派专人监督。

设置好主梁拆除后在地面安放位置,并用方木垫平,用于堆放主梁。

夹紧夹轨钳,用枕木分别将2组行走机构横梁垫实,在4个支腿上部前后左右4个方向分别用钢丝绳和链条葫芦对称,将揽风绳拉在5t压重上,并受力相等,揽风钢丝绳与地面夹角不能大于45°。

切断电源,将操作室(如有)与小车行走机构和各限位装置的电线接口拆除,并将各电缆线整理做好标记。

在支腿与主梁连接面向下1.5m处搭设作业平台,作业平台应铺满竹芭并设置两道栏杆,栏杆高度不小于1.2m。

对所使用的起重机、钢丝绳、卸扣等工具做全面的检查,确保良好,门式起重机拆除起重机选用与安装时起重机吨位相同。

对参与拆除作业人员进行安全教育，告知拆除过程中存在的危险及操作要求，配备相应的安全防护用品，经检查准备工作一切完好具备拆除条件后，方可进行门式起重机的拆除工作。

②拆除步骤。

总体拆卸步骤：开始→拆卸电缆接口→主梁拆除→操作室（如有）拆除→支腿拆除→行走机构拆除→路轨拆除→结束。

拆卸电缆接口：拆除电缆前，应将钩子收到最上端；将电动葫芦收到刚性腿处；切断总电源，将各限位装置的电缆接口拆除（电动葫芦电缆先不拆除），并将各电缆线整理做好标记。

主梁拆除：主梁自重不同选择不同的起重机，拆卸用起重机与安装用起重机吨位相同。汽车起重机缓慢起吊保持钢丝绳受力后，在主梁两端拉好围绳，拆除主梁与支腿连接螺栓。经检查连接螺栓全部拆除后，起重机缓慢起吊至距离支腿 5cm 位置停止起吊，再次检查起重机支腿及制动情况，确认正常后再开始提升主梁并旋转方向落至指定位置。10t 门式起重机拆卸时设置总指挥人员 1 人，观察员 1 人；80t 门式起重机拆卸时设置总指挥 1 人，观察员 3 人。在整个拆除过程中，起重机的起吊绳、吊钩要始终保持竖直。拆除下来的箱形实腹梁必须用枕木垫平、垫实，枕木对称分布，须考虑桥架解体后每段桥架的平稳。将箱形实腹梁上电动葫芦拆除。

③操作室拆除。

拆除操作室前应将门窗关牢，玻璃上贴防震纸条。

先用起重机将操作室吊牢，用链条葫芦把操作室连接的爬梯顶端与刚性腿上的固定吊点拉紧。然后用风焊将焊接点割开，并将与之相连的扶梯和平台一一割除，将其吊至地面。

④支腿拆除。

用钢丝绳，双头捆绑在支腿上部对称角，并在杆件拐角处用护角器加以保护。

将行走机构与刚性腿所有连接的栏杆、护梯切割分离，拉好围绳。

缓慢提升钢丝绳，待钢丝绳提升笔直后拆除行走机构与支腿连接处的连接螺栓上的螺母，拆除完成后继续缓慢提升，保证支腿和行走机构分开 5cm 后检查支腿与行走机构连接情况，经检查无连接，才能拆除与行走机构连接螺栓的螺杆和揽风绳。

起高吊钩，将刚性腿平面的一面向地面将刚性腿放下，并用方木垫平。

⑤行走机构拆除。

行走机构重心大约在长度的 2/3 处，用钢丝绳和卸扣安装在行走机构上，放松夹轨钳，拉好围绳，将行走机构吊离轨道。

⑥路轨拆除。

先将路轨压板螺栓拆除，用撬杆将路轨垫高 5cm。

将每根路轨分别吊到一处，归堆整齐，垫好垫头。

6.4.5 施工安全保证措施

1）组织保障措施

方案中应对项目安全生产管理体系进行简单介绍，明确安全组织机构（安全生产领导小组)、安全保证体系及相应人员安全职责等。安全生产领导小组组长为本项目负责人,须公示相关应急管理电话。针对门式起重机安拆施工制定安全生产管理制度、安全教育培训制度及技术交底制度。建立严格的安全生产责任制,明确规定各职能部门在安全管理中承担的责任、建立一套安全责任制为主要内容的考核奖惩办法和评比管理制度。

2)技术保障措施

技术保障措施包括从防大风天气保障措施(备齐起重机、高支架及高度较高的机械设备的缆风绳,并预设牢靠的锚固点,备足铁丝、麻袋和草袋等防堵水物资)、防雷击保障措施、机械设备使用安全技术措施、门式起重机安装、拆除安全规定、高空作业安全技术措施、电焊与气焊安全保障措施、用电安全管理、设备安全管理、施工现场安全防护措施等几个方面。

3)监测监控措施

方案中应明确本方案主要风险源识别分析;风险源的综合预防、控制措施;危险事故的应急措施;安全专项施工措施;环境保护与文明施工措施;施工过程周边环境安全等因素的人工巡查及巡查过程中处置流程或方案。能够有效避免门式起重机运转过程中存在的结构自身危险(超重、风速、倾斜危险)的相关措施。

6.4.6 施工管理及作业人员配备和分工

1)施工管理人员

列出管理人员名单及岗位职责(如具有门式起重机安拆施工经验的项目负责人、项目技术负责人、施工员、质量员、各班组长等)。

2)专职安全人员

列出专职安全生产管理人员名单及岗位职责(熟悉门式起重机安拆施工工艺及安全管控要点,如门式起重机安装拆除顺序、防倾覆相关措施等),附安全管理人员安全考核证书。

3)特种作业人员

列出特种作业人员持证人员名单及岗位职责,附特种作业证书。

特种作业人员应包括而不限于电工、焊接与热切割作业人员、汽车起重机司机、门式起重机安装拆卸工、登高作业人员、司索工等。

4)其他作业人员

列出其他人员名单(测量员、辅助工人等)及岗位职责。

6.4.7 验收要求

1)验收标准

各项有关验收标准及验收条件应满足《起重机械安全规程　第1部分　总则》(GB/T 6067.1—2010)、《起重设备安装工程施工及验收规范》(GB 50278—2010)、《电气装置安

装工程　电气装置施工及验收规范》(GB 50256—2014)等相关规范。

2)验收程序

项目部自检(合格)→驻地办验收(合格)→项目公司验收(合格)→属地管理部门报备。

3)验收内容

(1)按照图纸尺寸和技术要求检查全机各紧固件是否牢固、各传动机构是否精确灵活、金属结构有无变形、钢丝绳绕绳是否正确、绳头捆扎是否牢固。

(2)检查起重机的组装是否符合要求。

(3)检查电气设备是否完成。

4)验收人员

验收由安全部会同质检部进行,现场各工序的施工过程验收工作由工程队长和质检部人员负责,自检合格后统一由安全部人员向属地管理部门报检。

6.4.8　应急处置措施

1)应急预案

针对现场门式起重机安装与拆除中存在的机械伤害、高空坠落、触电、起重伤害等风险源编制应急预案,明确应急处置领导小组组成与职责、应急救援小组组成与职责,包括抢险、安保、后勤、医疗救护、善后、应急救援工作流程及应对措施、询问联系方式等,掌握项目参建、周边建(构)物产权单位各方联系方式、救援医院信息(名称、电话、救援路线)。

2)现场应急措施

针对门式起重机安装拆除制定高空坠落、物体打击事故的应急预案措施,触电事故的应急预案措施,机械伤害事故的应急预案措施,起重伤害的应急预案措施,电气系统安装的应急预案措施。

3)应急物资准备

制定应急物资与装备保障清单。

6.4.9　计算书及相关施工图纸

1)施工设计计算书

门式起重机结构计算书、门式起重机基础计算书、其他临时结构计算书(安全通道等)。

2)相关图纸

施工平面布置图、门式起重机结构设计图、门式起重机连接节点大样图、门式起重机吊装示意图、定型产品相关设计说明书、其他与本方案相关的图纸。

第7章 隧道工程

随着国家高速公路建设的飞速发展,特别是高速公路向山区延伸,出现了大量的隧道工程。隧道是埋置于地层内的一种地下建筑物,对于改善公路线形、节省占地、节省工程投资有着重要的意义。由于隧道工程遇到的地质条件复杂性及多变性,加之地质勘探的局限性,因而在隧道施工过程中会遇到地质突变的情况,因此,应制定灵活多变实用的隧道施工方案,及时处理隧道施工中所遇到的各种实际问题。本章将对常见的隧道类型、不同地质条件下的危险性较大分部分项工程专项施工方案的编制技术要点进行介绍。

7.1 一般规定

7.1.1 编制对象

公路隧道工程中涉及危险性较大的分部分项工程常指:

(1)不良地质、特殊地质隧道。

(2)浅埋、偏压及邻近建筑物等特殊环境条件隧道。

(3)小净距隧道。

(4)连拱隧道。

(5)软弱围岩地段的大跨度隧道。

(6)瓦斯隧道。

(7)隧道上穿或下穿既有隧道。

(8)隧道辅助坑道竖井工程。

(9)隧道辅助坑道斜井工程。

7.1.2 主要编制内容

参考住房和城乡建设部发布的《危险性较大的分部分项工程专项施工方案编制指南》(建办质〔2021〕48号),专项施工方案内容包含九部分:工程概况、编制依据、施工计划、施工工艺技术、施工安全保证措施、施工管理及作业人员配备和分工、验收要求、应急处置措施、计算书及相关施工图纸。

根据《公路工程施工安全技术规范》(JTG F90—2015),专项施工方案的主要内容为七部分:工程概况、编制依据、施工计划、施工工艺技术、施工安全保证措施、劳动力计划、计算书及相关施工图纸。

本章将参考住房和城乡建设部发布的《危险性较大的分部分项工程专项施工方案编制指南》(建办质〔2021〕48 号)中九部分的要求进行专项施工方案技术要点的编制说明。

7.2 隧道专项施工方案

7.2.1 工程概况

1)隧道工程概况和特点

(1)工程基本情况。

①施工总体布置。

a.施工道路:对材料进场运输、弃土运输道路规划及设置情况进行简要说明。

b.施工用水及生活用水:对施工用水取水方式、取水点情况进行简要说明。

c.施工用电:对隧道用电(含喷锚站、钢筋加工场、生活区)用电配置进行简要描述,并根据计算的用电负荷列表说明变压器的相关配置情况。

d.施工通信:简要说明施工期间采用的通信、联络方法。

e.施工通风:根据工程特点及计算书情况对通风的方式及设备选型进行简要描述。

f.施工供风:根据洞内施工最大高压供风量计算结果简要描述空气压缩机的功率及风管选型。

g.施工供、排水:对施工供水的高位水池情况(尽量考虑永临结合)及供水管型号尺寸进行简要描述;对洞口地表水、洞内地下水、施工中的污水排放方式及涉及反坡排水施工的进行简要描述。

h.施工管线布置:在施工中除了质量标准化、规范化外,还特别对工地文明施工作出规范化、形象化要求,尤其对洞内"三管两线"提出标准化。洞内"三管两线"按要求布设,做好洞内排水、洞内路面清理及道路维护,加强洞内通风。图 7-1 为隧道"三管两线"布置示意图。

i.门禁系统布置:洞口设限宽、限高、限速三限标志,人员 24h 值守,实行进出洞登记制度,洞口 100m 范围内人车分离通行。

②主要临时生产设施布置。

a.拌和站(喷浆站):简要说明拌和站位置、站内设施情况等。

b.生产、生活设施:简要说明职民工驻地、钢构件加工厂、仓库等相关设施的情况。

c.弃土场:隧道弃渣路线、弃土场容量等进行简要描述(附弃土场平面图)。

d.火工品仓库:对火工品仓库与隧道的位置、容量等进行简要说明。

(2)工程设计情况。

隧道设计基本情况、隧道设计开挖方式及要求、隧道设计各段落地质描述及衬砌类型、支护参数。

(3)工程水文、地质条件。

结合项目现场实际踏勘情况,对比设计文件上的要求,隧道埋深情况、洞口地形地貌、地层岩性、水系发育、不良地质作用及特殊性岩土等情况。

(4)工程的特点、难点。

结合设计文件及现场踏勘情况说明本项目的特点、难点。

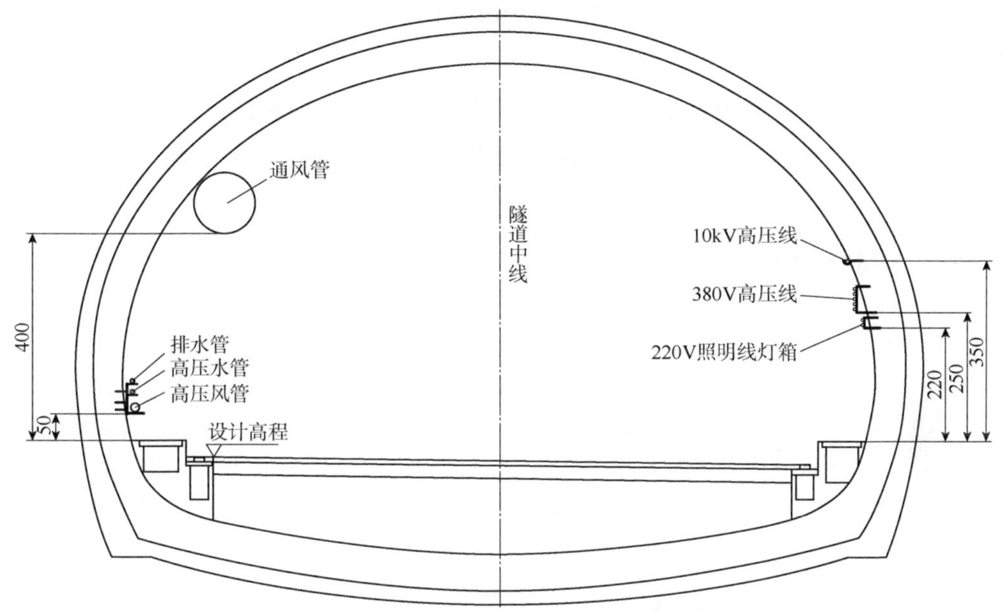

图7-1 隧道"三管两线"布置示意图(尺寸单位:cm)

2)施工平面布置

根据项目实际情况,重点介绍隧道进场道路情况、拌和站设置、弃土场位置、钢筋加工厂位置、职民工驻地位置、施工总平面布置(含临水、临电、安全文明施工现场要求、应急仓库及危大工程标识等)等平面位置信息及说明。

3)周边环境条件

详细说明本项目周边环境及施工现场条件。如附近构(建)筑物的平面位置与距离、隧道上方的水源点、洞口浅埋段地方管线埋设及架空等情况(若有,附相关照片)。

4)技术准备

明确质量、安全、进度、环水保目标要求,工期要求(本工程开工日期、计划竣工日期)。明确施工前期的技术准备工作及要求,如导线点的布设测量、图纸会审、技术交底及相关配合比设计及原材料的检验等。

5)风险辨识与分级

根据风险评估报告,说明该隧道工程风险因素辨识及安全风险分级。

7.2.2 编制依据

1)规范性文件

依据现行规范,应参考《公路隧道施工技术规范》(JTG/T 3660—2020)、《地下工程防水技术规范》(GB 50108—2008)、《公路工程质量检验评定标准》(JTG F80/1—2017)、《公路工程水泥及水泥混凝土试验规程》(JTG 3420—2020)、《公路工程抗震规范》(JTG B02—2013)、《岩土锚杆与喷射混凝土支护工程技术规范》(GB 50086—2015)、《公路工程施工安全技术规范》(JTG F90—2015)、《环境空气质量标准》(GB 3095—2012/XG1—2018)、《公路工程地质勘察规范》(JTG C20—2011)、《建筑施工模板安全技术规范》(JGJ 162—2008)、《爆破安全规程》(GB 6722—2014/XG1—2016)等进行编制。

2)项目文件

施工合同、地质勘察设计文件、设计施工图纸、现状地形及影响范围管线探测或查询资料、风险评估报告、地质灾害危险性评价报告、建设单位相关规定、项目实施性施工组织设计等。

7.2.3 施工计划

1)施工进度计划

明确施工组织设计中本项目的控制工期;根据控制工期目标,结合设计文件内各段落围岩类别及支护参数,按各分项工程内关键工序进行细化分解(如洞顶截水沟施工→洞口边仰坡开挖防护施工→套拱、超前管棚、洞身开挖施工→初期支护、仰拱和填充施工→洞身防排水、二次衬砌→洞内附属工程的主要工序),并绘制横道图或网络图,附以文字说明。

2)材料及机械设备投入计划

根据项目的施工进度计划目标,对主要分项工程材料的数量、型号、规格及拟用部位进行列表说明;根据各工序所需的主要设备名称、型号、数量配置情况及进场时间进行明确。

3)劳动力计划

结合施工进度计划,对拟投入的施工管理人员、专职安全管理人员、特种作业人员以及其他人员数量等进行列表说明。

4)监控量测计划

现场监控量测是判断围岩和隧道的稳定状态、保证施工安全、指导施工生产、进行施工管理和提供设计信息的重要手段。以量测资料为基础及时修正支护参数,使支护参数与地层相适应并充分发挥围岩的自承能力,围岩与支护体系达到最佳受力状态,并在施工中进行信息化动态管理,以确保工程质量、施工安全和进度。

5)超前地质预报及超前地质探孔计划

根据隧道水文、地质情况,确定超前预报方案,以确认掌子面前方的不良地质体状况并获取有关地质资料。根据超前地质预报结果确定是否需要打探孔及探孔布置和数量。

7.2.4 施工工艺技术

1)技术参数

根据设计文件,列表说明本项目设计的各段衬砌结构形式及主要的支护参数;列表说明主要施工设备性能参数。

2)工艺流程

隧道施工工艺流程如图 7-2 所示。

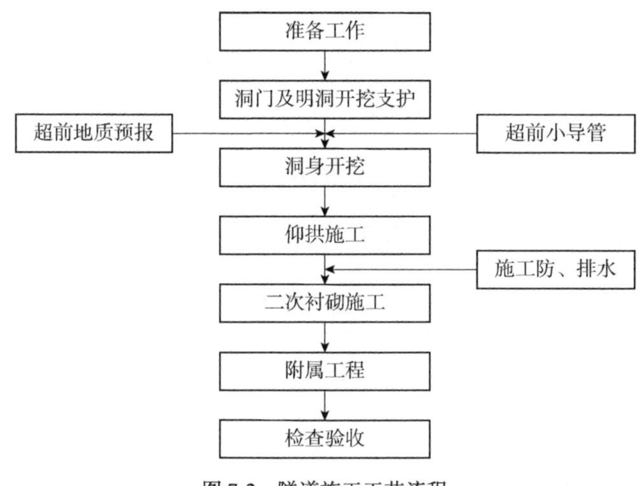

图 7-2 隧道施工工艺流程

3)施工方法

(1)明洞与洞口工程。

隧道洞口开挖前,应对洞口段地形地貌进行复测,认真调查地质情况、偏压情况等,根据隧道实际情况,按照“先排水、再进洞,统筹安排,减少干扰”的原则进行。隧道洞口边仰坡工程应自上而下逐级开挖支护,及时完成洞口边仰坡加固、防护及防排水工程;明洞段采用明挖法进行施工,待边、仰坡防护结束随即进行洞口明洞施工,洞口明洞段采用分层小切口“零开挖”进洞,然后进行混凝土套拱和大管棚的施工,确保安全后再进行暗洞开挖。洞口施工工艺流程如图 7-3 所示。

在洞口施工前,首先根据地质纵断面图分析、洞口浅埋段的实际情况,先清理地表、做好防排水,修筑洞口临时排水沟及洞顶截水沟,使之形成完整的排水系统。

在洞口边仰坡施工时,应减少对岩体、土体的扰动,避免过高的边仰坡开挖。若山坡上有危石及不稳定岩体,应自上而下采用挖掘机配合人工进行开挖,危石或不稳定岩体无法清除时,应做好防护,并制定相应的监测计划。

同时,应结合现场地形,洞口边、仰坡应及早做好坡面防护,制定相应的防护方案,确保洞口稳定,随时监测坡体稳定情况。

(2)进洞辅助措施。

①套拱基础应设置在稳固的路基上,地基承载力应满足设计要求。

②超前管棚钻孔施工应采用管棚钻机,利用套管跟进的方法钻进,超前管棚的施工长度、施工角度、施工间距应满足设计要求。

③注浆前,应认真分析围岩性质,选择合适的注浆设备及注浆工艺。

(3)明洞施工。

①明洞边墙基础地基承载力应满足设计要求,开挖基底时应做地基承载力检测。

②明洞浇筑混凝土前应复测中线、高程和模板的外轮廓尺寸(考虑施工误差),确保

衬砌不侵入设计轮廓线。

③做好监控量测,观测洞口地表下沉、拱顶下沉及净空水平收敛位移情况。

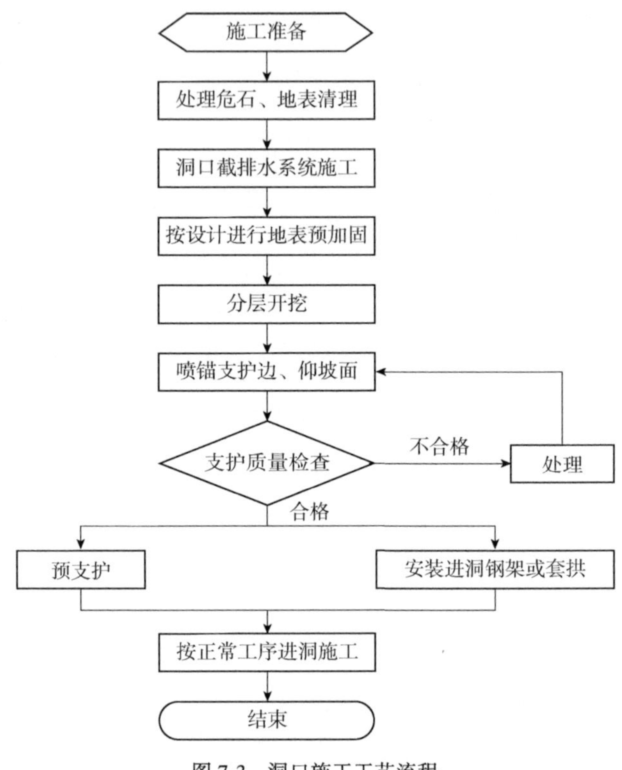

图 7-3　洞口施工工艺流程

(4)洞门施工。

①基础置于稳固地基上。地基承载力需满足设计要求,基础处的渣体杂物、风化软层和积水清除干净。

②洞门端墙的浇筑与墙背回填,应两侧同时进行,并回填密实。

③明洞回填、洞门施工完成后,应及时完善排水系统,并及时做好环境恢复,做好水土保持。

④如有偏压情况,先行施工偏压墙。

(5)洞身辅助施工。

超前小导管施工工艺流程如图 7-4 所示。

(6)洞身开挖。

公路隧道开挖一般采用全断面法、台阶法、环形开挖预留核心土法、中隔壁法、交叉中隔壁法、中导洞法等,应根据隧道围岩条件、断面形式尺寸、工期要求、经济和技术可行性等方面综合确定,同时应考虑围岩变化时施工方法的适应性及其变更的可能性,方案中应明确开挖方法及各部位开挖循环进尺长度。

(7)初期支护。

①系统锚杆。

隧道系统锚杆是为了加固岩土体,控制变形,防止坍塌,必须严格按照设计要求施工中空注浆锚杆、砂浆锚杆等。

初期支护工艺流程如图 7-5 所示。

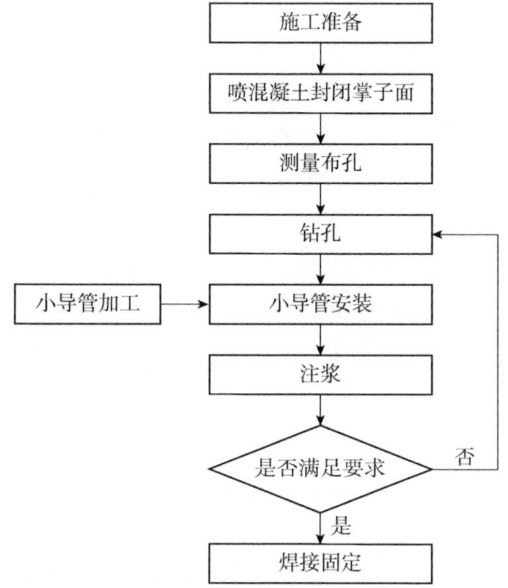

图 7-4 超前小导管施工工艺流程

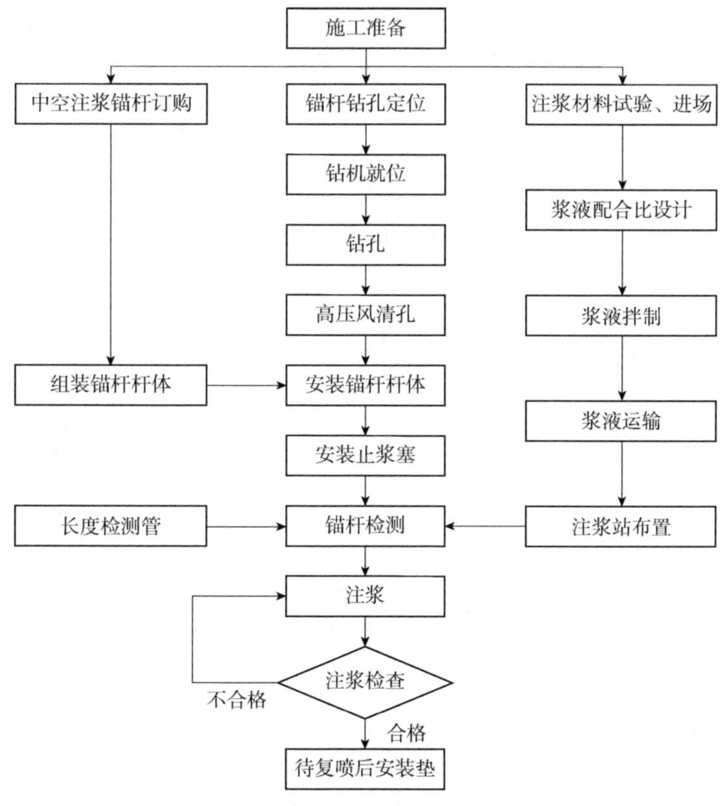

图 7-5 初期支护施工工艺流程

②钢筋网。

钢筋须经试验合格，使用前必须除锈，在洞外分片制作，安装时搭接长度为 30d（d 为钢筋直径），且不小于网格最长边。钢筋网在钢筋加工场集中加工。人工铺设贴近初喷混凝土，与锚杆和钢架绑扎连接（或点焊焊接）牢固。进行钢筋网绑扎时，应绑在靠近岩面一侧，确保整体结构受力平衡。

③钢拱架。

钢架应分节段制作，每节段长度应根据设计尺寸及开挖方法确定，型钢钢架宜采用冷弯法制作成型，拱架接头钢板厚度及螺栓规格必须符合设计要求，安装后利用锁脚锚杆定位，两排钢架间用连接钢筋纵向连接牢固，以便形成整体受力结构。

④喷射混凝土。

按照施工配合比设计采用湿喷机喷射混凝土至设计厚度。喷射作业应分段、分片、分层，由下而上，依次进行，如有较大凹洼时，应先用同强度等级混凝土填平。喷射混凝土前处理危石，检查开挖断面净空尺寸，严格控制施工工艺，保障初期支护应与围岩紧密贴合。

（8）仰拱与铺底。

①做好测量放样工作，保障仰拱与铺底满足设计厚度，开挖后及时清理虚渣，保障仰拱密实。

②严格控制仰拱施工长度，仰拱开挖完成后，应及时进行仰拱初期支护，闭合成环。

③隧道底两隅与侧墙连接处应平顺开挖，避免引起应力集中。边墙钢架底部杂物应清干净，保证与仰拱钢架连接良好。

④初期支护混凝土强度、厚度、钢架、仰拱钢筋加工安装质量等应符合设计及规范要求。

（9）防排水工程。

根据设计要求，隧道结构防排水主要是在二次衬砌前铺设土工布、防水板，混凝土结构施工缝、沉降缝的防水措施，分区段防水措施，纵向、横向排水管等施工。

防排水工程施工工艺流程如图 7-6 所示。

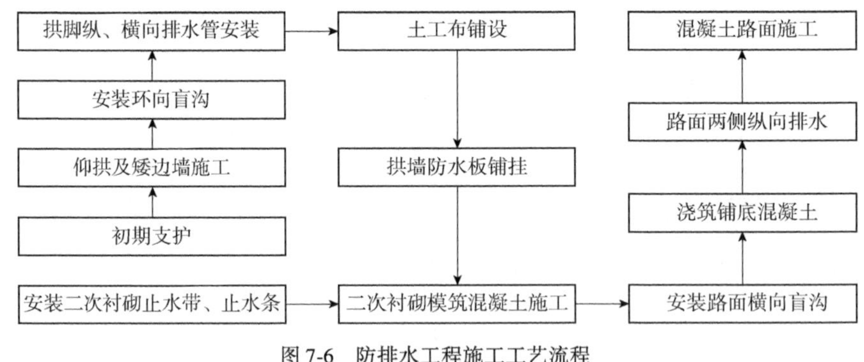

图 7-6 防排水工程施工工艺流程

（10）二次衬砌。

①衬砌钢筋安装。钢筋按要求在洞外加统一加工，运输到现场，在多功能作业台架上人工安装绑扎。根据测量控制点先扎外层环向定位钢筋，用纵向筋将定位钢筋连接后，以纵向筋作为其他环向筋安扎依据，扎完外层后再用相同方法安扎内层钢筋，并及时将内外层钢筋用定位筋连接，电弧焊点焊，以加强整体刚度。钢筋安设完成后，按中线高程进行轮廓尺寸检查，合格后于内层钢筋挂设 5cm 厚砂浆垫块，以确保混凝土灌筑后钢

筋保护层厚度。钢筋绑扎时,严禁损伤防水板,钢筋焊接时,用隔板对防水板进行遮拦,以防烧伤防水板。

②台车就位。首先复测断面,确认无欠挖时,结合开挖断面,按照模板台车结构尺寸准确控制模板台车轨道及平面位置,铺设轨道。台车进洞由两根钢轨导入,台车运到衬砌施工地段后,调平导入钢轨的高程,用方木将钢轨横向支撑牢固,并通过台车的液压杆件将台车轮廓调整到衬砌轮廓线位置,同时用锤球吊线使台车的中心线与隧道中心线重合,在确保定位无误后,固定台车,实现就位;并保证衬砌混凝土的断面尺寸满足设计;挡头建议采用定型模板封牢。

③混凝土浇筑。拱墙衬砌根据量测情况隧道周边变形速率下降并趋于缓和,各测试项目显示的位移率明显减缓并已基本稳定,水平收敛(拱脚范围7d平均值)小于0.2mm/d,拱顶下沉小于0.15mm/d,施作二次衬砌前累计位移值已达到预留变形量的80%以上之后再进行施工,同时应紧跟开挖面满足开挖与衬砌安全距离要求,拱墙采用模板台车衬砌。混凝土采用轮式混凝土运输车运输至工作面,泵送混凝土入模;每环应在拱顶预留压浆管兼排气管,保证拱顶混凝土与围岩密贴。混凝土采取附着式振捣器振捣,辅以插入式振捣器辅助振捣。

④拆模。混凝土试件试压达到2.5MPa以上后,方可拆模。拆模时要谨慎,以免“缺棱掉角”现象发生。

(11)路面及附属工程。

隧道混凝土路面施工应选用满足施工需求的配套机械设备,形成流水线作业。水沟、电缆沟施工应保障尺寸、线性、高程满足设计要求。

4)操作要求

隧道施工坚持“管超前、短进尺、控爆破、早支护、快封闭、勤量测”的原则,严格控制安全步距。人工风镐开挖,开挖轮廓要圆顺,以防出现应力集中,爱护围岩。工序变化处之钢架应设锁脚锚杆,以确保钢架基础稳定。钢架之间纵向连接钢筋及时施作并连接牢固。临时钢架的拆除等洞身主体结构初期支护施工完毕并稳定后再进行。

(1)超前支护操作要求。

①超前锚杆尾端应支撑于钢架上,并应焊接牢固;超前锚杆与被支撑围岩间出现间隙时,应采用喷射混凝土填满。

②超前小导管尾端应支撑于钢架上,并应焊接牢固;管口应设置止浆阀;超前小导管与围岩间出现间隙时,应采用喷射混凝土填满;超前小导管施工完成8h后方可进行开挖。

③管棚开孔前宜先施作导向墙,导向墙基础应置于稳定地基上。

④钻孔机械应具有纠偏功能;管棚钢管宜分节连接顶入钻孔,节段长度不宜小于2m,相邻钢管的接头错开距离应大于1m,各节段间应采用丝扣连接或套管焊接连接,连接长度不应小于50mm。

⑤管棚钢管就位后,应插入钢筋笼,并应及时进行注浆施工,每根钢管应一次连续注满,注浆参数应根据现场试验确定。

⑥管棚钻孔应跳孔实施,先实施的管棚注浆凝固后,方可进行其相邻管棚的钻孔

施工。

⑦围岩破碎、钻进难以成孔时,可采用跟管钻孔工艺施工。

⑧当洞内采用超前管棚时,管棚工作室参数应根据机具设备尺寸和设计管棚外倾角等因素设置。

(2)开挖操作要求。

①Ⅳ、Ⅴ级围岩隧道采用台阶法施工时,必须设置锁脚锚杆(管)等控制拱(墙)脚位移的措施。

②Ⅴ级围岩隧道采用台阶法施工时应设置横向临时支撑或临时仰拱,临时支撑采用型钢,纵向每 2 榀设 1 处。

(3)初期支护操作要求。

①喷射混凝土施工应采用湿喷工艺;喷射混凝土应直接喷在围岩面上,与围岩密贴,受喷面不得填塞杂物。

②喷射混凝土作业应按初喷混凝土和复喷混凝土分别进行,复喷混凝土可分层多次施作;喷射混凝土时应分段、分片、分层由下而上顺序进行,拱部喷射混凝土应对称作业;初喷混凝土厚度宜控制在 20~50mm,岩面有较大凹洼时,可结合初喷找平;复喷可采用一次作业或分层作业。拱顶每次复喷厚度不宜大于 100mm。边墙每次复喷厚度不宜大于 150mm。复喷最小厚度不宜小于 50mm。

③喷射混凝土回弹物不得重新用作喷射混凝土材料。

④混凝土喷射终凝 2h 后,应进行湿润养生,养生时间不得少于 7d。

⑤锚杆孔位、孔径、孔深及布置形式应满足设计要求;锚杆钻孔直径应大于锚杆杆体直径 15mm;钻孔深度应满足设计要求,与设计锚杆长度允许偏差为±50mm。

⑥砂浆锚杆孔灌浆时,灌浆管应插至距孔底 50~100mm 处,并随砂浆的灌入缓慢匀速拔出;灌浆后应及时插入锚杆杆体,锚杆杆体插到设计深度时,孔口应有砂浆流出。孔口无砂浆流出或杆体插不到设计深度时,应将杆体拔出,清孔,重新安装。

⑦系统锚杆钻孔方向应为设计开挖轮廓法线方向,垂直偏差不宜大于 20°。

⑧中空注浆锚杆应安装止浆塞并留排气孔,注浆时待排气孔出浆后,方可停止注浆。

⑨锁脚锚杆应在钢架安装就位后立即施作,上部台阶锁脚锚杆砂浆强度达到设计强度的 70%后,方可进行下一台阶开挖。

⑩钢筋网应在初喷混凝土后再进行铺设,钢筋网应随受喷岩面起伏铺设,与初喷混凝土面的最大间隙不宜大于 50mm,双层钢筋网层间距应满足设计要求,第二层钢筋网应在第一层钢筋网被喷射混凝土全部覆盖后铺挂,钢筋搭接长度不应小于 30 倍钢筋直径。

⑪钢架节段两端应焊接连接钢板,连接钢板平面应与钢架轴线垂直;连接钢板规格尺寸应满足设计要求,连接钢板上螺栓孔应不少于 4 个,应采用冲压或铣切成孔,并应清除毛刺,不得采用氧焊烧孔;型钢钢架与连接钢板焊接应采用双面焊。

⑫拱顶型钢钢架每节段宜为连续整体,当节段中出现两段型钢对接焊接时,应在焊缝两侧增加钢板骑缝帮焊,并进行抗弯和抗扭矩试验,每节段对接焊缝数不得大于 1。

⑬钢架应在初喷混凝土后安装，应清除钢架拱脚虚渣，使之支承在稳固的地基上，并及时施作符合设计要求的锁脚锚杆；钢架应垂直于隧道中线，在竖直方向安装，竖向不倾斜、平面不错位、扭曲；上、下、左、右允许偏差为±50mm，钢架倾斜度允许偏差为±2°。

(4)仰拱填充施工操作要求。

①仰拱初期支护每循环进尺需严格控制，开挖初期支护及仰拱应尽快完成开挖、钢架架设、喷射混凝土等作业，确保初期支护仰拱快挖、快支、快速封闭。

②仰拱和填充混凝土须分开进行施工。

③仰拱钢支架与边墙拱架应规定先用法兰盘螺栓连接，然后再焊接。

④仰拱和铺底的施工缝和变形缝应按设计要求进行防水处理。

⑤仰拱超挖在允许范围内时，应采用与衬砌相同强度等级的混凝土进行浇筑；超挖大于规定时，应按设计及规范要求进行回填，不得用洞渣随意回填，严禁片石侵入仰拱断面。

(5)防排水施工操作要求。

衬砌背后环向设置单壁打孔波纹管，在初期支护结束后呈环向布设，间距为8～12m，外裹无纺布(可根据隧道渗水情况适当进行加密设置)，通过连接三通管与纵向排水管连通。隧道左右边墙背后纵向设置双壁波纹管各一道；隧道边墙底部横向每隔10m(可根据隧道渗水情况进行)设置一道双壁波纹排水支管。

一般段落施工缝中设置遇水膨胀止水条；在断层破碎带、岩性接触带及涌水量较大等不良地质段落及曾发生过塌方段落施工继中设置橡胶止水带，施工缝按每二次衬砌长度设一道。变形缝为通缝，沿衬砌全环设置中埋式止水带，在衬砌结构变化处也应设置。变形缝中的橡胶止水带应用钢筋卡固定。

防水板铺设前，对穿出基层的金属构件，如钢筋头等，应切除并用砂浆抹平，不能切除的金属构件，如锚杆头等，必须采用砂浆抹成圆弧，其圆弧半径应大于30cm。防水板采用无钉孔铺设，即先将土工布固定到预定位置，然后手动电热熔接器加热，使防水板焊接在固定土工布专用热熔衬垫上。

(6)衬砌钢筋施工操作要求。

钢筋按要求在洞外加统一加工，运输到现场，在多功能作业台架上人工安装绑扎。根据测量控制点先扎外层环向定位钢筋，用纵向筋将定位钢筋连接后，以纵向筋作为其他环向筋安扎依据，扎完外层后再用相同方法安扎内层钢筋，并及时将内外层钢筋用蹬筋连接，电弧焊点焊，以加强整体刚度。

(7)二次衬砌施工操作要求。

二次衬砌施工工艺流程如图7-7所示。

二次衬砌的施工用模板台车和有压泵送混凝土整体式浇筑，并在浇筑时保证电、料的持续供应，浇筑前测量放样定好中线，调整二次衬砌模板台车定位。超挖部分，采用与二次衬砌同强度等级的混凝土回填。

(8)雨季施工要求。

及时掌握气象趋势及动态，做好不良天气预报，提前做好劳动力安排和材料采购计划，并储备足够的物资材料以保证雨季的施工。施工现场和施工便道做好排水系统，及时疏通，雨后及时对道路进行养生，保证道路畅通。怕雨、怕潮、怕裂、怕倒的原材料、构件和设备等及时库，或设立坚实的基础堆放在较高处，用篷布封盖严密等措施，进行分别处理。

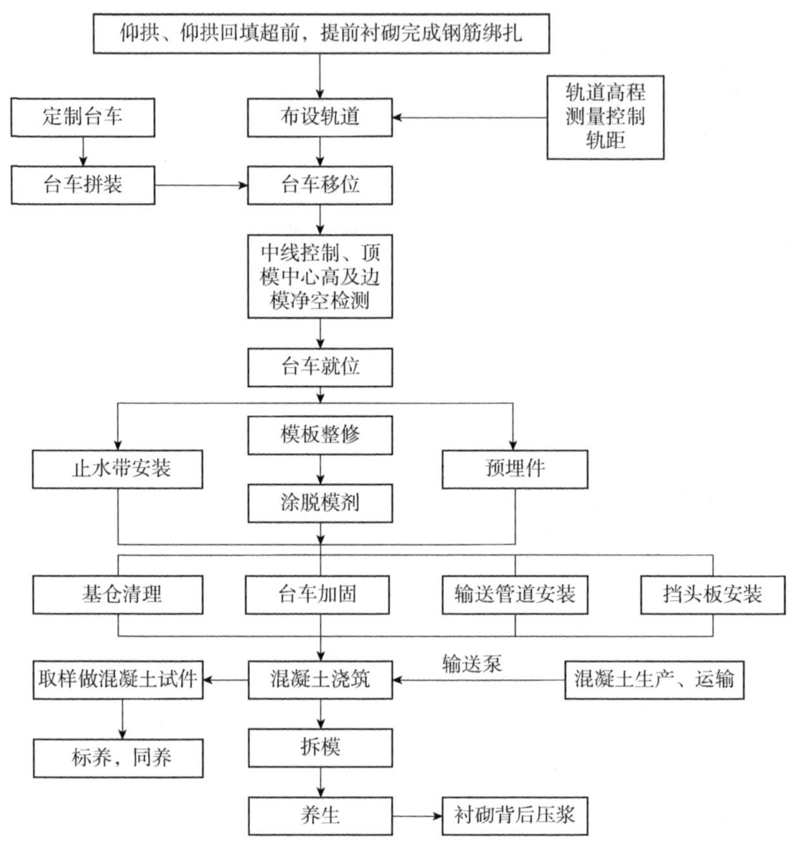

图 7-7　二次衬砌施工工艺流程

(9)冬季施工要求。

根据项目所在地气候条件，备足混凝土等所需外加剂和保温材料，提前进行冬季施工砂浆、混凝土配合比设计，按规定进行热工计算，确保冬季施工圬工项目质量。完成搅拌棚、暖棚搭设，供热锅炉、管道的安装调试工作。冬季洞口、边仰坡防护施工，搭设防寒棚，棚内采取生火加温设保暖措施，保证棚内钢筋模板温度不低于 5℃。浇筑时，安排专人检查混凝土入模温度。防寒棚内保温及加温设施安排专人负责，保证棚内温度不低于 10℃。

5)检查要求

(1)开工前检查。

开工前复核现场地形地貌是否符合设计，检查复核导线点并进行联测，会审设计图存在的问题并及时上报；检查施工人员技能培训情况、是否符合岗位需求，检查配套的设备、材料等是否满足施工组织设计中对应的施工工艺要求。编制详细的质量保证措施，没有质量保证措施不许开工。

(2)工序交接检查和工序检查。

工序交接检查应建立制度化控制,坚持实施。对于关键工序或对工程质量有重大影响的工序,在自检、互检的基础上,还要组织专职人员进行工序交接检查,以确保工序合格,使下道工序能顺利展开。

严格执行工序“三检”制度、工序交接制度。定期对施工质量进行评定,树立样板工程,及时反馈质量信息,把评定结果作为制定项目施工计划的依据。

加强施工技术管理,严格执行以总工程师为首的技术责任制,施工管理标准化、规范化、程序化。认真校对图纸,严格按标准、规范组织施工。及时进行技术交底,发现问题及时解决。

①开挖检查要求。每循环由施工人员对开挖断面进行验收,采用断面仪检查开挖轮廓线,对欠挖做好标记,以便对欠挖进行处理。

②超前支护检查要求。超前支护的孔位打好后,检查孔位间距,钻孔长度。超前小导管或锚杆安装后检查注浆饱满度。超前钢管与钢架支撑配合使用时,从钢架腹部穿过,尾端与钢架焊接,检查焊接点是否牢固。

③锚杆支护检查要求。检查锚杆插入孔内的长度是否短于设计长度的95%,检查锚杆孔内灌浆是否密实饱满。检查锚杆垫板是否紧贴围岩,检查锚杆是否垂直于开挖轮廓线布设。

④钢筋网支护检查要求。检查钢筋网搭接尺寸不小于1个网格,是否与锚杆连接牢固,并且检查钢筋网稳定性,用手摇是否晃动。

⑤钢拱架支护检查要求。钢支撑的形式、制作和架设应符合设计和规范要求。钢支撑之间必须用纵向钢筋连接,拱脚必须放在牢固的基础上。拱脚高程不足时,不得用块石、碎石砌垫,而应设置钢板进行调整,或用混凝土块进行支垫,混凝土强度等级不小于C20。钢支撑应靠紧围岩,其与围岩的间隙,不得用片石回填,而应用喷射混凝土填实。

⑥防排水检查要求。防水材料的质量、规格、性能等必须符合设计和规范要求。防水卷材铺设前要对喷射混凝土基面进行认真的检查,不得有钢筋凸出的管件等尖锐突出物。防水层施工时,基面不得有明水;如有明水,应采取措施封堵或引撑。

⑦衬砌钢筋检查要求。钢筋的品种、规格、形状,尺寸、数量、间距、接头位置必须符合设计要求和有关标准的规定。

⑧仰拱检查要求。仰拱应结合拱墙施工及时进行,使支护结构尽快封闭。仰拱浇筑前应清除积水、杂物、虚渣等。仰拱超挖严禁用虚土、虚渣回填。

⑨二次衬砌检查要求。防水混凝土必须满足设计和规范的要求。拱墙背后的空隙必须回填密实。因严重超挖和塌方产生的空洞要制定具体处理方案经批准后实施。

(3)隐蔽工程检查。

隐蔽工程在进行下道工序前按“三检制”要求做好各项检查,并做好隐蔽工程检查记录,现场拍摄影像资料并保存。隐蔽工程均应经检查认证后方可进行下一道工序施工覆盖。

(4)材料、机械设备、半成品、成品检查。

主要检查成品、材料等有无可靠的保护措施及其落实是否有效,以控制不发生损坏、变质等问题；检查机械设备的技术状态，以确保其处于完好的可控制状态。

对进场的原材料、半成品、成品由技术员、材料人员、试验人员共同验收，并进行相关的试验检测。

对进场的施工机械设备进行全面的检修，掌握各种机械设备的现时状况，并进行标识。

所有测量、试验、检验仪器和设备，以及施工机械上的各种仪表，在使用前都进行标定。对施工测量、检测和试验设备进行定期检查和校准，保证其有效性，从而保证测量、检测和试验结果的正确有效。

7.2.5 施工安全保障措施

1）组织保障措施

方案中应对项目安全生产管理体系进行介绍，明确安全组织机构（安全生产领导小组）、安全保证体系及相应人员安全职责等。安全生产领导小组组长为本项目负责人，公示相关应急管理电话。针对各工序施工制定相应的安全生产管理制度、分班组进行安全教育培训制度及技术交底制度。

2）技术措施

（1）建立安全风险管理小组。

负责定期组织人员对危险性较高的作业进行风险识别评价，及时发布风险管理方案。根据风险管理实施效果，对高风险、极高风险工点的风险管理级别进行确认和调整。

负责划分高风险、极高风险工点的协作队伍，定期对协作队伍实施风险管理情况进行监督检查。指导、检查风险管理开展情况，对风险管理不力的责任人进行处理。

（2）制定安全风险制度措施。

建立事故预防预警机制，根据工程施工特点及地质、气候条件，结合本工程实际情况和施工环境，除常见的高处坠落、隧道涌水、隧道坍塌、物体打击、设备倾覆、触电、火灾、管线损坏等事故外，还有隧道开挖等重大危险源。项目部在施工前对各重大危险源进行分析和评估，制定有针对性的重大危险源管理方案，并在施工过程中进一步细化和完善。

严格执行科学化、规范化、标准化施工，未论证审批的施工方案不得实施，未岗前培训和交底的施工人员不得上岗，未验收合格的设备设施、临时用电等不得投入使用，未落实具有针对性安全防范措施的工序不得开展施工。

建立重大危险源监控机制，做好危险源监控管理的基础工作。建立健全各项规章制度，组织实施各项安全防范措施。落实重大危险源监控的专职人员和岗位职责，在施工过程中加强重大危险源和危险作业场所的过程监控，对可能发生安全事故的重大危险源和危险场所进行日常和定期检查。加大隐患整治力度，发现事故苗头及时处理，并做好记录。

强化监测信息的收集和分析，做好超前预报，及时发出预警信息，以便提前做好预控工作，提高应对突发事件的应急反应能力。

（3）建立健全各施工工序安全技术管理。

建立健全进洞施工、施工现场保卫消防安全、洞身开挖、洞内运输、爆破、安全用电等相关管理体系。

(4)隧道八大系统布设要求。

说明八大系统(门禁系统、人员定位系统、风险监控系统、有线声光报警系统、有毒有害气体监测系统、LED 显示系统、手机信号延伸系统、应急救援逃生系统)布设方案及相关要求。

3)监控量测措施

(1)有害气体监测措施:说明检测设备类型、主要的监测气体、检测频率、监测的主要技术要点。

(2)位移监控措施:隧道监控量测须按《工程测量标准》(GB 50026—2020)和《公路隧道监控量测技术规程》(DB53/T 1033—2021)的规定建立等级管理、信息反馈和报告制度。具体说明位移(沉降、收敛)监测点埋设与监测要求、方法及过程中特殊情况的处置流程或方案。

(3) 超前地质预报:根据设计文件和现场围岩情况,明确各段采用超前预报方法,如地质雷达超前地质预报、瞬变电磁法预报、地震波及超前地质钻探等。对掌子面前方围岩情况进行判别,对后续洞身开挖、支护参数及时调整提供依据,从而保证施工安全。

7.2.6 施工管理及作业人员配备及分工

(1)施工管理人员:管理人员名单及岗位职责(如项目负责人、项目技术负责人、施工员、质量员、各班组长等)。

(2)专职安全人员:专职安全生产管理人员名单、证书及岗位职责。

(3)特种作业人员:根据本项目进度计划的要求,特种作业人员持证人员名单、证书及工种(如爆破、电工、电焊工、压力容器操作工等)。

(4)其他作业人员:根据本项目进度计划的要求,列表说明其他作业人员数量及工种(如测量员、司钻工、钢筋工、混凝土工、杂工等)。

7.2.7 验收要求

1)验收标准

隧道各工序有关的质量验收,根据《公路工程质量检验评定标准　第一册　土建工程》(JTG F80/1—2017)等相关规范要求进行。如关键项目的合格率不得低于 95%;有规定极值的检查项目,任一单个检测值不应突破规定极值,否则该检查项目为不合格;一般项目,合格率应不低于 80%。严格控制超欠挖,拱架、墙角 1m 范围内及净空图折角对应位置严禁欠挖;喷射混凝土支护应无空洞及回填杂物,发现时应注浆填充密实;二次衬砌混凝土抗渗等级不得低于 P8,二次衬砌背后空洞累计长度不大于隧道总长的 3%,单个空洞面积不大于 $3m^2$ 等验收要求进行说明。

2)验收程序

严格按照三检制进行对每道工序检查验收,上道工序完成后工班自检,自检合格后报质检员检查,质检员检查合格后报监理员或监理工程师检查。质检工程师随机进行抽检,对关键工序必须每循环检查。

3) 验收内容

根据《公路工程质量检验评定标准　第一册　土建工程》(JTG F80/1—2017)及设计文件中相关指标相关要求进行验收。如洞身开挖、工字钢竖直度及连接、锁脚锚杆长度及连接、喷射混凝土平整度、钢筋保护层厚度、混凝土强度等指标,并对二次衬砌台车、隧道安全设施设备等检查内容列表验收。

4) 验收人员

关键工序隐蔽验收参与人员:施工单位现场技术员、监理单位现场监理工程师、建设单位相关负责人、施工、监理单位试验室现场检测人员和主要负责人。

隧道施工各工序验收参与人员:施工单位质检负责人,监理单位专业工程师,试验室相关主要负责人,建设单位工程部门负责人和中心实验室负责人、第三方检测及现场检测人员。

7.2.8　应急处置措施

1) 施工专项应急预案

针对冒顶片帮、塌方、突泥涌水、触电、洞内火灾等重大风险源编制专项应急预案。针对以上四个方面编制隧道施工专项应急预案,明确应急处置领导小组组成与职责、应急救援小组组成与职责,包括抢险、安保、后勤、医疗救护、善后、应急救援工作流程及应对措施、联系方式等,项目参建、周边产权单位各方联系方式、救援医院信息(名称、电话、救援线路)。

2) 现场应急措施

针对隧道施工过程中制定物体打击、高处坠落、机械伤害、有限作业空间有毒有害气体中毒等制定现场急救措施。

3) 应急物资准备

制定应急物资与装备保障清单。

7.2.9　计算书及相关施工图纸

1) 计算书

(1)空气压缩机房的生产能力及高压风管内径选择计算书。

根据《公路隧道施工技术规范》(JTG/T 3660—2020)进行编制;包括计算的项目、需风量分析确定、相关计算过程、相关简图。

(2)供电系统(含高压进洞)计算书。

根据《公路隧道施工技术规范》(JTG/T 3660—2020)、《施工现场临时用电安全技术规范》(JGJ 46—2005)、《公路工程施工安全技术规范》(JTG F90—2015)等进行编制;包括计算的项目、用电负荷、电缆线截面积等分析确定,相关计算过程,相关简图。

(3)隧道通风计算书。

根据《公路隧道通风设计细则》(JTG/T D70/2-02—2014)进行编制;包括计算的项目,隧道长度、隧道坡度、通风机械功率及通风方式分析确定,相关计算过程,相关简图。

(4)隧道仰拱栈桥计算书。

根据《钢结构设计规范》(GB 50017—2017)进行编制;包括计算的项目、荷载分析确定、相关计算过程、相关简图。

(5)开挖台车计算书。

根据《钢结构设计规范》(GB 50017—2017)进行编制;包括计算的项目、荷载分析确定、相关计算过程、相关简图。

(6)衬砌台车受力结构计算书。

根据《钢结构设计规范》(GB 50017—2017)进行编制;包括计算的项目、荷载分析确定、相关计算过程、相关简图。

(7)钢筋挂布台车计算书。

根据《钢结构设计规范》(GB 50017—2017)进行编制;包括计算的项目、荷载分析确定、相关计算过程、相关简图。

(8)排水系统(反坡)计算书。

根据《公路隧道施工技术规范》(JTG/T 3660—2020)、《公路工程施工安全技术规范》(JTG F 90—2015)等进行编制;包括计算的项目,涌水量、集水点分布、排水管直径及水泵功率分析确定,相关计算过程,并附相关简图。

2)附图

(1)施工布置平面图。

(2)施工区域布置平面图。

(3)施工进度计划图。

(4)施工通风布置示意图。

(5)隧道管道和电线路布置示意图。

(6)隧道断面开挖施工顺序示意图。

(7)隧道施工排水系统布置图。

(8)隧道爆破设计图。

3)附表

(1)工程数量表。

(2)施工进度计划表。

(3)主要劳动力工时、材料、机械台班数量表。

(4)主要劳动力、材料、机具设备日历性(年、季、月)计划供应表。

(5)供电系统表。

(6)临时工程数量表。

7.3 不良地质、特殊地质隧道

不良地质是指滑坡、崩塌、岩堆、偏压地层、岩溶、高应力、高强度地层、松散地层、软土地段等不利于隧道工程稳定的不良地质环境。

特殊地质是指膨胀地层、软弱黄土地层、含水未固结围岩、溶洞、断层、岩爆、流沙等地段。

特殊地质地段隧道,由于岩层的地质成因复杂,地质条件具有突变性,事故具有突发性,对隧道施工的危害性极大,如果仅靠常规的隧道施工技术和施工方法很难克服。特殊地质地段进行隧道施工时,除了应遵守一般技术要求外,还应采取针对性较强的辅助方法施工。在开挖、支护衬砌施工中,由于各种因素的影响可能会发生土石坍塌,坑道受压支撑被压坏,衬砌结构断裂和各种特殊施工难题,严重影响施工进度、安全和工程质量。

7.3.1 工程概况

(1)隧道工程概况和特点。

①工程基本情况:参考 7.2.1 节相关内容进行编制,着重根据设计文件对不良地质和特殊地质段具体位置、段落长度、相关类型等进行说明(附隧道地质纵断面图)。

②工程设计情况:根据设计文件着重对本项目不良及特殊地质段的开挖方式、支护参数及施工风险处理措施进行说明。

③工程水文、地质条件:着重对不良地质段的围岩及岩性、围岩级别、节理发育、风化程度、地下水情况等进行描述。

④工程的特点、难点:结合设计文件及现场实际踏勘情况简要说明本项目的特点。详细分析隧道不良地质段对工程实施过程的影响及存在的风险(如存在的围岩失稳及坍塌、支护变形、衬砌结构断裂等施工风险)。结合设计文件、现场实际踏勘情况及工程的特点,对进洞方向及先行洞等进行说明。

(2)施工平面布置:参考 7.2.1 节相关内容进行编制。

(3)周边环境条件:参考 7.2.1 节相关内容进行编制。对不良地质、特殊地质段地表调查情况进行简要描述。

(4)技术准备:参考 7.2.1 节相关内容进行编制。

(5)风险辨识与分级。

根据风险评估报告,说明该隧道工程风险因素辨识及安全风险分级。

7.3.2 编制依据

参考 7.2.2 节相关内容进行编制。

7.3.3 施工计划

(1)施工进度计划:参考 7.2.2 节相关内容进行编制。充分考虑不良、特殊地质段落超前处治、开挖支护等措施的施工对工期的影响。

(2)材料及机械设备投入计划:参考 7.2.3 节相关内容进行编制。结合不良、特殊地质段施工所需的材料及设备在相应的列表内增加内容。

(3)劳动力计划:参考 7.2.3 节相关内容进行编制。

(4)监控量测计划。

隧道监控量测应按《工程测量标准》(GB 50026—2020)和《公路隧道监控量测技术规程》(DB53/T 1033—2021)的规定建立等级管理、信息反馈和报告制度。

①隧道监控量测应作为关键工序纳入现场施工组织。监控量测必须设置专职人员并经培训后上岗。

②隧道拱顶下沉和净空变化的量测断面间距:Ⅳ级围岩不得大于10~20m、Ⅴ级围岩不得大于5~10m。

③隧道下穿建筑物地段,地表必须设置监测网点并实施监测。

④当拱顶下沉、水平收敛速率过大时,应暂停掘进,并及时分析原因,采取处理措施。

⑤当采用接触量测时,测点挂钩应做成闭合三角形,保证牢固不变形。

监控量测实施需遵循以下原则:

①应按照工程实际情况编制监控量测实施方案。

②监控量测作业应根据现场实际情况制定监测项目和监测频率。

③应在经济适用的原则下选用精度高、耐久性好的仪器设备。

④应遵循"勤量测"的原则,及时进行监测,确保施工安全。

⑤应确保日常的监测数据及时分析,正确指导施工。

(5)超前地质预报及超前地质探孔计划。

隧道超前地质预报是隧道(信息化)施工管理的重要组成内容,针对隧道围岩复杂多变的特点,避免不良地层结构导致隧道坍塌、沉陷、涌水、有害气体突出等事故的发生,而采用的综合超前的地质预测措施。

不良地质、特殊地质隧道地质超前预报可采用地质调查法、超前钻探法、物探法和超前导坑预报法。

①不良地质、特殊地质隧道施工应进行超前地质预报,超前地质预报应纳入正常的施工工序。

②不良地质、特殊地质隧道超前地质预报应根据区域地质资料和设计文件,结合现场实际情况制定预报方案,包括人员组织、资源配置、作业程序、经费管理等。

③岩溶及富水破碎断层隧道,超前地质预报应采用以水平钻探为主的综合方法。

④软弱围岩及不良地质隧道应进行专项超前地质预报方案编制,及时收集分析预报资料,完善方案并指导施工。

7.3.4 施工工艺技术

1)技术参数

参考7.2.4节相关内容进行编制。

2)工艺流程

不良、特殊地质施工工艺流程如图7-8所示。

3)施工方法

(1)明洞与洞口工程。

埋深较浅的隧道洞口段应采用明洞或半明半暗法进洞。隧道洞口应按设计完成超前支护后，方可开始正洞的施工。洞口段应及时形成封闭结构，严禁采用长台阶施工。

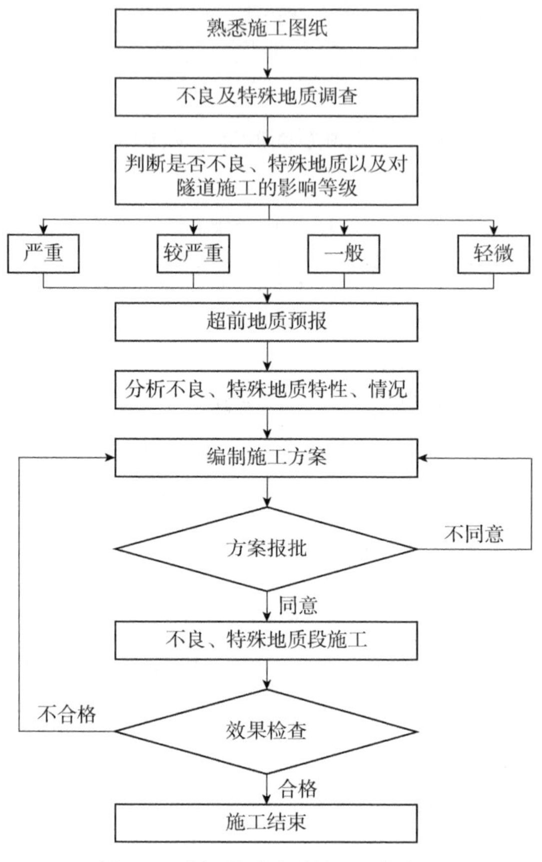

图 7-8　不良、特殊地质施工工艺流程

①洞口土石方开挖。

首先进行地质调查，仔细阅读设计施工图纸的地质、水文资料，根据设计施工图纸提供的地质纵断面图，判断隧道是否通过不良及特殊地质段，分析出各段的位置。对岩溶地段的地形地貌作地表调查，尤其是石芽、溶沟、溶槽、暗河、落水洞等的位置、形状、大小以及其影响范围，并对地表水流向进行详细的调查，明确其与隧道的位置关系。

根据设计施工图纸的地质、水文资料和调查情况逐一对可溶岩地段进行地层、结构、岩溶发育规模、水量和物探等方面的分析，评估对隧道的影响大小。

其次进行超前地质预报，根据岩溶调查的结果，选取相对应的地质预报措施，并编制各岩溶段的地质预报方案。

最后确定施工方案，根据超前地质预报报告结果，选取相对应的不良地质、特殊地质段施工措施，并编制各不良地段（溶洞、断层、岩爆、流沙、围岩失稳、坍塌、隧道支护变形、衬砌结构断裂、突泥涌水、冒顶等）的施工方案［建议采用环形开挖预留核心土法、中隔壁法（CD 法）、交叉中隔壁法（CRD 法）、双侧壁导坑法等适宜不良地质、特殊地质隧道的开挖支护方案］。

②进洞辅助措施：参考 7.2.4 节相关内容进行编制。

③明洞施工：参考 7.2.4 节相关内容进行编制。

④洞门施工:参考7.2.4节相关内容进行编制。

⑤洞身辅助施工:参考7.2.4节相关内容进行编制。根据现场围岩条件,合理增设相应超前支护和锁脚锚杆等。

⑥洞身开挖。

软弱围岩隧道Ⅳ、Ⅴ、Ⅵ级地段采用台阶法施工时,应符合以下规定:

①上台阶每循环开挖支护进尺Ⅴ、Ⅵ级围岩不应大于1榀钢架间距,Ⅳ级围岩不得大于2榀钢架间距。

②边墙每循环开挖支护进尺不得大于2榀。

③仰拱开挖前必须完成钢架锁脚锚杆,每循环开挖进尺不得大于3m。

④隧道开挖后初期支护应及时施作并封闭成环。

(2)洞口浅埋、断层破碎带及软弱围岩地段施工。

浅埋及软弱围岩地段以台阶法掘进为主。遵循"弱爆破、早封闭、强支护,勤量测"原则,采用超前支护(注浆导管)先行,初期支护靠紧掌子面,二次衬砌早期施工的施工方案。

洞口浅埋、断层破碎带及软弱围岩地段施工工艺流程如图7-9所示。

不良地质、特殊地质隧道型钢钢架支护施工,基底承载力必须符合设计要求;当承载力不符合设计要求时,应及时支垫槽钢等满足承载力要求的措施。下台阶开挖后仰拱型钢支护应及时落底接长,封闭成环。

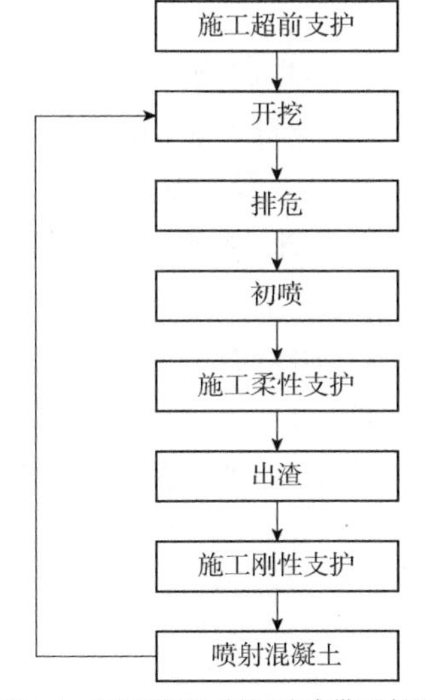

图7-9 洞口浅埋、断层破碎带及软弱围岩地段施工工艺流程

(3)岩溶地段施工。

岩溶地段施工时,必须加强超前地质预报工作,根据预测资料采取有针对性的措施进行处理。对于大涌水、高水压地段,采取"以堵涌水为主,限量排放,综合治理"的原则;对于水量不大地段,采取"防、截、排、堵"综合治理的原则。施工中,按照"管超前,短进尺,弱爆破,强支护,早封闭,勤量测,速反馈"的原则施工。

①溶洞与暗河的处理。

岩溶水的处理:对岩溶水的处理原则是宜疏不宜堵。为防止岩溶水的突然涌出,施工中在采取超前钻孔探测的同时,预备足够数量的抽水设备,以策施工安全。施工时可根据不同情况采取如下措施:

暗沟排水:隧道穿过无充填物的溶洞,可在隧道底设置暗沟,使岩溶水仍沿原有通路自行排出。

管道排水:当隧道基底横穿溶洞裂隙时,在铺设仰拱时,预埋竖向铸铁管使水流进入有孔混凝土管后,流经铸铁管及横向水沟排入侧沟。

涵洞、泄水洞排水:当暗河和溶洞有水流且围岩比较稳定时,在查明水源流向与隧道位置关系后,用暗管、涵洞、小桥涵等设施排水。

②岩溶洞穴的处理。

根据岩溶洞穴大小及洞穴与隧道不同部位的关系,采用跨越、堵塞、加固等处理措施:

封闭回填:对已停止发育的干小溶洞,采用混凝土堵塞,必要时注浆加固以防止塌陷。

当隧道与溶洞相交,溶洞规模较大,且含有大量松软冲击物时,先采用长管棚对充填物进行高压劈裂注浆,使其固结后开挖。

③洞穴充填物的处理。

洞穴充填物的特点是松软、下沉量大、强度低、稳定性差,当隧道穿越洞穴充填物地段时,可按不同情况采取桩基、换填、注浆等处理措施。

④预防突水措施。

当隧道施工中会遇到溶洞、地下暗河,可能会出现突水现象,施工中遵循"先探后挖,以排为主,先排干后开挖"的原则。施工中可采取加强地质超前预报工作,施工中可采用地质超前预报系统、红外线探水、超前钻探等办法探测,相互印证,准确地探测前方的地质情况,指导施工;超前钻孔排水,在可能进入突水地段前 20~30m 的掌子面上布置超前钻孔,用深孔钻眼,以利预报和排水。在突水围岩破碎地段,必要时采用双液浆加固围岩和防水。

(4)富水地段施工。

富水地段施工前,应充分运用超前地质预报手段,探明地下水位置、水量、附存条件、流向等,然后根据具体情况进行处理。地下水处理时应遵循"防、排、截、堵相结合,因地制宜、综合治理"的原则,并不得对生态环境造成不良影响。

①帷幕注浆。

帷幕注浆具有堵水效率高、耐时久、兼有加固地层的作用。在防水要求高或富水软弱地层隧道施工中,已经成为隧道围岩防水问题的必要手段。

帷幕注浆施工工艺流程如图 7-10 所示。

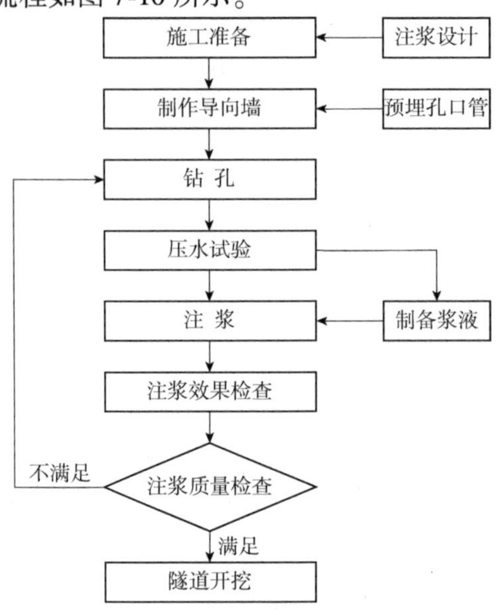

图 7-10 帷幕注浆施工工艺流程

②径向注浆。

在裂隙水发育地段,可采用径向注浆堵水,其施工工艺流程如图 7-11 所示。

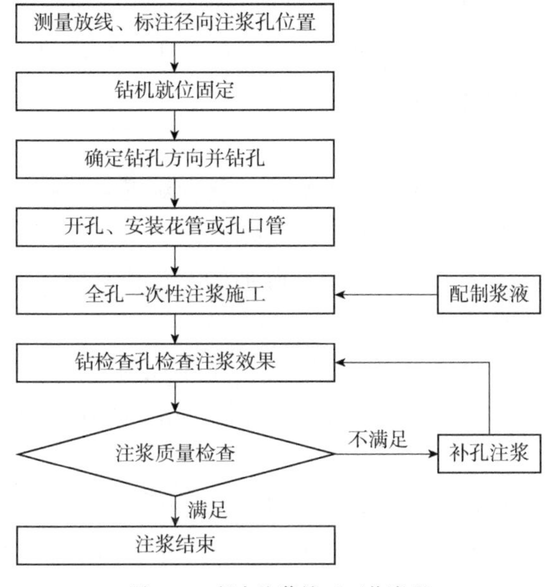

图 7-11 径向注浆施工工艺流程

③隧道开挖后处理措施。

完成了以上预注浆后,采用分部法开挖,进尺宜短不宜长,支护紧跟。对于局部的小股流水,先采用埋管法引排,再用喷射混凝土封闭。根据情况对初期支护进行加强。精心施作防水层,适当加密环向盲沟间距,以增强其排水能力。二次衬砌采用防水混凝土,混凝土抗渗等级不得低于 P8,做好施工缝、变形缝的防水措施。

(5)高地应力段施工。

在高地应力硬岩地段,隧道开挖后,围岩会发生岩爆现象;在高地应力段应遵循以防为主、防治结合的原则,对开挖面前方的围岩特性、水文地质情况等进行预测、预报,当发现有较强烈岩爆存在的可能时,应及时研究施工对策措施,做好施工前的必要准备。

岩爆段的开挖掘进的原则是短进尺、多循环、弱爆破、及时支护,必要时施作临时仰拱。

(6)软弱、破碎围岩地段施工。

在软弱、破碎等围岩地段开挖隧道,受高地应力的影响,造成隧道挤压产生大变形时,即可判定为挤压性围岩隧道。

开挖断面:挤压性围岩隧道开挖应根据断面大小采用微台阶法、双侧壁导坑法、中隔壁法和交叉中隔壁法等分部开挖法。分部开挖适合于挤压破碎非常严重的围岩隧道,易于控制隧道开挖面的稳定。挤压程度增加时,需要加强钢拱架支护,并及时封闭。

初期支护:支护体系应采取“及时支护、限制变形、及时封闭成环”的原则。

在施工遇到地层自稳能力差,围岩挤压破碎严重,为了抑制超前位移,力求掌子面和拱顶的稳定。可采用超前管棚、注浆小导管超前支护,并结合注浆锚杆、全断面注浆加固开挖面等措施处理。

(7)膨胀性围岩段施工。

膨胀岩的特点是遇水膨胀、崩塌,失水收缩。因此,在确定膨胀岩隧道的施工方法时，应根据膨胀岩的特性，并结合隧道的断面尺寸、施工条件、围岩稳定情况、地下水活动状况等因素，综合研究决定。

隧道防排水：水是膨胀岩隧道产生病害的主要根源，对围岩的强度和体积有较大的影响。所以膨胀岩隧道的防排水，应采用以防为主，防、堵、截、排相结合的原则，并结合当地的气象、水文、地质条件，因地制宜地进行。

膨胀岩隧道开挖：

①采用钻爆法开挖时，应短进尺，多循环。减少对围岩的扰动，围岩较好时，宜采用全断面一次开挖，特别软弱时，采用分部开挖法。

②开挖断面应圆顺，宜采用圆形或接近圆形的卵形或马蹄形断面。隧道周边宜采用风镐开挖，中间部分可用钻爆法开挖。

③膨胀岩地段开挖后，应及时封闭暴露的岩体，防止空气中水分侵入岩体。

④为了适应膨胀岩变形大的要求，应当预留较大的变形量，可根据围岩量测结果或工程类比的方法确定。

膨胀岩隧道支护：膨胀岩隧道的初期支护宜采用喷射混凝土、锚杆、钢筋网、钢架等相结合的支护形式，必要时可采用钢纤维混凝土。膨胀岩隧道应采用先柔后刚、先让后顶、分层支护的原则。

①弱膨胀岩可采用封闭型钢架，初期支护应及时封闭成环，抵抗围岩的膨胀压力。

②当膨胀压力引起的变形较大时，初期支护宜采用预留纵向变形缝的喷射钢纤维混凝土支护，并采用可缩钢架，同时加密高强锚杆，以抵御膨胀压力。可缩钢架的滑动节数与整个布点的活动量，应满足膨胀岩的膨胀量与约束量。

③施工中应采用长锚杆和临时仰拱的措施，确保各部开挖的稳定。

④采用网喷混凝土时，应先喷一层约4cm厚的混凝土，并安设钢筋网，再补喷到设计的厚度；采用双层钢筋网时，第二层钢筋网应在第一层钢筋网被混凝土覆盖后铺设，其覆盖厚度不应小于3cm。

⑤在渗水地段，应及时引、排水，喷射混凝土应调整配合比，使喷射混凝土与围岩密贴。

⑥膨胀岩隧道仰拱应及时施作，使支护衬砌尽早封闭成环，以增加衬砌的整体承载能力，控制边墙变形，防止底鼓。仰拱曲率应尽可能大些，并要求与边墙连接圆顺，防止应力集中。强膨胀时，可对仰拱进行初期支护，进行挂网锚喷联合支护，抑制变形。

⑦膨胀岩隧道的二次衬砌，应采用拱、墙同时施工，二次衬砌结构应与围岩充分密贴、及早闭合。

不良地质、特殊地质隧道二次衬砌应在围岩稳定后进行施工，并在施工前对初期支护净空断面进行复测，保证二次衬砌浇筑厚度能达到设计要求。

4）操作要求

参考7.2.4节相关内容进行编制。

5）检查要求

参考7.2.4节相关内容进行编制。

7.3.5 施工安全保障措施

参考7.2.5节相关内容进行编制。不良地质、特殊地质隧道施工过程中除应严格遵守国家和交通运输部发布的有关隧道施工安全技术规则外,还应注意以下事项。

(1)富水软弱破碎围岩隧道施工应符合下列规定:

①施工过程应加强对隧道围岩和支护结构变形、地下水变化的监测,并应依据监测结论动态调整设计和施工参数。

②应严格控制开挖循环进尺,初期支护应及时施作。

③应遵循"防、排、堵、截"相结合的原则治水。

④施工中出现浑水、突水突泥、顶钻、高压喷水、出水量突然增大、坍塌等突发性异常情况应立即停止施工、分析异常原因,并应妥善处理。

(2)岩溶地质隧道施工应符合下列规定:

①应先开展地质调查,并根据综合地质预报对溶洞里程、影响范围、规模、类型、发育程度和填充物、储水及补给情况、岩层稳定程度以及与隧道的相对位置等作出预测分析,制定防范措施。

②应遵循"因地制宜、综合治理"的原则施工。

③隧道溶洞与地表水存在水力联系时,宜在旱季进行溶洞处理和隧道施工。

④岩溶段爆破开挖应严格控制单段起爆药量和总装药量,控制爆破振动。

⑤应备用足够数量的排水设备。

(3)含水沙层和风积沙地段施工应符合下列规定:

①含水沙层开挖应遵循"先治水、后开挖"的原则,风积沙地段开挖应遵循"先加固、后开挖"的原则;循环进尺应严格控制,并应加强监控量测。

②开挖完成后应及时支护、尽早衬砌、封闭成环。施工过程中应遇缝必堵,严防沙粒从支护缝隙中漏出。

(4)黄土隧道施工应符合下列规定:

①施工前应验证黄土的年代、成因、含水率、强度、压缩性、孔隙率、抗水性等情况,掌握详细的地质信息。

②进洞前,洞口的防排水系统应施作完毕。应采取回填夯实、填土反压、改变地表水径流等方法处理地表和浅埋段的冲沟、陷穴、裂缝。

③宜在旱季开挖洞口,雨季施工应采取控制措施。

④含水率较大的地层应及时排水,不得浸泡墙脚、拱脚。

⑤施工中应密切观察垂直节理。

⑥施工中应密切监测拱脚下沉情况。

(5)膨胀岩土隧道施工应符合下列规定:

①施工前应查明膨胀岩土岩性、规模、各向异性程度、吸水性、围岩强度比、水文地质、膨胀机理等情况,选择合适的施工方法和预防措施。

②除常规监测项目外,尚应加强监测围岩净空位移、围岩压力,并应根据监测结果及时调整预留变形量和支护参数。

③应控制开挖循环进尺，逐次开挖断面各分部，分部开挖不得超前独进。

④隧道开挖断面轮廓应圆顺。

⑤隧道开挖后应尽快初喷混凝土封闭岩面，并应控制施工用水，加强施工用水管理，岩面不得受水浸泡。

(6)岩爆地质隧道施工应符合下列规定：

①施工中应加强围岩特性、岩爆强度等级、水文地质情况等的预报、预测和分析。

②宜在围岩内部应力释放后采用短进尺开挖，每循环进尺宜为1~2m，光面爆破的开挖面周壁宜圆顺。

③拱部及边墙应布设预防岩爆锚杆，施工机械重要部位应加装防护钢板。

④每循环内对暴露的岩面应加大监测及找顶频次。

⑤施工过程中应密切观察岩面剥落、监听岩体内部声响情况，出现岩爆迹象，作业人员应及时撤离。

(7)软岩大变形地质隧道施工应符合下列规定：

①施工过程中应加强围岩岩性、地应力、水文地质、地质构造、变形机理分析，确定可能产生的变形程度与危害。

②施工过程中应监测拱顶下沉、周边位移、底鼓、围岩内部位移、支护结构变形等情况，并应依据监测结果及时调整支护参数和预留变形量。发现变形异常应及时处理。

③应严格控制循环进尺，仰拱、二次衬砌应及时施作、封闭成环。

7.3.6 施工管理及作业人员配备及分工

参考7.2.5节相关内容编制。

7.3.7 验收要求

参考7.2.6节相关内容编制。对超前帷幕注浆质量、溶洞回填情况进行检查。

7.3.8 应急处置措施

参照7.2.7节相关内容进行编制。根据各不良地质、特殊隧道现场实际情况，针对可能发生的事故风险、危害程度和影响范围，明确滑坡、崩塌、突泥、涌水等不良、特殊地质隧道中的安全事故应急处置指导原则，制定相应的处置措施。

7.3.9 计算书及相关施工图纸

参考7.2.9节相关内容进行编制。

7.4 浅埋、偏压及邻近建筑物等特殊环境条件隧道

浅埋软弱围岩隧道的施工，因其自稳能力差、覆盖层薄弱，坍塌变形是最常见的地质灾害，一旦发生不仅延误工期，还会造成重大经济损失或人员伤亡，特别是受到赶工期等外部条件制约时，给施工带来了较大的难度和风险，一旦工程措施和施工方法不当，极易

发生初期支护变形侵限和塌方等工程事故。对于浅埋、偏压隧道,这种现象更为普遍,严重时伴随地表下陷或坍塌冒顶等工程事故,因此制定合理的施工方案尤为重要。

7.4.1 工程概况

1) 隧道工程概况和特点

(1)工程基本情况:参考7.2.1节相关内容进行编制。结合设计文件及现场实际踏勘情况,着重对本项目涉及浅埋段位置、长度、偏压情况、邻近建筑物等与隧道相互关系等说明。

(2)工程设计情况:参考7.2.1节相关内容进行编制。设计文件资料内对浅埋、偏压段等特殊环境条件段落的具体段落、围岩等级、支护形式、控制措施等进行说明。

(3)工程水文、地质条件:参考7.2.1节相关内容进行编制。着重对特殊环境段落的地质及水文情况进行说明

(4)工程的特点、难点:详细分析本方案实施过程中浅埋段、偏压情况、邻近建筑物等与隧道相互关系的重难点。

2) 施工平面布置

参考7.2.1节相关内容进行编制。

3) 周边环境条件

参考7.2.1节相关内容进行编制。

4) 技术准备

参考7.2.1节相关内容进行编制。

5) 风险辨识与分级

参考7.2.1节相关内容进行编制。

7.4.2 编制依据

参考7.2.2节相关内容进行编制。

7.4.3 施工计划

(1)施工进度计划:隧道施工在面临浅埋、偏压及邻近建筑物等特殊环境条件时,需要充分考虑地质情况,采取相应的支护措施和监控量测,并加强现场管理,以确保施工安全和进度。这些过程可能会对工期产生一定的影响,其余内容参考7.2.3节相关内容进行编制。

(2)材料及机械设备投入计划:在浅埋、偏压及邻近建筑物段隧道施工中,需要根据实际情况增加相应的材料和设备,以确保施工安全和工程质量。同时,应注意选用高性能、环保的设备,以降低施工对周边环境的影响,其余内容参考7.2.3节相关内容进行编制。

(3)劳动力计划:参考7.2.3节相关内容进行编制。

(4)监控量测计划:参考7.2.3节相关内容进行编制。浅埋、偏压及邻近建筑物隧道

施工中,监控量测是非常关键的基础工作,在施工过程中按隧道监控量测应按现行《工程测量标准》(GB 50026—2020)和《公路隧道监控量测技术规程》(DB53/T 1033—2021)相关要求及时布设观测点、及时观测数据、及时反馈结果、及时采取相关措施。

①隧道拱顶下沉和净空变化的量测断面间距:Ⅳ级围岩不得大于 10m、Ⅴ级围岩不得大于 5m。

②隧道浅埋、下穿建筑物地段,地表必须设置监测网点并实施监测。

③当拱顶下沉、水平收敛速率达 5mm/d 或位移累计达 100mm 时,应暂停掘进,并及时分析原因,采取处理措施。

④当采用接触量测时,测点挂钩应做成闭合三角形,保证牢固不变形。

(5)超前地质预报及超前地质探孔计划。

隧道超前地质预报是隧道(信息化)施工管理的重要组成内容,是针对隧道围岩复杂多变的特点,避免浅埋、偏压及邻近建筑物隧道初期支护变形侵限、塌方、地表下陷或坍塌冒顶等工程事故的发生,而采用的综合超前的地质预测措施。超前地质预报主要适用于具有岩溶、岩溶突水(突泥)、断层破碎带、浅埋段、高地应力(可能产生硬岩岩爆和软弱围岩塑性变形)和瓦斯等有害气体的公路隧道。

①浅埋、偏压及邻近建筑物隧道施工应进行超前地质预报,超前地质预报应纳入正常的施工工序。

②浅埋、偏压及邻近建筑物隧道超前地质预报应根据区域地质资料和设计文件,结合现场实际情况制定预报方案,包括人员组织、资源配置、作业程序、经费管理等。

7.4.4 施工工艺技术

1)技术参数

参考 7.2.4 节相关内容进行编制。

2)工艺流程

浅埋、偏压及邻近建筑物等特殊环境条件下隧道总体施工工序流程如图 7-12 所示。

开挖顺序:①部→②部→③部→④部,开挖循环进尺与设计钢架间距相同(图 7-13)。

3)施工方法

(1)洞口土石方开挖。

偏压洞口施工应在做好支挡、反压回填等工作后再开挖;开挖方法应结合偏压地形情况选定,不得因人为因素加剧偏压。

洞口有邻近建(构)筑物时,应采取微震控制爆破,且应对建筑物下沉、倾斜、裂缝及震动等进行监测。

(2)进洞辅助措施。

进洞前按设计要求对地表及仰坡进行加固防护;松软地层开挖边坡和仰坡时,宜随挖随支护,随时监测、检查山坡的稳定情况。当洞口可能出现地层滑坡、崩塌时,应及时采取预防和稳定措施稳定坡体,确保施工安全。可采取地表砂浆锚杆、地表注浆等辅助工程措施或路基施工中稳定边坡的措施。

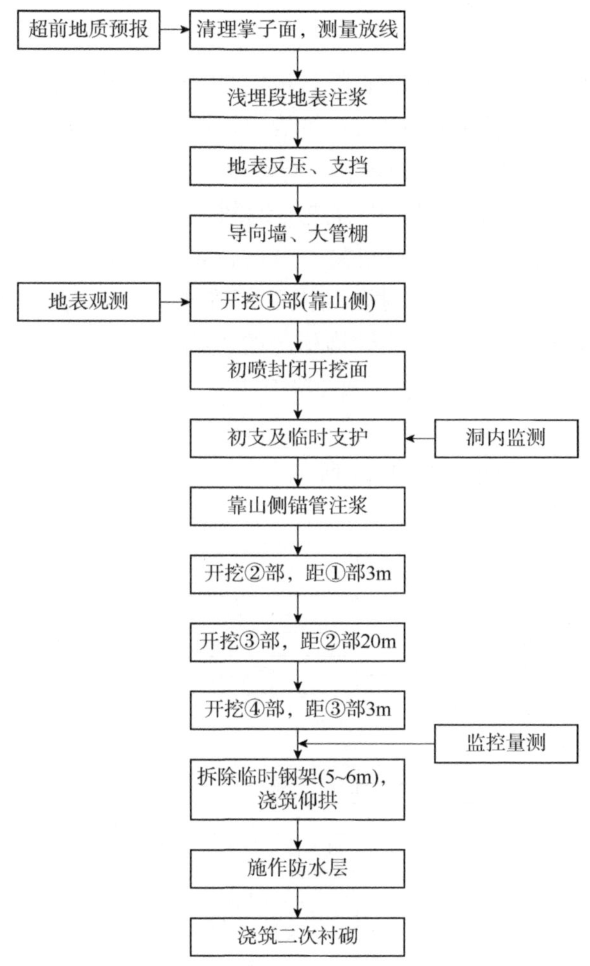

图 7-12 特殊环境隧道总体施工工序流程

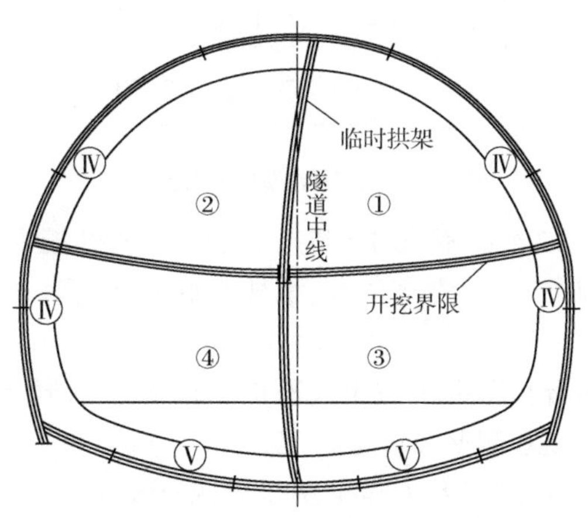

图 7-13 开挖顺序图

根据偏压坡体的性质，支挡措施可采用抗滑挡墙、抗滑桩、预应力锚索(杆)、钢管桩以及锚索桩、格构锚固等支挡构造物，对偏压坡体进行整治，控制偏压。

地表砂浆锚杆：地表砂浆锚杆是对地质层预加固的一种方法，它适用于浅埋、洞口地段和某些偏压地段。

地表注浆：对于隧道埋深小于50m，围岩稳定性较差，开挖过程中可能引起塌方的不良地质地段，通过从地面向下钻孔注浆，对围岩、地质进行预先加固。

(3)明洞施工：参考7.2.4节相关内容进行编制。

(4)洞门施工：参考7.2.4节相关内容进行编制。

(5)洞身辅助施工：参考7.2.4节相关内容进行编制。对于浅埋偏压隧道，施工时的措施主要采取超前支护、隧道分部开挖、加强初期支护、加强二次衬砌强度、及早施作二次衬砌等方面减少偏压对隧道施工和结构稳定的影响。

超前支护的措施：加长加密超前锚杆、超前小导管注浆、超前长管棚、超前全断面帷幕注浆等。

超前预注浆施工工艺流程如图7-14所示。

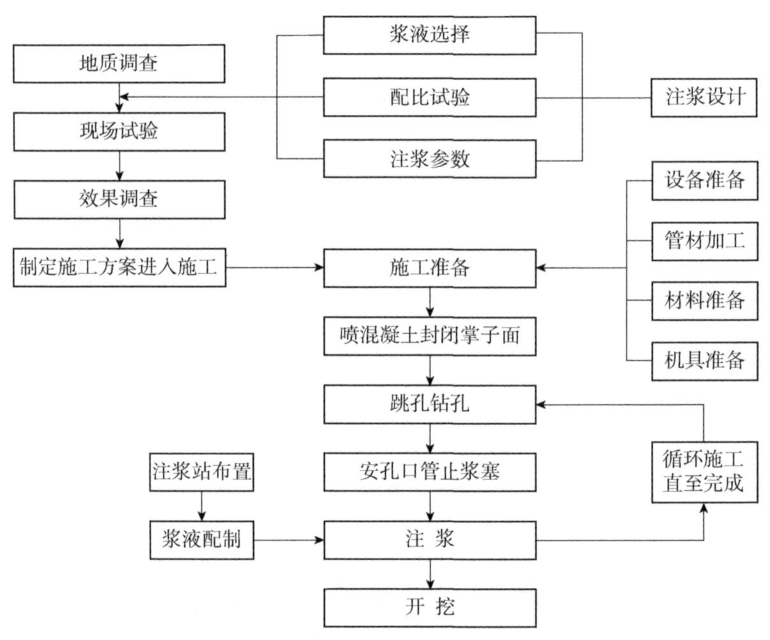

图7-14 超前预注浆施工工艺流程

(6)洞身开挖：参考7.2.4节相关内容进行编制。洞身开挖方法可参照如下原则：

第一，两车道土质和类土质、含水率大、承载力低的隧道宜采用中隔壁法(CD法)或交叉中隔壁法(CRD法)施工。

第二，三车道土质围岩和石夹土或土夹石的松散石质围岩、地下水丰富的隧道应按中隔壁法、交叉中隔壁法或双侧壁导坑法施工。

第三，浅埋大跨度、偏压隧道及地表下沉量要求严格而围岩条件很差时应选用交叉中隔壁法或双侧壁导坑法施工。

(7)仰拱与铺底。

浅埋、偏压段仰拱开挖应注意以下要求：

第一，仰拱土层开挖以人工配合机械开挖为主。

第二,仰拱开挖当遇变形较大的膨胀性围岩时,底面与两隅应预先打入锚杆或采取其他加固措施后,再行开挖。

第三,软岩地段特别处于洞口部位或洞内断层破碎带的隧道仰拱开挖必须严格按审批方案进行施工,宜跳格进行开挖。须严防一次开挖范围过大,造成隧道侧墙部位收敛变形过大,影响施工安全。

(8)防排水工程:参考7.2.4节相关内容进行编制。

(9)二次衬砌:参考7.2.4节相关内容进行编制。

浅埋、偏压段二次衬砌应在围岩稳定后进行施工,并在施工前对初期支护净空断面进行复测,保证二次衬砌浇筑厚度能达到设计要求。

4)操作要求

参考7.2.4节相关内容进行编制。

5)检查要求

参考7.2.4节相关内容进行编制。

7.4.5 施工安全保障措施

参考7.2.5节相关内容进行编制。浅埋、偏压隧道施工过程中除应严格遵守国家和交通运输部发布的有关隧道施工安全技术规则外,还应注意以下事项:

(1)浅埋段不宜采用全断面法施工。

(2)浅埋段应加强地表沉降、拱顶下沉的量测;偏压隧道应加强对围岩的监测;地面有建(构)筑物时应采用控制爆破技术,并应监测爆破震动及变形。

(3)浅埋段地表冲沟、陷穴、裂缝等应回填夯实、砂浆抹面,并处理地表水。

(4)偏压隧道施工前,应根据土压情况对偏压段进行平衡、加固处理。

(5)偏压隧道靠山侧应加强支护,每次开挖进尺不得超过一榀钢架间距,并应及时封闭。

(6)施工前首先须制定详细可行的施工方案,处理好偏压问题,尽量减小偏压对隧道施工的影响。

(7)施工中,须将超前支护与锚喷支护紧密结合,超前长管棚、短管棚均须与型钢钢架联结成整体,才能更好地发挥联合支护作用。

(8)边仰坡监测:开挖边仰坡顶上部岩体设置观测点,按计划监控该处岩体位移情况,并做详细记录,对于一些特殊地段可酌情增设观测点。

(9)地质不良地段和土质松软、透水性较大或裂缝较多的岩石路段,对沟底纵坡较大的土质截水沟的出水口,均采用加固措施防止渗漏和冲刷沟底及沟壁。

(10)严格执行分级开挖分级防护,对不稳定的边仰坡采取开挖和防护相结合,避免开挖边仰坡暴露时间过长,使边仰坡松弛范围变大,造成新病害。

7.4.6 施工管理及作业人员配备及分工

参考7.2.6节相关内容进行编制。

7.4.7 验收要求

参考 7.2.7 节相关内容进行编制。如对浅埋段回填质量、排水等相关验收标准、检查内容进行说明。

7.4.8 应急处置措施

参考 7.2.8 节相关内容进行编制。

7.4.9 计算书及相关施工图纸

参考 7.2.9 节相关内容进行编制。

7.5 小净距隧道

小净距隧道的围岩稳定与支护结构受力要比普通分离式隧道要复杂,由于两洞之间的相互影响,围岩及衬砌结构受力比较复杂,给施工带来了一定的难度和风险,如果施工方案选择不合理,便可能导致隧道初支变形侵限、开裂掉块、二次衬砌裂缝、隧道超欠挖等工程事故,因此,制定合理的施工方案尤为重要。同时为了保证结构和施工安全,针对小净距隧道不同围岩条件下须选择不同的施工方法。

7.5.1 工程概况

(1)隧道工程概况和特点。

①工程基本情况:参照 7.2.1 节相关内容进行编制,着重说明小净距隧道施工的情况。

②工程设计情况:参照 7.2.1 节相关内容进行编制。着重对设计文件内小净距各段落围岩等级、支护参数、施工中相应控制措施及施工方法进行说明。

③工程水文、地质条件:参照 7.2.1 节相关内容进行编制。着重对小净距各段落的地质、地下水、地表水情况进行说明。

④工程的特点、难点:参照 7.2.1 节相关内容进行编制。详细分析小净距隧道中岩墙宽度、地质特性以及在实施过程中存在的重难点。结合设计文件资料及现场实际踏勘情况明确先行洞。

(2)施工平面布置:参照 7.2.1 节相关内容进行编制。在隧道平面图内标示出各段小净距隧道中岩墙宽度。

(3)周边环境条件:参照 7.2.1 节相关内容进行编制。

(4)技术准备:参照 7.2.1 节相关内容进行编制。

(5)风险辨识与分级:参照 7.2.1 节相关内容进行编制。

7.5.2 编制依据

参照 7.2.1 节相关内容进行编制。小净距隧道施工工艺流程如图 7-15 所示。

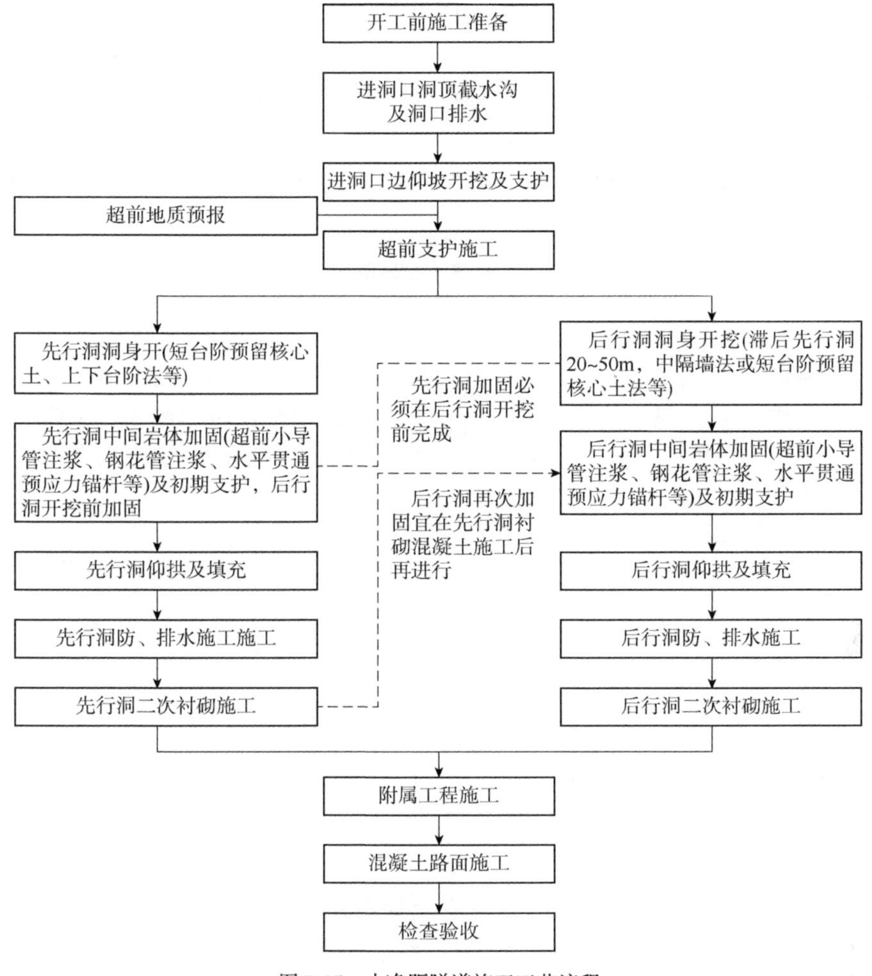

图 7-15　小净距隧道施工工艺流程

7.5.3　施工计划

(1)施工进度计划:参照 7.2.3 节相关内容进行编制。充分考虑小净距段落中岩墙支护等处理措施的施工对工期的影响。

(2)材料及机械设备投入计划:参考 7.2.3 节相关内容进行编制。结合小净距段施工所需的材料及设备在相应的列表内增加内容。

(3)劳动力计划:参考 7.2.3 节相关内容进行编制。

(4)监控量测计划:参考 7.2.4 节相关内容进行编制。小净距隧道施工中,由于两洞之间的相互影响,围岩及衬砌结构受力比较复杂,为便于施工指导,施工过程中现场监控量测是非常关键的基础工作。在施工过程中,隧道监控量测应按现行《工程测量标准》(GB 50026—2020)和《公路隧道监控量测技术规程》(DB53/T 1033—2021)相关要求及时布设观测点,及时观测数据,及时反馈结果,及时采取相关措施。

①小净距隧道中岩墙是设计、施工中的薄弱部位和薄弱环节,应加强对中岩墙变形、受力以及爆破振动影响的监控量测。

②小净距隧道开挖对本洞及相邻洞室开挖掌子面前后 1B(B 为隧道开挖宽度)范围

影响较明显,因此,应对该范围进行重点监控量测,增加量测频率。对开挖掌子面前后 $2B$ 范围内宜加强量测。

③小净距隧道相互影响程度不同,其监控量测的侧重点应有所区别,因此,宜根据围岩类别、小净距类别选取相应监控对策。

④对于小净距隧道监控量测项目,仍分为必测项目和选测项目。推荐小净距隧道监控量测项目见表 7-1。

小净距隧道监控量测项目 表 7-1

围岩条件	项目												
	洞内外地质与支护状态观察	周边位移	拱顶下沉	地表下沉	钢架内力及外力	围岩体内位移	围岩压力	两层支护间压力	锚杆轴力	支护衬砌内应力	围岩弹性波速度	爆破振动	渗水压力水流量
Ⅳ、Ⅴ级围岩	√	√	√	△	○	√	√	○	○	○	○	周围建筑物要求较高时必测	洞内出水量较大时必测
Ⅱ、Ⅲ级围岩	√	√	√	△	—	√	√	△	△	△	△		
洞口、偏压段、浅埋段	√	√	√	√	○	√	√	○	○	○	○	○	

注:1.√-必须进行的项目;○-宜进行项目;△-必要时进行项目。

2.增加必测项目:后行洞爆破振动速度、中岩墙土压力。

(5)超前地质预报及超前地质探孔计划。

小净距隧道超前地质预报实施需注意以下要求:

①小净距隧道施工应进行超前地质预报,超前地质预报应纳入正常的施工工序。

②小净距隧道超前地质预报应根据区域地质资料和设计文件,结合现场实际情况制定预报方案,包括人员组织、资源配置、作业程序、经费管理等。

7.5.4 施工工艺技术

1)技术参数

参考 7.2.4 节相关内容进行编制。

2)工艺流程

明确各项工艺流程。

3)施工方法

小净距隧道施工,应结合中岩墙厚度、围岩条件及埋深等制订单项施工技术方案。该方案应严格贯彻设计意图,并包括以下内容:先行洞和后行洞开挖方法;先行洞和后行洞爆破设计和爆破震动控制;先行洞和后行洞开挖错开距离;先行洞衬砌与后行洞开挖错开距离;中岩墙保护方法;各相互影响工序的滞后时间;非小净距隧道施工方案中的其他内容等。

(1)明洞与洞口工程:参考 7.2.4 节相关内容进行编制。

(2)洞身辅助施工:参考 7.2.4 节相关内容进行编制。涨壳式预应力中空锚杆施工工艺流程为:锚杆孔通气检查→钻孔-插杆→预紧杆体→安装止浆塞、垫板、螺母→张拉→注浆。

①钻孔成形并彻底清孔。

②将安装有涨壳锚头的杆体直接插入成孔底部,锚杆如需加长,可用联结套进行联结。

③用力预紧杆体,保证锚头顶端与孔底部紧贴并左旋锚杆体直至旋紧后,再安装止浆塞、垫板、螺母。

④连接常规张拉工具(例如扭力扳手、锚杆拉力计),实施预应力张拉至规定值。

⑤注浆。将注浆机推入现场,接好注浆管及电源;按设计配合比搅拌好浆液,并将其倒入注浆机中;开动注浆机,浆液注入锚孔中,直到锚杆尾端流出浆液且注浆压力达到设计值为止;取下注浆接头,清洗设备。

注浆的目的是使浆液包裹预应力锚杆体,有效地防止杆体锈蚀致使锚杆失效:同时,浆液充填裂隙,改良围岩。所以,注浆必须注意质量,保证注浆饱满。应采用配套的专用注浆机和注浆接头,以保证整个预应力锚固体系的有效性。考虑到预应力锚杆注浆的目的主要在于防止杆体锈蚀,以及充填裂隙、改良围岩,故建议采用具有良好渗透性的纯水泥浆进行注浆。

(3)洞身开挖:参考 7.2.4 节相关内容进行编制。

第一,小净距隧道开挖方法的选择,应以减小对中岩墙的扰动、控制中岩墙的围岩变形、保证开挖过程中围岩的稳定性为原则,合理安排施工方法及施工工序。

第二,不同围岩条件、不同净距的小净距隧道按设计采用不同的开挖方法,Ⅴ级围岩应以机械开挖为主,辅以微量的弱爆破。小净距隧道开挖方法可根据设计方案确定,如设计未明确,可参照表 7-2。

小净距隧道开挖方法 表 7-2

围岩级别		中岩墙厚度(mm)			
		(0.25~0.375)b	(0.375~0.5)b	(0.5~0.7)b	(0.75~1)b
Ⅱ Ⅲ	先行洞	全断面法			
	后行洞	台阶法	台阶法	全断面法	全断面法
Ⅳ	先行洞	台阶法			
	后行洞	CD 法、CRD 法	CD 法、CRD 法	CD 法、CRD 法	台阶法
Ⅴ	先行洞	CD 法、CRD 法			
	后行洞	CD 法、CRD 法			

注:b-单洞隧道的开挖宽度,后同。

第三,小净距隧道爆破应进行专门设计,并进行试爆,测定振动值,严格控制爆破振动;先行洞与后行洞掌子面错开距离应大于隧道开挖宽度的 2 倍。

小净距隧道施工应重点控制爆破对中岩墙的危害。相邻爆破分段起爆间隔时间宜不小于 100ms。

第四,小净距隧道的开挖和爆破:

①对Ⅲ、Ⅳ、Ⅴ级围岩小净距隧道双洞间相互影响程度划分和小净距隧道爆破振动速度控制标准可参考表7-3和表7-4。

小净距隧道双洞间相互影响程度划分 表7-3

围岩条件		影响程度			分离式单洞
		严重影响	一般影响	轻微影响	
围岩级别	Ⅲ	≤0.375b	(0.375~0.5)b	(0.75~2.0)b	≥2.0b
	Ⅳ	≤0.5b	(0.5~0.75)b	(1.0~2.5)b	≥2.5b
	Ⅴ	≤0.75b	(0.75~1.5)b	(1.5~3.5)b	≥3.5b

小净距隧道爆破振动速度控制标准值(单位:mm/s) 表7-4

围岩级别	小净距隧道爆破振动速度控制标准值		
	严重影响	一般影响	轻微影响
Ⅲ	80~100	100~120	150~200
Ⅳ	50~80	80~100	100~150
Ⅴ	<50	50~80	80~100

②先行洞的开挖可采用与分离式隧道相同的施工方法,但应重视爆破震动对中岩墙的影响,后行洞的开挖,当采用CD法或CRD法开挖时,宜先开挖靠近中岩墙侧。

(4)仰拱与铺底:参考7.2.4节相关内容进行编制。

(5)防排水工程:参考7.2.4节相关内容进行编制。

(6)二次衬砌:参考7.2.4节相关内容进行编制。小净距隧道二次衬砌应满足下列要求:

第一,先行洞的二次衬砌宜在围岩变形基本稳定后进行,宜落后于后行洞掌子面隧道开挖宽度的2倍以上,且在初期支护变形基本稳定(参考值:周边位移速率小于0.2mm/d,拱顶下沉速率小于0.15mm/d)后尽早施工。

第二,为确保施工安全,避免二次衬砌出现开裂,要求先、后行洞必须至少各配备一台二次衬砌模板台车。

(7)路面及附属工程:参考7.2.4节相关内容进行编制。

4)操作要求

参考7.2.4节相关内容进行编制。中岩墙预应力贯通锚杆加固要点:

(1)锚杆材料应满足设计要求,锚杆下料长度根据中岩墙厚度、锚杆布置和距离确定。垫板尺寸满足设计要求,螺母采用球形底部。

(2)钻孔。按设计要求定位、标记,钻孔方向宜与岩面垂直。钻孔位置允许偏差15mm,深度允许偏差50mm。

(3)注浆、安插锚杆。用注浆管向孔内注浆,注浆压力不应大于0.4MPa,注浆管应插至距孔底50~100mm处,水泥砂浆注入,缓慢拔除注浆管,随即迅速插入锚杆体。

(4)施加预应力。贯通锚杆施工时,在先行洞锚杆钻孔内水泥砂浆强度达到设计后,通过扭力扳手对锚杆施加力进行初张拉,施加预应力为设计值的50%;后行洞开挖暴露出锚杆端部的螺帽,通过扭矩扳手施加预应力至设计值,然后对先行洞锚杆补拉至设计值。每根锚杆除砂浆锚固段外,按设计有张拉自由段,用塑料套管保护。施工前应在洞外标定出扭矩扳手力矩与锚杆拉力的关系。

5)检查要求

涨壳式锚杆检查要求:直径、长度和壁厚是否符合设计要求;表面是否平整、光滑,无明显的缺陷或损伤;螺纹是否完好、无变形或损伤;胀紧联结套是否完整、无变形或裂纹,并检查其与锚杆之间的连接是否牢固;胀紧联结套的胶垫是否齐全,胶垫与胀紧联结套之间是否有适当的压紧;检查胀紧联结套的压力是否符合设计要求,需要进行相应的胀紧联结套压力测试。

预应力对拉锚杆检查要求:直径、长度和壁厚是否符合设计;表面是否平整、光滑,无明显的缺陷或损伤;螺纹是否完好、无变形或损伤;拉杆的预应力锚具是否完整、无损坏,拉杆与锚具之间的连接是否牢固;拉杆的预应力设备是否正常运行,如液压泵站、预应力机等;进行拉杆的拉力测试,以确保预应力力值符合设计要求。

其余内容参考7.2.4节相关内容进行编制。

7.5.5 施工安全保障措施

(1)组织保障措施:参考7.2.5节相关内容进行编制。

(2)技术措施:参考7.2.5节相关内容进行编制。小净距隧道施工过程中除应严格遵守国家和交通运输部发布的有关隧道施工安全技术规则外,还应注意以下事项:

①小净距隧道洞口切坡宜保留两隧道间原土体。

②两隧道工作面应错开施工,先行洞与后行洞掌子面错开距离应大于隧道开挖宽度的2倍。应严格控制爆破振动。

③后行隧道应根据围岩情况先加固中岩墙,极软弱围岩段应加固两隧道相邻侧拱架基础。

④宜采用光面爆破技术,并应采用低威力、低爆速炸药;爆破时另一洞内作业人员也应撤离。

(3)监测量测措施:参考7.2.5节相关内容进行编制。小净距隧道段监控量测与分离式隧道的不同之处在于特别强调中间岩柱稳定、地表沉降和爆破振动对相邻洞室的影响。进行拱顶下沉和周边位移收敛量测,其他要求同分离式隧道。

小净距隧道地段监控量测的必测项目包括:地质及支护状态观察、周边位移、拱顶下沉、爆破振动。

小净距隧道地段监控量测的选测项目包括:围岩内部位移量测、钢拱架内力及外力、喷混凝土应力量测、二次衬砌压应力量测。小净距地段隧道监控量测布置立面图如图7-16所示。

小净距隧道后行洞开挖时,对先行洞相应断面前后隧道开挖宽度范围进行重点监测,同时加强对中夹岩的监测。其量测项目及方法见表7-5。

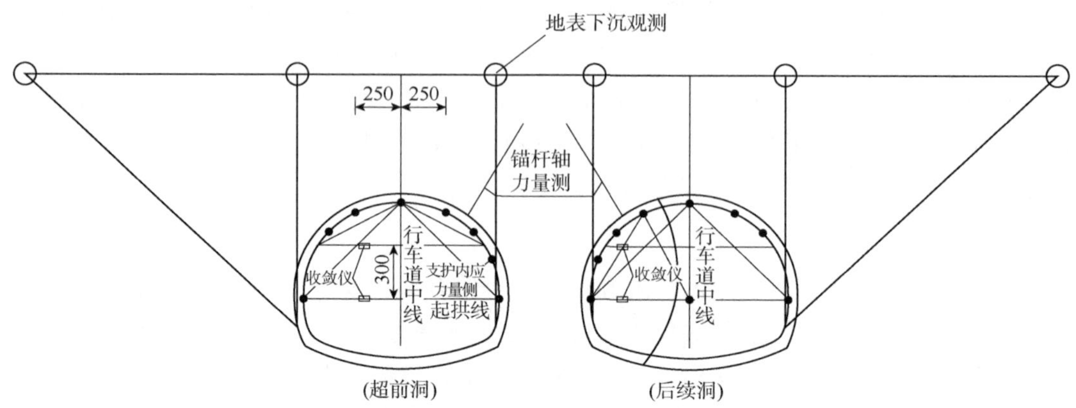

图 7-16　小净距地段隧道监控量测布置立面图(尺寸单位:mm)

小净距隧道现场监控量测项目及方法　　表 7-5

<table>
<tr><th rowspan="2">序号</th><th rowspan="2">项目名称</th><th rowspan="2">方法、工具</th><th rowspan="2">布置</th><th colspan="3">间隔时间</th></tr>
<tr><th>1~30d</th><th>1~3 个月</th><th>大于 3 个月</th></tr>
<tr><td>1</td><td>中夹岩土压力</td><td>钢弦式压力盒</td><td>每 10~30m 一个断面,每个断面 3 个压力盒</td><td rowspan="3">1~2 次/d</td><td rowspan="3">1 次/2d</td><td rowspan="3">1 次/周</td></tr>
<tr><td>2</td><td>围岩内位移</td><td>多点位移计及千分表</td><td>每 10~30m 一个断面,每个断面 2 个测点</td></tr>
<tr><td>3</td><td>围岩压力</td><td>钢弦式压力盒</td><td>每 10~30m 一个断面,每个断面 1 个压力盒</td></tr>
</table>

7.5.6　施工管理及作业人员配备及分工

参考 7.2.6 节相关内容进行编制。

7.5.7　验收要求

参考 7.2.7 节相关内容进行编制。

7.5.8　应急处置措施

参考 7.2.8 节相关内容进行编制。

7.5.9　计算书及相关施工图纸

参考 7.2.9 节相关内容进行编制。

7.6　连拱隧道

连拱隧道一般位于隧道浅埋段,偏压严重,地质条件复杂,围岩软弱破碎,节理发育差。隧道内的水受地表水影响较大。雨季施工困难,给隧道施工的安全增加了难度，且施工工序复杂，工序间相互影响大，就要求双连拱隧道的施工必须要有科学合理的施工组织设计。要理清各个工序的先后顺序及相联关系，在施工过程中尽量减小各施工工序之间的相互影响，并根据施工中的实际情况灵活地调整，工序安排保证安全。

7.6.1 工程概况

1）隧道工程概况和特点

（1）工程基本情况：参考7.2.1节相关内容进行编制。

（2）工程设计情况：隧道设计基本情况、隧道设计开挖方式及要求、隧道设计各段落地质描述及衬砌类型、支护参数、连拱隧道设计建议施工方案。

（3）工程水文、地质条件：结合项目现场实际踏勘情况，对比设计文件上的要求，隧道连拱段埋深情况、洞口地形地貌、地层岩性、水系发育、不良地质作用及特殊性岩土等情况。

（4）工程的特点、难点：参考7.2.1节相关内容进行编制。

2）施工平面布置

参照7.2.1节相关内容进行编制。

3）周边环境条件

参照7.2.1节相关内容进行编制。

4）技术准备

参照7.2.1节相关内容进行编制。

5）风险辨识与分级

参照7.2.1节相关内容进行编制。

7.6.2 编制依据

参照7.2.2节相关内容进行编制。

7.6.3 施工计划

（1）施工进度计划：参照7.2.3节相关内容进行编制。充分考虑连拱隧道中隔墙、后行洞开挖及支护施工对工期的影响。

（2）材料及机械设备投入计划：参考7.2.3节相关内容进行编制。结合连拱隧道施工所需的材料及设备在相应的列表内增加内容。

（3）劳动力计划：参考7.2.3节相关内容进行编制。

（4）监控量测计划：参照7.2.1节相关内容进行编制。连拱隧道施工中，由于两洞之间的相互影响，围岩及衬砌结构受力比较复杂，为便于施工指导，施工过程中现场监控量测是非常关键的基础工作。

（5）超前地质预报及超前地质探孔计划：参考7.2.3节相关内容进行编制。

7.6.4 施工工艺技术

1) 技术参数

参考 7.2.4 节相关内容进行编制。

2) 工艺流程

连拱隧道施工工艺流程如图 7-17 所示。

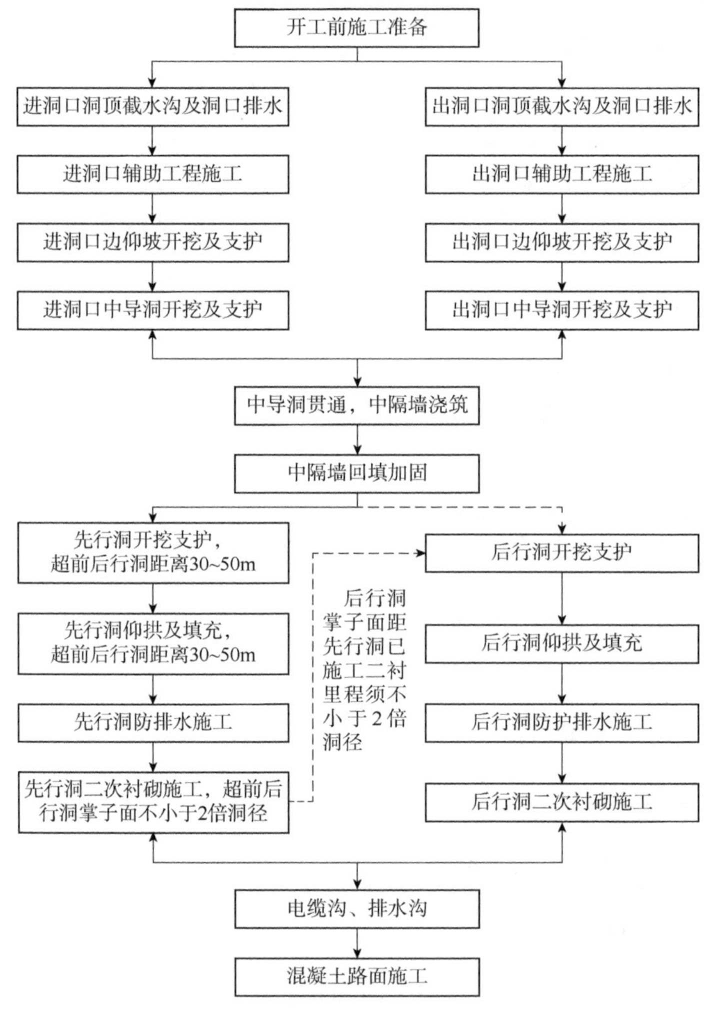

图 7-17 连拱隧道施工工艺流程

无中隔墙连拱隧道施工工艺流程如图 7-18 所示。

3) 施工方法

连拱隧道施工，应结合中隔墙厚度、围岩条件及埋深等制订单项施工技术方案。该方案应严格贯彻设计意图，并包括以下内容：先行洞和后行洞开挖方法；先行洞和后行洞爆破设计和爆破振动控制；先行洞和后行洞开挖错开距离；先行洞衬砌与后行洞开挖错开距离；中隔墙保护方法；各相互影响工序的滞后时间；非连拱隧道施工方案中的其他内容等。

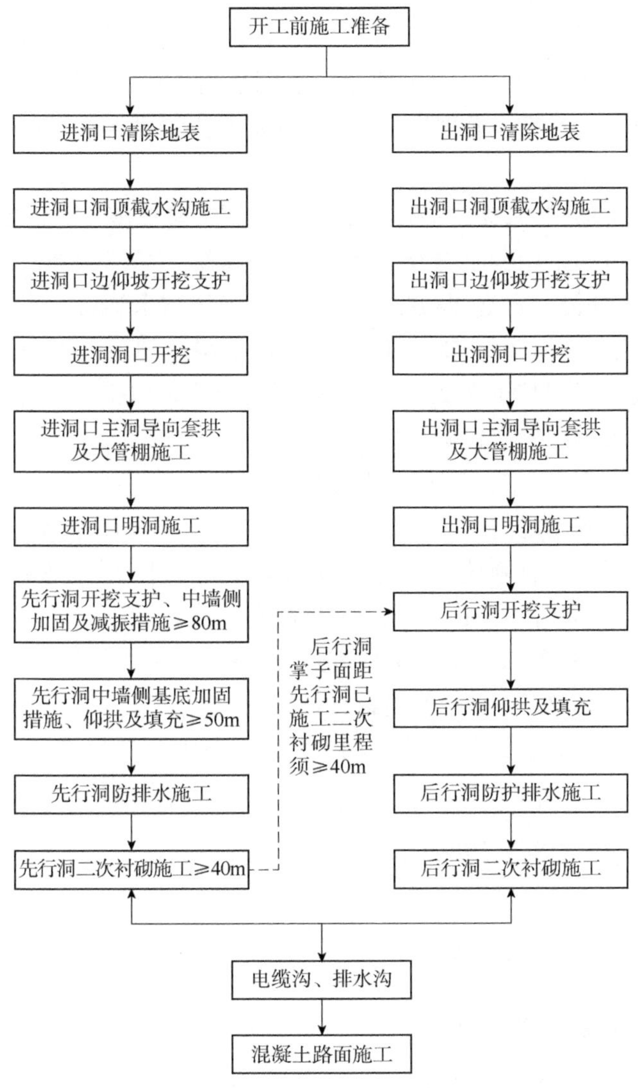

图7-18 无中隔墙连拱隧道施工工艺流程

(1)洞口土石方开挖。按照“先排水、再进洞,统筹安排,减少干扰”的原则进行。

(2)进洞辅助措施。

(3)明洞施工。

(4)洞门施工。

(5)洞身辅助施工。初期支护要遵循“短进尺,早封闭”的原则,必须一炮一支,防止掌子面裸露太长而引起的塌方,特别是正洞下部开挖,钢架接脚时要控制好进度,绝不能使拱部初期支护长距离或连续长时间悬空,钢架架立要控制在2h以下。隧道内的超前支护、注浆锚杆,在加固围岩的同时,也起到一定的堵水作用。

(6)洞身开挖。

①对于软弱围岩,无中墙连拱隧道采用CRD法施工。主要施工流程为:

施工准备→先行洞采用CRD工法开挖及支护,并施作“中墙”顶部的径向小导管和初步注浆加固→先行洞内临时支撑拆除,整体铺挂防水卷材→先行洞二次衬砌结构施工(二次衬砌采用偏压隧道结构)→先行洞二次衬砌结构超前后行洞掌子面20m后,后行洞远离中墙侧导坑开挖及支护→后行洞靠近中墙侧超前支护和注浆加固→后行洞靠近中墙侧导坑开挖及支护→后行洞临时支撑拆除,整体铺挂防水卷材→后行洞二次衬砌结构施工。

②对于坚硬完整的围岩,无中墙连拱隧道可采用台阶法施工。主要施工流程为:

施工准备→先行洞采用台阶法开挖及支护,并施作"中墙"顶部的径向小导管和初步注浆加固,初期支护外侧设置泡沫板减振带→整体铺挂防水卷材→先行洞二次衬砌结构施工(二次衬砌采用偏压隧道结构)→后行洞靠近中墙侧超前支护和注浆加固→先行洞二次衬砌结构超前后行洞掌子面20m后,后行洞上台阶采用弧形开挖及支护→后行洞整体铺挂防水卷材→后行洞二次衬砌结构施工。

(7)仰拱与铺底:参考7.2.4节相关内容进行编制。

仰拱必须在二次衬砌之前施工,使支护体系尽早形成封闭系统,由于连拱隧道跨度大、洞口一般偏压严重,洞口刷坡后极易造成山体松动下滑,进而失稳,因此从开挖到支护时间间隔不能太长,同时加强边仰坡的变形观测。

(8)防排水工程:参考7.2.4节相关内容进行编制。

(9)二次衬砌:参考7.2.4节相关内容进行编制。

(10)路面及附属工程:参考7.2.4节相关内容进行编制。

4)操作要求

参考7.2.4节相关内容进行编制。

5)检查要求

参考7.2.4节相关内容进行编制。

7.6.5 施工安全保障措施

参考7.2.5节相关内容进行编制。施工过程中除应严格遵守国家和交通运输部发布的有关隧道施工安全技术规则外,还应注意以下事项:

(1)设专职工程技术人员做好地质描述和超前地质预报,并根据监控量测结果,调整支护参数,确保施工人员、设备的安全。

(2)洞内施工严格控制进尺,严格按设计和施工方案进行超前小导管注浆加固,在上一环初期支护没完成前,不得进入下一环开挖作业。

(3)结构应及时封闭成环,严格遵守安全步距要求。

7.6.6 施工管理及作业人员配备及分工

参考7.2.6节相关内容进行编制。

7.6.7 验收要求

参考7.2.7节相关内容进行编制。

7.6.8 应急处置措施

参考7.2.8节相关内容进行编制。

7.6.9 计算书及相关施工图纸

参考7.2.9节相关内容进行编制。

7.7 大跨度软弱围岩隧道

大跨度软弱围岩隧道施工一直是个工程上的技术难题，由于围岩软弱、开挖跨度大，使得围岩的稳定性难以控制，施工控制不当可能出现大变形、塌方冒顶或边仰坡垮塌等事故。尤其是结构高跨比较小的隧道，其呈现出的扁平状更加不利于结构的稳定性，扁平状洞室开挖后很容易降低围岩稳定性，集中围岩的应力，相对增大了其松弛压力，当围岩变形应力超过支护结构提供的内力时，便会直接威胁隧道的施工安全。为解决大跨度隧道形状扁平、围岩稳定性差的问题，通常对于大跨度隧道洞口段进行缩小开挖断面、分部开挖，以提高围岩稳定性，因此制定合理的施工方案尤为重要。

7.7.1 工程概况

(1)工程基本情况。

参考7.2.1节相关内容进行编制。着重根据设计文件对软弱围岩段具体位置、段落长度、相关类型等进行说明(附隧道地质纵断面图)。

①工程设计情况：参考7.2.1节相关内容进行编制。对软弱段围岩隧道设计的开挖方式及要求、隧道设计各段落地质描述及衬砌类型、支护参数进行说明。

②工程水文、地质条件：参考7.2.1节相关内容进行编制。

③工程的特点、难点：对于围岩而言，软弱是它最大的特性，其次就是开挖跨度大，因此此类围岩的施工很难控制质量，在稳定性方面也容易出现各类问题。

(2)施工平面布置：参考7.2.1节相关内容进行编制。

(3)周边环境条件：参考7.2.1节相关内容进行编制。

(4)技术准备：参考7.2.1节相关内容进行编制。

(5)风险辨识与分级：参考7.2.1节相关内容进行编制。

7.7.2 编制依据

参考7.2.2节相关内容进行编制。

7.7.3 施工计划

(1)施工进度计划：参照7.2.3节相关内容进行编制。充分考虑软弱围岩段开挖及支护施工对工期的影响。

(2)材料及机械设备投入计划：参照7.2.3节相关内容进行编制。

(3)劳动力计划:参照7.2.3节相关内容进行编制。

(4)监控量测计划:参照7.2.3节相关内容进行编制。大跨度软弱围岩隧道的监控量测工作就尤为重要,以量测资料为基础及时修正支护参数,使支护参数与地层相适应并充分发挥围岩的自承能力,围岩与支护体系达到最佳受力状态,并在施工中进行信息化动态管理,对隧道的拱顶下沉、水平收敛、地表沉降、喷层应力,钢拱架应力等多项涉及围岩稳定性及支护合理与否的参数进行跟踪量测,实时确定合理的二次衬砌施工时间,确保隧道施工安全和质量,对隧道施工具有非常重要的指导意义。

(5)超前地质预报及超前地质探孔计划:参照7.2.3节相关内容进行编制。

7.7.4 施工工艺技术

1)技术参数

参照7.2.4节相关内容进行编制。

2)工艺流程

明确各项工艺流程。

3)施工方法

(1)明洞与洞口工程:参照7.2.4节相关内容进行编制。

(2)洞身辅助施工:参照7.2.4节相关内容进行编制。

(3)洞身开挖:参照7.2.4节相关内容进行编制。

为解决大跨度隧道形状扁平、围岩稳定性差的问题,通常对于大跨度隧道进行缩小开挖断面、分部开挖,以提高围岩稳定性,可采用中隔壁法(CD法)、交叉中隔壁法(CRD法)、双侧壁导坑法等方法进行施工。

(4)仰拱与铺底:参照7.2.4节相关内容进行编制。

(5)防排水工程:参照7.2.4节相关内容进行编制。

(6)二次衬砌:参照7.2.4节相关内容进行编制。

(7)路面及附属工程:参照7.2.4节相关内容进行编制。

4)操作要求

参照7.2.4节相关内容进行编制。

5)检查要求

参照7.2.4节相关内容进行编制。

7.7.5 施工安全保障措施

参照7.2.5节相关内容进行编制。施工过程中除应严格遵守国家和交通运输部发布的有关隧道施工安全技术规则外,还应注意以下事项:

(1)设专职工程技术人员做好地质描述和超前地质预报,并根据监控量测结果,调整支护参数,确保施工人员、设备的安全。

(2)隧道开挖采用光面爆破,严格按爆破设计和《爆破安全规程》(GB 6722—2014)操作施工,严格控制药量,做好软岩的防塌、光爆成形工作。

(3)洞内施工严格控制进尺,严格按设计和施工方案进行超前小导管注浆加固,在上一环初期支护没完成前,不得进入下一环开挖作业。

(4)结构应及时封闭成环,严格遵守安全步距要求。

(5)拱部开挖支护完成,在架设临时竖撑后方可拆除导洞内壁上部临时支护钢架。

(6)大变形风险控制。

隧道穿越较弱围岩,可能存在隧道大变形的风险,造成地表下沉,初期支护开裂、掉块,对施工人员生命安全造成威胁。为此,在施工过程中加强地表及洞内的监控量测,及时对监测数据进行处理分析。分不同的地层采用不同参数和不同的施工方法来控制围岩变形。在试验段现场测试围岩松动圈的范围,根据围岩应力特征,采用调整预留变形量、锚杆、支护参数(喷混凝土的厚度、钢架的间距、型钢的型号、锚杆的长度以及二次衬砌的结构参数)等来控制变形。开挖后立即封闭开挖暴露面,喷射混凝土采用高强度等级早强混凝土。加强锁脚锚杆,严格贯彻"短开挖、弱爆破、强支护、快封闭、勤量测、及早衬砌"的原则。加强二次衬砌的结构厚度和钢筋布置。加强监控量测工作,及时调整支护衬砌参数和施工方法。发生挤压大变形时,必要时采用多重支护、分次施工支护技术来控制变形。为了控制变形,改善隧道结构的受力条件,根据实际的变形情况,隧道正洞采用近似圆形的结构断面,辅助坑道也可采用曲墙断面形式。

7.7.6 施工管理及作业人员配备及分工

参照7.2.6节相关内容进行编制。

7.7.7 验收要求

参照7.2.7节相关内容进行编制。

7.7.8 应急处置措施

参照7.2.8节相关内容进行编制。施工过程中除应严格遵守国家和交通运输部发布的有关隧道施工安全技术规则外,应特别注意大跨度软弱围岩隧道可能出现的坍塌石鼓的应急预案及应急演练。

当发生隧道坍塌时,所有人员应立即撤离现场至安全位置,并立即清点作业人员人数,查看有无人员伤亡情况,及时向现场领导或领导汇报;领导接到汇报后立即向项目部领导汇报,并且及时向监理及建设单位等相关部门报告。

接通知后,立即启动应急抢险程序,减少或降低损失。

在确认不会再次发生坍塌后,方可派专职安全员进入现场进行检查,同时设置安全警戒线,防止其他人员进入危险区域,并保护好现场,以便调查事故原因。

当抢救出伤员时,应根据伤者的伤势程度,由医务人员进行必要的现场救治措施(如止血、包扎等)后,按"先重后轻"的原则,立即将伤者送医院进行抢救、治疗。

处理坍塌应先加固未坍塌地段,防止继续发展。坍穴没加固之前,一般情况不应清除坍渣,并可按下列方法进行:

(1)小坍方,纵向延伸不长、坍穴不高,可利用坍塌间隙时间,首先加固坍体两端洞身,并抓紧喷射混凝土或用锚喷联合支护封闭坍穴顶部、再进行清渣,也可在坍渣上架设临时支撑,撑稳顶部、再边清渣边换正式支撑。

(2)坍方纵向延伸长,但坍穴不高,由两端向坍体中心或由一端向另一端逐步用处理小坍方的办法处理。

(3)坍渣将整个坍穴基本封死,看不见坍穴里面的情况,可以用插板、管棚、预注浆加固等办法通过坍体。若坍方通顶,在处理前应先支护陷穴口,防止继续坍陷。

(4)坍穴较高,坍穴口没有封死,要视具体情况慎重处理方案。以安全第一、先护后挖为原则。

(5)洞口坍方,一般易坍至地表,可以采取暗洞明做或半明半暗的办法。

(6)处理坍方的同时,应加强洞内的防排水工作。

(7)坍方后要视现场情况加设量测点,增加量测频率,根据量测信息及时研究对策。

若自身抢救能力有限,无法及时进行救援时,应立即向上级机关、地方政府或紧急救助机构请求救援,同时做好相关配合救援工作。

7.7.9 计算书及相关施工图纸

参照 7.2.9 节相关内容进行编制。

7.8 瓦斯隧道

瓦斯隧道遇到瓦斯多出现在煤系地层。瓦斯无色、无味,但若与其他芳香族气体混合,则发出类似苹果的香味。在标准状态下,瓦斯密度为 0.716kg/m^3,相对于空气的比重为 0.554,因此易积聚在坑道的渗透性高,扩散速度大,约为空气的 1.6 倍,容易透过裂隙发达、结构松散的岩石。瓦斯极易燃烧,但不能自燃,当与空气混合到一定浓度时,遇火源能燃烧或爆炸。瓦斯成分中的乙烷,丙烷等气体具有麻醉性,容易使人头晕目眩、头痛,甚至昏迷;瓦斯浓度过高时,相对降低空气中氧气含量能使人窒息。为确保施工质量安全,必须合理应用施工工艺,加强瓦斯隧道超前预报工作;强化通风管理;机电防爆,控制火源;建立完善管理机制;加强瓦斯检测和监控;配备防爆型施工设备,同时还需要提高瓦斯隧道施工管理力度,遵守相关规章制度,从而确保瓦斯隧施工质量安全。

7.8.1 工程概况

(1)工程基本情况:参照 7.2.1 节相关内容进行编制。

(2)工程设计情况:参照 7.2.1 节相关内容进行编制。着重说明涉及瓦斯段落及地质条件及设计的处理措施。

(3)工程水文、地质条件:参照 7.2.1 节相关内容进行编制。着重描述设计地质勘察资料中可能出现瓦斯气体的段落。

(4)工程的特点、难点:参照 7.2.1 节相关内容进行编制。根据瓦斯的特性,结合隧道施工的情况,制定合理有效的施工方案,采取全方位、全天候、高科技的检测手段、严谨的管理制度、有效的排放瓦斯措施,安全地完成施工任务。

①施工平面布置:参照 7.2.1 节相关内容进行编制。重点对通风方式进行说明。

②周边环境条件:参照 7.2.1 节相关内容进行编制。

③技术准备:参照 7.2.4 节相关内容进行编制。

④风险辨识与分级:参照 7.2.4 节相关内容进行编制。

7.8.2 编制依据

(1)规范性文件:参照 7.2.4 节相关内容进行编制。如《公路瓦斯隧道设计与施工技术规范》(JTG/T 3374—2020)等相关规范性文件。

(2)项目文件:参照 7.2.1 节相关内容进行编制。

(3)设计图纸及相应文件:参照 7.2.4 节相关内容进行编制。

7.8.3 施工计划

(1)施工进度计划:参照 7.2.3 节相关内容进行编制。充分考虑软瓦斯段隧道开挖及支护施工对工期的影响。

(2)材料及机械设备投入计划:参照 7.2.3 节相关内容进行编制。瓦斯隧道施工机械设备的相关要求:

①高瓦斯工区、煤(岩)与瓦斯突出工区的电气设备和作业机械应使用矿用防爆型。

②低瓦斯工区的电气设备应使用矿用一般型,作业机械可按非瓦斯工.区配置。

③微瓦斯工区的电气设备和作业机械可按非瓦斯工区配置。

(3)劳动力计划:参照 7.2.3 节相关内容进行编制。

(4)监控量测计划:参照 7.2.3 节相关内容进行编制。重点说明有毒有害气体的监测计划。

(5)超前地质预报及超前地质探孔计划。

参考 7.2.4 节相关内容进行编制。可采用结合超前地质预报方式,根据数据来初步判断瓦斯气体释放位置,再由超前探孔来进一步确定瓦斯气体的情况,预测未开挖掌子面前方的瓦斯压力、流量、浓度、衰减系数等,采取行之有效的、安全的瓦斯治理防范措施。瓦斯地层段必须实施超前地质预报,校核隧道穿越瓦斯地层段落、采空区与隧道的空间位置以及瓦斯工区类别。瓦斯地层段超前预报应全程瓦斯检测,检测工作面及回风流中瓦斯浓度。超前地质钻孔宜进行单工序作业。

7.8.4 施工工艺技术

1)技术参数

参照 7.2.4 节相关内容进行编制。

2)工艺流程

瓦斯隧道施工工艺流程如图 7-19 所示。

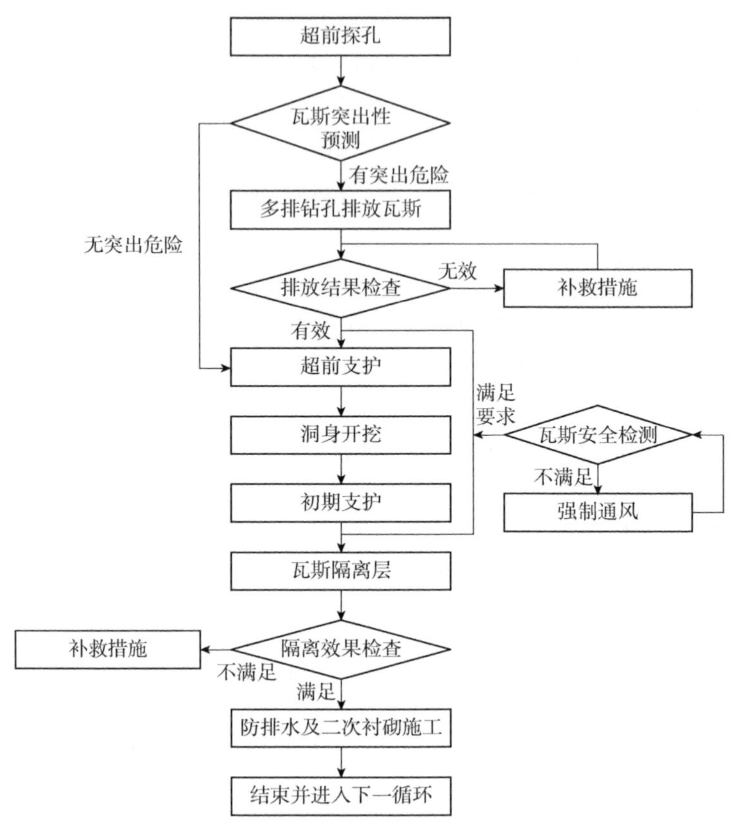

图 7-19 瓦斯隧道施工工艺流程

3)施工方法

(1)明洞与洞口工程:参照 7.2.4 节相关内容进行编制。

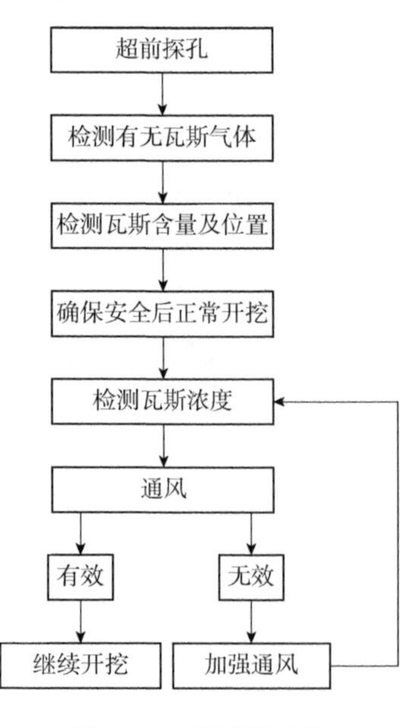

图 7-20 瓦斯监测流程

(2)瓦斯检测及通风。

瓦斯隧道施工的基本原则是:加强管理、强化意识,消除隐患;严格检测、提前预测,随时掌握瓦斯含量,动态调整施工工艺;加强通风、严管火源,降低瓦斯含量。瓦斯防治方针是:加强预测,预防为主。施工中应进行加深炮眼和超前钻孔来进行瓦斯探测。瓦斯事故防治是一个极其重要的安全问题,一般采用加强通风、加强瓦斯监测、严格管理火源等措施来防止瓦斯爆炸。瓦斯隧道爆破开挖之后,及时进行架设钢架和喷混凝土支护,保证开挖段的安全稳定。进行支护作业时,要随时检测瓦斯浓度,重点检测拱顶、拱脚及超挖处,台架、少量坍塌面等易于形成瓦斯积聚的地方。瓦斯监测流程如图 7-20 所示。

由于高瓦斯工区和煤(岩)与瓦斯突出工区的瓦斯逸出量较大,对通风的要求高,如果隧道通风长度大于

1500m,采用压入式通风方案难以保证通风效果,对风机和风管的性能要求高,因此建议采用巷道式通风。考虑到高速公路隧道通常按双洞分离式隧道布设,低等级公路特长隧道通常布设有逃生救援通道,因此采用巷道式通风对工程费用影响有限。按绝对瓦斯涌出量计算需风量,风量应能将高、低瓦斯工区内各处瓦斯浓度稀释到0.5%以下,将微瓦斯工区内各处瓦斯浓度稀释到0.25%以下。

(3)洞身辅助施工:参照7.2.4节相关内容进行编制。

(4)洞身开挖:参照7.2.4节相关内容进行编制。根据超前地质预报结论,采用合理的开挖方法,建议采用台阶法开挖,保证每次开挖面积小,瓦斯溢出量小,使用矿用炸药、煤矿许用电雷管起爆,光面爆破,超前锚杆和喷射混凝土支护,防爆挖掘机辅助防爆装载机挖、装,防爆自卸汽车运输。每开挖循环出渣通风后,工人进入掌子面,须先测瓦斯浓度,在其不超标的前提下进行施工作业。

(5)仰拱与铺底:参照7.2.4节相关内容进行编制。

(6)防排水工程:参照7.2.4节相关内容进行编制。

(7)二次衬砌:参照7.2.4节相关内容进行编制。

(8)路面及附属工程:参照7.2.4节相关内容进行编制。

4)操作要求

参照7.2.4节相关内容进行编制。

5)检查要求

参照7.2.4节相关内容进行编制。

7.8.5 施工安全保障措施

参照7.2.5节相关内容进行编制。施工过程中除应严格遵守国家和交通运输部发布的有关隧道施工安全技术规则外,还应注意瓦斯隧道的基本安全技术措施:

1)电气设备安全技术规定

(1)所有洞内机电设备,无论移动式或固定式,都必须采用安全防爆类型。

(2)禁止洞内电气设备接零。

(3)检修和迁移电气设备(包括电缆移动、更换防爆灯泡)必须断电进行,不准带电作业。普通型携带或测量仪表(电压、电流功率表等)只准在瓦斯浓度1%以下的地点使用。

(4)电缆的连续或分路时,必须使用防爆接线盒;电缆与电气设备的连接,必须用与电气设备性能(防爆型或矿用型)一致的接线盒。

(5)洞内任何操作人员(包括电、钳工),不得擅自打开电气设备进行处理。电气设备的修理工作应在洞外进行。

(6)不准使用不合格的绝缘油。

(7)瓦斯隧道供电,应采用双回路直供电源线路。为了防止地面雷击波在隧道中引起瓦斯爆炸,必须注意以下几点:

①经由地面架空线路引入隧道内的供电线路,必须在隧道洞口外安设避雷装置。

②通信线路必须在洞口处装设熔断器和避雷装置。

③每月必须测定一次接地电阻值。接触网上任一保护接地点的电阻值,不得超过2Ω,每移动式和手持式电气设备同接地网之间的保护接地用的电缆芯线(或其他相当接地导线)都不得超1Ω。

(8)防爆性能受到破坏的电气设备,应立即处理或更换,不得继续使用。

(9)洞内使用的各种机电设备,必须安设自动检测报警断电装置。

(10)洞内各种机电设备的开关、熔断丝盒等均密闭,主要闸刀应有加锁装置。

2)照明设备安全技术规定

(1)使用电灯照明(固定、移动式)的规定:

①低瓦斯隧道电压不应大于220V。

②输电线路必须使用密闭电缆,严禁使用绝缘不良的电线及裸体线输电。

③使用的灯头、开关、灯泡等照明器材必须为防爆型。

(2)使用碘钨灯照明的规定:

①碘钨灯的外壳应做接零(或接地)保护。

②灯具架设要离开易燃物30cm以上,固定架设高度不低于3m。

③做现场移动照明时,应采用36V安全电压。

(3)使用手电筒及空气电池灯照明的规定:

①所有使用接触导电的部件,必须进行焊接。

②不准在导坑内进行装拆、敲打、碰击。

③使用前必须检查电池是否拧紧。

(4)进洞人员管理:

①工作人员进入隧道前,必须进行登记和接受洞口值班人员的检查。

②不准将火柴、打火机、损坏的灯头及其他易燃物品带入洞内。

③严禁穿化纤衣服进洞。

④上下班人员应遵守下列规定:第一,由班组长点名后进洞;第二,执行进洞挂牌、出洞摘牌制度;第三,携带工具应防止敲打、撞击,以免引起火花;第四,洞内遇有险情或当警报信号发生后,应绝对服从有关人员指挥,有秩序地撤出危险区;第五,进洞实习或参观人员,应先进行有关防治瓦斯安全常识的学习,并遵守有关防爆安全规定。

3)建立健全专职的瓦斯监测管理机构,以确保施工安全

瓦斯监测管理机构的作用:主管各项管理制度的贯彻实施;了解和控制全隧道的瓦斯状况,指挥安全生产;负责揭煤防突方案的制定,并指挥实施;负责全隧道通风状态的现场量测,并进行评估和提出改进意见:检查和校正各种瓦检设备:预防瓦斯工作人员的上岗培训:管理各种通风设备;隧道瓦斯及防突工作报表填写。

7.8.6 施工管理及作业人员配备及分工

参照7.2.6节相关内容进行编制。

7.8.7 验收要求

参照7.2.7节相关内容进行编制。

7.8.8 应急处置措施

参照7.2.4节相关内容进行编制。需额外有针对性地制定防止和处理瓦斯燃烧和爆炸的专项技术措施。

1)隧道施工中瓦斯引燃与爆炸的主要原因

(1)违反操作规程,如在洞内点火吸烟,爆破器材不良,携带易燃品入内,明火照明等。

(2)偶然事件引起,如洞内炽热的电灯泡被打碎,电路绝缘不良产生电火花等。

(3)瓦斯在坑道内燃烧时,受到坑道的阻碍而压缩,燃烧极易转化为爆炸。放炮也可能导致瓦斯爆炸。总之,在隧道施工中应防止火源的存在。

2)瓦斯防治的一般技术措施

(1)加强通风:隧道在掘进过程中,预防瓦斯燃烧与爆炸的主要措施是加强通风以降低瓦斯浓度,使其在允许值之下。

(2)防止喷出及突出:在掘进工作面的前方或两侧钻孔,探明是否有断层、裂缝和溶洞及其分布位置、瓦斯储存情况,以便采取相应措施。

(3)排放瓦斯:瓦斯含量不高时,使其自然排放,亦可用风筒或管子将瓦斯引至回风流或距工作面20m以外的坑道中,以保证工作面开挖放炮的安全。当瓦斯量大、喷出强度大、持续时间长时,则可插管排放;当开挖面瓦斯含量较大而且裂隙多、分布广时,可暂停开挖,封闭坑道抽放瓦斯。

(4)在裂隙小、瓦斯含量低时,可用黏土、水泥浆或其他材料堵塞裂隙,防止瓦斯喷出。

(5)在开挖工作面前方接近煤层3m以上,向煤层打若干ϕ75~300mm的超前钻孔排放瓦斯,钻孔周围形成卸压带,使集中应力移向煤体深部,达到防止突出的目的。

(6)振动性放炮诱导突出。在工作面布置较多的炮眼并装较多的炸药,撤出人员后远距离起爆,利用爆破时强大的振动力一次揭开具有突出危险性的煤层。

(7)深孔松动爆破。在开挖工作面向煤体深部的应力集中带内布置几个长炮眼进行爆破。其目的在于利用炸药的能量破坏煤体前方的应力集中带,在工作面前方造成较长的卸压带,从而预防突出的发生。

7.8.9 计算书及相关施工图纸

(1)瓦斯涌出量的计算。

参考《公路瓦斯隧道设计与施工技术规范》(JTG/T 3374—2020)中附录G绝对瓦斯涌出量实测方案。

(2)隧道通风计算。

瓦斯隧道的防爆工作极为重要,而防爆的关键,除了诸如火源不得进洞、采用防爆机械等措施外,主要还是依靠施工通风。通风有两个目的:一是冲淡和稀释瓦斯;二是防止瓦斯在角隅和洞顶滞留。前者主要与风量有关,而后者则与风速有关。

(3)其他计算书:参照7.2.4节相关内容进行编制。

(4)附图:参照7.2.4节相关内容进行编制,如隧道通风布置图等。

7.9 上穿或下穿既有隧道

当前,随着社会、经济和科技的快速发展,交通运输业得到了飞速发展,建筑和使用的地下空间也在不断增加。随着我国许多地方对地下空间的开发,由于其自身的地理位置,已有的建筑物受到了极大制约,因此,在新建的隧道工程中,采用了上穿或者下穿的方法。但是,新建隧道往往会损坏既有隧道,对此应根据实际情况,制定相应的施工方案,一方面要保证既有隧道的安全性和稳定性,另一方面要保证隧道的施工安全。

7.9.1 工程概况

(1)隧道工程概况和特点。

①工程基本情况:参照7.2.1节相关内容进行编制。应着重说明与既有隧道相对位置、交叉位置、本项目隧道与既有隧道最小净距、既有隧道运营情况、既有隧道权属单位意见等。

②工程设计情况:参照7.2.1节相关内容进行编制。设计地质勘察资料中交叉位置前后围岩情况、支护形式、设计建议采用施工方法等。

③工程水文、地质条件:参照7.2.1节相关内容进行编制。

④工程的特点、难点:参照7.2.1节相关内容进行编制。对交叉位置段落施工控制的难点、重点及采用的措施进行说明。

(2)施工平面布置:参照7.2.1节相关内容进行编制。

(3)周边环境条件:参照7.2.1节相关内容进行编制。

(4)技术准备:参照7.2.1节相关内容进行编制。对现场实际踏勘情况,结合设计地质勘察资料对设计的相关文件进行审核。

(5)风险辨识与分级。

参考7.2.4节相关内容进行编制。认真做好风险评估工作,避免前面提到的因错误的评估结论,导致工程发生不可估量的损失。

7.9.2 编制依据

参照7.2.2节相关内容进行编制。

7.9.3 施工计划

(1)施工进度计划:参照7.2.3节相关内容进行编制。充分上穿或下穿段隧道开挖及支护施工对工期的影响。

(2)材料及机械设备投入计划:参照7.2.3节相关内容进行编制。

(3)劳动力计划:参照7.2.3节相关内容进行编制。

(4)监控量测计划:参照7.2.3节相关内容进行编制。在进入施工隧道与既有隧道交叉位置时,应更加重视监控量测工作,要及时布设观测点、及时观测数据、及时反馈结果、及时采取相关措施。掌握围岩的动态以及支护结构的工作状态,进而合理修改设计参数，调整预留变形量，对安全施工起指导作用，根据量测的数据变化预见可能发生的事故和险情，提前发出预警，保证有足够的时间采取防护措施，以此降低事故发生的风险。

7.9.4 施工工艺技术

1）技术参数

参照7.2.4节相关内容进行编制。

2）工艺流程

上穿或下穿既有隧道施工工艺流程如图7-21所示。

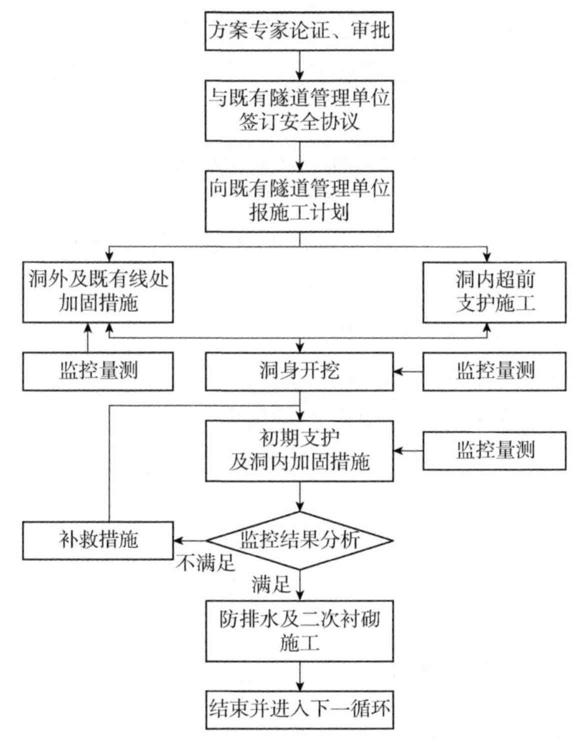

图7-21 上穿或下穿既有隧道施工工艺流程

3）施工方法

（1）洞口土石方开挖。

按照“先排水、再进洞，统筹安排，减少干扰”的原则进行。

（2）进洞辅助措施。

（3）明洞施工。

（4）洞门施工。

（5）洞身辅助施工。

在进入施工隧道与既有隧道交叉位置时，应根据围岩情况调整注浆小导管施工方案，保障围岩稳定。

超前支护的措施有超前管棚和小导管注浆、掌子面的临时支护拱超前注浆导管。在上穿、下穿公路段采用超前支护的措施有大管棚和长管棚下设双层小导管双液注浆及临时超前的注浆导管。

(6)洞身开挖。

在进入施工隧道与既有隧道交叉位置时,应根据围岩情况调整开挖方案,采用交叉中隔壁法(CRD 法)或双侧壁导坑法等工法进行施工,保障围岩稳定。

建议采用分部开挖的方法,对围岩一定要及时封闭成环,使围岩自承的能力得到提高。组织好施工的工序,避免相邻隧道在施工中互相受到影响,同时,要做好排水的措施,使围岩承载能力得到保护。此外,还要防止开挖中堆积土体被破坏、扰动,做好辅助措施,控制好隧道沉降,保证既有隧道的顺利通行以及相邻结构安全。

要降低爆破对围岩造成的扰动,使围岩自承的能力得到保护。一定要控制好爆破的参数,以微振控制来进行爆破。可以根据浅、密方式进行炮眼布置,对单眼装药量进行控制,保证有限装药量可以均匀分布于爆破体内。以微差进行爆破,可以降低爆破与地震的强度,要控制好爆破振动的速度。

工程施工时对开挖区要及时进行封闭,使支护体系保持环形避免围岩出现变形。所以,一旦开挖完成应立即施作钢拱架,在核心侧安装超前锚杆和喷射混凝土,并增设临时仰拱,形成一个封闭的环形结构。然而,由于开挖后不利应力重新分布,会导致拱脚所承受的应力过大。因此,需要确保基础具有较高承载力。

(7)仰拱与铺底:参照 7.2.4 节相关内容进行编制。

(8)防排水工程:参照 7.2.4 节相关内容进行编制。

(9)二次衬砌:参照 7.2.4 节相关内容进行编制。

(10)路面及附属工程:参照 7.2.4 节相关内容进行编制。

4)操作要求

参照 7.2.4 节相关内容进行编制。

5)检查要求

参照 7.2.4 节相关内容进行编制。

7.9.5 施工安全保障措施

参照 7.2.5 节相关内容进行编制。

7.9.6 施工管理及作业人员配备及分工

参照 7.2.6 节相关内容进行编制。

7.9.7 验收要求

参照 7.2.7 节相关内容进行编制。

7.9.8 应急处置措施

参照 7.2.8 节相关内容进行编制。

7.9.9 计算书及相关施工图纸

参照 7.2.9 节相关内容进行编制。

7.10 隧道辅助坑道竖井工程

竖井是隧道辅助坑道的一种,是为增加隧道工作面以缩短工期和改善施工通风、施工排水和施工运输等施工条件所设置的临时性隧道附属工程,也可作为永久性的隧道附属建筑,用于运营通风、排水和防灾害。竖井应提前开工,为隧道施工创造有利条件。本节仅对辅助坑道中的竖井专项施工方案进行编制。

7.10.1 工程概况

1)隧道工程概况和特点

(1)工程基本情况:说明项目名称、标段名称及长度、隧道名称及长度,竖井所处隧道的里程桩号、竖井的结构形式及深度、地下联络通道情况、地面(或地下)风机房布置情况等,并附竖井平面图、立面图。

(2)工程设计情况:说明本方案竖井的断面尺寸、锁口参数、开挖方式(正井法或反井法)、支护参数、衬砌参数、开挖半径、防排水结构、通风排烟模式,是否辅助主洞施工等。

(3)工程水文、地质条件:叙述竖井各高程的水文地质情况及围岩分类状况竖井所处区域地形、地貌、地质、水文状况。详细叙述竖井各高程位置的水文地质及围岩类别情况,对不良地质和强富水段须重点描述。

(4)工程的特点、难点:结合风险评估结果重点叙述较大、重大风险源的特点和难点,如竖井自身开挖深度大,竖直度偏差控制是难点;施工场地范围狭小,井筒直径较小,出渣效率低,对施工进度影响较大;爆破施工对已经支护完成的竖井井身、联络道的振动破坏风险,是控制安全施工的重点;竖井开挖时周边注浆、地下水、地表水的应急处理是施工中的重点、难点等。

2)施工平面布置:

(1)施工平面布置:参照 7.2.1 节相关内容进行编制。

(2)施工总体布置平面图:参照 7.2.1 节相关内容进行编制。

(3)施工区域布置平面图:说明本区域临时道路(标明行进方向)、材料堆场、临时用水用电、临时排水、钢材加工场、库房、驻地、空气压缩机房、混凝土拌和站、提升设备平面布置等平立面位置,图中不明处须配文字说明。

(4)周边环境条件:参照 7.2.1 节相关内容进行编制。

(5)技术准备:参照 7.2.1 节相关内容进行编制。

(6)风险辨识与分级:详细分析本方案实施过程中的重点、难点、主要危险源等情况(列表说明)。

7.10.2 编制依据

1)相关规定及规范性文件

与隧道竖井相关的法律、法规、规范性文件,如《中华人民共和国安全生产法》《建设工程安全生产管理条例》《隧道施工安全九条规定》《公路水运工程安全生产监督管理办法》《公路水运工程平安工地建设管理办法》;《公路工程质量检验评定标准　第一册　土建工程》(JTG F80/1—2017)、《混凝土结构工程施工质量验收规范》(GB 50204—2015)、《公路工程施工安全技术规范》(JTG F90—2015)、《施工现场临时用电安全技术规范》(JGJ 46—2005)、《建筑施工模板安全技术规程》(JGJ 162—2016)、《建筑施工高处作业安全技术规范》(JGJ 80—2016)、《建筑施工起重吊装安全技术规范》(JGJ 276—2012);《爆破安全规程》(GB 6722—2014)、《煤矿井巷工程施工规范》(GB 50511—2010);《煤矿井巷工程施工质量验收规范》(GB 50268—2010)等。

2)项目文件

实施性施工组织设计;地质勘察资料、风险评估报告等。

7.10.3 施工计划

(1)施工进度计划:明确总工期要求、竖井的施工顺序。竖井施工的进度安排,具体到各工序的进度安排,并充分考虑技术间歇,附竖井施工进度计划图(横道图或网络图)。

(2)材料及机械设备投入计划:明确周转材料质量要求和进场时间要求,明确本方案所使用材料的规格型号、数量和对应用途;明确本方案所使用的设备名称、规格型号、具体数量及用途。

(3)劳动力计划:人员根据施工进度及强度要求,分批进场,做到既满足生产施工要求,又不浪费人力。

(4)监控量测计划:在隧道竖井施工中,监控量测是非常关键的基础工作,在施工过程中应按现行隧道监控量测《工程测量标准》(GB 50026—2020)和《公路隧道监控量测技术规程》(DB53/T 1033—2021)相关要求及时布设观测点、及时观测数据、及时反馈结果、及时采取相关措施。

7.10.4 施工工艺技术(以正井法施工为例)

采用正井法施工:地面布置V形凿井井架1座,提升机2台,分别提升5m^{3}吊桶。井架二层台设置溜渣槽、翻渣槽等自动系统。井口布置封口盘,对井下安全施工形成保护。井筒悬吊两层安全盘,上层盘安放蓄水箱,下层盘安置2台中心回转抓岩机和2台排水泵,起到保护、装渣、排水综合作用。井筒内悬吊风筒、下料管、压风管、供水管、电缆等,为井筒施工提供服务。

1)施工方案

(1)施工准备:进场完成施工准备,场地平整,临建(稳、绞、井架基础,挡渣墙,渣场地坪,机房,库房等)的施工、完善供电、压风、供水系统后,进行设备安装调试检测工作。

(2)开挖:锁口段采用明挖法施工,自上而下全断面开挖。土质地层用机械开挖,石质地层用钻爆法开挖,挖掘机直接装车,运至弃渣场。井身段采用短段掘砌施工,从上至下钻爆法开挖。马头门段采用“大包法”开挖,井筒掘砌到马头门高程时进行测量高程与方向,在井筒凿岩时用 YT28 钻机凿孔,同井筒一起爆破出渣。

(3)排渣:掘进爆破石渣用两台 HZ-0.6 中心回转抓岩机装入 $5m^3$ 吊桶,通过 JK3-2.2 型主、副两台提升机提升至井架二层平台,通过溜槽卸渣至蓄渣场,装载机装渣,自卸汽车将洞渣外运至弃渣场。

(4)支护:用组合模板先施工锁口环的 C35 钢筋混凝土,然后回填 C15 素混凝土;明洞段衬砌采用整体伸缩模板施工 C35 防水钢筋混凝土支护;井身段开挖后支护要紧跟开挖面,首先进行初期支护,喷射 40mm 的混凝土,然后打设锚杆,施作钢支架,I18 钢支架间距 75cm,复喷混凝土 3~4 次至设计厚度,初期支护高度达到 3.5m 后进行二次衬砌钢筋绑扎,用整体伸缩模板浇筑防水混凝土。

(5)马头门出渣完成后进行初喷支护,然后施工锚杆,挂钢筋网,安装钢支架,同井筒一起绑扎钢筋和加强筋,立组合模板同井筒一同施工二次衬砌混凝土。

(6)变形缝、施工缝防水:在每次模筑前,在下部接茬处布设一圈橡胶止水带,橡胶止水带位置要固定牢固、位置准确。

(7)中隔墙衬砌:采用“正井法”完成竖井的模筑支护后,进行井底施工,然后在井底组装中隔墙滑模,建立混凝土竖井垂直输送系统。“自下而上”不间断完成井身中隔墙混凝土滑模衬砌施工。

(8)防水防突泥:根据地质物探勘察,对可能出现涌水和突泥区域,掘进至该位置前对工作面进行超前探水,并在吊盘上准备必要的救生物资,便携式照明器具、救生衣等避难器具包含 4 个避难袋和装有矿泉水、压缩饼干以及紧急药品的避难箱 2 个。每个避难袋照明器具不少于 1 个、救生衣不少于 2 套;每个避难箱矿泉水(500mL)不少于 10 瓶、压缩饼干不少于 2kg,紧急药品(如止血药、消炎药)不少于 1 套。排水设备 1 套,通信报警专用设备 1 套,应急发电机组 1 套,安全梯稳车 1 台。根据水量和地质情况制定治水专项施工方案,保证施工顺利进行。

2)工艺流程

竖井施工工艺流程如图 7-22 所示,施工流程示意图如图 7-23 所示。

3)工程质量控制

(1)质量方针和质量目标。

确保全部工程质量符合国家、交通运输部颁发的施工规范、规程、质量标准和工程建设标准强制性条文的要求,同时以建设工程优质耐久、安全舒适、经济环保、社会认可为指导思想;以工程质量、安全为核心,牢固树立“以质量、保安全”及“安全第一、质量至上”的理念;以建设技术标准、管理标准、作业标准为基础,建立以项目经理部为核心、各职能部门各负其责、协同推进的标准化管理体系,形成闭环管理、有序可控,使标准化管理水平明显提高,把本工程建成精品工程、安全工程、品质工程,积极推动实现本合同段创品质工程,争创省部级优质工程的目标。

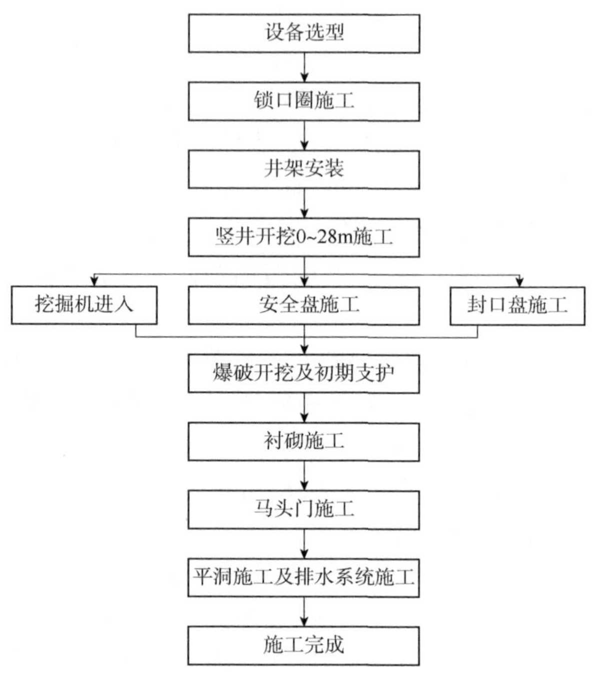

图 7-22　竖井施工工艺流程

单位工程质量一次验收合格,达到优良等级。为确保工程质量目标,从材料进场到施工工序各环节,严格按相关标准和验评标准控制本项目施工质量。

(2)质量管理体系。

按照 ISO 9002 标准质量认证要求,所有承建项目各部门、各专业能各司其职,并按质量手册、程序文件、作业指导书等程序文件有效推进,使项目施工的每一个过程、每一个环节都处于受控状态。建立以公司为主和公司外质量监督并举的质量管理体系。

(3)工程质量保证措施。

①组织措施:按照公司质量保证、质量控制体系,组织精干人员组成项目部,并严格按照项目法施工;严格落实发挥项目技术负责人、质量员及班组兼职质量员对工程质量监控中的骨干作用,把质量分析讲评、质量控制(Quanlity Control,QC)质量小组活动与消除质量通病落到实处,及时解决施工难点。

②制度措施:建立健全公司班组自检、交接检、专检三检制度,坚持班组检查和专职检查相结合;坚持"质量一票否决制",质量问题解决不向进度和成本问题让步,发现问题及时纠正;技术质量检查制度要求项目部每周一次的技术质量检查制度,发现问题跟踪处理落实;技术质量交底制度做到认真熟悉图纸,技术负责人对各工种负责人交底,对操作班组分别交底,做到交底不明确不上岗,不签字不上岗。

③质量保证措施:材料控制要求采购物资(产品)的质量必须符合国家或行业标准的要求,现场检验员对所有进场材料必须进行检查和验证,进厂材料必须要有出厂合格证书,尤其水泥、钢材等重要材料,按规定进行见证取样试验,重要材料经复验合格,并报监理认可后,方准用于施工。过程中认真组织技术人员及施工人员按照图纸、工艺标准、施工方案、操作规程及质量计划的要求认真组织施工,严格控制分项工程及工序施工质量。

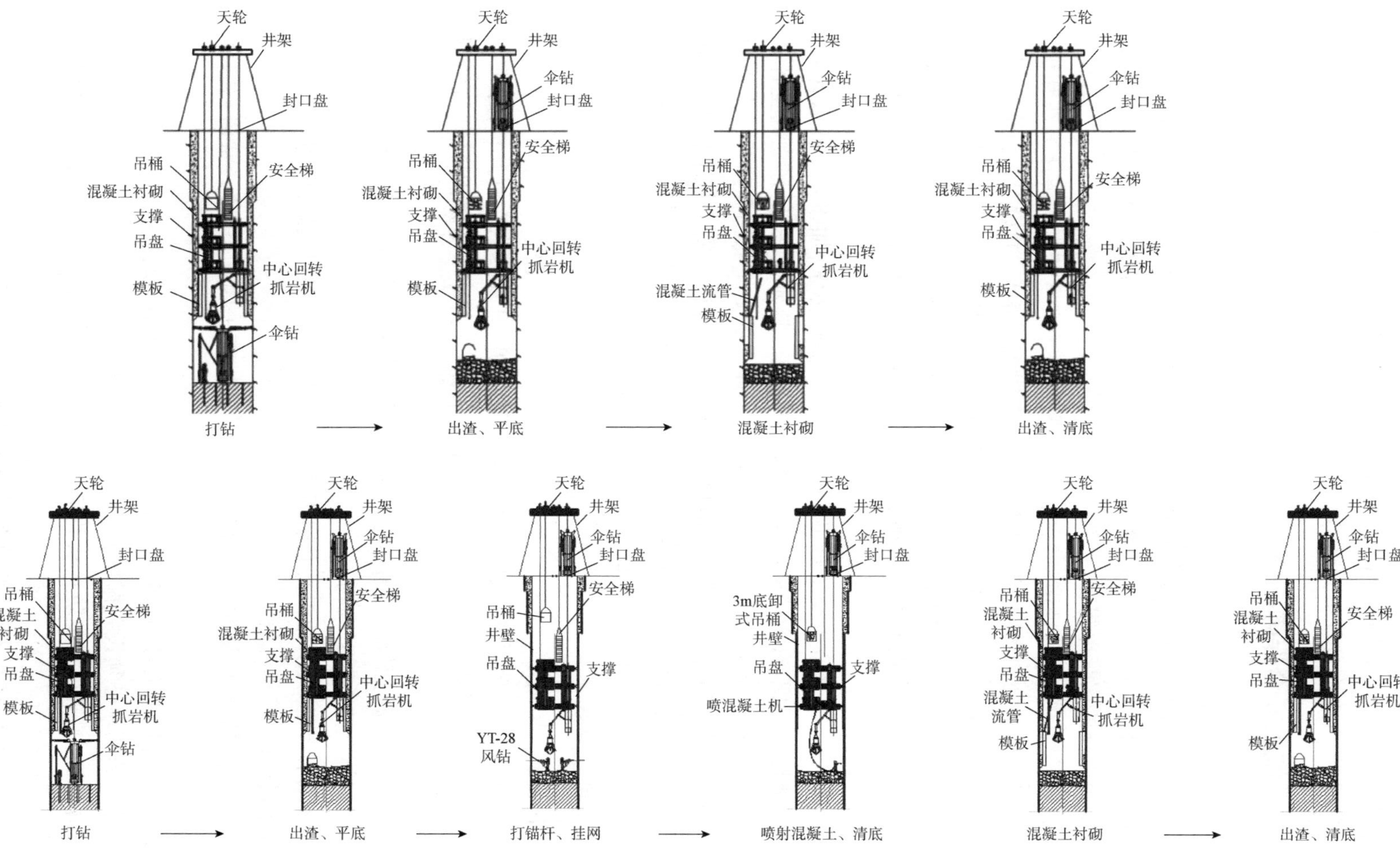

图7-23 竖井施工流程示意图

做到事先准备充分、事中随时检查,对不符合规范要求之处,及时进行纠正,把质量缺陷控制在萌芽状态。严格按照单位工程、分部分项工程的管理工作程序和各阶段的质量控制点进行管理,各管理人员各负其责,做好本职工作。

7.10.5 施工安全保障措施

1)组织保证措施

建立严格的安全生产责任制。明确规定项目部各职能部门、各级人员在安全管理工作中所承担的职责、任务和权限,并建立一套以安全生产责任制为主要内容的考核奖惩办法和安全否决权评比管理制度。

建立高效灵敏的安全管理信息系统。系统规定各种安全信息的传递方法和程序,在施工中形成畅通无阻的信息网,准确及时地搜集各种安全信息,并设专人负责处理。

挑选具有竖井及公路工程施工经验的人员出任项目主要负责人、安全管理人员和技术人员,对于专业性较强的施工,组建专业施工队,确保安全万无一失。开工前组织对全体职工进行安全知识培训,经考试合格后,挂牌上岗;所有工地安全检查员经培训考核后担任。

为确保施工安全,建立安全管理机构和健全安全保证体系,加强安全技术管理,严格遵守有关安全规范,采取有力的安全保护和防护措施。具体做法是:建立健全各项安全规章制度,做到依法办事;加强安全教育,提高广大职工的安全意识和防范安全事故的能力;及时开展安全生产大检查,消除事故隐患;制定切实可行的安全技术措施,在施工中严格执行;遵守一切指导安全、健康与卫生方面的法规和规定并提供一切安全装置、设备与保护器材,以保护职工的生命、健康及公众的安全。

2)安全保证措施

(1)井筒防坠措施。

①井筒施工期间,必须建立健全井口各项管理制度,并设专人看管井口,经常清理封口盘上及井盖门上的杂物,保持井口周围卫生整洁,防止向井下坠物,保持井口周围正常生产秩序。

②封口盘必须保持严密,各吊挂管口必须有完好的折页盖,以免坠物伤人。

③经常清扫罐笼上浮矸杂物。

④拆接风水管路时,所用工具必须用绳系在手腕上,管路口用麻袋封严,拆下的物件随时放入工具包内,不得乱放。

⑤井盖门除提升和放炮时打开以外,其他时间均在关闭状态,并经常清扫井盖门上的浮矸。

⑥罐笼运送,把钩工必须清除罐笼边缘和罐笼底面的附着物。

⑦井盖门的两端必须设置栅栏,非工作人员不得进入井口。

⑧立井施工中,必须制定防止从井口、井壁、罐笼等处坠落矸石、工具及其他物料的安全措施。

⑨井筒内的悬空作业人员,必须系好安全带,随手携带的工具必须用绳子系在身上、预防坠落。

⑩井口 20m 内严禁砸钎子头以防崩入井筒内伤人。工作面上有人作业时,导井上口必须设置纵横间距不大于 350mm、直径不小于 2000mm 的坚固安全蓖盖,防止人员坠入导井。

(2)爆破安全措施。

①采用钻爆法作业时,打眼方法、炮眼位置、空帮的距离、敲帮问顶制度、装药连线及放炮等,必须在施工作业规程中明确确定。

②井下放炮、瞎炮的处理以及装配引药都必须严格执行《煤矿安全规程》的有关规定,并在施工作业规程中明确。

③井筒施工所用炸药、雷管必须在有生产许可证的厂家购置。建立健全炸药雷管运输、储存保管、领退制度。雷管必须进行导通检查,合格后方可使用。不同厂家、不同时期、不同规格的雷管不能混合使用。

④放炮员必须持证上岗,无证不得领取爆破器材。

⑤运送雷管,炸药只能由放炮员一人随吊罐同行,事先通知绞车司机及把钩工、信号工,以慢速下行。

⑥放炮前,设备必须提到规定的安全高度,放炮员最后升井,开锁放炮前应发出警戒信号,确认无误后才可合闸放炮。

⑦放炮后,通风时间不得少于 15min,待炮烟吹散后,由班长、放炮员首先下井检查吊盘上及设备浮矸,然后检查工作面有无瞎炮,确认安全后其他人员方可下井工作。

⑧井筒内的各种电缆、电气设备必须符合防爆要求,不符合要求的电缆设备必须更换,否则不准入井。

(3)提升安全性措施。

①提升钢丝绳、提升容器及连接装置、悬吊钢丝绳、天轮、钩头和过卷装置以及提升绞车的制动装置、传动装置、限速器、电动机和控制设备以及各种保护和闭锁装置等,每天必须由各分工专职人员检查一次,并做好记录,发现问题必须及时处理。

②每一提升系统,都必须设有单独信号装置,且必须符合《煤矿安全规程》的有关要求。

③凿井期间,井筒升降人员采用吊桶或罐笼,必须符合《煤矿安全规程》的相应规定。

④立井运送钢管等长料或设备时,要绑扎牢靠,其提吊工具必须经过可靠计算,并要事先通知绞车司机及井下作业人员。下井前应试提,进一步捆绑后,再慢速下放。

⑤小型设备及材料可用吊桶或罐笼装运,当物件高出吊桶或罐笼部分时,必须用绳索将其上端绑牢在罐笼梁上或提升钢丝绳上。把钩工应通知绞车司机注意慢行。

⑥井口、井底和吊盘信号工必须严守岗位,每当发出下降或提升信号后,信号工必须目接目送吊桶或罐笼安全通过责任段,井内和井口信号必须由专职信号工发送。

(4)其他安全措施。

①建立健全安全生产责任制,明确各级领导,职能部门和个人对安全工作应负的责任,分级负责、分工明确,责任到人。

②积极开展安全教育,所有进场人员均应进行安全教育,对特殊工种必须进行新技术操作和新岗位的安全教育。

③工作面要对手交接班,交接班应交清下列内容:检查上班的工程质量,填写原始记录;交代安全情况和存在的问题;工具情况;设备完好情况;工程开展情况等。

④人员乘罐笼升降时,在井筒内的悬吊设备上作业时,都必须佩戴安全带。保险带必须拴在牢固构件上,保险带定期进行试验。每次使用前必须进行检查,发现损坏时,必须立即更换。

⑤井口、信号房和安全盘上的信号工必须严守岗位,每次发出信号后必须严密观察运作的钢丝绳,如发现异常时必须立即打点停止运行,查明原因后方准重新启动。各种信号必须由信号工发出。

7.10.6 施工管理及作业人员配备及分工

(1)施工管理人员:主要施工人员和管理人员应参加过类似工程的建设,具有一定的施工管理经验;选择有丰富施工经验及一定管理组织才能的人员担任施工员及班组长。

(2)专职安全人员:根据项目合同情况足额配备。

(3)特种作业人员:须持有相应的安全生产合格证和特种作业操作证。

(4)其他作业人员:井筒掘护施工人员按照专业工种"滚班"作业制配备,机电工及其他辅助工种按照"三八"作业制配备。具体配备情况见表 7-6。

劳动组织配备表(单位:人) 表 7-6

工种		施工阶段		
		准备期(含锁口)	Ⅴ、Ⅳ围岩段	Ⅲ围岩段
管理人员	工区	1	1	1
	队长	2	2	2
	技术组	2	2	2
	安全部	1	2	2
	经营组	1	1	1
后勤人员	食堂	2	3	3
	澡堂卫生	0	1	1
钢筋工		3	3	3
土建工		20	0	0
机电工(含防爆电器检查工)		6	6	6
地面司机		2	3	3
绞车司机		0	6	6
排水泵工		0	3	3
爆破员		0	2	2
井上下信号工		0	18	18
安装工		15	62	62
钢材加工工		5		

续上表

工种	施工阶段		
	准备期(含锁口)	Ⅴ、Ⅳ围岩段	Ⅲ围岩段
井下		打眼放炮班12(含探水工2)	打眼放炮班12(含探水工2)
		出矸找平班12(含大抓司机)	出矸找平班12(含大抓司机)
		出矸清底、锚喷支护、中隔墙滑模浇筑班(含大抓、挖机司机)26	出矸清底、锚喷支护、中隔墙滑模浇筑班(含大抓、挖机司机)26
合计	70	112	112

7.10.7 验收要求

1)验收标准

针对施工过程每一道工序,严格进行质量预控,质量员、施工员严把质量关,发现问题及时纠正,每一道工序的交接,均做好记录。上一道工序不合格,不得进入下道工序。通过对分项工程的预控,确保单位工程质量。为达到质量目标,分别制定各分项工程质量预控措施。由于竖井施工对设备的依赖和要求都较高,为了保证施工安全和工期不受影响,如提升设备模板等均须经过验收后方可投入使用。对成品工程,应及时按《检验评定标准》的要求进行检验。

2)验收程序

班组施工完毕后,班组长和施工员进行自检,自检合格后,报项目部施工员或质检员验收;验收合格后,报监理单位人员进行验收;监理单位人员验收合格后,方可进入下一道工序。否则,必须立即进行整改处理,整改处理完毕后,再逐级进行报验和验收。

3)验收内容

根据法律法规、标准规范及相关文件要求,分别列出机械设备、材料、施工过程和施工成品等方面的检查验收项目,附检查验收项目表。验收内容包括但不限于以下内容:

(1)凿井辅助设备安装验收。

(2)井口边坡工程验收。

(3)明洞锁口工程验收。

(4)井身开挖验收。

(5)初期支护验收。

(6)二次衬砌验收。

(7)竖井提升系统验收。

4)验收人员

严格按照标准规范及相关文件要求,分别从安全、质量等方面对机械设备、材料、施工过程和施工成品等进行检查验收。根据检查验收内容,明确检查验收人员责任,附检查验收责任分工表。如设备及大型模板验收由指挥部相关科室成员组成的工作组、监理工程师、施工单位现场负责人、设备生产和安装厂家的技术人员一起验收;施工工序验收由施工单位质检人员、监理工程师共同验收。需要进行第三方检测的,由第三方检测单位进行验收。

7.10.8 应急处置措施

参照 7.2.8 节相关内容进行编制。

1)报告

(1)报告流程。

①施工现场或其他生产场所应根据经理部安全值班制度设立值班室,并保证 24h 有管理人员值班。值班室要明示本部门应急救援组织通信联系的人员和电话等。

②生产安全事故现场报告程序:生产安全事故现场第一发现人员→现场值班室→兼职应急救援人员→经理部生产安全事故应急救援组织。

③生产安全事故应急救援组织报告程序:经理部生产安全事故应急救援组织→工程部、公司生产安全事故应急救援组织→市级生产安全事故应急救援体系有关部门。

④生产安全事故应急救援程序:生产安全事故→保护事故现场→控制事态→组织抢救→疏导人员→调查了解事故简况及伤亡人员情况→向上级报告。

(2)报告内容。

现场伤害事故发生时间、地点、伤亡和财产损失基本情况,可能产生的后果、性质、当前现场状况初步减少伤亡损失的应急措施。

2)发生物体打击、高空坠落事故

(1)现场值班人员立即使伤员脱离危险区域。

(2)现场值班人员确认疏散出来的人员伤势情况。

(3)在医疗人员未到之前现场值班人员根据伤势情况采取止血、人工呼吸相应的急救措施。

(4)根据伤势情况、救护组依照先重后轻的原则分批送往指定医院进行救治。

3)发生坍塌事故

(1)最早发现者立即大声呼救,并向现场值班人员汇报,原因明确可立即采取正确方法施救,但绝对不可盲目进行救助。

(2)出现颅脑损伤时,必须维持呼吸道畅通。昏迷者应平卧,面部转向一侧,以防舌根下坠或分泌物、呕吐物吸入,发生喉部阻塞。

(3)发现脊椎受伤者,对其创伤处用消毒的纱布或清洁布等覆盖伤口,用绷带或者布条包扎;搬运时,将伤者平卧放在帆布担架上,以免受伤的脊椎位移、断裂造成截瘫,招致死亡。抢救脊椎受伤者,搬运过程中,严禁只抬伤者的两肩与两腿或单肩背运。

(4)发现伤者手足骨折者,不要盲目搬动伤者。应在骨折部位用夹板把受伤的位置临时固定,使断端不再位移或刺伤肌肉、神经或血管。

(5)遇有创伤性出血的伤员,应迅速包扎止血,使伤员保持在头低脚高的卧位,并注意保暖。

4)机械伤害

(1)现场值班人员安排电工立即切断事故现场电源或移出机械。

(2)发生机械人员伤亡时,现场值班人员应立即对人员进行固定、包扎、止血、紧急救护等。

(3)伤势严重、呼吸中断或心脏停止跳动:现场值班人员应立即进行人工呼吸和胸外挤压急救。

(4)根据伤情情况、救护组依照先重后轻的原则分批送往指定医院进行救治。

5)现场保护

(1)现场值班人员划定安全警戒区域并组织相关人员认真保护事故现场,凡与事故有关的物体、痕迹、状态均不得破坏,为抢救伤员需要移动现场某些物体时,必须做好现场标志。

(2)成立由项目部经理牵头、由施工部、技术部、安全等部门人员及工会组织成员的事故调查组、配合有关部门收集相关证据分析事故原因。

6)现场恢复

抢险工作完毕及现场调查取证结束后,充分辨识恢复过程中存在的危险源,当安全隐患彻底清除后,方可恢复正常工作状态。

7)应急物资和设备(清单)

提供应急物资和设备清单。

7.10.9 计算书及相关施工图纸

(1)辅助设备选型计算书。

辅助设备选型计算书包括计算的项目、荷载分析确定、相关计算过程、相关简图。

(2)通风系统计算书。

通风系统计算书包括计算的项目、需风量分析确定、相关计算过程、相关简图。

(3)供风系统计算书。

供风系统计算书包括计算的项目、需风量分析确定、相关计算过程、相关简图。

(4)供水系统计算书。

供水系统计算书包括计算的项目、需水量分析确定、相关计算过程、相关简图。

(5)供电系统计算书。

供电系统计算书包括计算的项目、用电负荷分析确定、相关计算过程、相关简图。

(6)排水系统计算书。

排水系统计算书包括计算的项目、涌水量和用电负荷分析确定、相关计算过程、相关简图。

(7)竖井施工布置平面图。

(8)竖井施工区域布置平面图。

(9)施工进度计划横道图。

(10)天轮平台结构平面图。

(11)锁口盘结构平面图。

(12)竖井凿井提升悬吊立面图。

(13)构件节点大样图。

(14)稳绞系统布置平面图。

(15)主要危险源辨识、评价表。

7.11 隧道辅助坑道斜井工程

斜井是指在隧道侧面上方开挖的与隧道相连的倾斜坑道,是为增加隧道工作面以缩短工期和改善施工通风、施工排水和施工运输等施工条件所设置的临时性隧道附属工程。斜井也可作为永久性的隧道附属建筑,用于运营通风、排水和防灾害。斜井工程一般需要提前开工,为隧道施工创造有利条件。斜井一般由井颈、井身及井底车场三部分组成。斜井可根据是否设置轨道分为有轨斜井和无轨斜井。前者又可按其提升容器的不同细分为箕斗斜井、斗车斜井、矿车斜井(固定式和倾卸式)等,后者则可按出渣方式的不同细分为皮(胶)带机斜井、自卸汽车斜井和装载机斜井等。各种类型斜井特点见表 7-7。

各种类型斜井特点 表 7-7

<table>
<tr><th>分类</th><th colspan="2">名称</th><th>适用倾角</th><th>特点</th></tr>
<tr><td rowspan="4">有轨</td><td colspan="2">箕斗斜井</td><td>≤35°</td><td>用箕斗出渣、斗车进料,提升速度较快,运输效率较高,且施工较安全,但井口或井底需有卸渣设备。由于箕斗用于主井出渣,升降人员与运输材料需用副井,故建井时间较长,费用较高。多在斜井长且倾角大、提升量大的情况下使用</td></tr>
<tr><td colspan="2">斗车斜井</td><td>≤25°,一般在 20°左右</td><td>用斗车出渣,进料,设备简单,应用较广,但提升速度受限制,施工安全方面不如箕斗</td></tr>
<tr><td rowspan="2">矿车斜井</td><td>固定式</td><td rowspan="2">≤25°</td><td>可采用串车提升,由电瓶车牵引,多为混合井,不需设装卸渣仓,设备简单,在井口摘挂钩时,易发生脱钩跑车事故,提升速度较慢,提升能力较小</td></tr>
<tr><td>倾卸式</td><td>可不设副井和渣仓,工程量小,投产快,成本低,设备简单,节省人力,井口不摘钩、安全</td></tr>
<tr><td rowspan="3">无轨</td><td colspan="2">皮(胶)带机斜井</td><td>≤15°</td><td>能连续运输,运量大,安全可靠,多为混合井,但设备多,质量大,投资大,安装工期长</td></tr>
<tr><td colspan="2">自卸汽车斜井</td><td>≤8°</td><td>井底装渣后直接驶出斜井将渣运至卸渣点,设备少,出渣能力大,但内燃机污染大,要求斜井断面大,通风量大,且因受其坡度限制而使斜井加长,成本高</td></tr>
<tr><td colspan="2">装载机斜井</td><td>≤8°</td><td>井底自行装渣后从斜井驶出,在洞口将渣倒入其他车辆。建井初期采用装渣机出渣效果较好</td></tr>
</table>

7.11.1 工程概况

1)隧道工程概况和特点

(1)工程基本情况;说明工程名称、标段名称、本方案起止桩号、本斜井涉及的隧道情况(结构形式、洞门形式、长度)、工程规模等,附隧道纵断面图以及斜井施工的情况,位置、结构形式、洞门形式、长度(起讫桩号)、纵坡、最大埋深等。附斜井平面图、立面图、纵横断面图。

(2)工程设计情况:说明本方案斜井设计参数(边仰坡参数、支护参数等)。

(3)工程水文、地质条件:简述本方案实施区域相关的地形、地貌、地质、水文、气象等情况(附地貌现场照片插图)。

(4)工程的特点、难点:详细分析本方案实施过程中的重点、难点,主要危险源等情况(列表说明)。

2)施工平面布置

(1)施工平面布置:参照 7.2.1 节相关内容进行编制。

(2)施工总体布置平面图:参照 7.2.1 节相关内容进行编制。

(3)本施工区域布置平面图。

用于说明本区域临时道路(标明行进方向)、材料堆场、临时用水用电、临时排水、钢材加工场、库房、驻地、空气压缩机房、混凝土拌和站等平立面位置,图中不明处需配文字说明。

(4)周边环境条件:参照 7.2.1 节相关内容进行编制。

(5)技术准备:参照 7.2.1 节相关内容进行编制。

(6)风险辨识与分级:参照 7.2.1 节相关内容进行编制。

7.11.2 编制依据

参照 7.2.2 节相关内容进行编制。

7.11.3 施工计划

(1)施工进度计划:明确总工期要求、斜井的施工顺序。斜井施工的进度安排,具体到各工序的进度安排,并充分考虑技术间歇,附斜井施工进度计划图(横道图或网络图)。

(2)材料及机械设备投入计划:明确周转材料质量要求和进场时间要求,明确本方案所使用材料的规格型号、数量和对应用途;明确本方案所使用的设备名称、规格型号、具体数量及用途。

(3)劳动力计划:参照 7.2.3 节相关内容进行编制。

(4)监控量测计划:参照 7.2.3 节相关内容进行编制。

7.11.4 施工工艺技术

1)技术参数

(1)斜井技术参数。

列表说明对施工影响较大的主要技术参数(各级围岩循环进尺指标、开挖方法、安全步距、辅助施工相关参数等)。

(2)主要设备技术参数。

列表说明主要施工设备技术参数。

2)工艺流程

斜井施工基本作业流程为:测量→钻架就位→钻孔→装药爆破→通风→找顶清帮→支护→出渣→下一个循环。

3)施工准备

(1)做好施工现场的"三通一平"(路通、水通、电通与场地平整工作),合理规划施工总平面布置,确定弃渣场的位置和范围,运输道路的引入和其他运输设施的布置。

(2)做好原材料料源调查,提前完成原材料试验和配合比试验,准备充足施工使用的各项材料,使其满足施工要求。

(3)熟悉施工图纸,做好各项技术交底。

(4)做好现场劳动力组织(详见作业组织),准备好各种施工机械,并保证机械的完好率,使其满足施工要求。公路隧道斜井提升运输机械通过计算确定,其他机械设备可参考正洞配备。

4)施工方法

(1)洞口段施工:根据斜井设计并结合实际地形情况选定洞口后,清除洞口范围植被及覆盖层。土方采用挖掘机配合自卸汽车挖、装、运,石方可采用手持风钻钻孔,浅眼爆破或破碎锤破碎,装载机装运。洞口土石方施工完成后,根据洞门边仰坡地质情况及设计图纸确定是否施作锚网喷混凝土,并根据边仰坡稳定情况和岩体破碎程度确定锚杆间距和喷混凝土厚度。洞口坡面防护施工完成后,及时施作截排水沟,防止地表水进入斜井,影响施工。

斜井开挖进洞后,及时衬砌洞口 5.0~8.0m 段,混凝土采用全断面一次浇筑成型,拱架采用型钢弯制加工,模板采用隧道专用组合钢模。

混凝土由拌和站拌制。作为辅助施工的斜井可用混凝土搅拌运输车运输,翻铲入模,插入式捣固器振捣。用作隧道附属建筑而永久使用的斜井,衬砌采用泵送混凝土。为了增加洞口段衬砌在受载时的稳定,衬砌边墙脚挖成不少于 1.5~2.0m 长的台阶。

(2)斜井开挖。

①钻爆:斜井井身开挖是斜井施工的关键工序。由于井身断面小,爆破难度大,在进行钻爆方案设计前认真调查和研究地质情况对钻爆设计十分重要,在施工过程中根据不同的地质情况须不断修正各项参数。斜井开挖的钻爆作业方式与导坑开挖基本相同。其炮眼方向与斜井倾角一致,底板眼的倾角应大于斜井倾角 3°~5°,底板眼应较井底高程略低,以避免出现台阶。

斜井开挖时,洞口不得留有可能滑塌的表土、灌木及山坡危石等。

当开挖作业面积水不能完全排除时,为了提高爆破效果,可将井身分为上部弧形、下部楔形分别爆破。每循环进尺均应采用坡度尺放线控制井身坡度,每隔 2~3m 应采用仪器复核中线、水平线,以保证井身位置正确。

炮眼精度要求与正洞施工相同。

斜井进正洞处是一个特殊地段，受力状态复杂，而且施工过程包含受力状态的转换，故施工时必须引起足够重视，注意减少对周围围岩的扰动，并严格按要求及时施作初期支护，确保后续工序安全施工。

②装渣：井口地段通常采用人工配合机械，小型卷扬机提升、出渣。随着斜井井身的增长，应采用机械装渣，并由卷扬机牵引斗车或自卸汽车（无轨斜井）出渣。

(3)斜井支护。

在斜井支护时，若设计图纸中有相关的斜井支护参数，则按设计图纸相关支护参数进行支护，相关施工工艺参照隧道正洞支护工艺施工。

为了保证施工安全，在斜井围岩较差段一般采取锚喷支护，必要时采取衬砌混凝土加强支护。

喷锚支护紧跟开挖作业面，在放炮、找顶后拱部初喷混凝土 3~5cm 厚，待开挖面前进后，搭设临时作业台架，安装拱部锚杆。锚杆间距及长度等参数根据围岩类别及稳定情况，参照相关设计规范计算确定，最后复喷 5~10cm 混凝土。

采用混凝土衬砌时，沿井身自下而上浇筑，边墙基础挖成台阶，其他工序与洞口混凝土衬砌相同。

(4)排水。

斜井井口边仰坡上方设置截水口，下方设置排水沟，按设计图纸或采用浆砌石砌筑，断面尺寸根据汇水量大小确定。斜井在建井期间，由于反坡施工，围岩裂隙水和钻孔高压水均汇集到掌子面，不能自动排出，可在掌子面一角设集水坑，采用小型抽水机将水抽到水箱内，再由大型抽水机排出斜井。

斜井裂隙水较多时，在斜坡段的人行道下以及平坡段的靠水仓侧设置排泄水沟，将水引排到斜井与正洞交叉口设置的水仓。同时正洞施工阶段施工排水也是流入水仓后由泵房内安装的离心泵排出。

(5)通风。

与正洞贯通前一般采用压入式通风，贯通后可视实际情况采用自然通风或巷道式通风。

5)操作要求

采用斜井作为辅助坑道施工时，应注意以下事项：

(1)斜井井口位置不应选在可被洪水淹没处，施工期间应做好井口的防排水工程，严防洪水淹没井口。

(2)洞口场地的最小宽度一般不应小于 20m，以便布置井口场地及卸料出渣。井身应避免穿越含水率大及不良地质区段。井口地段、不良地质或渗水的井身地段以及井底调车场、作业洞室，施工时应加强支护，并应及时衬砌。

(3)斜井内应有足够的照明设施。

(4)应严格控制车辆或绞车的速度。在井底调车场及沿井身全长，宜每隔 30~50m 设一处避险洞，以保证作业人员安全。

(5)为保证施工安全，提升绞车与井口、井底均应设有联络信号装置，并配备专人负责。每次提升、下放、暂停应有明确的信号规定。运输长大材料时,必须有装载及运输安全措施。

(6)斜井的提升、连接装置和钢丝绳应符合安全使用的要求,并制订定期检查、上油保养及修理、更换制度。

(7)禁止施工人员乘坐箕斗或斗车上下班。当斜井垂直深度超过 50m 时,应有运送人员的专用设施。

(8)斜井与正洞的连接处是车辆及人员来往频繁的地段,洞内会车、通风、排水、供电等设施都将在此汇集,故需设专职安全员负责管理。斜井井底停车场应设避车洞,停车场附近的固定设备和操作人员、信号员等,均应在避车洞内进行作业。

(9)斜井井身需根据涌水量的大小,按一定距离设置足够大的集水坑,配备足够的抽水设备,并采用双回路供电,当遭遇涌水时可将井底、洞内积水及时排出洞外。

(10)安排专人养护轨道,检查轨距有无发生变化,道钉与轨枕是否松动,轨道上有无出渣时掉下的石块,防爬扣件有无移位,以免影响出渣安全,造成矿车跳道。

6)检查要求

参照 7.2.4 节相关内容进行编制。

7.11.5 施工安全保障措施

参照 7.2.5 节相关内容进行编制。

7.11.6 施工管理及作业人员配备及分工

参照 7.2.4 节相关内容进行编制。

7.11.7 验收要求

1)验收标准

分别从机械设备、材料、施工过程和施工成品方面参照相关施工质量验收标准进行验收(明确验收标准或规范的名称及编号)。

2)验收程序

严格按安全、质量控制标准的验收程序和流程进行验收。根据验收程序的不同,分别填写不同的验收人员,明确验收人员职责。

3)验收内容

根据设计文件、质量检验评定标准、相关施工技术规范确定检查验收的项目和具体要求,以表格形式给出具体检查验收项目和合格标准,包括但不限于以下内容(各项验收均需验收项目量化,附上验收表格)。

(1)洞口工程验收。

(2)超前支护验收。

(3)洞身开挖验收。

(4)初期支护验收。

(5)仰拱验收。

(6)防排水要求。

(7)二次衬砌验收。

(8)验收人员。

严格按照法律法规、标准规范及相关文件要求,分别从安全、质量等方面对机械设备、材料、施工过程和施工成品等进行检查验收。根据检查验收内容,明确检查验收人员责任,附检查验收责任分工表。

7.11.8 应急处置

参照7.2.8节相关内容进行编制。

7.11.9 计算书及相关施工图纸

(1)计算书。

参照7.2.9节相关内容进行编制。增加反坡排水计算、斜井运输牵引系统计算书等。

①排水系统(反坡)计算书。

根据《公路隧道施工技术规范》(JTG/T 3660—2020)、《公路工程施工安全技术规范》(JTG F90—2015)等进行编制;计算书中包括计算的项目,涌水量、集水点分布、排水管直径及水泵功率分析确定,相关计算过程,相关简图。

②斜井运输计算书。

(2)附图。

①施工布置平面图。

②施工区域布置平面图。

③施工进度计划图。

④斜井平面图、地质纵断面图。

⑤施工通风布置示意图。

⑥隧道管道和电线路布置示意图。

⑦隧道断面开挖施工顺序示意图。

⑧隧道施工排水系统布置图。

⑨隧道爆破设计图。

第8章 拆除与爆破工程

随着目前公路工程建设规模不断加速，为进一步减少对土地和基本农田的占用，对部分限制改扩建的上跨桥、结构不满足安全运营的构造物进行拆除，施工风险较大。在高速公路改扩建过程中，桥梁拆除是施工难点之一，必须坚持化整为零、先上后下、平衡对称、施工有序、安全第一的原则。本章将针对常见的桥梁拆除危险性较大分部分项工程专项技术方案的编制技术要点进行介绍。

8.1 一般规定

8.1.1 编制对象

桥梁拆除工程包括拆除工程范围临时道路的管控、桥梁附属物的拆除、临时支撑、梁体切割、恢复交通等。对于空心板桥梁、T梁桥梁拆除，常采用切割吊运方法[图8-1a)]；对于连续钢构等超静定结构桥梁，常采用爆破拆除[图8-1b)]。当被拆除桥梁位于交通量巨大的国省干道或封闭交通时间有限时，也可采用桥梁上部结构整体拆除[图8-1c)]。当拆除桥梁为大桥及以上时，应邀请专家对方案进行论证。

8.1.2 拆除工程特点

1)桥梁拆除案例

近几年，很多桥梁由于受到建造之初多种原因的影响，已经不能适应当前交通流量的增长，无法满足城市发展的根本需要。桥梁拆除工程往往难度大、风险高，极易出现事故，往往会造成人员伤亡和经济损失，并对社会产生严重的负面影响。

2009年5月17日，湖南省株洲市红旗路待拆除高架桥发生部分桥体垮塌事故(图8-2)，事故已确认4人死亡、15人受伤。

2012年7月2日，位于杭州市区东部德胜东路上的一座正在拆除的高架桥桥面发生大面积垮塌(图8-3)。经相关部门确认，此次事故共造成1人死亡、3人受伤。

a)预制梁切割吊装拆除

b)连续刚构桥爆破拆除

c)桥梁上部整体移动并拆除

图 8-1 桥梁拆除

图 8-2 株洲市红旗路塌桥事故

图 8-3 浙江杭州高架桥拆除事故

2)桥梁拆除风险分析

通过收集以前的桥梁拆除资料,发现目前在桥梁拆除设计理论、施工方法上已经积累了一定经验,但就拆除理论的系统性和稳定性来看,还远未达到桥梁安全拆除的最终目的。桥梁拆除风险点如下:

(1)自身结构本质缺陷。桥梁由于原有设计原因或者桥梁材质老化等原因导致按原设计图制定的拆除模型,其计算结果与桥梁实际承载力偏差很多;拆除过程中桥梁结构体系也在不断调整,使得结构受力更加复杂,桥梁本身的受力性能和潜在的安全隐患很难精确把握和掌控。

(2)拆桥技术不成熟。设计方提供的拆除方案往往凭借经验而缺乏详细的计算分析。如果此前没有丰富的桥梁拆除施工经验,不能对拆除过程进行可控分析计算,拆除过程就充满着风险。在具体应用桥梁拆除工程上,设计和施工应该多交流,凭借各自设计和施工经验,不断优化和调整具体的拆桥方案,以实现桥梁拆除方案的安全、适用、经济和环保。

(3)施工单位拆除经验少。目前国内专业拆除队伍非常少,同时参与项目经验也不多,再加上缺乏拆除施工的专业培训,导致施工单位技术水平不高、执行拆除方案不到位。如果再采用设计不成熟的拆除方案,很大可能会导致拆除事故的发生。

(4)监控技术手段很有限。很多桥梁拆除项目多凭借简单的外表观测,监控不够全面,不够精准到位,加上项目部管理监督力度不够,施工中的监控常常形同虚设。

(5)应急处置能力不强。多数项目业主对桥梁拆除的安全风险认识和驾驭风险能力不足。没有建立提前管控机制,缺乏应急措施以应对潜在的风险。由于待拆除桥梁多数存在缺陷甚至被认定为危桥,要完全消除潜在的施工风险很难,因此在做好全面安全控制的同时,还应制定和建立完备的安全应急预案和应急机制。

8.1.3 主要编制内容

根据住房和城乡建设部发布的《危险性较大的分部分项工程专项施工方案编制指南》,专项施工方案内容包含九部分:工程概况、编制依据、施工计划、施工工艺技术、施工保证措施、施工管理及作业人员配备和分工、验收要求、应急处置措施、计算书及相关施工图纸。

8.2 桥梁切割吊装拆除工程

桥梁拆除工程包括拆除工程范围临时道路的管控、桥梁附属物的拆除、临时支撑、梁体切割、恢复交通等。对于空心板桥梁、T梁桥梁拆除常采用切割吊运方法。当拆除桥梁为大桥及以上时应邀请专家对方案进行论证。

8.2.1 工程概况

(1)旧桥工程概况和特点。

详细介绍旧桥拆除的原因、拆除桥梁的位置、桥梁长度、结构形式,包括上部和下部结构形式、桥梁使用年限,并给出旧桥的平立面图、标准断面图。

(2)施工平面布置。

拆除阶段的施工总平面布置(包括现有道路与拆除桥梁位置关系、进出场路线、废弃材料堆放位置、安全防护设施搭设位置、临时用电设施)。

(3)周边环境条件。

①施工区域周边环境、地形地貌及施工时段天气条件。

②毗邻建(构)筑物、道路、管线、树木和设施等与拆除工程的位置关系。

③施工振动、噪声、粉尘等有害效应的控制要求。

(4)施工要求。

明确质量安全目标要求、工期要求(本工程开工日期、计划竣工日期)、拆除工程计划开工日期、计划完工日期。

(5)技术保证条件。

实施拆除工程的有关设备、材料的落实情况,拟投入人员技术技能情况。

(6)风险辨识与分级。

根据风险评估报告,列举桥梁拆除过程中的安全风险分级。

8.2.2 编制依据

(1)规范性文件。

《既有混凝土结构钻切技术规程》(T/CECS 472—2017)、《建筑拆除工程安全技术规范》(JGJ 147—2016)、《桥梁拆除工程技术规程》(DG/TJ 08-2227—2017)、《公路混凝土桥梁拆除技术规程》(T/CECS G:M61-01—2019)、《公路桥涵施工技术规范》(JTG/T F50—2020)、《公路工程施工安全技术规范》(JTG F90—2015)、《施工脚手架通用规范》(GB 55023—2022)、《起重机械 安全监控管理系统》(GB/T 28264—2017)等现行的有关文件。

(2)项目文件。

项目文件包括施工合同、拆除桥梁设计、施工、历年维修养护资料,结构鉴定资料、拆除设备操作手册或说明书、现场勘察资料、建设单位规定等。

8.2.3 施工计划

(1)施工进度计划。

具体到施工准备、梁体的临时支撑、桥面系拆除、铰缝切割、梁体吊离、梁体破除清运等各分项工程的进度安排,并编制施工进度计划横道图。

(2)材料计划。

涉及桥梁吊装拆除的脚手架、支架等主要材料及周转材料需求计划。

(3)劳动力计划。

拟投入的施工管理人员、专职安全生产管理人员、特种作业人员及其他人员等。

(4)机械设备投入计划。

根据施工进度拟投入的切割机、空气压缩机、水磨钻、风镐、汽车起重机、叉车、发电机、运输车等机械设备。

8.2.4 施工工艺技术

1) 技术参数

拟拆除建、构筑物的结构参数及解体、清运、防护设施及关键设备等技术参数。

2) 工艺流程

工艺流程包括拆除工程总施工工艺流程和主要施工方法的施工工艺流程;拆除工程整体、单体或局部的拆除顺序。桥梁切割拆除工艺流程如图 8-4 所示。

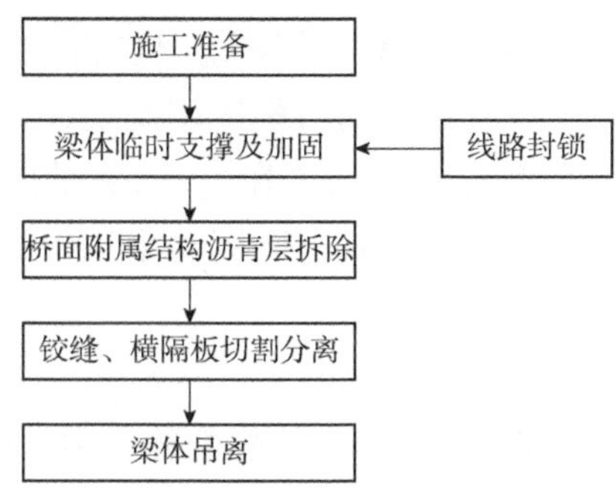

图 8-4 桥梁切割拆除工艺流程

3) 施工方法及操作要求

(1)施工准备。

施工准备包括现场施工技术准备,试验准备、人员、材料、机械准备及施工现场准备等。

①桥梁拆除施工前,应具备下列条件:施工组织设计、施工保通方案、施工监控方案(如需要)已编制完成并经审批。材料、设施、设备、应急物资与器材配备齐全,且满足施工安全要求。

②桥梁拆除实施前,应按相关规定对现场管理人员和作业人员进行技术交底。技术交底内容应包括主要施工方法、工艺及技术要点,相关标准、操作规程及验收标准,技术安全措施及应急预案等。

③拆除施工前,应对桥梁拆除区域内的管线进行迁改,对不能移位的管线应采取有效措施进行防护。

④拆除施工现场应具备作业道路、水电、场地等条件,夜间作业应设置充足的照明灯光及安全警示标志,并应安排专人巡视。居民区应对灯光进行遮挡。

(2)梁体临时支撑及加固。

对梁体进行切割拆除吊装前,根据既有桥梁的结构形状、受力状态,制定可靠的加固措施,对梁体进行临时支撑及加固,使梁体处于稳定状态。加固前,清理盖梁(台帽)顶杂物,检查支撑位置混凝土外观及强度。

(3)桥面附属结构物拆除。

桥面附属结构物主要有护栏、桥头搭板、伸缩缝。由于附属设施重量较轻,且拆除附属设施时,不影响桥梁整体稳定性,此时桥梁结构是安全的。桥头搭板拆除用挖机配风镐拆除、破碎，并装车运走。伸缩缝拆除先用风镐拆除桥面沥青及混凝土，与桥台及梁板钢筋连接部分用气割割开，使用热切割时提前清除桥下易燃物品，做好防焊渣火星掉落措施。混凝土护栏采用挖机配风镐拆除、破碎，并装车运走。

(4)铰缝(湿接缝)、横隔板拆除。

①切割放线。

根据设计图纸及现场实体勘测情况，对梁体进行切割放线。沿纵向湿接缝放线，用墨线弹出并加以保护。沿切割线每隔3~4m用水钻开设ϕ10cm穿绳孔，用于穿设金刚石绳锯。钻孔时，保证梁端横隔板钢筋连接完好。

②绳锯机安装。

沿切割线每2个穿绳孔间布置绳锯机，用膨胀螺栓将绳锯机主脚架、辅助脚架固定在梁面，绳锯机主动轮、辅助轮、导向轮分别与梁体切割线在同一竖直面。按照锯绳上金刚石串珠的箭头标志方向，将金刚石锯绳安装在主动轮、辅助轮、导向轮上。安装时，金刚石串珠箭头标志方向与主动轮驱动方向一致，锯绳采用专用接头连接闭合成环。安装后，调试使锯绳收紧。

③铰缝、横隔板切割。

按照由外至内、由上至下的顺序切割，尽量避免破坏梁体稳定性。切割时，先启动一个电动机，通过控制盘调整主动轮张力，使锯绳适当绷紧，开启循环冷却水；再启动另一个电动机，驱动主动轮带动锯绳回转切割。切割时，观察机座稳定性并及时调整导向轮偏移，确保锯绳在同一竖直面内。操作控制盘调整切割参数，使锯绳运转线速度保持在20m/s左右。切割过程中保证足够冷却水进行冷却并将带走切割粉屑。

(5)伸缩缝切割。

采用盘锯将梁端头10cm处混凝土切开，人工凿除干净，确认缝内无混凝土碎块、木条和其他杂物。

(6)梁体吊离及破碎分解。

①梁体吊离。

线路封锁及防护完成后，按从外到内的顺序将梁体吊离。起吊前，确认钢丝绳穿好后，将梁缝处湿接缝连接钢筋(板)用气焊切开，起钩至紧绷状态慢慢提升，在钢丝绳刚受力时停止起钩，检查吊钩中心及各吊点状况，确认无异常后慢慢起吊。起吊至梁体开始离开桥墩顶帽时，如有偏心即停止起吊，人工配合调整至梁体平衡脱离后再起吊。将整片梁提至运梁平车上并支顶加固好，防止倾倒。运送至破碎场地。

②梁体破碎分解。

每切割出一片梁板便用双导梁架桥机吊送至运梁平车上，由运梁平车运送至梁板预制场上方空地进行拆解。

③废弃物处理。

将施工废料弃至弃渣场。

④施工方法及操作要求。

施工方法及操作要求包括人工、机械、爆破和静力破碎等各种拆除施工方法的工艺流程、要点，常见问题及预防、处理措施。

⑤检查要求。

检查要求包括拆除工程所用的主要材料、设备进场质量检查、抽检;拆除前及施工过程中对照专项施工方案有关检查内容等。

8.2.5 施工安全保证措施

(1)组织保障措施。

方案中应对项目安全生产管理体系进行简单介绍,明确安全组织机构(安全生产领导小组)、安全保证体系及相应人员安全职责等。安全生产领导小组组长为本项目负责人,并公示相关应急管理电话。针对桥梁切割吊装拆除工程施工制定安全生产管理制度、安全教育培训制度及技术交底制度。

(2)技术措施。

根据旧桥拆除工程结合专项风险评估报告中的重大风险源,针对现场保通措施及梁板拆、吊装工程等制定安全保证措施、质量技术保证措施、文明施工保证措施、环境保护措施等。

(3)监测监控措施。

针对汽车起重机通过设置起重量限制器、风速传感器、起升高度限位器、长角度传感器、电子罗盘报警装置等监测监控设备装置对汽车起重机吊装过程各环节进行监测监控,确保运行正常,遇到安全隐患时及时报警或停止运行。

8.2.6 施工管理及作业人员配备和分工

(1)施工管理人员。

给出管理人员名单及岗位职责(如项目负责人、项目技术负责人、施工员、保通负责人、保通人员等)。

(2)专职安全人员。

给出专职安全生产管理人员名单及岗位职责。

(3)特种作业人员。

给出特种作业人员持证人员名单及岗位职责(附特种作业证书)。

(4)其他作业人员。

给出其他人员名单及岗位职责。

8.2.7 验收要求

(1)验收标准。

临时支撑设置应满足《施工脚手架通用规范》(GB 55023—2022)中第6节相关要求。

桥梁拆除完成后,应对现场进行清理,排除安全隐患。全部拆除的桥梁完工后应按设计及相关要求进行验收。部分拆除的桥梁完工后还应对留存结构的状况进行验收。

(2)验收程序。

施工过程工序验收应严格执行三检制。

(3)验收内容。

拆除后施工现场状环境、现有构筑物状态是否满足设计及施工要求。

(4)验收人员。

关键工序隐蔽验收参与人员:施工单位现场技术员、监理单位现场监理工程师、建设单位相关负责人。

8.2.8 应急处置措施

(1)专项应急预案。

根据桥梁切割吊装拆除工程的风险辨识情况,如桥梁坍塌、人员高处坠落、机械伤害等有针对性地编制专项应急预案,明确应急组织机构和职责、应急救援小组组成与职责,包括抢险、安保、后勤、医疗救护、善后、应急救援工作流程及应对措施、联系方式等。判断事故类型及危害程度,制定应急处置的基本原则、编制预防和预警措施及信息报告程序。

(2)现场应急措施。

针对切割吊装过程中的桥梁坍塌、机械伤害、起重伤害、高处坠落、触电等制定现场急救措施。

(3)应急物资准备。

制定应急物资与装备保障清单。

8.2.9 计算书及相关施工图纸

(1)计算书。

①吊梁钢绳计算;

②起重机起吊计算;

③起重机对地基承载力要求计算;

④临时支撑计算。

(2)相关图纸。

①施工设计图;

②拆除桥梁对应的竣工图;

③施工平面布置图;

④梁板吊离顺序图;

⑤梁板吊绳布孔图。

(3)安全保通方案

桥梁拆除安全保通方案。

8.3 桥梁爆破拆除

对于连续钢构等超静定结构桥梁,且位于郊区外或者周边能够采用爆破施工点,常采用爆破拆除。桥梁爆破拆除应按照《爆破安全规程》(GB 6722—2014)及相关标准的规定执行。桥梁爆破拆除必须预先进行爆破设计，设计文件必须由具备相应资质的单位组织编制，并根据拆除爆破工程分级标准确定相应的编制和审核要求。

8.3.1 工程概况

(1)旧桥工程概况和特点。

详细介绍旧桥拆除的原因、拆除桥梁的地理位置、桥梁长度、结构形式包括上部和下部结构形式，并给出旧桥的平立面图、断面图。

(2)施工平面布置。

拆除阶段的施工总平面布置(包括桥梁爆破可能影响范围内周边建筑距离、拆除桥梁下方道路与桥梁位置关系、爆破安全防护设施搭设位置、废弃材料堆放位置、机械行走路线，拆除区域的主要通道和出入口)。

(3)周边环境条件。

拆除桥梁周边环境、地形地貌及施工时预计天桥情况，毗邻建(构)筑物、道路、管线树木和设施等与拆除工程的位置关系。

(4)施工要求。

明确质量安全目标要求、工期要求(预计爆破施工时间区段)、拆除工程计划开工日期、计划完工日期。

(5)技术保证条件。

实施拆除工程的有关设备、材料的落实情况，拟投入人员技术技能情况。

(6)风险辨识与分级。

根据风险评估报告，列举桥梁爆破拆除过程中的安全风险分级。

8.3.2 编制依据

(1)规范性文件。

《桥梁拆除工程技术规程》(DG/TJ 08-2227—2017)、《爆破安全规程》(GB 6722—2014)、《民用爆炸物品安全管理条例》等相关规范性文件。

(2)项目文件。

项目文件包括施工合同、拆除结构设计、施工、历年养护、结构鉴定资料、拆除设备操作手册或说明书、现场勘察资料、建设单位规定等。

8.3.3 施工计划

(1)施工进度计划。

具体到各分项工程的进度安排，并编制施工进度计划横道图。

(2)材料计划。

主要材料及周转材料需求计划。

(3)劳动力计划。

拟投入的施工管理人员、专职安全生产管理人员、特种作业人员及其他人员等。

(4)机械设备投入计划。

根据施工进度拟投入的机械设备。

8.3.4 施工工艺技术

1）技术参数

爆破设计相关参数、拟拆除建、构筑物的结构参数及解体、清运、防护设施及关键设备等技术参数。

2）工艺流程

桥梁爆破拆除施工工艺流程如图8-5所示。

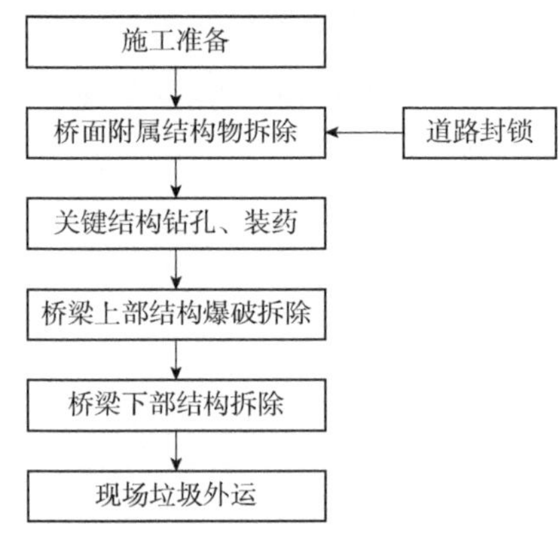

图8-5 桥梁爆破拆除施工工艺流程

3）施工方法及操作要求

（1）前期准备工作。

爆破方案审批、机械设备、车辆、物资准备，技术交底、安全交底、现场演练，准备夜间照明设施。爆破前施工准备工作应满足下列要求：

①爆破作业人员必须严格按照爆破设计要求进行爆破器材加工、装药、联网等工作，做好施工记录，并签字确认。

②爆破前应按照爆破设计对各项准备工作进行验收。

③爆破作业前宜进行试爆破，了解结构及材料性能，核定爆破设计参数。

（2）桥梁附属结构物拆除。

实施爆破前对混凝土桥面设施和护栏等结构物进行预拆除清理。

（3）道路保通。

在进行爆破拆除前，按照审批完成的保通方案进行保通。

（4）桥梁爆破施工。

爆破施工具有一定风险性，从设计、布孔、钻孔、装药、联网到防护，任何一个环节出现一点差错，都会影响到爆破效果，甚至不仅是爆破失败，而且还会发生诸多的有害效应。所以，爆破施工的安全工作至关重要。根据本工程的具体情况分析，可能发生的有害效应主要有爆破振动、爆破塌落冲击、爆破飞石、高空坠落、机械碰伤、烧伤等意外伤害，均应采取相应的预防措施，以杜绝事故的发生。

①爆破振动控制：桥附近民房的距离较远，爆破不会对附近民房造成任何不良影响。

②爆破飞石的控制：桥面板采用松动爆破，将其爆破解体，并有钢网相连，不会产生

飞石。斜腿采用松动爆破;目标是使斜腿的混凝土完全破碎,少部分脱筋,使之失去支撑能力,对炮孔的周围捆扎二层钢丝网防护,可将飞石控制在较小的范围内,随桥体塌落在垫土层上。在斜腿的炮孔外侧捆扎双层钢丝网和草帘防护,可将一些较大块石控制在10m 的范围内,细小的碎石不会造成路面的损伤。

③桥体塌落冲击的控制与防护、高空坠物事件的控制:在做爆前准备的阶段,一旦不慎导致有杂物从桥上落下,会造成严重的后果。因此在跨线桥上施工,不仅要加强管理,而且还应该派专职的安全员时刻进行监督检查,以防意外事故的发生。

④机械碰伤烧伤事故的预防:高速路面的防护,尤其是机械破碎和清理阶段,多种机械、人员交叉施工,比较容易发生碰伤,烧伤事故,因此应特别的加强施工管理。

⑤爆破工程要求:爆破拆除工程的设计必须按《爆破安全规程》(GB 6722—2014)规定级别作出安全评估,并经当地有关部门审核批准后方可实施。爆破拆除工程的实施应在工程所在地有关部门领导下成立爆破指挥部,应按照施工组织设计确定的安全距离设置警戒。爆破拆除单位必须持有所在地公安部门核发的《爆炸物品使用许可证》,承担相应等级的爆破拆除工程。爆破拆除工程的设计人员应具有爆破工程技术人员作业证,从事爆破拆除施工的作业人员亦应持证上岗。购买爆破器材,必须向工程所在地公安部门申请《爆炸物品购买许可证》,到指定的供应点进行购买,爆破器材严禁赠送、转让、转卖、转借。运输爆破器材时,必须要向所在地法定部门申请领取《爆破物品运输许可证》,并按照规定的路线运输,派专人进行押送。爆破器材的临时保管地点,必须要经当地法定部门批准,严禁同室保管与爆破器材无关的物品。爆破拆除的预拆除施工应确保建筑安全和稳定,预拆除施工可采用机械和人工方法拆除不影响结构稳定的构件。爆破拆除建筑施工时,应对爆破部位进行覆盖和遮挡防护,覆盖材料和遮挡设施应牢固可靠。爆破拆除应采用电力起爆网路和非电导爆管起爆网路,电力起爆网路的电阻和起爆电源功率,应满足设计要求;非电导爆管起爆应采用复式交叉封闭网路。爆破拆除不得采用导爆索网路或导火索起爆方法。装药前,应对爆破器材进行性能检测,试验爆破和起爆网路模拟试验应在安全场所进行。爆破拆除工程的设计和施工,必须按照《爆破安全规程》(GB 6722—2014)有关爆破实施操作的规定进行。

(5)梁体、构造物破解。

爆破后,跨线桥斜腿失去了对桥面的支撑,桥面从中间断裂自由塌落折断,全桥坍塌由高空坠落后,应对坠落损毁的桥体进行观测,确定是否稳定,检查是否出现继爆药包和爆炸残留物。确定无安全隐患后,降下“红色信号旗”向指挥中心报告解除警戒,才允许施工机械及人员进入现场。

带液压破碎锤挖机上前破碎桥面,氧气乙炔切割设备对桥面破碎缝内钢筋进行切割,断裂后桥面一分为二,把断裂后的桥面切割成块。

(6)吊离。

装载机上前清理起重机支放场地,开始支放起重机,240t 起重机支放于下行行车道上,180t 起重机支放于上行行车道上。破解、切割、吊离大块桥面及斜腿,挖机、装载机清理零散混凝土及钢筋。保证场地有 2 台带破碎锤挖机对桥板面进行破碎,用氧气乙炔切割设备对桥面破碎缝内钢筋进行切割,把断裂后的桥面切割成块,用 240t、180t 起重机吊至硬路肩以外加减速车道进行破碎或直接运走。

(7)现场清理。

清理高速公路路面防护沙袋(橡胶板)、土工布、钢板等,恢复中央分隔带及两侧设施,清理高速公路路面及周边杂物。

(8)恢复交通。

配合交警及其他部门进行交通疏导,持续关注高速公路通行情况,直至交通流恢复正常。

8.3.5 施工安全保证措施

(1)组织保障措施。

方案中应对项目安全生产管理体系进行简单介绍,明确安全组织机构(安全生产领导小组)、安全保证体系及相应人员安全职责等。安全生产领导小组组长为本项目负责人,并公示相关应急管理电话。针对桥梁爆破拆除工程制定的安全生产管理制度、安全教育培训制度及技术交底制度。

(2)技术措施。

根据旧桥拆除工程,结合专项风险评估报告中的重大风险源,针对现场保通措施及梁板拆、运、爆破施工、吊工程等制定安全保证措施、质量技术保证措施、文明施工保证措施、环境保护措施等。

(3)监测监控措施。

对空心板边板失稳进行监控、桥梁周边房屋设施爆破前后监测。

8.3.6 施工管理及作业人员配备和分工

(1)施工管理人员。

给出管理人员名单及岗位职责(如项目负责人、项目技术负责人、施工员、质量员、各班组长等)。

(2)专职安全人员。

给出专职安全生产管理人员名单及岗位职责。

(3)特种作业人员。

给出特种作业人员持证人员名单及岗位职责(附特种作业证书)。

(4)其他作业人员。

给出其他人员名单及岗位职责。

8.3.7 验收要求

(1)验收标准。

爆破方案、爆破人员及爆破前相关审批资料是否满足《爆破安全规程》(GB 6722—2014)及现行相关法律法规要求。

桥梁拆除完成后,应对现场进行清理,排除安全隐患。全部拆除的桥梁完工后应按设计及相关要求进行验收。部分拆除的桥梁完工后还应对留存结构的状况进行验收。

(2)验收程序。

施工过程工序验收应严格执行三检制。

(3)验收内容。

拆除后施工现场状环境、现有构筑物状态是否满足设计及施工要求。

(4)验收人员。

关键工序隐蔽验收参与人员:施工单位现场技术员、监理单位现场监理工程师、建设单位相关负责人。

8.3.8 应急处置措施

(1)专项应急预案。

针对桥梁爆破拆除过程中的风险源辨识编制专项应急预案,明确应急组织机构和职责、应急救援小组组成与职责,包括抢险、安保、后勤、医疗救护、善后、应急救援工作流程及应对措施、联系方式等。判断事故类型及危害程度,制定应急处置的基本原则、编制预防和预警措施及信息报告程序。

(2)现场应急措施。

针对桥梁爆破拆除过程中的爆炸伤害、机械伤害、高处坠落等制定现场急救措施。

(3)应急物资准备。

制定应急物资与装备保障清单。

8.3.9 计算书及相关施工图纸

(1)相关图纸。

①施工设计图;

②拆除桥梁对应的竣工图;

③施工平面布置图;

(2)爆破设计书及安全评估报告。

①爆破设计书;

②爆破安全评估报告;

③爆破安全监理资料。

(3)安全保通方案。

桥梁拆除安全保通方案。

8.4 桥梁上部结构整体拆除

在拆除上跨运营高速公路的桥梁时,特别是在无法中断桥下运营高速公路交通的情况下,可借助大型移梁车上的顶升装置将桥梁顶起并临时固定在移梁车上后,起动移梁车至落梁场地,以达到整体移除的目的。本方法适用于简支梁桥或可转化为简支结构的桥梁拆除,以采用整体移除法减少现场拆除时间、降低对周边环境的影响,适合在环保要求较高的区域使用。本方法还比较适合净空低、桥宽小、桥梁整体性较好的梁桥,尤其是宽度较窄的现浇箱梁桥的拆除。本章以金刚石绳锯结合自行式模块运输车(SPMT)为例(图8-6),对桥梁上部结构整体式拆除进行说明。

图8-6　SPMT示意图

8.4.1　工程概况

1)旧桥工程概况和特点

介绍旧桥拆除的原因、拆除桥梁的位置、桥梁长度、结构形式(包括上部和下部结构形式),并给出旧桥的平立面图、断面图。如桥梁上跨时,还应介绍主线交通量大小。

2)施工平面布置

拆除阶段的施工总平面布置(包括周边建筑距离、道路、安全防护设施搭设位置、临时用电设施、废弃材料堆放位置、机械行走路线,拆除区域的主要通道和出入口)。

3)周边环境条件

(1)主要说明旧桥主要的病害,病害应详细具体到关键部位和关键构件。

(2)毗邻建(构)筑物、道路、管线(包括供水、排水、燃气、热力、供电、通信、消防等)、树木和设施等与拆除工程的位置关系。

(3)施工平面图、断面图等应按规范绘制,环境复杂时,还应标注毗邻建(构)筑物的详细情况,并说明施工振动、噪声、粉尘等有害效应的控制要求。

(4)施工要求:明确质量安全目标要求,工期要求(本工程开工日期、计划竣工日期)。

(5)技术保证条件:实施拆除工程的有关设备、材料的落实情况,拟投入人员技术技能情况。

(6)风险辨识与分级:根据风险评估报告,列举桥梁拆除过程中的安全风险分级。

8.4.2　编制依据

1)规范性文件

《建筑拆除工程安全技术规范》(JGJ 147—2016)、《桥梁拆除工程技术规程》(DG/TJ 08-2227—2017)、《公路混凝土桥梁拆除技术规程》(T/CECS G:M61-01—2019)、《公路桥涵施工技术规范》(JTG/T F50—2020)、《公路工程施工安全技术规范》(JTG F90—

2015)、《施工脚手架通用规范》(GB 55023—2022)等国家及各部委现行的有关规范、法规、文件。

2)项目文件

项目文件包括施工合同、拆除结构设计资料、结构鉴定资料、拆除设备操作手册或说明书、现场勘察资料、建设单位规定等。

8.4.3 施工计划

1)施工进度计划

具体到各分项工程的进度安排,并编制施工进度计划横道图。

2)材料计划

道路保通需要的安全物资、临时支撑主要材料及周转材料需求计划。

3)劳动力计划

拟投入的施工管理人员、专职安全生产管理人员、特种作业人员及其他人员等。

4)机械设备投入计划

根据施工进度拟投入的机械设备。

8.4.4 施工工艺技术

1)技术参数

SPMT设备主要组成、直道路面宽度要求,横向移动路面宽度要求,中心回转时拆除桥梁重量。

2)工艺流程

桥梁上部结构整体施工工艺流程如图8-7所示。

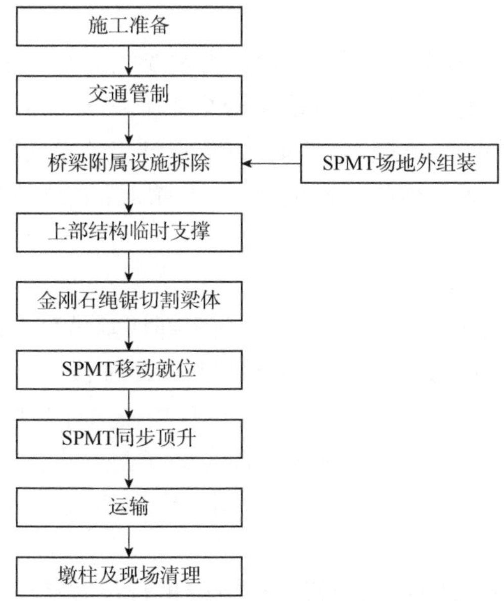

图8-7 桥梁上部结构拆除施工工艺流程

3) 施工方法及操作要求

说明人工、机械、爆破和静力破碎等各种拆除施工方法的工艺流程、要点，常见问题及预防、处理措施。

(1)施工准备。

①通过现场调查，选择合适的位置作为拆除梁板存梁场地。测量移运路径地面高程并校核盖梁顶面高程。

②将桥梁上部整体移运工程的工程概况、施工环境、施工技术方案、存在的危险源及安全技术措施、安全管理制度等向参加施工的全体人员进行详细的书面交底，填写交底记录表，并在施工区域内设置“危险源告知牌”。安全负责人或专职安全员将危险源及安全防范措施、不同岗位及工种存在的危险因素及防范措施、各类机械操作规程、现场安全标志牌内容向作业人员进行交底。参与施工的全体作业人员必须全部参加安全技术交底会议并签字确认。施工过程中，安全负责人或专职安全员需对新进场人员做好同样的安全技术交底，交底记录与开工前交底记录归档保存在一起。

(2)场地处理要求。

场地处理平整包括梁体下桥位区的场地平整和梁体外移运路径及落梁场地区域的场地平整、路侧防撞护栏以及中央分隔带的拆除平整与恢复。SPMT 模块机行走区域地基承载力满足计算要求。场地平整区域范围即为后续的硬化区域，其区域确定原则为：确保后续的场地硬化区域满足施工要求。

(3)存梁场地处理。

拆除下来的梁体应就近进行存放，存放场地平整，地基稳定，梁体经破碎后再运走。

(4)交通管制。

与运管、交警、路政、政府及高管局进行协调沟通，对高速公路进行改道，将双幅双向四车道改为单幅双向双车道；SPMT 模块机拆除对侧桥梁时需横跨高速公路，交警、路政提前发出断交通告，由施工单位指挥 SPMT 模块机横跨高速公路，运行至高速公路对侧。

(5)临时支撑布置。

桥体断面切割时，钢绞线会被切断，对预应力钢绞线会有一定的放张作用，经计算切断后损失一定的预应力后的现浇梁结构最小安全系数均大于 1.0，每节段梁体挠度变化不超过 15mm。在切割线两侧分别设置临时支撑，保证梁体在切断后起吊前保持稳定，在需要吊的梁段的两头各布置花架作为临时支撑，花架底部两侧用钢板焊接限位，并在花架顶部布置好胶皮防滑。

(6)金刚石绳锯切割梁体。

①人工将护栏上防抛网拆除，混凝土护栏从根部切割吊移。护栏切除后在每节段梁体中部设置位移观测点，方便梁体切割时实时观测梁体位移。

②正式拆除梁体前需对切割位置进行计算，现场按照计算位置进行打孔，用 M16 化学锚栓固定绳锯主脚架及辅助脚架。根据已确定的切割方式，将金刚石绳索按一定的顺序缠绕在主动轮及辅助轮上。在切割前对金刚石绳锯机进行试转和空转，确认设备运转、水源供应正常后进行试切割。

③根据桥梁构造及 SPMT 性能，将桥梁分节段进行吊装移位。以桥梁分四节段吊装

为例,设置3条切割线,在每一节段上分别设置4个切口,作为吊装切口。

④临时支撑安装完成后,金刚石绳穿过提前钻设的孔安装在金刚石绳锯上,调试设备,确认无误后开始按照已布置好的切割线切割。切割面为梁体的横断面,每段切割先切割顶板及翼缘板,再切割底腹板,切割线距桥墩1.5m。整体切割顺序为由一侧翼缘板依次向另一侧翼缘板进行切割。

⑤切割拆卸过程中,施工人员实时监测梁体位移及变形情况,位移、变形异常应停止施工分析原因。完成梁段切割后,施工人员对提梁车系统受力情况以及梁段切割口情况进行检查,并确认一切正常无误。

(7)SPMT模块机车组拼装。

组装SPMT,利用汽车起重机进行SPMT卸车拼装。SPMT拼接完成后,检查连接油管、接管等各个连接件的紧固情况,检查油管、电缆等有无损坏现象,检查各阀门开闭状态是否正确。SPMT调试、验收,确保满足施工需求。SPMT车组先采用"四点"支承,按相关要求对车组的支承点进行划分。在车板上按照支承点位置布置好橡胶垫,做好吊杠的防滑措施。操控两台SPMT车组开到准备拆除的梁段旁,定好两台SPMT之间的间距。SPMT车组对好位置后将车板降到最低(高度1200mm),全车制动。检查确定电气标定一切正常;正确开启悬挂顶升阀,微动顶升SPMT确认一切正常。将钢索穿过梁段的通孔,钢索穿过梁段底部与卡爪座连接,钢索上部与液压顶升系统连接。启动液压顶升系统,收缩钢索使液压顶升系统受100bar(10MPa)的压力,完成提梁车系统的组装。

(8)SPMT顶升与运输。

①SPMT模块机就位、梁段切割完成后,指挥人员发出指令,施工人员操控SPMT车组进行整体同时顶升,压力读数每达到25bar(2.5MPa)时应停止顶升操作,对承载地面、梁段情况、吊装梁情况、液压顶升系统情况、SPMT进行检查,观察5min确认无异常后继续顶升,直至梁段底部整体高出两端保护支承墩支承面最高点约100mm,并静载10min。顶升采取分级顶升的形式,每级顶升5cm,顶升速度控制在20~50mm/min。

②检查一切无异常后,将SPMT调整到横向移动模式。检查SPMT轮胎方向一致无异常后,启动液压顶升系统提升梁段,使节段梁底离现有梁顶1m距离进行顺桥向移动。梁段横向移动出来后,启动液压顶升系统将梁段下降至合适运输高度,待梁段稳定后方可启动运输。

③检查并确认一切无误后,指挥人员发出动作指令,顶升SPMT调整支承点的压力及车板高度,保证SPMT的4点压力值不超过25MPa,差值不大于8%,SPMT车板正常运输高度为1500mm。确认一切正常后,指挥人员发出启运指令,SPMT操作员鸣喇叭开始运输。

④运输过程,专人指挥,监控,按照SPMT运输速度控制表要求进行运输,严禁紧急启动和紧急刹车。运输过程中要监护SPMT车板货台的水平度,发现倾斜及时调整,保证运输车货台的水平度处于合理范围内。SPMT监控人员需严密监控车组行驶情况、PPU控制面板SPMT运行数据、设备装载情况、路面耐压情况,并实时反馈给指挥人员,根据实际情况进行操控调节。

⑤运输车组抵达梁段存放位置后,SPMT整体下降至1200mm高度,全车制动。当梁

段受力完全由支墩承载后，拆除卡爪座与钢索的连接，完成梁段卸车。启动液压提升系统，将梁段下降至支墩上。

⑥在整平压实的存梁场地上分别布置 4 组木枋组（每组为 9 根 30cm×30cm×1m 的木枋），在要存放梁段底板的 4 个角点上。拆除下来的梁体应就近进行存放，存放场地平整，地基稳定，梁体经破碎后再运走。

(9)墩柱拆除现场清理。

桥梁上部整体拆除后，尽快组织对下部结构进行拆除，清理高速公路现场垃圾及其他物品，恢复中央分隔带及两侧设施，清理高速公路路面及周边杂物。

(10)恢复交通。

配合交警及其他部门进行交通疏导，持续关注高速公路通行情况，直至交通流恢复正常。

8.4.5　施工安全保证措施

(1)组织保障措施。

方案中应对项目安全生产管理体系进行简单介绍，明确安全组织机构（安全生产领导小组）、安全保证体系及相应人员安全职责等。安全生产领导小组组长为本项目负责人，并公示相关应急管理电话。针对桥梁上部整体拆除施工制定安全生产管理制度、安全教育培训制度及技术交底制度。

(2)技术措施。

针对现场保通措施及支架搭设、SPMT 运输等制定安全保证措施、质量技术保证措施、文明施工保证措施、环境保护措施等。

现场施工应为起重吊装作业提供足够的工作场地，清除或避开起重臂起落及回转半径内的障碍物。起重吊装的指挥人员必须持证上岗，作业时应与操作人员密切配合，执行规定的指挥信号。操作人员应按照指挥人员的信号进行作业，当信号不清或错误时，操作人员可拒绝执行。SPMT/模块车驮运系统现场拼装完毕后，要进行载荷和功能试验，确认正常后才能正式投入吊梁作业。临时支架搭设完成后，未经检查验收或检查验收中发现的问题没有整改完毕或安全防护设施不完善的，不得投入使用。每班作业前，班长或带班人对临时支架进行检查，确认安全后方可上架作业。如遇大风、大雨、撞击等特殊情况时，要对临时支架的强度、稳定性、基础等进行专门检查，发现问题及时报告处理。使用单位应根据临时支架的设计要求，合理使用，作业层上的施工荷载应符合设计要求，严禁超载。

(3)监测监控措施。

在桥梁附属设施拆除前应设置监控量测点，特别是梁体横断切割过程中应加强监测，对其挠度和位移情况进行监测。梁体运输过程中应注意液压顶升系统中压力的变化过程。

8.4.6　施工管理及作业人员配备和分工

(1)施工管理人员。

给出管理人员名单及岗位职责（如项目负责人、项目技术负责人、施工员、质量员、各班组长等）。

（2）专职安全人员。

给出专职安全生产管理人员名单及岗位职责。

（3）特种作业人员。

给出特种作业人员持证人员名单及岗位职责（附特种作业证书）。

（4）其他作业人员。

给出其他人员名单及岗位职责。

8.4.7 验收要求

（1）验收标准。

桥跨切割线位置偏差不大于20cm，场地处理后地基承载力应满足设计要求。

临时支撑设置应满足《施工脚手架通用规范》（GB 55023—2022）中第6节相关要求。

桥梁拆除完成后，应对现场进行清理，排除安全隐患。全部拆除的桥梁完工后应按设计及相关要求进行验收。部分拆除的桥梁完工后还应对留存结构的状况进行验收。

（2）验收程序：施工过程工序验收应严格执行三检制。

（3）验收内容：临时支架系统、场地处理。

（4）验收人员：施工单位现场技术员、监理单位现场监理工程师、建设单位相关负责人。

8.4.8 应急处置措施

（1）专项应急预案：编制专项应急预案，明确应急组织机构和职责、应急救援小组组成与职责，包括抢险、安保、后勤、医疗救护、善后、应急救援工作流程及应对措施、联系方式等。判断事故类型及危害程度，制定应急处置的基本原则、编制预防和预警措施及信息报告程序。

（2）现场应急措施：针对拆除过程中的机械伤害、起重伤害、高处坠落、触电等制定现场急救措施。

（3）应急物资准备：制定应急物资与装备保障清单。

8.4.9 计算书及相关施工图纸

（1）计算书。

①临时支撑受力计算；

②吊运系统上部结构计算；

③起重机对地基承载力要求计算。

（2）相关图纸。

①施工设计图；

②拆除桥梁对应的竣工图；

③施工平面布置图；

④SPMT行走路线图。

（3）安全保通方案。

桥梁拆除安全保通方案。

第9章 数字时代公路危大工程专项施工方案创新编制探索与思考

数字经济时代已经到来，截至 2021 年，全球数字经济增加值规模为 38.1 万亿美元。产业数字化和数字产业化已成为经济发展的主引擎。数字经济是继农业经济、工业经济之后的主要经济形态，数字化转型正在驱动生产方式、生活方式和治理方式发生深刻变革，对世界经济、政治和科技格局产生深远影响。

目前，数字化技术(Digital Technologies)泛指促进信息的开发、存储和处理，促进人与信息系统之间以及计算机信息系统之间交互的信息和通信技术。数字化技术加快推动基础设施建设转型升级，先进制造助力先进建造，使交通基础设施进入工厂化生产、装配式施工阶段，数字化还为基础设施可远程监测、控制、维护创造条件。总的来说，建筑、工程、施工领域(Architecture-Engineering-Construction，简称 AEC)正在经历从传统的劳动密集型行业到数字化、自动化的重大转变，数字化技术在这一过程中发挥着巨大的作用，使我们从传统的基建时代步入新基建时代。

新基建是以人工智能、大数据、区块链、扩展现实、机器人等先进技术和重大科技设施为牵引，致力利用数字化技术促进基础设施建设与信息技术的融合，实现基础设施建设的数字化转变。新基建不仅要体现在新技术上，还要体现在新模式、新理念、新体系上。与传统基建相比，新基建具有技术迭代、软硬兼备、数据驱动、协同融合、平台聚力、价值赋能六个典型特征。如何利用数字化技术赋能危大工程专项施工方案编制，从而建立一套“横向到边、纵向到底、行动到人”的高效数字化安全管理体系，是数字化时代值得探讨的问题。

专项施工方案编制的数字化转型，应借鉴新基建建设的理念，从现场到后台管理都建立起一套“点-网-端”的数字化安全管理体系，具体来说可以从以下几个方面考虑。

9.1 现场数据化

基础设施的工业链往往不是由一家单位完全控制的，而是分布在不同分工的企业中，包括咨询单位、设计单位、施工单位等，这些单位仅针对与单个项目展开短期的合作，而非在长时间内进行深入合作，各个单位之间对建筑信息的侧重和信息发布、使用标准难以达成共识。各个环节之间传统上采用以图纸、报告为建筑信息传递交互的媒介，但由于每个环节的参与单位对建筑信息的关注侧重点不同以及对不同环节建筑信息的解析并不到位，建筑信息的丰富程度随着项目进度的推进呈现波动上升的趋势，相比数字化的工作流程，传统工作流程随着各个环节的交互存在一定的建筑信息损失（图 9-1），而数字化的工作完全可以避免不必要的信息损失。

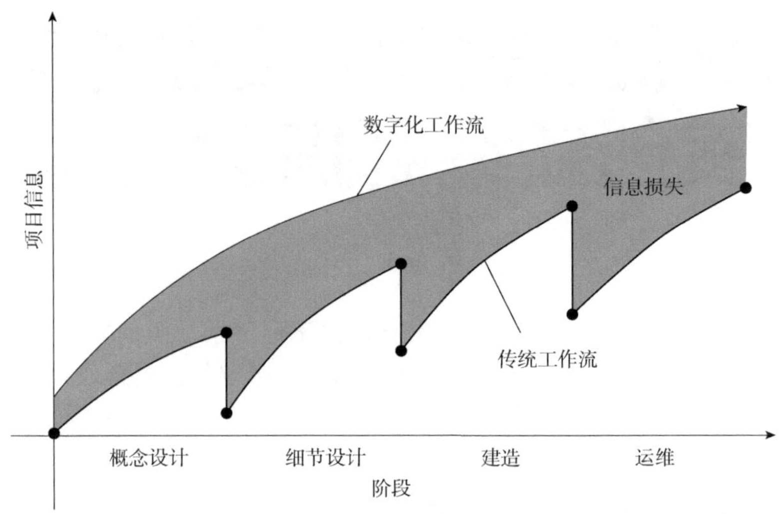

图 9-1　建筑信息随项目进度的丰富程度对比

施工现场的数字化管理是将计算机网络和通信技术、视频数字处理技术、决策支持系统等现代高新技术融为一体，采用卫星定位系统（GPS）、射频识别技术（RFID）、无线网络技术，依托手持移动设备、工业相机、微型传感器等载体，对建设工程施工现场情况进行数据采集、分析和管理。危大工程专项施工方案的编制是充分利用现场的数字化管理系统，将许多复杂多变的工程信息转变为可以度量的数字、数据，再以这些数字、数据建立起适当的数字化模型，把它们转变为一系列二进制代码，引入计算机内部，进行统一处理。近年来施工企业引入了一批在工业领域广泛应用且较为成熟的传感器，如工业相机、激光雷达、RFID 等，随着传感器技术的应用，施工行业在勘察、测量与监测方面显著提高了效率，极大地提升了危大工程施工风险的数字化管理水平。

例如将 RFID 与 GPS 技术结合，可实现预制构件在生产、运输环节的全流程跟踪（图 9-2）。RFID 通过无线电波不接触、快速信息交换和存储技术实现了电子标签的读写与通信。RFID 芯片植入在预制构件的表面，并将预制构件和 RFID 对应的信息录入数据库，之后，预制构件每次运输到一个新的位置，均采用 RFID 读写设备进行感应，并通过 GPS 接收装置读取当前的地理位置信息，与构件的信息一同录入数据库，在危大工程中实现了建材流转的全链跟踪，保障了施工质量。

危大工程中可结合 RFID 与 BIM 技术提升作业人员的安全保障，如在建筑工人的安全帽上安装 RFID 的射频芯片，在施工现场固定安装 RFID 的读写设备。每个设备的位置在相应的 BIM 中标记，当工人在施工现场时，安全帽上的 RFID 会被设备感应，根据各个设备对 RFID 感应的强度，可以估算工人至各个设备的距离，并以此计算施工工人在现场的具体位置，并将该位置在 BIM 模型中实现可视化。这使得建筑工人的位置被实时追踪并记录,当检测到工人靠近危险区域时,后端会自动感应并向工人安全帽上的接受设备发出信号,提高了工人作业的安全性(图9-3)。

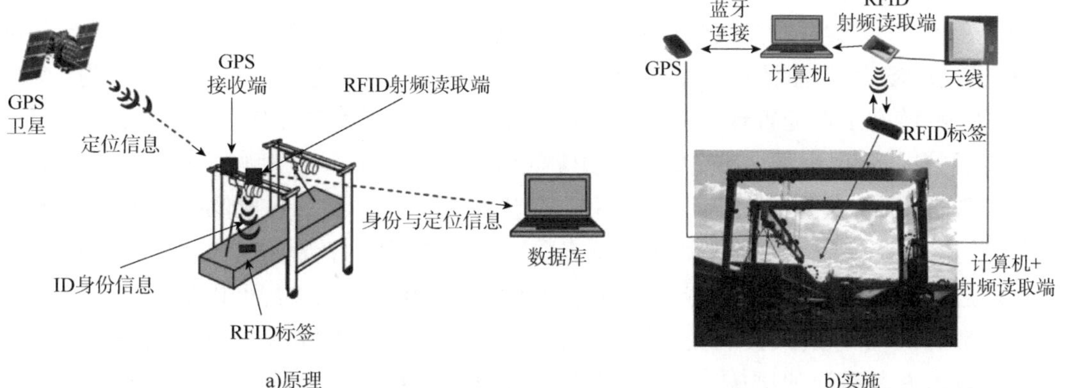

图9-2 基于RFID和GPS的预制构件全流程追踪

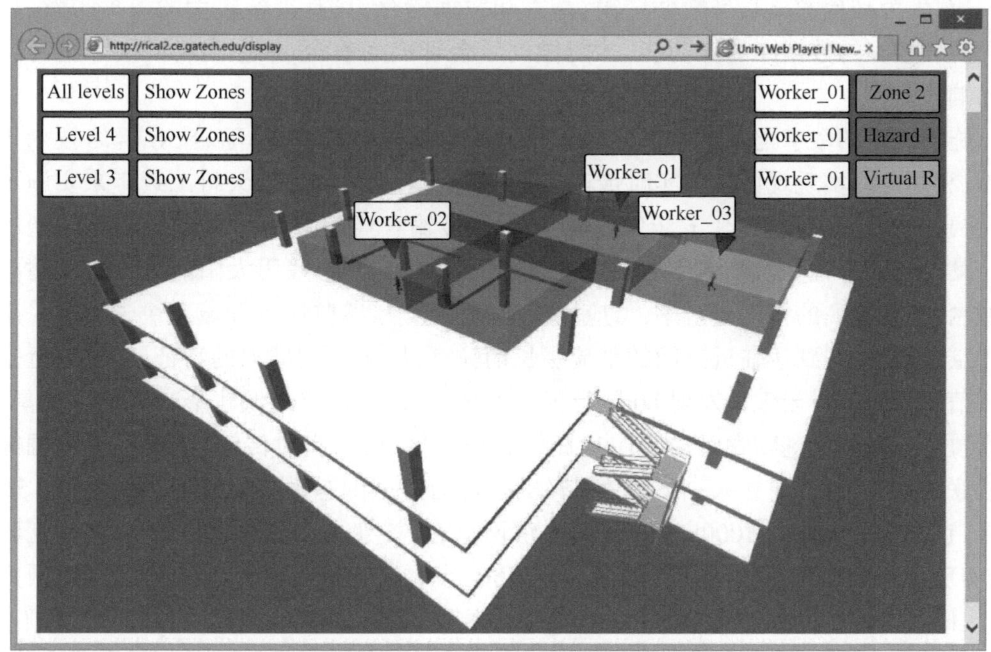

图9-3 基于RFID和BIM的作业人员实时定位

此外,现场可采用摄像头或传感器全时、全天候对结构物和周边环境展开视频采集,通过互联网技术,将采集的视频图像以数据的方式传输到后台进行实时监控,做到:一是监控“全覆盖”,对危大工程的各工点配置球机、枪机、高点监控等摄像头,实现施工现场视频全覆盖,并将实时监控数据接入远程监控中心,利用实时视频 24 小时监控进行安全巡查,通过现场设置远程喊话系统,可及时发现并制止“三违”行为。二是监测“全自动”,对一些特殊工点配置环境、气候、有毒气体等自动报警监测系统,一旦监测数据超过预警值后,自动开启报警装置,及时启动应急预案。三是管理“无接触”,各工点配备施工人员实名制考勤和红外线测温系统,采用人脸识别、安全帽芯片和热成像摄像头,实现电子考勤与门禁联动,动态监管进场作业人员人数以及身体状况,并现场语音告警,高效无接触。

通过现场的数字化管理,在编制危大工程的专项施工方案时,可以随时回看工地现场真实情况,了解作业人员的安全风险,跟踪施工建材的流转,并结合现场情况制定有针对性的技术方案和管理措施,专家论证和审批时也可在后台对施工现场开展讨论和研究,做到“运筹于帷幄之中,决胜于千里之外”。同时在施工过程中,可以对现场进行实时监测,根据现场施工的实际情况,对专项施工方案及时纠偏,及时发现问题,并及时纠错,极大提高工程的安全管理水平和工作效率。

9.2 平台云端化

工程管理的“现场感”要求十分高,而现场工序较多,各环节联系较为紧密,现场环境瞬息万变,传统的项目管理平台建设是在后方建一个指挥调度中心,中心设置一个大屏,大屏划分各个现场的显示器,后台的人员实时监控。这种传统的平台往往很难做出迅速的响应,因为平台的核心是数据传输、算力和数据储存,只有具备较大的数据带宽、较强的算力和较多的数据库储存功能,才能做到后台管理变前台,根据现场的实际情况迅速做出响应。

施工现场的数字化系统原来推进最大的障碍就是传输系统,随着 5G 网络技术飞速发展,利用公网实现现场画面实时传输已不再是问题。特别是航天科工近年来实施了飞云、快云、行云、虹云、腾云“五云”工程后,数据传输和通信技术已不是数字化转型的障碍。其中飞云工程是“空”与“天”的结合部,即对流层上空,采用太阳能无人机构建空中局域网,实现更高的空间分辨率,可应用于应急通信、遥感监测等领域。快云工程采用新型浮空机动平台,到达临近空间的平流层长期驻空,具备“准卫星”的特征,实现临近空间区域信息增强。行云工程发射 80 颗行云小卫星,建设中国首个低轨窄带通信卫星星座,打造覆盖全球的天基物联网。为用户提供数据采集、信息实时传输、数据深度挖掘等综合物联网信息服务,建立人-物、物-物有机融合的信息生态系统。虹云工程发射 156 颗卫星,它们在距离地面 1000km 的轨道上组网运行,构建一个星载宽带全球移动互联网络,实现全球无死角互联网接入服务,覆盖 5G 等地面通信无法企及的地区。组网完成后,人们将能够在世界任何角落接入宽带互联网,实现随时随地浏览网页、高清视频。腾云工程是可水平起飞、水平着陆并且可以多次重复使用的空天往返飞行器,实现廉价、安全、便捷的空天往返飞行,借助高带宽、低延迟的通信技术,平台的数据传输速度将足以满足工程需要。

云是信息平台变更的力量,是一种颠覆性的技术,只有实现平台的云端化,才能真正解决项目管理"最后一公里"的难题。平台云端化就是把互联网、云计算以新的方式积极引入、融入传统的IT中,结合新技术,整合GIS位置应用、现场影像资料管理(照片水印、云端存储)、智慧施工数据解析、设备信息追溯、移动社交工具、掌上决策分析等,打通"信息孤岛",实时共享、即时沟通,达到信息共享过程的全透明化,并通过云计算,在新智能时代背景下,迅速完成风险源的辨识,自动分析和评估,并及时提出管控措施,从而构建工程领域新的生态系统。针对云端的存储、管理和计算,在计算机领域常用的有Hadoop分布式架构和Spark计算引擎。Hadoop是一个分布式数据存储架构,它将巨大的数据集分派到一个由普通计算机组成的集群中的多个节点进行存储,降低了硬件的成本。Spark是一个专门用来对分布式存储的大数据进行处理的工具,两者的比较和应用场景如图9-4所示,与Hadoop相结合后的Spark将具有高速处理计算云计算能力,以满足工程大数据的存储和计算需求。

大数据处理引擎	数据分析引擎
• Hadoop分布式文件系统	• Spark核心
• 映射归约编程模型	• Spark数据库语言
• 资源管理器	• Spark流

图9-4 Hadoop和Spark结合的大数据存储与计算

然而云平台建设是一项复杂的系统的工程,随着国家"新基建"战略的实施,国家相关部委于2002年2月启动"东数西算"工程。"东数西算"中的"数",指的是数据,"算"指的是算力,即对数据的处理能力。"东数西算"是通过构建数据中心、云计算、大数据一体化的新型算力网络体系,将东部算力需求有序引导到西部,优化数据中心建设布局,促进东西部协同联动。"东数西算"工程的实施,大大提升了国家整体算力水平,通过全国一体化的数据中心布局建设,扩大算力设施规模,提高算力使用效率,实现全国算力规模化集约化发展。同时通过技术创新、以大换小、低碳发展等措施,持续优化数据中心能源使用效率。通过算力枢纽和数据中心集群建设,有力带动不同行业、不同产业云计算的发展。

如果我们打破行业的壁垒,通过跨界融合,充分借助国家实施的"五云一车"工程和"东数西算"工程,解决数据传输和数据存储及算力的难题,就可以为我们项目管理数字化转型插上腾飞的翅膀,实现连接时空化、平台云端化,就可构建完整的"云-网-端-台"的数字化项目管理系统,助力危大工程施工过程管理。

9.3 管控智能化

信息化、数字化、智能化是"新基建"的三个重要阶段,缺一不可。在信息化和数字化阶段收集的大量信息和数据,若通过机器学习等算法实现大数据挖掘,提取有用的信息,可辅助工程人员做出合理的决策。而基于大数据的数据挖掘往往需要结合人工智能算法,包括随机森林、朴素贝叶斯、神经网络等。人工智能算法按照算法的目标可分为分类、回归、聚类、相关性分析、自然语言处理、信息检索几个模块。

例如基于危大工程的施工周期数据,结合机器学习回归算法,可实现对危大工程分项项目的周期预测,以此预判工期是否会延误。此外,还可基于随机森林和随机梯度增强树等算法,结合样本数据预测建筑施工过程中工人受伤的概率(图 9-5),以此改善危大工程施工中工人的安全状况。

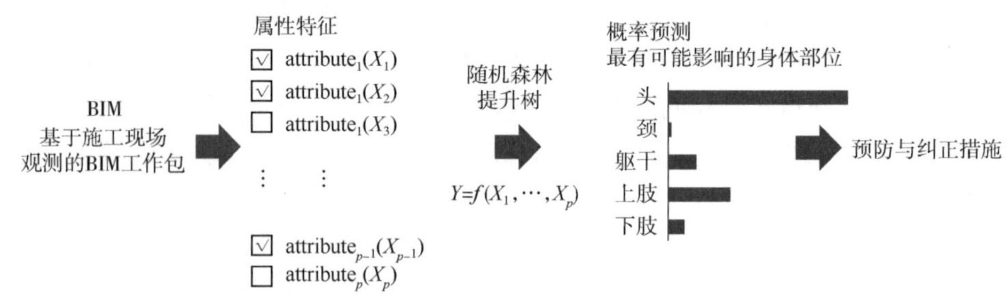

图 9-5 基于机器学习的作业人员受伤概率预测

2012 年以来,基于深度学习的机器视觉算法性能不断提升,发展迅速,逐渐成为机器视觉领域的热门研究方向,尤其是卷积神经网络的提出和不断发展,让图像数据的处理和识别走上了新的高度,加快了人工智能赋能施工质量检查的进度。通过实例分割算法可实现基础设施表面的缺陷检查(图 9-6),节省了人工成本,提高了检测速度,降低了漏检率。

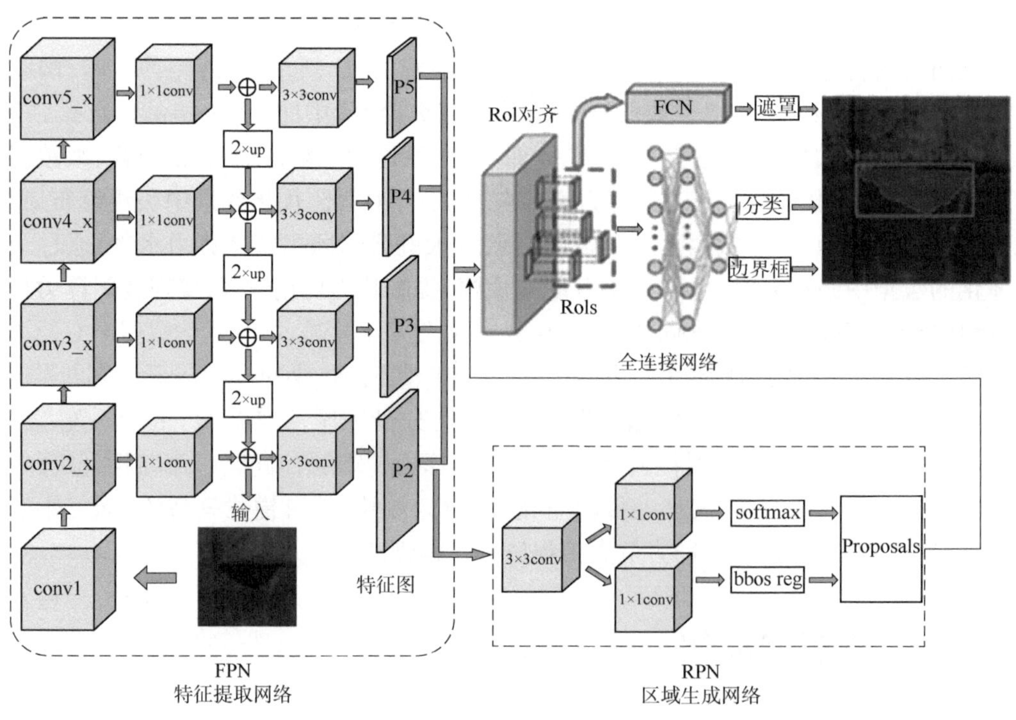

图 9-6 基于 Mask-RCNN 的基础设施病害检测

以上表明，把智能化管控应用到项目管理中，可以采用智能化的方式及时主动控制工序，把握好工程质量，及时进行质量检测，更加科学有序地处理施工过程中复杂的资料和数据，不仅提高了管理的科学化水平，还提高了管理效率，达到事半功倍的效果。面对施工的复杂性及随时可能遇到的突变情况，可以应用智能化管理，通过概率事件的分析、评估，及时做出处置方案，并应用智能化的手段及时处置，减少人为判断的失误和决策过程中时间的损失。同时，可以通过智能化将建设施工过程中信息进行统一管理，并随时可以对这些信息进行分析，通过智能化的分析，可以及时发现工程本身存在的问题和隐患，有助于工程在下一阶段进行改进，信息统一化管理后，整个施工过程就实现了透明化，不论建设、设计、监理还是施工单位的人员，都可以在这个智能化的管理系统中查询想了解的资料及信息。

信息化是基础，数字化是核心，而智能化则是数字化转型的根本目的，没有智能化的数字化项目管理系统是不完善的。就危大工程管理本身来说，信息化只是依靠 GIS 系统和互联网技术将现场的信息进行采集和传输并实现共享，用来提供给各层次的人了解“现场进行到什么情况”“流程进行到哪里”。数字化是在信息化的基础上将现场的物理空间转换为数字空间进行储存和运算，将信息有条理、有结构进行组织，便于查询回溯和智能分析，只达到“管”的水平。而智能化依靠已数字化处理的数据，利用人工智能将人需要付诸的精力和所需的理解减至最低，并通过人机互动的方式实现对现场人、机、料、法、环的最佳调度，达到“监”而又“控”“管”而又“控”的目的。也就是说，信息化是支撑、工具，数字化是思维方式、业务本身，而智能化是决策执行，是业务的最佳执行方式。所以智能化是信息化和数字化的最终目标，是必然趋势。

9.4 虚实场景化

危大工程数字化转型后要能实现有效的管理，还需要两个重要的手段和方法，一是虚实相依，二是数字孪生。虚实相依是指在管理的后台依据现实的物理空间建立一个虚拟的空间，对其进行现实的模拟推演，以此找出存在的不足，然后在现场加以改进。虚拟仿真模型最早是用于航天发射中。航天发射是一项高技术、高风险和需要多方协作的复杂大系统工程，通过开发相应的模拟仿真系统，在三维场景的显示下，所有参与人员可以在虚拟的空间中不断演练和推演，最终降低现场失败的概率。

虚拟现实是利用数字化的平台对客观现实世界的可视化仿真，虚拟现实的关键是虚拟环境场景的构建，而模型又是虚拟环境场景构建的基础。随着科技的发展，各种虚拟环境的场景应运而生。如虚拟现实(Virtual Reality，VR)技术就是通过计算机技术创造一种模拟场景进行体验。只要戴上 VR 头盔显示器，这些设备就能打造一个全虚拟的场景，再配合声、气、味和温度等增加氛围，让人完全沉浸在其中(图 9-7)。现在这种技术已大量应用在工地现场的安全体验馆和安全教育培训中，比如 DSI Underground 公司采用 VR 设备培训工人操作重型机械，减少了人员培训的成本并提高了培训效率。

增强现实(Augmented Reality，AR)技术使用场景比 VR 更广泛，能够在现实世界中增加虚拟信息，且无须强制佩戴眼镜，如手机地图的实景导航、相机软件的变脸特效等应用的就是 AR 技术。目前 AR 技术虽然基于现实世界,但由于显示设备的限制能明显看出不真实,在项目管理中难免与实际有所脱节。但随着 AR 技术的发展,这项技术具有较强的使用体验和广阔的应用前景,比如通过 AR 设备映射拼装件模型至施工现场,形成预览图像,可方便作业人员理解工序,有效提高拼装效率(图 9-8)。

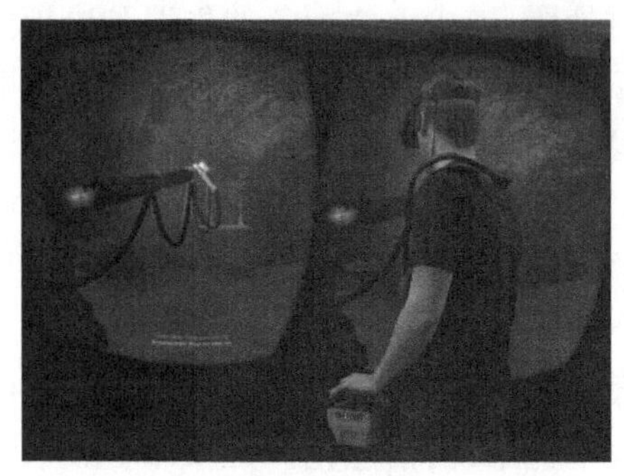

图 9-7　基于 VR 的喷射混凝土设备操作培训

图 9-8　基于 AR 技术的构件拼装预览

随着元宇宙概念的产生,人们在不断探索数字空间的未来创造,如混合现实(Mixed Reality,MR)技术可将虚拟物体完完全全放置在现实中,物体不仅会随着真实世界的环境发生变化,还能与人进行交互。扩展现实(Extended Reality,XR)技术可以融合物理世界和数字世界。

元宇宙是人类运用数字技术构建的、由现实世界映射或超越现实世界、可与现实世界交互的虚拟世界,具备新型社会体系的数字生活空间,是现实世界与数字空间虚实共生的一种新模式和新体系。它是基于虚拟现实、人机协同等新兴数字技术,以沉浸式、交互性、场景化方式建立形成高效互动、开放参与的管理新模式,构建能听、会说、会想和可交互的数字化新体系。

9.5　数字孪生化

数字孪生,也叫数字映射,是在虚拟现实基础上的一种超越现实的概念。是充分利用物理模型、传感器更新、运行历史等数据,集成多学科、多物理量、多尺度、多概率的仿真过程,在虚拟空间中完成映射,从而反映相对应的实体装备的全生命周期过程。它可以被视为一个或多个重要的、彼此依赖的装备系统的数字映射系统。简单的形容就是把现实世界中的一个物理事物用软件建模的形式数字化,包括静态的属性和动态的数据。这项技术目前在国内应用最深入的就是工程建设领域及智能制造领域。在工程建设领域体现为 BIM、GIS、GPS 高度融合和集成的全新数字技术。

数字孪生主要由三部分组成:物理空间的实体产品、虚拟空间的虚拟产品、物理空间和虚拟空间之间的数据和信息交互接口。通俗地说为“数字双胞胎”,就是在现实的物理空间和虚拟的数字空间中,通过中台数据和信息转换,形成两个一模一样的双胞胎,如产品数字化双胞胎、生产工艺流程数字化双胞胎、设备数字化双胞胎等,它可以在虚拟的空间中完整真实再现整个生产的过程。数字孪生的意义在于现实的物理系统可以向虚拟空间的数字模型反馈。也就是说,我们可以将在物理空间中发生的一切,塞回到数字空间，并通过回路反馈进行全生命过程跟踪。举个典型的例子，汽车设计师可以使用数字化的汽车孪生模型和数字化的人类模型，进行各种类型的碰撞场景模拟试验，得出数据用来对真实汽车的设计进行安全改进。即在数字世界创建一个精确的数学模型，更好地动态描述现实世界存在的事物，从而为现实世界服务。

而在施工领域，既有案例将 BIM 与激光扫描结合，研发了一套混凝土构件缺陷数字孪生系统。该系统对混凝土表面进行激光扫描，通过计算点云坐标与拟合平面的距离来判断是否有混凝土凹陷或凸出。并将混凝土浇筑缺陷进行标注，并提取缺陷的形状和位置。此外，还基于 IFC 交互标准，将混凝土浇筑缺陷集成到 BIM 内部，便于进行可视化展示与统计分析，实现了缺陷的数字孪生（图 9-9）。

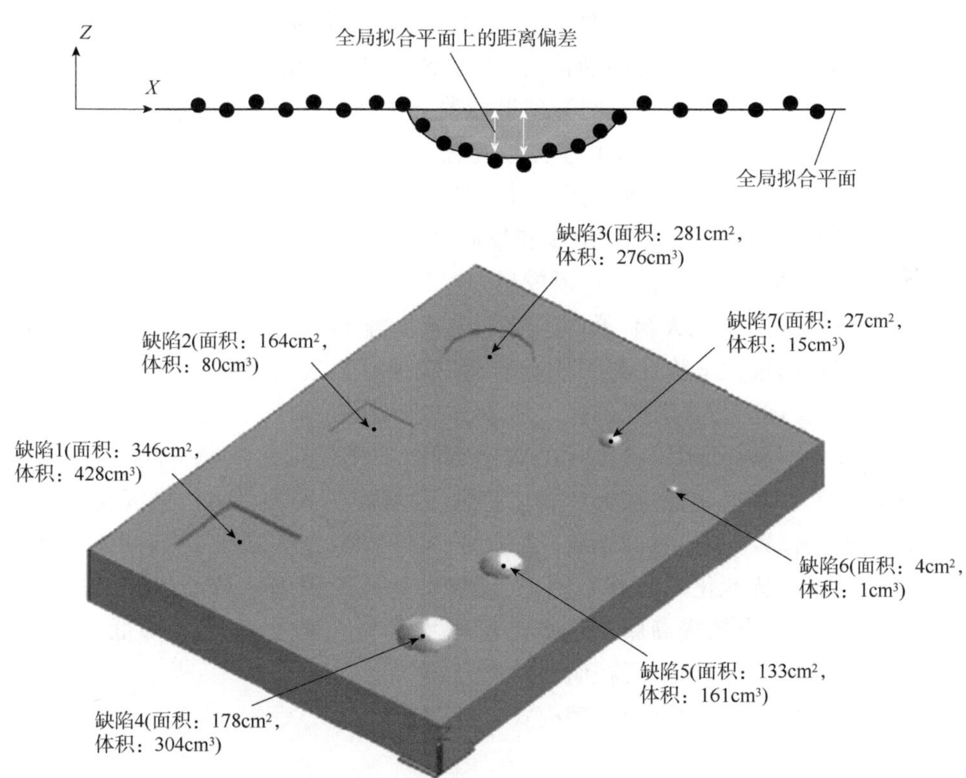

图 9-9　基于 BIM 和激光扫描的混凝土构件缺陷检查和数字孪生

此外，可将激光扫描得到的基础设施轮廓数据通过深度学习算法进行聚类，将不同类别的点云自动生成对应的 BIM 实例，实现基础设施的数字孪生，对危大工程的施工进度进行实时把控（图 9-10）。

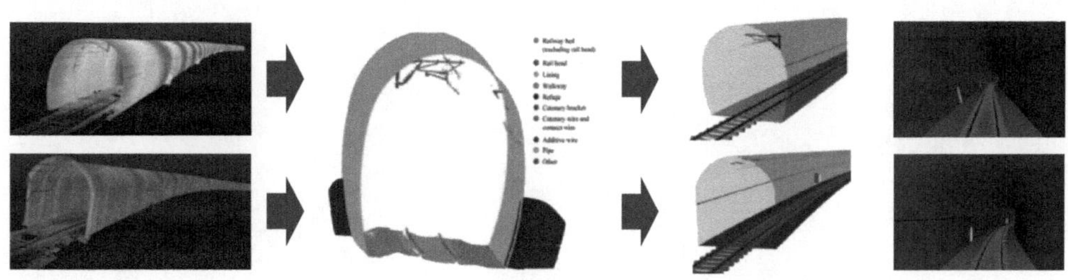

图 9-10　结合点云与深度学习的 BIM 建模与数字孪生

前面所说的管控智能化是要通过对现场的感知,然后建模,才能进行分析推理。如果没有数字孪生对现实生产体系和流程准确的模型化的描述,智能化就是无源之水、无本之木,智能化就无法落实,所以说数字孪生化是管控智能化的重要手段和方法。

2021 年郑州“7・20”特大暴雨灾害造成死亡失踪 380 多人,直接经济损失 400 多亿元的严重后果。而作为“低洼之国”的荷兰,其国土面积一半以上海拔在 1m 以下,甚至三分之一的国土面积低于海平面,可每次洪水来时都能提前应对,轻松化解。这主要得益于荷兰从国家层面利用数字孪生技术构建了一套洪水监测与预警系统,一旦洪水超过预警值,大家按照预定的方案主动撤离或自救,将损失降到最低。这就是数字孪生技术的重要作用和力量。

专项施工方案的编制和审查只是危大工程管理的一种手段和方法。随着科学技术的发展,许多特大桥、超特长隧道不断涌现,面对越来越复杂的工程项目,风险也在不断增加,对这些高风险、高难度的工程的管理进行数字化转型是发展的必然趋势。

“他山之石,可以攻玉”。土木工程实际就是一门应用学科,风险再大,相比于航空、航天工程而言,其风险系数要小得多,所以我们可以充分借鉴航天工程的数字孪生技术,结合土木工程的特点,将 BIM、GIS、GPS 和物联网、人工智能、机器学习等先进技术相结合,打造全新数字孪生智慧建造平台,形成最强“工地大脑”。

在后台,可以通过“工地大脑”及时了解工地现场施工实时情况、施工动态和进度,特别是对于危大工程的重大危险源的识别和管理,确保在出现异常状况和突发事件时,可以及时报警,提醒管理人员及时处理。

在管控过程中,可以利用后台生成的数字空间,在场景化的虚拟空间中进行数字孪生。在数字孪生的管理平台上,实施智能化监管,现场施工人员、设备、物资实时定位,人员、机械设备、物资位置信息、时间信息、轨迹信息、工作数据等自动获取,现场遗漏异常行为自动发现。通过智能化的管理系统,实现自动化监管设施联合动作,变被动式管理为主动式智能化管理,有效提高施工现场的管理水平和管理效率,极大降低事故发生的频率,将一切发生的事故隐患消灭在萌芽状态。

未来已至,这样的数字化安全管理模式已经到来。

参考文献

[1] 全国起重机械标准化技术委员会.起重机械安全规程 第1部分:总则:GB 6067.1—2010[S].北京:中国标准出版社,2011.

[2] 全国起重机械标准化技术委员.通用桥式起重机:GB/T 14405—2011[S].北京:中国标准出版社,2011.

[3] 全国起重机械标准化技术委员.架桥机安全规程:GB 26469—2011[S].北京:中国标准出版社,2011.

[4] 国家安全生产监督管理总局.爆破安全规程:GB 6722—2014[S].北京:中国标准出版社,2015.

[5] 中华人民共和国住房和城乡建设部.起重设备安装工程施工及验收规范:GB 50278—2010[S].北京:中国计划出版社,2010.

[6] 中华人民共和国住房和城乡建设部.民用爆炸物品工程设计安全标准:GB 50089—2018[S].中国计划出版社,2018.

[7] 中华人民共和国交通运输部.公路工程施工安全技术规范:JTG F90—2015[S].北京:人民交通出版社股份有限公司,2015.

[8] 中华人民共和国交通运输部.公路工程质量检验评定标准 第一册 土建工程:JTG F80/1—2017[S].北京:人民交通出版社股份有限公司,2017.

[9] 中华人民共和国交通运输部.公路桥涵施工技术规范:.JTG/T 3650—2020[S].北京:人民交通出版社股份有限公司,2020.

[10] 中华人民共和国交通运输部.公路隧道施工技术规范:JTG/T 3660—2020[S].北京:人民交通出版社股份有限公司,2020.

[11] 中华人民共和国交通运输部.公路钢混组合桥梁设计与施工规范:JTG/T D64-01—2015[S].北京:人民交通出版社股份有限公司,2015.

[12] 中华人民共和国交通运输部.公路桥梁抗震设计规范:JGJ/T 2231-01—2020[S].北京:人民交通出版社股份有限公司,2020.

[13] 中华人民共和国住房和城乡建设部.建筑施工易发事故防治安全标准:JGJ/T 429—2018[S].北京:中国建筑工业出版社,2018.

[14] 中华人民共和国住房和城乡建设部.钢管满堂支架预压技术规程:JGJ/T 194—2009[S].北京:中国建筑工业出版社,2009.

[15] 中华人民共和国交通运输部.公路水运工程施工安全风险评估指南 第1部分:总体要求:JT/T 1375.1—2022[S].北京:人民交通出版社股份有限公司,2022.

[16] 中华人民共和国住房和城乡建设部.建筑拆除工程安全技术规范:JGJ 147—2016[S].北京:中国建筑工业出版社,2017.

[17] 中华人民共和国住房和城乡建设部.建筑施工模板安全技术规范:JGJ 162—2008[S].北京:中国建筑工业出版社,2008.

[18] 中华人民共和国住房和城乡建设部.建筑施工碗扣式钢管脚手架安全技术规范:

JGJ 166—2016[S].北京:中国建筑工业出版社,2016.

[19] 中华人民共和国住房和城乡建设部.建筑施工起重吊装工程安全技术规范:JGJ276—2012[S].北京:中国建筑工业出版社,2012.

[20] 国家市场监督管理总局起重机械安全技术监察规程——桥式起重机:TSGQ 0002—2008[S].北京:中国计量出版社,2008.

[21] 交通运输部安全与质量监督管理司.〈公路水运工程安全生产监督管理办法〉宣贯读本[M].北京:人民交通出版社股份有限公司,2017.

[22] 交通运输部工程质量监督局.公路水运工程安全标准化指南[M].北京:人民交通出版社,2013.

[23] 交通运输部公路科学研究院.公路交通安全设施精细化提升关键技术指南[M].北京:人民交通出版社股份有限公司,2023.

[24] 黄锐锋.图解危险性较大的分部分项工程安全管理规定[M].北京:中国建筑工业出版社,2018.

[25] 闫士兀.建设施工企业安全质量标准化实用指南[M].北京:中国铁道出版社,2006.

[26] 蔡金墀,陈向锋.建筑施工企业安全生产管理汇编手册[M].北京:中国新闻联合出版社,2005.

[27] 常建立,曹智.建筑工程施工技术(下)[M].北京:北京理工大学出版社,2013.

[28] 中国公路建设行业协会.公路工程工法汇编(2008)[M].北京:人民交通出版社,2009.

[29] 杨林德.公路施工手册隧道[M].北京:人民交通出版社,2011.

[30] 张铁军.公路工程百科全书[M].哈尔滨:黑龙江人民出版社,2000.

[31] 王丽荣.土木工程施工[M].北京:人民交通出版社,2014.

[32] 高军.铁路隧道工程施工技术下[M].北京:中国铁道出版社,2014.

[33] 铁道部第二工程局.铁路工程施工技术手册·隧道(下册)[M].北京:中国铁道出版社,1995.

[34] 赵存明,卢立波.公路隧道施工安全管理与控制[M].北京:人民交通出版社,2009.

[35] 铁道部第二勘测设计院.隧道(修订版)[M].北京:中国铁道出版社,1984.

[36] 中铁二局股份有限公司卿三惠,等.隧道及地铁工程.[M].北京:中国铁道出版社,2013.

[37] 刘太明.特大型桥梁大模板体系施工安全控制要点[J].重庆建筑,2011,10(11):35-36.

[38] 聂鑫,张适其,袁伟.某建筑施工企业双重预防机制的应用研究[J].大众科技,2023,25(3):198-202.

[39] 张清,周桂珍.桥梁工程薄壁空心高墩施工技术[J].交通世界,2019,32:84-85.

[40] 张超,冉龙彬,袁兵.由新危大工程安全管理规定谈建筑施工安全管理[J].建筑机械化,2018,39(7):11-14.

[41] 杜斌,江刚,刘家奎,等.山区大跨度钢筋混凝土拱桥建设阶段风险分析及对策[J].贵州大学学报(自然科学版),2015,32(6):104-107.

[42] 彭志忠.公路隧道施工期风险评估分析及控制措施[J].城市建筑,2016,5:305-305.
[43] 林建川,冀涛,李元珍.空心薄壁墩滑模施工安全管理技术[J].公路,2013,9:106-108.
[44] 聂国强,马军伟.高填方路基施工技术探讨[J].河南科技,2013,12:63.
[45] 张根合,薛辉,杨秋宁.锚杆框架梁在不良地质边坡治理中的应用[J].公路交通科技(应用技术版),2012,8(3):40-42.
[46] 黎忠.公路高边坡预应力锚索施工技术实践[J].科技与企业,2012,4:127,129.
[47] 董卫莹,王鸿.浅谈桥梁中心水平转体施工中转动体系的安装方法[J].黑龙江交通科技,2011,34(7):174-175.
[48] 邱铭.山区人工挖孔桩施工安全风险辨识清单研究[J].黑龙江交通科技,2022,45(1):143-149,153.
[49] 郭兴.大跨度预制梁远距离运输及安装施工技术[J].工程机械与维修,2021,3:138-139.
[50] 李敏.公路桥梁工程中钢箱梁顶推的施工技术[J].建筑技术开发,2022,49(16):137-139.
[51] 何少强.机械设备在施工作业中的安全管理[J].交通世界(建养·机械),2008,7:66-67.
[52] 乔宗林,陆凤翚.钢箱梁顶推施工方案和监控方案[J].华东公路,2007,1:46-48.
[53] 李克银.双幅近距离同步转体刚构桥设计与施工研究[J].中外公路,2014,34,2:157-160.
[54] 秦振辉.桥梁工程节段箱梁预制施工技术及质量控制[J].西部交通科技,2019,3:72-74,108.
[55] 温淑荔.现浇单孔箱梁SPS支架体系设计分析及施工应用研究[J].铁道建筑技术,2019,3:58-62.
[56] 李鹏浩.顶板快拆支撑体系在工程中的应用[J].天津建设科技,2012,22(4):25-26.
[57] 张庆华.吊架式张拉法在T梁正弯矩钢绞线张拉施工中的应用[J].铁道建筑技术,2013,1:62-64.
[58] 邢万里.挂篮设计与拼装[J].黑龙江交通科技,2009,32(12):82-84,86.
[59] 赵生军.现浇连续梁预应力施工技术分析[J].建材与装饰,2016,1:262-263.
[60] 段金辉.钢板桩围堰施工工艺及质量控制[J].山西建筑,2008,26:318-319.
[61] 汪汀,吴云峰.加强危大工程安全管理 努力防范施工安全事故——住建部工程质量安全监管司负责人解读危大工程安全管理规定[J].就业与保障,2018,10:10-12.
[62] 黄红良.浅谈大桥缆索吊装施工技术[J].企业导报,2010,6:297-298.
[63] 王玉喜.隧道安全风险分析探讨[J].内蒙古科技与经济,2008,6:284-287.
[64] 刘建佳.隧道防坍塌技术措施分析[J].价值工程,2014,33(11):93-95.
[65] 邓波.隧道穿越过沟浅埋段、涌水量大的施工关键技术研究[J].绿色环保建材,2018,11:164.
[66] 丁君明.浅析软弱围岩隧道的监控量测及数据分析[J].科技创新导报,2016,13(8):

46-47.
[67] 姜长清.高速铁路大断面隧道浅埋段多台阶开挖法施工技术优化研究[J].铁道建筑,2014,6:92-94.
[68] 赵侃,展宏跃,王起才.小间距隧道施工监控量测分析及应用[J].铁道建筑技术,2010,3:75-79.
[69] 林永贵,林永明.高速公路瓦斯隧道施工技术[J].交通世界(建养·机械),2014,7:102-103.
[70] 赵菊梅,杨其新,刘东民.隧道瓦斯监测与爆炸预防[J].山西建筑,2007,31:290-291.
[71] 吉力此且,孙瑞雪.高瓦斯长大隧道施工中瓦斯防治技术与安全管理[J].四川建筑,2015,35(5):157-159.
[72] 傅腾玄.大断面长大隧道高瓦斯区施工技术[J].山西建筑,2009,35(28):291-293.
[73] 李军.铁路隧道下穿既有高速公路隧道施工控制技术研究[J].运输经理世界,2023,7:88-90.
[74] 薛韶儒,徐虹,黄智军,等.浅埋软弱破碎围岩隧道超前大管棚施工技术[J].市政技术,2012,30(S1):102-105.
[75] 王建林.浅埋大跨隧道下穿既有公路施工技术[J].山东工业技术,2014,19:94-95.
[76] 江凯.高速公路改扩建工程桥梁拆除施工技术[J].科学技术创新,2023,5:149-152.
[77] 刘沭.绳锯切割桥面附属工程施工方法[J].黑龙江交通科技,2018,41(8):113-114.
[78] 刘文杰.对交通新型基础设施建设的几点认识[J].中国公路,2020,13:30-33.
[79] 孙镇,安志伟.桥梁施工过程中跨桥门式起重机的应用[J].天津市政工程,2012,24(2):34-36.
[80] 车建忠.有关工程施工数字化管理研究探讨[J].中国建材科技,2014,S2:227-227.
[81] 枭枭.科技巨头逐鹿天基互联网,争夺万亿级市场[J].物联网技术,2019,23(2):30-35.
[82] 张宁.人工智能技术在集装箱空箱调运业务中的应用[J].中国远洋海运,2021,5:56-59,7.
[83] 王海涛,解艳波.框格梁,涨壳式中空预应力锚杆和厚层基材在高边坡防护中的综合运用[J].工程技术,2016,2:272-273.
[84] 白雅伟.浅谈悬浇段挂篮施工工艺流程[J].中国高新技术企业,2015,5:129-130.